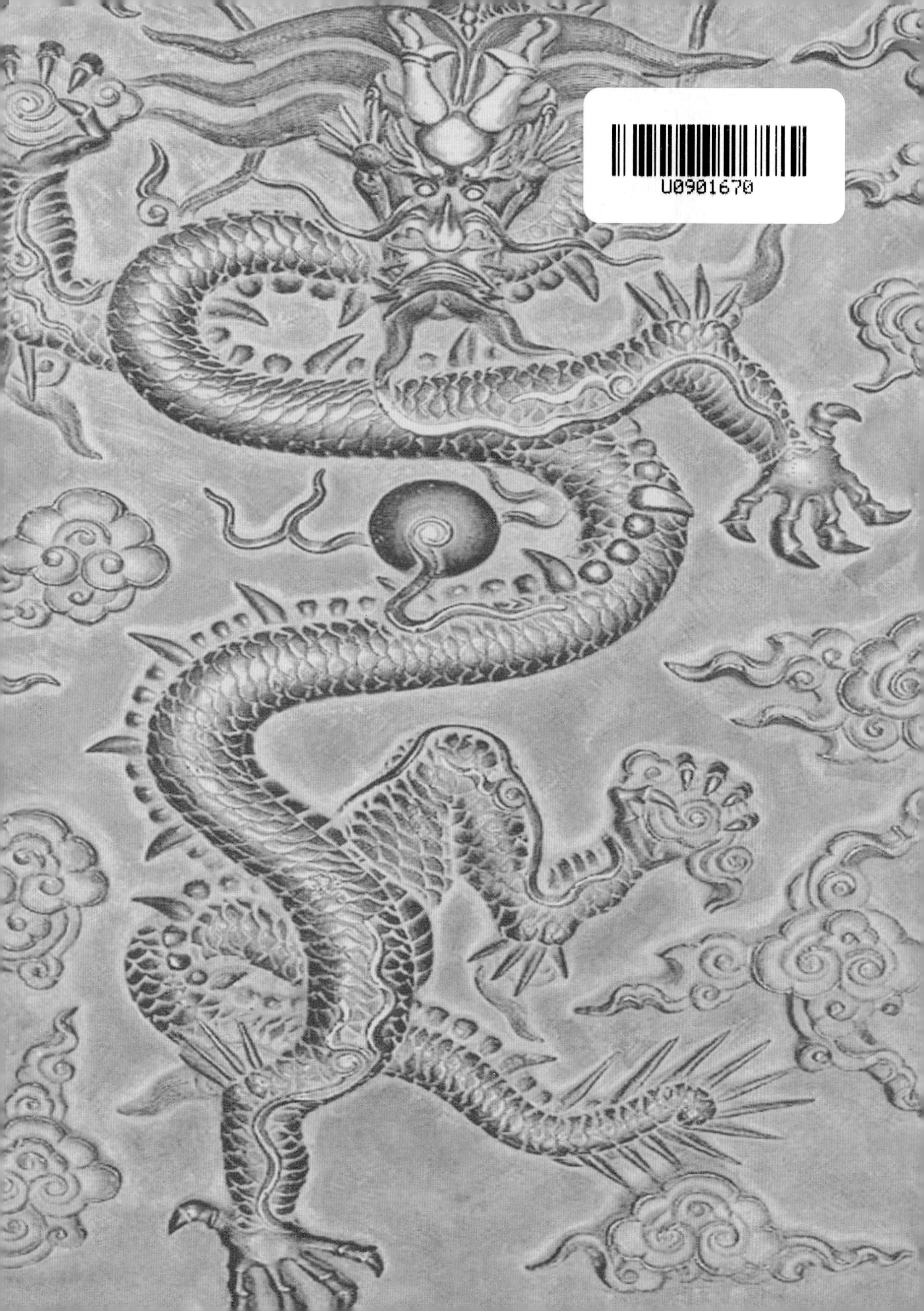
U0901670

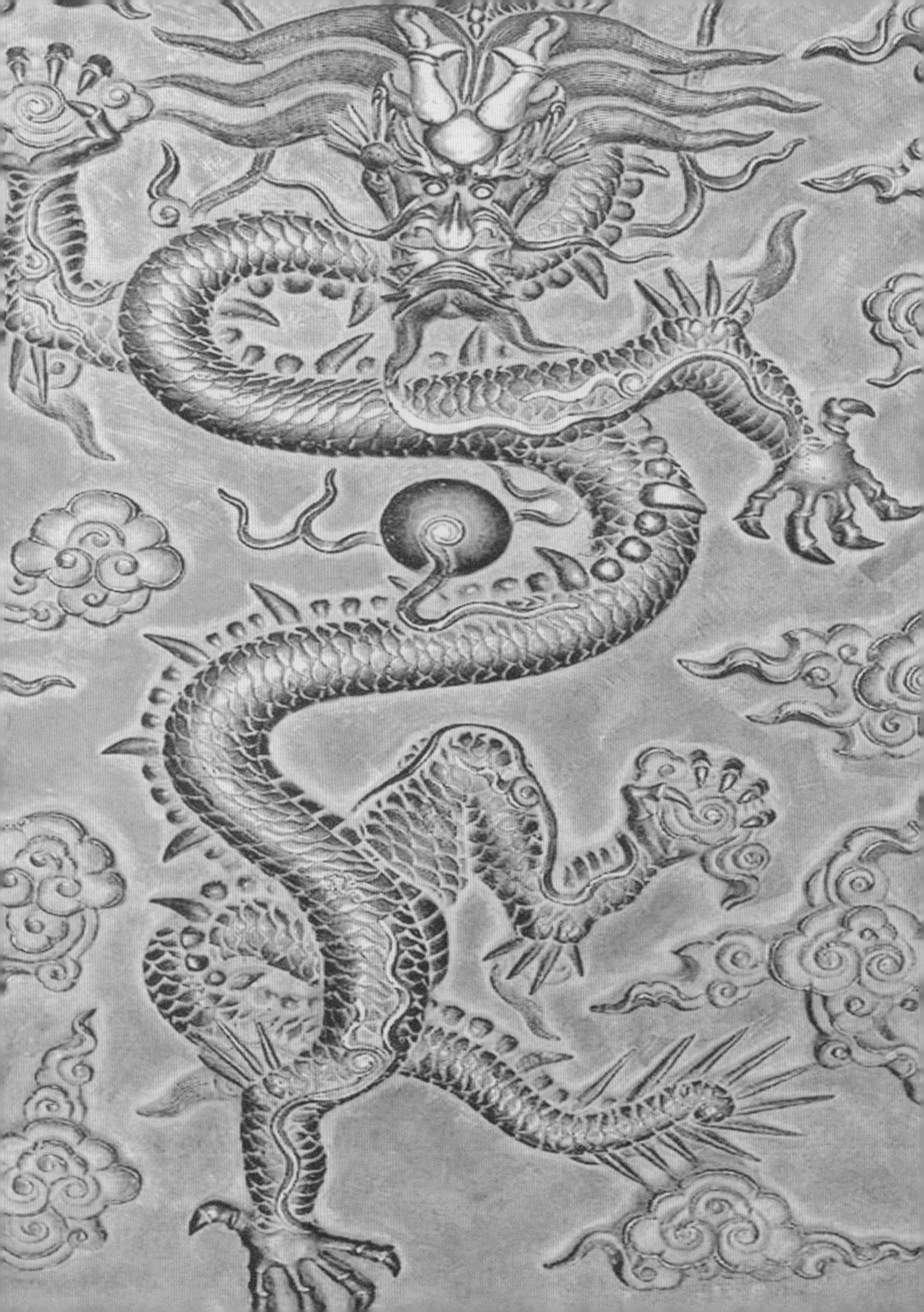

帝王与佛教

李国荣 著

人民出版社

责任编辑:王怡石

图书在版编目(CIP)数据

帝王与佛教/李国荣 著. —北京:人民出版社,2018.9
ISBN 978-7-01-017904-9

Ⅰ.①帝… Ⅱ.①李… Ⅲ.①佛教史-中国-古代 Ⅳ.①B949.2

中国版本图书馆 CIP 数据核字(2017)第 162948 号

帝王与佛教
DIWANG YU FOJIAO

李国荣 著

人民出版社 出版发行
(100706 北京市东城区隆福寺街 99 号)

北京盛通印刷股份有限公司印刷 新华书店经销

2018 年 9 月第 1 版 2018 年 9 月北京第 1 次印刷
开本:787 毫米×1092 毫米 1/16 印张:21.25
字数:430 千字

ISBN 978-7-01-017904-9 定价:58.00 元

邮购地址 100706 北京市东城区隆福寺街 99 号
人民东方图书销售中心 电话 (010)65250042 65289539

序言

皇权与佛教的交融碰撞，是中国古代史上特有的一种政治文化现象。纵观古代历史，历朝历代的皇家宫苑，总是披上仙佛的神秘光环，而帝王的个人好恶和宫廷的政治变幻又直接影响着佛教的兴衰沉浮。是帝王利用了佛教，还是佛教迎合了帝王？是佛教左右了帝王，还是帝王拿捏了佛教？说起来，似乎是像雾像雨又像云。但不管怎样，帝王与佛教、皇室与释家的确结下了不解之缘。

打开佛教典籍，在中国远古帝王与西方释迦佛祖之间，就笼罩着一层朦胧而神奇的迷雾。佛教不是华夏大地上土生土长的宗教，它产生于公元前六至五世纪的古印度国，创始人是古印度迦毗罗卫国（今尼泊尔境内）的王子乔达摩·悉达多，他创立佛教后，被人们尊称为释迦牟尼，意思是释迦族的圣人。佛教传入中国的可靠年代，是在西汉末年和东汉初年的时候。可是，在一些佛教史书上却留下了这样的记载，说不仅秦始皇、汉武帝曾经接触过高僧，甚至夏禹时代的伯益、西周王朝的昭王就已知道有佛了。显然，这是古代佛教徒们的杜撰，他们为了抬高佛教的地位，为了使佛教在与儒、道的较量中更有分量，也为了更能博得当朝君主的赞许支持，便牵强附会，编造了许多远古帝王便已知佛的传说。

佛教在西汉末年至三国时期初踏汉地，它的第一步就迈进了帝王之家。为了在华夏站住脚，刚刚传入中国的佛教，不得不为自己整形，主动依附于中国土生土长的宗教——道教，披上了黄老神仙的外衣。于是，在汉魏时

期，从帝王到百姓，基本上是把佛教当作神仙、方术之类的东西，是用来祈福求寿的。而在那个时代，祠祀求福被看成是宫廷帝王及贵族们一种奢侈的精神享受，因此，西来之佛从它传入中国的那一天起，便被皇家贵族们垄断专用。值得一提的是，东汉明帝应该是第一位接触佛教的中国帝王。紧随其后，楚王刘英在深宅供养起沙门，汉桓帝宫中设祠祭拜仙佛，而曹植则以其才智推出佛教音乐的开篇之作《鱼山梵呗》。可以说，释迦牟尼的幻影一在华夏大地上闪现，便投入了帝王的怀抱，佛教借助皇权登上了汉民族的舞台。这个时期的帝王，还没有哪一个是出于尊崇佛教教义而奉佛的，他们甚至对佛教的深奥哲理根本没懂几分，只是把佛当成众多鬼神的一种来敬奉的。

两晋时期的帝王，突出的特点是：酒肉穿肠过，佛祖心中留。两晋皇室是从东汉世家大族发展而来的门阀士族的代表，他们生活上奢侈糜烂，精神上空虚无聊，遂从佛教那里寻求一丝精神上的寄托，东晋的明帝竟以画佛像为乐。在激烈的内讧和互相厮杀中，两晋的帝王将相们往往是朝不保夕，恐惧、哀伤、绝望的情绪像乌云一样笼罩在宫闱的各个角落。而佛教是以人生即苦和脱离苦海为教义号召的，这恰恰迎合了乱世帝王忧患生死追求超脱的精神需求。于是，那些拥有丰厚钱财的王室贵戚们，便通过建造佛寺、布施财物、持斋供养等途径为自己祈福禳灾，帝王之家的大门一直向佛堂的沙门们敞开着，以至在东晋成帝时发生了一场沙门应否跪拜君王的大辩论。另外，佛教这个外来客，要在汉地求得生存，便总是要不时地看主人的脸色。魏晋时期，统治阶级上层大刮玄风，佛教便又迎合与借助玄学，出现了佛玄合流的奇特现象。恰恰是由于佛教能够识时务地与中国传统的老庄、玄学结合，从而得到魏晋时期中国皇帝的认可和扶植，并由此得到迅速的传播和发展。佛教正是在这个时期基本上完成了中国化的过程，成为中国佛教。

两晋时期的北方，出现了五胡十六国的混乱局面，这期间，尽管由匈奴、羯、氐、羌、鲜卑五个少数民族建立的一个个割据政权如同水火不能相容，但其统治者在对待佛教上却几乎是异口同声地叫好。这是因为，正统的儒家教义被视为中原汉族的信仰，而佛教是外来的，相比之下更容易被北方少数民族接受，佛教的这种优势，是道教和儒教无法相比的。后赵石勒就直白地说道：“佛是戎神，正所奉祀。”这十分典型地表明了北方少数民族统治者敬奉佛教的根结所在。而后秦的姚兴竟主动向高僧罗什送上10名妓女，足见此时此地的帝王已到了不知该如何敬佛的地步。

南北朝时期，出现了帝王出家入寺、皇后削发为尼的崇佛狂潮。在这个乱云飞渡的时代，南朝的宋、齐、梁、陈各代统治者和世家大族，由于统治阶级内部激烈残酷的角斗，人人处于惶惶不可终日的状态，无不渴望得到灵魂的解脱，这就为鼓吹救苦救难的佛教提供了肥沃的土壤。先后四次“舍身入寺”的梁武帝，便是南朝君王崇奉佛教的突出代表。在北方，自北魏建立以后，鲜卑族统治者拓跋氏为了巩固政权，便竭力宣扬自己就是释迦牟尼的今身。值得注意的是，在“皇帝就是佛，皇权就是神权”的思想支配下，南北朝时期的君王，雕刻塑造了大量佛像，他们以自己的面貌形象作为释迦牟尼的模样，站在洞窟或寺庙大殿的中央，接受芸芸众生的朝拜。少林寺、云冈石窟、龙门石窟等许多佛教圣地，便是这个时期在帝王的直接点拨下兴建起来的。

隋唐时代是佛教走红皇宫的黄金时期。这一时期，国家统一带来了佛教的统一，佛教在中国进入鼎盛阶段，其特点有三：寺院林立、僧尼众多、宗派涌现。这些兴盛气象，标志着佛教传入我国后，依附于传统的儒、道等思想的过程已告结束，从此佛教进入独立地作用于我国封建社会的阶段。于是，佛教在隋唐皇宫备受关注。隋文帝大肆

营造佛像，翻译佛典，极力宣扬佛塔的灵感，以显示隋之得天下是佛神所加被的。到了唐朝，尽管李唐皇室尊道教始祖李耳为家祖，但对佛教仍很看重。唐太宗自称“皇帝菩萨戒弟子”，并鼓励大臣们出家当和尚。武则天在夺取帝位的角逐中，尤其大大借助了佛的神力，佛门高僧十分乖巧地称武则天是该做皇帝的女菩萨。作为官府颁发的出家许可证“度牒”，产生于唐朝，它在李唐皇室平定“安史之乱”中发挥了特殊的效用。以唐宪宗为代表的中唐诸帝，把佛骨迎入大内供养，以致引来朝臣韩愈的抗议——《谏迎佛骨表》。但到了唐朝后期，由于佛教的过度发展，与皇权产生了冲突，终于发生了会昌年间的唐武宗灭佛。这次毁佛事件，使佛教元气大伤。接下来的周世宗禁佛，更使佛教的境况雪上加霜，走向了衰微。

宋元明清时期的封建帝王，总体来看，对待佛教似乎更为理性，最主要的特征是利用与限制相结合。说利用，主要是政治方面的。宋明以后，封建帝王在思想领域里更加重视儒家的伦理纲常，佛、道二教的宗教理论则渗透到儒家学说内。这个时期的封建统治者，相继提出了儒、佛、道三教合流的主张，佛教为了自身的生存，当然也愿意适应统治者这一政治上的需要。于是，宋朝宰相李纲“三教归一”和儒佛一致的主张，元初成吉思汗所采纳的“以儒治国，以佛治世”的说教，清雍正帝“佛以治心，道以治身，儒以治世”的思想，都是力主三教融合。这时的佛教尽管失去了自己的独立性，但因为还能在“三教合一”的大旗下为帝王服务，因而得以延存，大多数帝王仍在以不同的形式奉佛用佛。说限制，主要是经济方面的。宋元明清时期的帝王，对佛教采取了严格的管理措施，譬如：不准随意私建寺院、不准私下剃度僧尼、实行度牒考试制度、限制寺院经济的发展等。这些限制性政策，对佛教的发展起到了抑制作用。宋元明清是中国封建社会的后期，中国佛教也与封建社会的盛衰相一致，在这个时期逐渐开始走下坡路。

宫门是隐秘的，佛门是玄奥的。本书依据翔实的历史典籍和可靠的宫中秘档，试图沿着历史的足迹，披陈两千年帝王尊佛、用佛乃至毁佛的秘史珍闻，探寻佛家释门对皇权和宫闱的神幻影响，旨在揭示古代帝王与佛教的历史渊源与隐秘真情。

是为序。

李国荣

2018年春日 北京石室

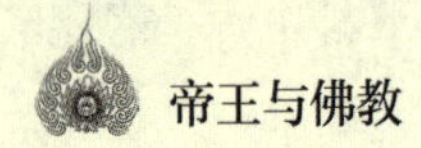

目 录

第一章　远古帝王知佛的传说

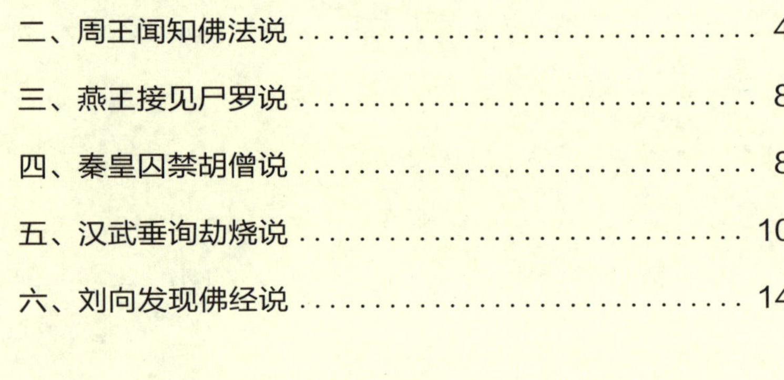

第二章　佛光初照帝王家

第三章　乱世皇宫多沙门

第四章　南北君王崇佛最狂

第五章　佛在皇宫走红的黄金时期

第六章　皇宫内的佛光余晖

第一章

远古帝王知佛的传说

佛教不是华夏大地上土生土长的宗教。中国古代的佛教徒们，为了抬高佛教的地位，为了使佛教在与儒、道的较量中更有分量，也为了更能博得帝王的赞许和支持，或牵强附会，或臆想杜撰，编造了许多神奇怪异的传说，一而再，再而三地强调：中国人自古就已知晓佛的存在。于是，在逸史和寓言中，留下了不少有关远古帝王、先代圣贤早已知佛的传说。

由此，一层朦胧而神奇的迷雾，笼罩在中国远古帝王与西方释迦佛祖之间……

一、夏初伯益知佛说

伯益其人，相传生于夏禹时代，曾协助大禹治水，著有《山海经》。伯益知佛，是中国自古知佛各种传说中最早的一种。其记述首先见于南北朝时期刘宋宗炳所著的《明佛论》，

△伯益

伯益述《山海》："天毒之国，偎人而爱人。"郭璞传："古谓天毒即天竺，浮屠所兴。"偎爱之义，亦如来大慈之训矣，固亦闻于三五之世矣。

"三五"指三皇五帝，"三五之世"泛指三代以前，"浮屠""如来"指的则是佛。据此，夏禹时代的伯益已经知道佛的存在了。

唐朝的道宣在其《归正篇·佛为老师》中也说：

余寻终古三五帝皇，有事西奔，罕闻东逝。故轩辕（黄帝）游华胥之国，王邵云即天竺；又陟昆仑之墟，即香山（佛教所传阎浮提洲——世界的最高中心，即昆仑山）也。……故伯益述《山海》："申毒之国，偎人而爱之。"郭璞博古者曰："申毒即天竺也，浮屠所兴。"今闻之说曰："地殷土中，物壤琛丽，民博仁智，俗高理学，立德厚望，何负诸夏？古称爱人之国。"世挺贤之人，岂虚构哉！

看来，道宣对夏禹时代的伯益就已知道有佛是深信不疑的。

说大约四千年前的伯益已经知道佛教，实在是荒唐的。因为当时佛陀尚未降生，中国又何来佛教？对于佛祖释迦牟尼的生卒年代，现在一般地认为是在公元前565—前485年，虽然也有其他一些说法，但彼此相差也都不过一二百年，就是说，佛陀在大约两千五百年前才降生。故此，说夏禹时代的伯益知佛，当是子虚乌有的事。

二、周王闻知佛法说

关于释迦牟尼佛的出生年代，佛教与道教一直争论不休。佛教徒们为了说明自己的教祖释迦牟尼比道教教祖老子资格更老，而且佛教很早以前就已传入中国，并被帝王接纳，便故意曲解中国史书和佛经中的一些记载，编造释迦牟尼的生卒年月。于是，佛出生于周朝、周王知晓佛法的说法应运而生。

一种说法是，西周的第四、五代国王周昭王、周穆王时有佛降诞，时间在公元前1000年前后。

《续高僧传》卷二十三记载：

> 佛当周昭王二十四年四月八日生，穆王五十二年二月十五日灭度。

这样一来，后世佛教方面的书，便把释迦牟尼的降生年代上溯到西周时代。

《周书异记》亦持此说：

周昭王 姬瑕

> 周昭王即位二十四年甲寅四月八日，江河泉池忽然泛涨，井泉并皆溢出，宫殿人舍，山川大地，咸悉震动，其夜五色光气入贯太微，遍于西方，尽作青红色。周昭王问太史苏由曰："是何祥也？"对曰："有大圣人生于西方，故现此瑞。"昭王曰："于天下何如？"由曰："即时无他，一千年外声教被于此土。"昭王即遣镌石记之，埋于南郊天祠前。当此之时，佛初生王宫也。穆王即位三十二年，见西方数有光气，先闻苏由所记，知西方有圣人处世。穆王不达其理，恐非周道所宜，即与相国吕侯西入，会诸侯于涂山，以禳光变。当此之时，佛久已处世。至穆王五十三年壬申岁二月十五日，平旦暴风忽起，发损人舍，伤折树木，山川大地皆悉震动，午后天阴云黑，西方有白虹十二道南北通过，连夜不灭。穆王问太史扈多曰："是何征也？"对曰："西方有大圣人灭度，衰相现耳。"

这里，不仅记述了西方"大圣人"释迦牟尼佛的生年是周昭王二十四年，灭度于周穆王五十二年，还绘声绘色地描述了佛祖降诞与灭度时，山川大地所呈现的征兆，特别是具体地谈到周昭王、周穆王对释迦牟尼的生与死是十分清楚的。然而，遗憾的是，据史家考证，《周书异记》是一部伪书，从所述内容及所用语言来看，大概作于佛教广泛流行的南北朝时期，而绝非周人所作，不足为凭。

蓝毗尼园遗址

传说当年释迦牟尼的母亲摩耶夫人按当地的风俗要回娘家临产，她从迦毗罗卫国回娘家的路上经过蓝毗尼园时，生下了释迦牟尼，因此佛教徒把这里看做是佛教圣地。图中这一方形水池就是佛教传说中释迦牟尼诞生时的洗浴池。

△描绘佛陀诞生的石刻浮雕

东印度、10世纪。

唐代道宣撰著的《集神州三宝感通录》，更谈到这样一则故事：秦穆公时，在扶风获一石佛，穆公不知此为何物，就弃放于马坊中，仙佛石像秽污受损，秦穆公因对佛不敬而身染重病。秦穆公向侍臣由余询问来由，由余回答说："自己曾读古书，周穆王时，有化人（幻术师）来，这就是称为佛神者。"秦穆公听信了由余的话，当即在终南山筑高台做道场，敬重佛祖，不久果然病愈。这段故事中，秦穆公与由余的对话，是与《周书异记》中周穆王与苏由的对话相呼应的，都是强调周穆王时已经有佛了。

如果说，《周书异记》中关于释迦生死的传说，是在暗示人们，西周的昭王、穆王已经知道佛教，那么，《列子》一书则直接记述了周穆王的敬佛活动。梁僧祐《弘明集后序》说：

> 《列子》称："周穆王时，西极有化人来，入水火，贯金石，反山川，移城邑，乘虚不坠，触实不碍，千变万化，不可穷极，既能变人之形，又且易人之虑。穆王敬之若神，事之若君。"观其灵迹，乃开士（菩萨）之化；大法萌兆，已见周初；感应之渐，非起汉世……

唐朝道宣等人的《简诸宰辅叙佛教隆替状》也说：

> 《列子》云：周穆王时西极有化人来，反山川，移城邑，千变万化，不可穷极，穆王敬之若圣。此则佛化之初及也。

《列子》一书，虽称是周列御寇所作，但实际是魏晋时人的伪造。从该书的整个内容来看，它当属于道家著作，但其中掺杂着不少佛教思想。这里所说的"西极之国有化人来"等，就是用道家神仙家的语言所描绘的来去自由的佛，其形象与《庄子》中的"真人"、"至人"极为相似。魏晋时期不少老庄学者同时崇信佛教，他们常常用老庄思想来理解佛教，用老庄的语言来叙述佛教，因此，在《列子》中有这种描述是不足为怪的。但佛教僧侣把这一记载作为周穆王敬佛的证据，显然是站不住脚的。

佛教传说，悉达多太子出生后，周行七步，步步生莲花，一手指天，一手指地，说道："天上天下，惟我独尊！"

还有一种说法，认为佛生于东周庄王时期。

此说最早见于三国时期吴国武陵太守谢承撰写的《后汉书》，其中谈到："佛以癸丑七月十五寄生于净住国摩耶夫人腹中，至周庄王十年甲寅四月八日生。"此文所说的"周庄王十年"，即公元前687年，庄王是东周的第三代国王。据此，佛的出生年代在东周初年。

后来的《魏书·释老志》描写得就更为详细一些了：

> 释迦生时，当周庄九年。《春秋》鲁庄公七年夏四月，恒星不见，夜明，是也。

鲁庄公七年（前687年）相当于周庄王十年，而不是九年。再往后，隋朝费长房的《历代三宝记》及《隋书·经籍志》等书，都采用佛生于周庄王十年之说。

释迦牟尼像

本来，在印度的佛教经典中，关于释迦牟尼的生年没有明确记载，只是对释迦牟尼出生时一些所谓的祥瑞现象有些描述。如《普曜经》说："释迦牟尼生时，普放大光，照三千界"。《本行经》说："虚空无云，自然而雨。"中国佛教僧侣依据天人感应的神学天命论，把这种神秘说法与《春秋》鲁庄公七年"四月辛卯夜，恒星不见，夜中星陨如雨"的记载互相附会，说正是在这天释迦诞生了。这当然是不可信的。

△阿氏多尊者 南宋 佚名（传贯休）绘

三、燕王接见尸罗说

战国时期的燕昭王曾经接待前来朝见的胡僧尸罗，这是后秦人王嘉在《拾遗记》中的记载：

［燕昭王七年（前305年）］沐胥之国来朝，则申毒国之一名也。有道术人名尸罗，问其年，云：百三十岁。荷锡持瓶，云：发其国五年乃至燕都。善衒惑之术，于其指端出浮屠十层，高三尺，乃请天神仙，巧丽特艳，人皆长五六分，列幢盖鼓舞，绕塔而行，歌唱之音如真人矣。……又吹指上浮屠，渐入云里。

这部《拾遗记》，本来已经散佚，到了梁代才由萧绮搜罗残简集而成书，书中记载燕昭王的事迹，与晋代的原文已有所不同，也就是说梁代有所窜改。再查《晋书·王嘉传》就有："又著《拾遗录》十卷，其记事多诡怪"的评述。由此可知，《拾遗记》所记之事，有许多是怪异的传说。

至于书中谈到的沐胥国，大概是从《列子·黄帝篇》的"华胥国"推衍而来的，其实古代印度并无这一地名。历史典籍上虽载燕昭王礼贤下士，广泛招延学者方士，但并没有关于外来僧人或"道术人"的记述。印度在公元前三世纪阿育王统治之前，佛教还没有传到印度西北地区，当然更不可能传到战国时代的燕都。因而，燕昭王接见外国僧人尸罗云云，也只是传说而已。

四、秦皇囚禁胡僧说

佛教传说，秦始皇时，有外国沙门释利防等一批人马带着佛教经典来汉地传教。秦始皇不信那一套，把他们统统关进了监狱。不料，半夜时分，有金刚打破监狱牢笼，救走了这些人。

对这件事，隋朝费长房的《历代三宝纪》卷一载道：

始皇时，有诸沙门释利防等十八贤者，赍经来化。始皇弗从，遂

禁利防等。夜有金刚丈六人来，破狱出之。始皇惊怖，稽首谢焉。

与《历代三宝纪》大约相同的记述，还见于《佛祖统纪》卷三十五，其中谈到：

始皇四年（前243年），西域沙门室利房等十八人，赍佛经来化。帝以其异俗囚之。夜有丈六金神，破户出之。帝惊，稽首称谢，以厚礼遣出境。

秦始皇 嬴政

还有唐朝法琳的《对傅奕废佛僧事》等著述，都认为秦始皇曾经囚禁外国僧人。

另外，《隋书·经籍志》更有这样一段记载：

推寻典籍，自汉已上，中国未传，或云久以流布，遭秦之世，所以烟灭。

这是说佛教在秦代已经传入，并且输入了经典，但由于秦始皇的焚书坑儒，“久以流布”的佛教经典也随之被毁。这一传说，使得后世的佛教徒们益加主张，佛教古昔即已传入中国，秦始皇摧残了佛教。

秦始皇坑儒谷遗址

秦始皇焚书坑儒，意在维护统一的集权政治，反对是古非今，打击方士荒诞不经的怪谈异说，但并未收到预期的效果。

那么，历史上秦始皇究竟是否接触过佛僧？从时间上看，秦始皇从即秦王位到统一中国死在皇帝位上，是公元前246年—前210年，印度阿育王在位的时间大约是公元前273年—前232年。秦始皇和阿育王在位的时间大致是相同的。阿育王曾派大量使者到印度各地及周边国家传教，有的经印度西北、伊朗高原和小亚细亚，远达埃及、希腊。从中西交通方面的情况来进行考察，虽然从先秦以来中国内地与古西域之间已有某些民间往来，但是，还没有任何可信材料能够证明当时印度已与中国发生往来。特别是，秦始皇囚禁来华僧众一事，在南北朝以前，从未有人提及也未见片纸记述，只是到了隋唐佛教大发展时期，才有了这一传闻并见诸文字。显然，秦始皇拘拿胡僧的诸类传说，是后来的佛教徒们为把佛教传入中原的时间尽量往前提以抬高佛教而特意编造出来的。

五、汉武垂询劫烧说

汉武帝 刘彻

汉武帝曾经与佛打交道，这有三个方面的“根据”。

一是汉武帝垂询“劫烧”之说。

宋人宗炳的《明佛论》载：“东方朔对汉武劫烧之说。”是说东方朔已知佛教，并向汉武帝解释什么是“劫烧”。

但梁朝慧皎的《高僧传 · 竺法兰传》却说：

> 昔汉武穿昆明池，底得黑灰，以问东方朔。朔云不知，可问西域人。后法兰既至，众人追以问之，兰云：世界终尽，劫火洞烧，此灰是也。

所谓“劫烧”之说，是佛教对世界构成和发展的一种看法。它认为，世界变化无常，按一定程序终而复始地循环不已，每一个循环周期叫做一“劫”，每一劫包括四个阶段，即“坏”——世界因火灾或水灾、风灾毁坏；“空”——世界毁灭、空旷无物；“成”——世界重新形成；“往”——世界形成后正常存在。“劫烧”、“黑灰”是指世界因“火灾”烧毁后剩下的黑灰。这种“劫烧”说，至少是在佛教传入中国后相当一个时期才会被人了解的。汉武帝时虽已通西域，但至今没有可靠资料证明那时佛教已传入中国。东方朔生活的年代与张骞大致同时，虽然知识渊博，但没有记载说他知道佛教。而且，上述两段引文也是相互矛盾的，宗炳说东方朔知道“劫烧”之说，而在宗炳之后的慧皎却说东方朔回答汉武帝：“不知，可问西域人。”因此，我们可以说，汉武帝与东方朔在当时的历史条件下，还不会回答“劫烧”这样的佛教问题。

二是出使西域的张骞曾向汉武帝呈报佛教之说。

《魏书 · 释老志》载：

> 及开西域，遣张骞使大夏还，传其旁有身毒国，一名天竺，始闻浮屠之教。

依据这一记载，从大夏回国的张骞作了如下汇报：身毒国即是天竺（今天的印度），天竺国有浮屠之教，也就是有佛教的存在。

唐朝僧人道宣在他的《广弘明集》卷二中，把《魏书·释老志》的提法进一步发挥说：

> 及开西域，遣张骞使大夏，还云：身毒天竺国有浮屠之教。

好像张骞回国时，曾把报告印度有佛教当成一件大事。对此，我们应当怎样看呢？在公元前2世纪中叶，大月氏从东方迁徙到阿姆河以北地区，在征服大夏以后，从游牧生活转为农耕定居生活，风俗习惯逐渐与当地大夏人和邻国安息相同，当时佛教已开始从印度西北传到此地。张骞出使西域时，曾在大月氏停留一年多，应当说，他是有可能了解到印度佛教的。但是，张骞作为一个外国使者，人地两生，语言不通，是否会对异国他乡的宗教予以注意，这是很难说的。《史记·大宛传》、《汉书》的《张骞传》和《西域传》关于西域的记载，主要是根据张骞回国后的介绍，其中虽然也述说了印度的地理位置、气候风俗等，但没有一句话谈到佛教。正如刘宋范晔《后汉书·西域传》所说：

> 至于佛道神化，兴自身毒，而二汉方志，莫有称焉。张骞但著地多暑湿，乘象而战。

比范晔稍后的魏收在《魏书·释老志》上所说张骞“始闻浮屠之教”，这大概是他的一种推论，而不是张骞对汉武帝所做的呈报。至于唐朝僧人道宣在《广弘明集》中，把张骞回国呈报印度有佛一事说得有鼻子有眼，则纯属大胆揣想了。时代越晚，传得越邪乎，也就愈加不可信了。

霍去病

三是汉武帝祭礼“金人”之说。

据传，西汉武帝时，匈奴休屠王曾得一“金人”，此“金人”即是佛像。汉武帝对这“金人”顶礼膜拜，很是祭祀了一番。就此，南北朝时期梁人刘孝标在注解《世说新语·文学》篇时，引用《汉武故事》说：

> “昆邪王杀休屠王，以其众来降，得其金人之神，置之甘泉宫。金人皆长丈

余，其祭不用牛羊，唯烧香礼拜。上使依其国俗祀之。”此神全类于佛。岂当汉武之时，其经未行于中土，而但神明事之邪？

《魏书·释老志》则进一步肯定地说：

汉武元狩中，遣霍去病讨匈奴，至皋兰，过居延，斩首大获。昆邪王杀休屠王，将其众五万来降。获其神人，帝以为大神，列于甘

泉宫。金人率长丈余，不祭祠，但烧香礼拜而已。此则佛道流通之渐也。

这两处记述，虽然在文字上详略不同，但都强调祭祀金人的方法是“烧香礼拜”，即用祭祀佛像的方法祭祀金人。文中还分别谈到，“此神全类于佛”，汉武帝把这金人恭恭敬敬地“列于甘泉

△释迦牟尼

释迦牟尼是佛教创始人，本名乔达摩·悉达多。释迦是其种族名，意思是“能”；牟尼意思是“仁”、“儒”、“忍”、“寂”。释迦牟尼合起来就是“能仁”、“能儒”、“能忍”、“能寂”等，也就是“释迦族的圣人”的意思。

◁六道轮回图 唐卡

△泰国曼谷柴瓦塔那兰寺

宫”，似乎汉武帝在礼佛敬佛了。那么，这种说法是否可信呢？所谓的金人是否就是佛像？

还是让我们看看著述比较严谨的司马迁的《史记》和班固的《汉书》吧。据这两部史书记载，汉武帝元狩二年（前121年）春，霍去病率领一万骑兵出陇西，过焉支山千余里，在皋兰山下大败匈奴，“破得休屠王祭天金人”；同年夏，霍去病追击匈奴，“过居延”；同年秋，匈奴浑邪王杀休屠王并率其兵众降汉。司马迁和班固每逢提到休屠王金人时，总是明确地说是“祭天金人”，班固甚至说：“休屠王作金人，为祭天主。”他们从没有说过“列于甘泉宫”、“烧香礼拜”之类的话。

其实，匈奴有着祭天的传统习惯。对此，司马迁是很清楚的。他在休屠王的“金人”前特别加上“祭天”二字，正是说明这金人是匈奴祭天的神主（偶像），而不是什么佛像。

至于《世说新语·文学》篇注和《魏书·释老志》在讲金人时，都把“祭天”二字去掉，这不是偶然，是独具匠心，是故意暗示此金人即是金制佛像。

值得注意的是，东汉末年，曾有丹阳人笮融以黄金涂饰佛像，此后，社会上祭祀佛像之风一直很盛。因此，后来的人们根据这种崇佛现象而推论汉武帝时的金人即是涂金佛像，也是很自然的。

然而，历史终究是历史。汉武帝时，也就是公元前2世纪，印度佛教还处于部派佛教时期，社会上既没有成文佛经，也没有制造佛像。当时的佛教是以佛塔为信仰崇拜中心的。直到公元1—2世纪，随着佛教徒对佛陀的不断神化和大乘佛教的逐渐形成，印度佛教在吸收希腊和波斯宗教文化的基础上，才逐渐有了佛像的制作和崇拜。因此说，汉武帝祭礼佛像之说是不能成立的。

六、刘向发现佛经说

刘向，字子政，是汉皇族楚元王刘交的四世孙。汉成帝时，任光禄大夫、中垒校尉，曾校阅朝廷所藏图书，编成《别录》。后来的佛教徒们传说，刘向校阅宫廷图书时曾发现佛经。

这种说法一传再传。最早见于南朝宋人宗炳的《明佛论》，说：“刘向《列仙叙》，七十四人在佛经。”梁时刘孝标的《世说新语·文学》篇注道：

刘子政《列仙传》曰："历观百家之中，以相检验，得仙者百四十六人，其七十四人已在佛经，故撰得七十，可以多闻博识者遐观焉。"如此即汉成、哀之间，已有经矣。

到了梁朝，僧祐在《出三藏记集》卷二中则说：

昔刘向校书已见佛经，故知成帝之前佛法久至矣。

后来，隋代费长房在他的《历代三宝纪》卷二中进一步有所发挥：

大夫刘向自称："余览典籍往往见有佛经。"及删《列仙传》云："得藏书，缅寻太史创撰《列仙图》，自六代迄于今七百余人，向检虚实定得一百四十六人，其七十四人已见佛经。"

刘向

从此，历代佛学者都认为刘向校书时已经见到佛经，也就是说，在西汉成帝以前，汉地已有佛经流行。

然而，刘向的儿子刘歆在根据其父《别录》所作的《七略》中，连方技、术数一类的书目都著录其中，但却没有一句话谈到佛经问题，这绝不是忽略所至，而确实是当时还没有佛经。实际上，刘向所处的时代（公元前1世纪），在毗邻印度南部的斯里兰卡才刚刚出现用文字写的佛经，而在印度北部，直到公元1—2世纪才出现成文佛经。故此，刘向生活的年代，在中国是不可能有成文佛经传入的。所谓西汉皇家图书馆藏有不少佛经，刘向在校阅时得以发现的说法，显然是后世佛教徒们伪造的。

以上远古帝王、先代圣贤早已知佛的种种记述，都只能算是传说。这些说法，虽然在中国佛教史上为不少佛教僧侣学者深信不疑，但从当时的历史条件和各种资料进行考察，都是不能成立的。佛教传入中国的可靠年代，是在西汉末年和东汉初年的时候。

《般若波罗蜜经》手稿（印度11世纪）

这4片佛经由棕榈叶绘制而成，极为珍贵。由上至下依次是佛陀降生、鹿野苑初次说法、年轻时代的佛陀、月光菩萨。

第二章

佛光初照帝王家

佛教作为一种外来宗教，在西汉末年至三国时期，初踏汉地。释迦牟尼的幻影一经在华夏大地上闪现，便首先步入帝王之家，走入皇家宫苑。

佛教传入伊始，便被中国的帝王们所看重。我们可从如下两个方面来理解和审视这个问题：

第一，汉魏的王室皇族认为佛可以祈福，他们把佛看作与黄老一样的求神弄鬼、祈祷天地的一种“新鲜”祠祀。在他们眼中，黄老与浮屠是同样的祠祀崇拜的对象，佛、道二教没有什么明显区别。释迦牟尼像在王公贵族的家中，与中国道家等神祇一起，受到同等的供奉。

而作为佛教本身，在传入中国的初期，为了在汉地站住脚，也不得不变换自己的面貌和精神，主动与中国本土的宗教特别是道教相融合。佛教迁就道教、迎合道教的迹象是十分明显的，以至于南朝佛学家慧皎认为，汉魏时期的僧人不合乎佛教的标准，是“道风讹替”，佛被道化了。其实，佛教那时就是那个样子，和道教徒的

修行方式相近，不能算“讹替”。当时“设复斋忏，事法祠礼”，倒是完全真实的。因为那时的中国人，从帝王到百姓，基本上是把佛教当作神仙、方术之类的东西，他们所理解的佛教就是祠祀的一种，是用来祈福求寿的。

这样，汉末三国时期，从帝王到臣民，都是用看待道教的眼光来看待佛教的。换言之，这个时期的帝王没有哪一个是出于尊崇佛教教义而奉佛的，他们甚至对佛教的深奥哲理根本没懂几分。可以说，汉魏帝王所奉的是汉化了的佛，是披上黄老神仙外衣的佛。反过来，佛教的传入和传播，也恰是借助和依靠汉魏皇室及贵族上层，它作为中国皇帝的特别客人，登上了汉民族的舞台。

第二，祭佛在汉魏时期被视作帝王贵族的特权。曾几何时，神仙长生，祠祀求福，被看成是宫廷帝王及贵族们的一种奢侈的精神享受。在等级森严的封建社会，在西来之佛被认为可求神赐福的时候，佛教从它传入中国的那一天起，便为帝王将相服务了，它成为中国封建社会上层建筑的一部分，成为御用的宗教。

由于佛教被皇家贵族垄断、专用，在传入汉地后一百多年间，在民间基本上沉寂无声。在大城市中，屈指可数的佛寺，主要是供西域来华的僧侣居住使用的，法律上不允许汉人出家为僧。而王室贵族则以求长寿祈福音为目的，在深宫禁苑中不时立祠祭祀，“与神为誓”。佛教在以帝王为首的上层社会，确是好不热闹。

一、汉室博士的《浮屠经》

现在一般认为，佛教正式传入中国，始于西汉哀帝元寿元年（公元前2年）。这一年，有博士弟子景庐接受大月氏王使者伊存口授的《浮屠经》。

三国时，魏人鱼豢的《魏略·西戎传》有一段记载，谈到了伊存口授佛经：

> 昔汉哀帝元寿元年（公元前2年），博士弟子景庐受大月氏王使伊存口授《浮屠经》。曰复立者，其人也。《浮屠》所载临蒲塞、桑门、伯闻、疏问、白疏问、比丘、晨门，皆弟子号。

△佛陀说法

早期口授佛经，并无成典经文。

口授佛经，是佛教传统做法。在公元前1世纪以前，佛教经典没有成文记载，全靠口头传诵，甚至到东汉时我国早期的译经，也多从口授。由于是口授，又因为《浮屠经》是早期翻译的佛经，在使用词语方面很不规范，引文中所说佛陀弟子的各种称号，除临蒲塞（即后来的优婆塞）外，当是来自魏时各种译抄本《浮屠经》对“沙门”、“比丘”的不同译法。从内容上看，《浮屠经》所讲的，基本上是释迦牟尼的生平。

这里我们要注意的是，接受佛经的景庐是汉室的博士弟子。博士是西汉专掌经学传授的高级学术官，由太常定期选拔学生，交由博士教授，即是博士弟子。博士弟子到一定年限，经过考核，一般可在郡国任文学职务，优异者可授中央及地方行政官职。景庐便是这类在西汉朝廷所办的官学中专研经学的人员。而那位传授佛经的伊存，则是大月氏国王派出的使者。或者可以说，这种佛经授受活动，是在西汉哀帝和大月氏国王之间（通过他们的代表）进行的。实际情况也恰恰是，佛教刚刚传入，便成为御用品，在相当长的一段时间内，仅为宫廷、贵族所供奉。

二、汉明帝——第一位接触佛教的皇帝

△汉明帝 刘庄

先讲一段神奇的故事——

据说，东汉明帝在一天夜里做了一个梦，梦中见到一位身穿金甲的人，头顶上放出白色的霞光，在殿廷中飞来飞去，面有笑容，频频颔首。汉明帝醒后，头脑中老是沉浮着这一形象。第二天上朝，汉明帝把夜中梦境向群臣描述了一番，然后向百官询问作何解释，众臣都回答不知，只有傅毅回答说：听说西方有号称为“佛”的得道者，能飞行虚空，身有日光，皇帝所梦见的就是佛，这是佛显圣托梦于圣上，预示着大汉帝国一定会更加昌盛。汉明帝听后十分高兴，就派遣郎中蔡愔、博士弟子秦景等出使印度，抄写佛教经典。蔡愔等到达印度后，经过一番交涉和采访，最后与沙门摄摩腾、竺法兰等返回京师洛阳，传播佛教的跪拜礼仪。这就出现了汉译佛经《四十二章经》。同时，宫中对佛的供奉，规模也日益扩大开来。

这是中国历史上长期流传的“汉明帝感梦遣使求法”的传说，人们还往往以此作为佛教正式传入中国的开始。这种说法几乎得到了历代统治者的承认，例如：后赵著作郎王度上石虎奏议说：“往汉明感梦，初传其道。”北魏太武帝在太平真君七年（446年）颁发的取缔佛教的诏令上说：“昔后汉荒君，信惑邪伪，妄假睡梦，事胡妖鬼，以乱天常，自古九州之中无此也。”唐太宗《三藏圣教序》说：“大教之兴，基于西土，腾汉庭而皎梦，照东域而流慈。”唐韩愈在上唐宪宗的《论佛骨表》中也说：“佛者，夷狄之一法耳，自后汉时流入中国……汉明帝时始有佛法。”如此等等，记述颇多。

“汉明帝感梦遣使求法”之说虽然带有一些虚构成分，但若考诸历史典籍，其基本情节还是可信的。

其中最早的记载当是著于东汉的《四十二章经序》：

△汉明帝感梦金人

> 昔汉孝明皇帝，夜梦见神人，身体有金色，项有日光，飞在殿前。意中欣然，甚悦之。明日问群臣，此为何神也？有通人傅毅曰：“臣闻天竺有得道者，号曰佛，轻举能飞，殆将其神也。”于是上悟，即遣使者张骞、羽林中郎将秦景、博士弟子王遵等十二人，至大月氏国，写取佛经四十二章，在十四石函

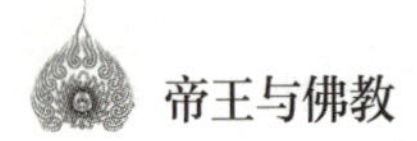

中，登起立塔寺。于是道法流布，处处修立佛寺，远人伏化，愿为臣妾者不可胜数。国内清宁，含识之类蒙恩受赖，于今不绝也。

此后，关于汉明帝感梦求法的记述不下数十种，具体情节上互有出入，文字描述越来越细，虚构浮夸的成分也越来越多。这主要反映在以下几个方面：

（1）关于汉明帝所梦“金人”的长相

汉明帝梦见的“金人”，其长相究竟怎样？各种史料有着不同的记载：

《后汉纪》：梦见金人，长大，项有日月光。

《后汉书》：金人长大，顶有光明。

《四十二章经序》：身体有金色，项有日光。

《水经注》：梦见大人，金色，顶佩白光。

《牟子理惑论》：梦见神人，身有日光。

《洛阳伽蓝记》：帝梦金人，长丈六，项背日月光明。

《冥祥记》：形垂二丈，身黄金色，顶佩日光。

《化胡经》：长丈六尺，项有日光。

《释老志》：顶有白光，飞行殿庭。

《高僧传》：夜梦金人，飞空而至。

在这些资料中，《后汉纪》、《后汉书》、《四十二章经序》和《水经注》中，都只是笼统地记载金人的身材“长大”，由项或顶发光，唯《牟子理惑论》作“身有日光”。及至后来的《洛阳伽蓝记》、《冥祥记》、《化胡经》，则具体地指出金人的身长是一丈六尺或二丈。对“金人飞行而立于庭”的记载，在《牟子理惑论》、《释老志》、《高僧传》中，均有所见，但在其他的文献里，却找不到这类的记载。以上资料所述金人的长相，最初是身材长大而放光，接着有了身长的具体尺寸，最后又加上了飞行于庭的记述。

佛足 明代雕刻

此佛足刻于北京真觉寺金刚宝座塔中塔基座，如真人足掌大小。相传是释迦牟尼圆寂时伸出灵床外的双足。佛教徒膜拜时，以头顶足印，表示对佛的敬仰。

（2）关于汉明帝派遣的使者是谁

最初的史料记载，汉明帝派往西域求法的使者是张骞等人。后来佛教徒们

发现，说汉明帝派张骞西行求法，容易与汉武帝时出使西域同名的张骞相混淆，而被道家论敌所利用以此攻击佛家。于是，渐渐把张骞的名字去掉，而换上其他人的名字。如，南齐王琰的《冥祥记》说是："使者蔡。"后来梁慧皎的《高僧传》则说使者是"郎中蔡、博士弟子秦景等"。《魏书·释老志》也持这种观点。至于为什么偏偏换成了"蔡"，而不是其他别的什么人，现在还没有可靠的资料可以说明。

天竺沙门迦叶摩腾 塑像

（3）关于汉明帝遣使求法的年代

最早提出汉明帝的使者出归年代的，是西晋末年道士王浮，他在伪造的《老子化胡经》中说：

> 至汉明永平七年甲子，岁星昼现，西方夜明，帝梦神人长丈六尺，项有日光，旦问群臣。傅毅曰："西方胡王太子成道佛号。"明帝即遣张骞等穷河源，经三十六国，至舍卫，佛已涅槃。写经六十万五千言，至永平十八年乃还。

竺法兰 塑像

这里将汉明帝求法使者的派出和回归时间分别定为永平七年和永平十八年，即公元64年与公元75年。此后，在汉明帝求法的年代问题上，又出现了许多说法。例如，南北朝时出现的伪书《汉法本内传》说，永平三年（60年）遣使。隋朝费长房的《历代三宝记》卷2说，永平七年（64年）遣使，永平十年（67年）回国。宋志磐的《佛祖统纪》也持这一说法。之所以出现这种种说法，原因就是没有最可靠的根据。既然东汉时期的《四十二章经序》和《牟子理惑论》都没有能够确定年代，这以后所出现的关于年代的诸种说法，自然是不足置信的。

（4）关于随使者回到洛阳的胡僧迦叶摩腾和竺法兰

迦叶摩腾（或作"摄摩腾"）和竺法兰这两个外来沙门，历史上到底是否确有其人？刘宋以前未见记载，南齐之后才渐有其名。《高僧传》介绍说，迦叶摩腾是中天竺人，解大小乘经，来洛阳译有《四十二章经》；竺法兰也是天竺人，自言诵经论数万章，遇见蔡愔前去求法，便与迦叶摩腾相约共同来华传教，他在洛阳译有《十地断结》、《佛本生》、《法海藏》、《佛本行》、《四十二章》五部佛经。《四十二章经》是不是迦叶摩腾所译，现在难以考证，而把他说成是随汉明帝使者来华的，根据就更不充分了。至于竺法兰，则可以说是明显伪造的了。梁僧《出三藏记集》说："使者张骞、羽林中郎将秦景到西域，始于月氏国遇沙门竺摩腾，译写此经（指《四十二章经》）还洛阳。"这个不能完全置信的记载，也仅是提到摩腾，而根本没有竺法兰的名字。故此，《高僧传》中关于竺法兰的记述是不可信的。

（5）关于求法使者带回的佛像

南齐王琰的《冥祥记》记述说：

> 初使者蔡将西域沙门迦叶摩腾等，赍优填王画释迦倚像。帝重之，如梦所见也。乃遣画工图之数本，于南宫清凉台及高阳门显节寿陵上供养。

汉明帝的使者是否真的带回了释迦倚像呢？这先要看看优填王画制佛像故事的真伪。最早提到优填王画佛的记载，是东晋瞿昙僧伽提婆译的《增一阿含经》，上面说：佛祖释迦牟尼上三十三天为其母摩耶夫人说讲佛法，地上的信徒们因为长时间看不到释迦而产生了思念之情，于是，跋耆国王优填王用牛头构檀作成五尺高的佛像，迦尸国王波斯匿王则用紫磨金作五尺高的佛像，“尔时阎浮提（世界）里内，如有此二如来形象”。这里所说的，全是佛的立像。其实，释迦牟尼在世时，根本就没有佛像的制作，直到公元1世纪后期才出现佛像。因此，《增一阿含经》的这个说法，当是在盛行佛像崇拜以后才形成的。至于《冥祥记》中所记的优填王画制释迦倚像，这本属神话传说，若说汉明帝的使者从西域带回了佛像，时间似乎过早了一点。东汉的《四十二章经序》和《牟子理惑论》二书，都没有讲从西域带回佛像的事；《牟子理惑论》虽然谈到在南宫清凉台及开阳门上等处制作佛的图像，但也没有讲是按照西域像画的，而且这个说法本身也是难以作为凭证的。可见，有关汉明帝的使者从西域带回佛像的说法，是靠不住的。

▲僧侣图

（6）关于汉明帝与白马寺

汉明帝修建白马寺的传说格外引人关注。就白马寺的缘起，现在一般地认为，汉明帝夜梦金人，遣使求法。使者行至大月氏国，正好遇到在当地传教的天竺高僧摄摩腾、竺法兰。永平十年（67年），汉使梵僧用白马驮载佛经、佛像，跋山涉水，回到洛阳。汉明帝礼请二位外来高僧暂时下榻于鸿胪寺（负责外交事务的官署）。第二年，汉明

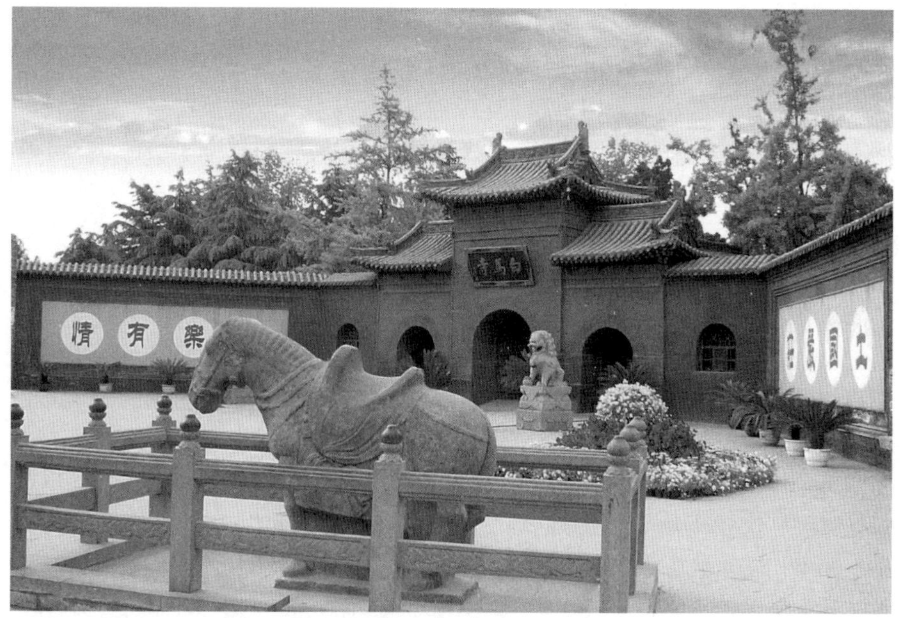

河南洛阳白马寺

位于洛阳城东十多公里处，北背邙山，南临洛水。相传是汉明帝时，为天竺沙门摄摩腾与竺法兰所建的精舍。

帝又命于洛阳城西雍门外三里御道之北修建僧院，供外来高僧居住专用。这就是著名的白马寺。

为什么叫白马寺呢？说法有二：第一，据《事物纪原》记载：“（汉明帝时）自西域以白马驮经来，初正鸿胪寺，遂取寺名，置白马寺，即僧寺之始也。”可见，白马寺之名一是为铭记白马驮经之功。第二，是因二位外来高僧曾下榻于鸿胪寺，遂取其“寺”字。以后，“寺”便成为中国僧院的泛称。《高僧传》的记述则又不同了，该书说，一外国国王曾下令毁坏天下寺庙。一天夜里，忽然有一匹大白马来到招提寺，绕塔悲鸣。有人把此事奏报国王，遂下令停止破坏寺庙，因此把招提寺改为白马寺。

历史上，汉明帝是否兴建过白马寺？据史家考察，随着佛教传入中国，为安置西域僧侣居住而兴建一些佛寺是可能的，但汉明帝所建的倒不一定就叫白马寺。

《高僧传·摄摩腾传》上，就白马寺问题有过这样一段记述，或许有些道理：

> （蔡愔）等于彼（天竺）遇见摩腾，乃要（邀）还汉地……明帝甚加赏接，于城西门外立精舍以处之……有记云：腾译《四十二章经》一卷，初缄在兰台石室第十四间中。腾所住处，今洛阳城西雍门外白马寺是也。

据此，东汉明帝时代的白马寺，可能不是后来意义上的寺院，而是作为天竺沙门的“精舍”，具有宾馆性质，专门用以招待来朝的外国僧人，这大概是

白马寺的原始形成。到后来，在“精舍”中建塔，奉把佛像，逐渐演变成寺院了。白马寺的名称，当是后来才有的。

不管怎样，始建于东汉的洛阳白马寺，确为“中国第一古刹”，它一度成为佛教重要译场。据载，西晋名僧竺法护在太康十年（289年）译《文殊师利净律经》和《魔逆经》，永熙元年（290年）译《正法华经》，都是在“洛阳城西白马寺”。不过，在当时称“白马寺”的佛寺不仅洛阳有，别的地方也有，例如竺法护就曾在“长安内白马寺”译《须真天子经》。若按《高僧传》“故诸寺立名多取则”的说法，则当有更多的白马寺在历史上存在过。

以上谈了汉明帝感梦求法的传说所引出的有关历史疑案。从各种历史典籍中我们仍能清理出汉明帝遣使求法的基本情节，这就是：其一，汉明帝夜梦金人，金人的身材长大，并且放光；其二，汉明帝垂询百官，朝臣回答西方有神名叫佛，陛下所梦即是佛；其三，汉明帝派遣使者往天竺问求佛法，寻取佛经；其四，使者从大月氏抄写回佛经四十二章（即《四十二章经》），存放在皇室图书档案馆兰台石室中；其五，从此以后，外来僧人增多，兴建佛寺，佛教在社会上迅速传播。

回过头来，从当时的历史环境看，汉明帝求法之说当属史实。东汉初年，汉地与西域的交通往来频繁，对佛向有好感的汉明帝派人去西域求法，这在道理上是讲得通的。大月氏当时盛行佛教，在西汉末年其国王使者伊存已向博士弟子景庐口授佛经，因而汉明帝时派人去大月氏抄写佛经四十二章是很自然的。《四十二章经》不是一部独立的佛经，是辑录小乘佛教基本经典《阿

国王、王后与大臣（西域地区）

西域曾被佛教僧侣视为“小西天”，或誉为佛教的第二故乡。印度佛教传入西域的时间，大约是公元前1世纪后半叶，主要传入地区是新疆的于阗、龟兹、疏勒、若羌、高昌等地。自印度佛教传入西域后的几百年间，西域佛教有了长足的发展，佛教图像、寺庙和石窟等佛教建筑开始在西域大地出现。

含经》要点的“经抄”，它相当于“佛教概要”一类的入门书。在汉代佛教刚刚流行的时候，抄回这种佛经也是可以理解的。两汉之际，佛教虽已传入中国内地，但并没有专门兴建佛寺，而在汉明帝时佛教进一步流传之后，逐渐兴建佛寺，是佛教发展的必然趋势。

总起来说，汉明帝夜梦佛陀遣使求法说基本上是成立的。因此，汉明帝应该是第一位接触佛教的中国帝王。

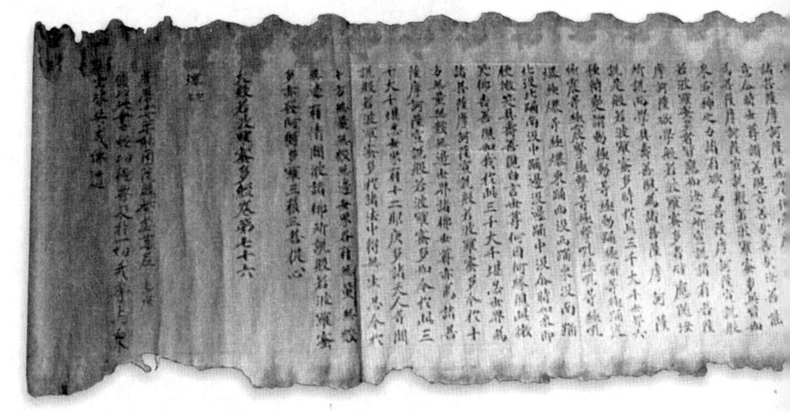

大般若波罗蜜多心经

这里有一点很值得注意，佛教初创不久，便向东传入汉地，而不是向西传播，其首要条件是：1世纪前后汉印两大民族之间的默契，在积极追求相近的理性精神需要上的默契。汉明帝扮演的只是一个心有灵犀一点通的角色，所谓“一人之心，千万人之心也”。

三、楚王刘英供养沙门

楚王刘英，是东汉明帝的异母弟弟。汉明帝太子时，与楚王刘英的感情就非常好。因此，明帝即位后，对赴任边境的楚王刘英经常予以赏赐。

楚王刘英一向奉佛。《后汉书·楚王英传》记载，楚王刘英年轻时好游侠，结交宾客，晚年“更喜黄老，学为浮屠，斋戒祭祀”。

汉明帝永平八年（65年）朝廷下诏，天下凡有死罪者，可以通过纳缣来赎罪。当时，楚王刘英遣派郎中令奉黄缣、白纨三十匹，送到主持封国政务的国相那里，以谢咎自己在政治上的不周之处。

汉明帝得知后，很为楚王刘英的这番忠诚所感动，认为他之所以有这样开明的态度，是基于对佛教的信仰，而有如下一番话颁赐楚王刘英：

> 楚王诵黄老之微言，尚浮屠之仁祠，洁斋三月，与神为誓。何嫌何疑，当有悔咎？其还赎，以助伊蒲塞（即优婆塞——男居士）、桑门（沙门）之盛馔。

楚王刘英本来想通过奉献缣纨三十匹来赎罪，汉明帝却认为他的情况不同，所以降诏说，你既然相信黄老、浮屠，一定是个很好的人了，并把缣纨退回，作为布施之用。这个诏书的字里行间，充满了汉明帝对楚王刘英信仰佛教

朝三皇

三皇像：伏羲、神农氏、燧人氏。明代壁画。山西新绛县稷神庙。

的称赞。汉明帝还把这个诏书下达给各封国的国傅（代表朝廷训导各封王的师傅）。

从楚王刘英奉佛和汉明帝所颁诏书中，我们可以从一个侧面窥视到东汉初年帝王事佛的几种情况：

第一，楚王刘英把佛教视同黄老。黄老思想在西汉初年曾作为统治阶级施政的指导思想发挥过积极作用，而在汉武帝“罢黜百家，独尊儒术”以后，它逐渐与社会上早已流行的神仙家思想、阴阳五行学说以及各种方术相结合，演变成一种宗教，至东汉末年正式成为道教。《汉书·艺文志》所收录的不少神仙方术的书，都冠以黄帝之名。黄帝与老子被视为神仙术的鼻祖。因此，东汉时期人们把黄老作为祭祀对象是十分自然的。佛教刚刚传入时，人们认为佛教与黄老道术没有什么区别，楚王刘英所收拢的大批方士中，有的就是信奉佛教的沙门和居士，他本人是把黄帝、老子、浮屠合起来共同奉祀的。

第二，刘英时代佛儒二教的早期相融。从“尚浮屠之仁祠”这一点看，似乎有仁道之意在内，仁即是仁慈，是孔子儒教的核心。这里的“浮屠仁祠”多少有些儒家仁教的含义，浮屠附带上了儒家的若干伦理思想。这可理解为佛教与儒教的原始相合，奉佛与崇儒达成一致。

第三，楚王刘英遵奉的“洁斋三月，与神为誓”，即是佛教斋戒仪式。按着佛教的规定，居士在一年的正月、五月、九月这三个月的初一到十五日，要严守五戒和八戒，称为“三长斋月”。这种佛教斋戒形式，楚王刘英已经实施了。

第四，楚王刘英供养了一些沙门和居士。在楚王刘英身边的沙门和居士，

主要是来自西域的佛教僧侣和在家信士，但也有了个别中国的佛教信徒。楚王刘英自己常常和这些沙门、居十一起奉行斋戒。正因此，汉明帝才诏赐楚工刘英，退还其黄缣白纨，以帮助解决沙门、居士的餐饮问题。

楚王刘英的奉佛活动表明，在东汉初年，佛教只是作为当时流行的重视祭祀的黄老方术的一种，受到统治阶级上层中极少数人的信奉，在社会上还没有产生多大的影响。佛光还只是在皇家贵族的大院内徘徊。

四、汉桓帝深宫拜佛当神仙

东汉桓帝刘志奉佛的一个显著特点是，他把佛视作神仙的一种，把供佛当成求仙的一个途径。

汉桓帝即位于公元147年，当时只有15岁。史载，汉桓帝的生活荒淫腐朽，他相继娶了三个皇后，置宫女五六千人，“食肉衣绮，脂油粉黛，不可赀计”。为了延年祈福，汉桓帝非常迷信宗教，几乎是有神必拜。史书评说：“桓帝即位十八年，好神仙事。”

先看看汉桓帝是如何祭祀老子求仙的。

《后汉书·桓帝纪》记载，延熹八年（155年）春，汉桓帝派中常侍左到苦县（今河南省鹿邑县东）祭祀老子。同年十一月，又派中常侍管霸到苦县祭祀老子。老子是苦县厉乡曲仁里人，在那里有把奉老子的神庙，所以汉桓帝接连派人前往祭祀。

老子出关图

《后汉书集解》引《孔氏谱》说：

> 桓帝位老子庙于苦县之赖乡，画孔子像于壁。孔畴为陈相，立孔子碑于像前。

汉桓帝在祭祀老子的同时，把孔子也当成偶像供奉了。

《后汉书集解》又引《老子铭》说：

> 延熹八年八月甲子，皇上尚德宏道，含闳光大，存神养性，意在凌云。是以潜心黄轩（指黄帝），同符高宗（指商王武丁），梦见老子，尊而祀之。于时陈相边韶，典国之礼，演而铭之。

“存神养性，意在凌云”，汉桓帝尊奉黄老的意图乃是飞升了。

汉桓帝甚至还在宫中祭祀黄老。《后汉书·桓帝纪》载：延熹九年（166

△孔子

年）七月，汉桓帝“祠黄老于濯龙宫”。这个以濯龙池命名的宫殿，坐落在京师洛阳的西北。《续汉书》说，汉桓帝祭老子时设华盖八座。《后汉书·祭祠志》载道：汉桓帝“亲祠老子于濯龙，文罽为坛饰，淳金银器，设华盖之坐，用郊天乐也”。并注引《东观汉记》说：“祠用三牲，太官设珍馔，作倡乐，以求福祥。”汉桓帝是在仿效祭天的隆重仪式来祭祠黄老的。

再看看汉桓帝在祭祀黄老的同时，是怎样祭祀浮屠佛祖的。

《后汉书·桓帝纪》说：“前史（指《东观汉记》）称桓帝好音乐，善琴笙。饰芳林而考濯龙之宫，设华盖以祠浮图、老子。”《后汉书·西域传》也说：“汉自楚英始盛斋戒之祀，桓帝又修华盖之饰。”汉桓帝在华盖上加饰绿以祀浮屠。汉桓帝在濯龙宫祭祀老子的同时，也曾设置华盖，将佛陀与黄老一起同在濯龙宫奉祀。这种崇把方式，多少与楚王刘英有些相同，把佛教也看作是神仙术的一种，视为祈求长生不老的宗教。

关于这点，襄楷在给汉桓帝的奏议中说得更清楚了。《后汉书·襄楷传》载：

又闻宫中立黄老、浮屠之祠。此道清虚，贵尚无为，好生恶杀，省欲去奢。今陛下嗜欲不去，杀罚过理，既乖其道，岂获其祚哉！或言老子入夷狄为浮屠。

这里明确地说明，汉桓帝在宫闱之内设祠，同时祭祠黄老和浮屠，既崇道又奉佛。

不仅如此，汉桓帝还制作佛像，作为偶像崇拜和供奉。《历代三宝记》卷4载：“孝桓帝世又以金银作佛形象。”

从汉桓帝的崇道奉佛活动动中，我们可以看出以下几点：

首先，对黄老的信仰和祭祠，东汉末年桓帝时比东汉初期的楚王刘英时期向前发展了一步。楚王刘英仅是爱好黄老之言，在王宫对黄老、浮屠并行祭祀，而汉桓帝不仅在宫中用祭天仪式祭祀黄老、浮屠，还在传说中老子故乡的苦县建老子庙，多次派专使前往祭祀。这与当时道教已经创立并在社会上传播开来是有关系的。也就是说，黄老之教已在中国社会的各个阶层具有了相当的影响，同样也深深地影响了以汉桓帝为代表的汉代皇室。

其次，汉桓帝把佛教视为黄老道术的一种。汉桓帝时，佛教虽然传入中

国已有一段时间，但尚未得到广泛传播，因此它的一整套独特的教义和组织形式，还不为世人真正理解，人们只能就佛教的一般教义如“断欲去爱”、“行大仁慈”以及戒“杀、盗、淫”等来与黄老之教相比，认为二者大致相同，甚至认为老子晚年西入夷狄化作浮屠，创立佛教。这成为后来《老子化胡经》的最早来源。汉桓帝对佛教的理解，也不外乎如此。他祭祀黄老、浮屠的目的，就是为了求福祥，延寿命，“存神养性，意在凌云”，最终求得飞升成仙。在这方面，不用说在黄老神仙家那里有不少所谓成仙的方术，就是早期流行的佛经和佛教传说的某些内容，也很容易被人理解为神仙方术。如《四十二章经》中宣扬的修行佛道者可达到“七死七生”的境界等。这些，对于追求长生不老、变化成仙的人来讲，自然是有吸引力的。在汉桓帝这些人的眼里，浮屠和黄老神仙没有什么区别。

最后，汉桓帝实际上是并奉佛、儒、道三教。他在苦县立老子庙，墙壁上画孔子像，陈相孔畴立孔子碑于像前，说明在汉桓帝等人心目中，浮屠、老子、孔子是受到同等待遇的，祭祠他们都是为了延年益寿，祈求长治久安。在他们心中，佛、道、儒三教相差无多。在以桓帝为代表的东汉朝廷看来，只要能够帮助他们维护统治、可保久安长寿的思想和宗教，均可利用。这样，在佛教刚一落脚于华夏土地上，便被“万人之上”的皇帝为我所用，不自觉地将它与儒、道二教视为等同了。或许我们可把这看作是原始的“三教合一”。

大概是由于汉桓帝对佛教的偏好和支持，东汉末年的京师洛阳成为汉地翻译佛经的中心，并有外国佛教使者来到这里从事佛经翻译，其中以安世高、支娄迦谶二人影响最大。

安世高，一名安清，原为安息国太子。他广览佛经，尤其精于上座部系统说一切有部的理论学说，曾游历西域各国，通晓各国语言。汉桓帝建和二年（148年），安世高来到洛阳，不久学会汉语，即从事译经工作。先后共译出佛经三十余部。其中主要有《安般守意经》、《阴持入经》、大小《十二门经》等，多为小乘佛教一切有部的经典。安世高译经，重点在“禅数”之学。“禅”指禅观，即通过禅定静虑而领悟佛教之道，其方法有多种，其中如“安般守意”，是要求有意识地控制气息出入，守持意念，专心一境。其他如《十二门

△老子

经》、《大道地经》等，都是指导人们修习禅定的佛经。“数”是用数字把佛教中名目繁多的名词概念加以分类论述，从而阐释佛教基本理论的一种方法，又称“数法”。如四谛、八正道、十二因缘、五蕴、十二处、十八界等。这给初学佛教的人带来很大方便，因此，安世高的译经在当时颇有影响。

支娄迦谶，亦称支谶，原为月氏国人。于汉桓帝时来到洛阳，共译佛经十多部。其中确实可考的有《道行般若经》、《首楞严三昧经》、《般舟三昧经》三部。他所译的经，数量虽然不多，但对佛教在中国的发展却有很大影响。如《道行般若经》是反映佛教般若学的较早的一部经，主要宣扬大乘佛教的“诸法性空”、“诸法如幻”的思想。后来到魏晋时期，佛教般若学引起了当时许多学者的兴趣，从而形成了一个研究高潮，并有所谓“六家七宗”之说，推动了中国思想史的发展。另外，《首楞严三昧经》和《般舟三昧经》都是讲大乘禅观的佛经，特别是后者，着力宣扬阿弥陀佛的西方净土，净土思想的流传，实际以此为开端。

汉桓帝时，除安世高、支娄迦谶外，在洛阳还有天竺僧竺佛朔，大月氏僧支曜，安息商人居士安玄等，也都译出一些佛经。当时汉族知识分子中也有极少一部分人参与译经活动，如严佛调、孟元士、张少安、子碧、孙和、周提立等。但从当时缮写和流通经书的条件来看，佛经传播的范围还是十分有限的。

从东汉桓帝的奉佛情况来看，他是把佛教当成一种神仙方术，把沙门视同方士。东汉时期的佛教也正是依附于当时流行的道术而存在，并作为道术的一种而传播的。可以说，汉桓帝奉佛，所奉的并不是真正的佛，已远远不

◀安世高化度䢼亭湖神全图

符合印度佛教的本来面貌，而是一种涂着浓重的黄老之学和神仙方术色彩的佛学。

以上我们相继谈了汉明帝、楚王英、汉桓帝的奉佛活动，从古代文献资料的角度窥视到东汉帝王是如何认识和对待佛教的，而现今的文物考古成果也恰恰表明，东汉时期确实已见佛光。在1954年发掘的山东东汉画像石墓中，我们看到了在墓中室八角柱上线雕的神仙、奇禽异兽中，刻有一个神童，头戴露顶帽，顶上用带结发，绕头有一个圆圈，如佛光状，着花领衣，衣下缘作花瓣状，腰束花巾，巾下垂流苏，双手捧着一条鲇鱼状的东西端立着。这种画像在柱南面和北面的上端各有一个。

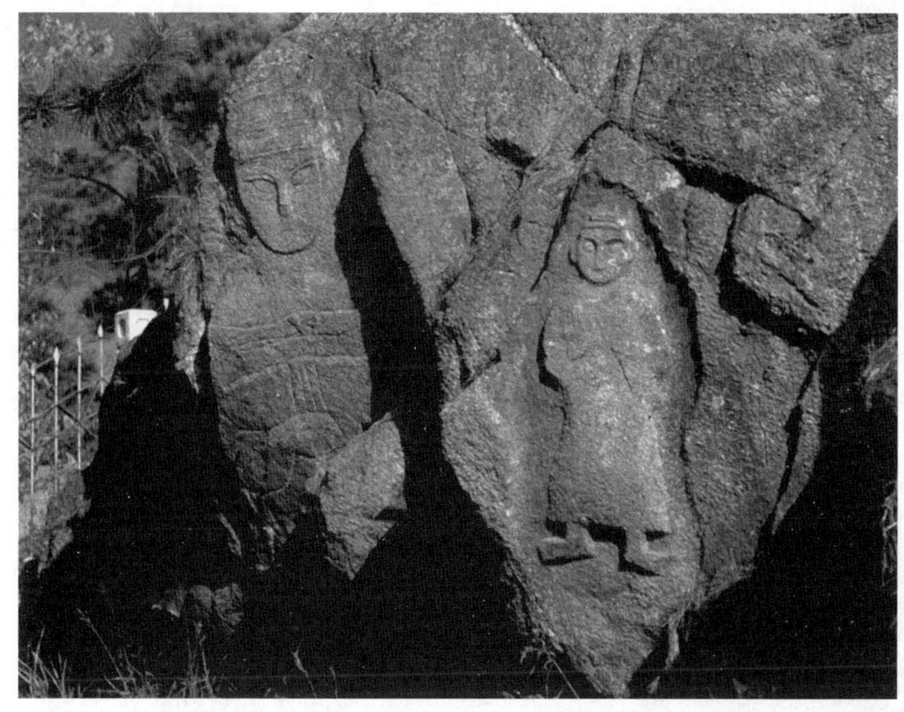

△摩崖石刻 四川

此石刻像体现了东汉末期佛教和道教和谐共存、共同发展的情景。

怎样理解这个项有光环的童像呢？在古印度犍陀罗佛教造像中，就有头背有佛光的佛陀立像。《四十二章经序》说：汉明帝“夜梦见神人，身体有金色，项有日光，飞在殿前……”《历代三宝记》说：“孝桓帝世又以金银作佛形象。”因此，这个项有光圈的神童像，很可能是受佛教传说和佛教造像影响的产物。

在四川乐山东汉的墓室石刻里，还发现了真正的佛像。在四川乐山县麻浩享堂梁上刻有一个端坐佛像，高37厘米，宽30厘米，面部已残，绕头有佛光，身上好像披着通肩袈裟，右手似作“施无畏相”（右手上举，伸五指，掌向外），左手似有所执。同墓的额枋上还刻有朱雀、铺首和垂钓者，而一般崖墓中在此部位也往往雕刻朱雀、龙、虎等神兽和神仙形象。在其附近与其风格相同的有纪年铭的崖墓里，有顺帝“永和”（136—141年）和桓帝（158—167年）等年号。可见，乐山崖墓所雕佛像应是东汉末年的作品。

在四川彭山县崖墓内发掘出的一个陶制佛座，高20.4厘米，座下部塑双龙衔璧，上塑端坐佛像，头上有肉髻，右手似作“施无畏相”，着通身袈裟，衣褶分别，左右各立一侍者。墓内虽无纪年铭，但与该陶制佛座同时出土的陶俑、陶动物以及陶制屋宇等，都具有明显的汉代陶器的特征。

如果说，历史为我们留下了东汉帝王知晓佛光、制造佛像的文献资料，那么，这些出土文物则是不容置疑的真凭实据了。

五、汉末下邳国相笮融的浮屠寺

△青瓷谷仓罐

该仓罐上部是一个上下层的建筑，正中有一门台，四周各立一望楼，望楼间各有一双掌合十的胡人，罐腹部贴有六个起舞的胡人。

下邳国，是东汉永平十五年（72年）改临淮郡置国而设，因治所在下邳，故称。其辖境相当于现在江苏西北角一带地方。笮融在东汉末年曾在下邳为相，他崇奉浮屠，礼佛活动十分频繁，成为中国佛教史上最早的官僚居士。

这里先从笮融的丹阳（今安徽宣城）同乡陶谦谈起。东汉末年，任徐州刺史的陶谦因镇压境内的黄巾起义有功，升任徐州牧。笮融得知乡人陶谦主政徐州，便聚集数百人前来投靠。陶谦任笮融为下邳相，并命其督管广陵（今扬州）、下邳（今江苏宿迁西北）、彭城（今徐州）三郡的粮食运输。笮融其人原本信奉佛教，他于是利用职权把三郡的钱粮用来大肆兴建佛寺。《后汉书》载：笮融“遂断三军之委输，大起浮屠寺”。

《佛祖统纪》卷35说：“兴平二年（195年），下邳之相笮融，起佛祠，课人诵经、浴佛、设斋，时会者五千余人。”

史书记载，笮融建造的佛寺十分宏伟豪华。《三国志》卷49就此记述道：

> 以铜为人（指所造佛像），黄金涂身，衣以锦采。垂铜盘九重，下为重楼阁道，可容三千余人，悉课读佛经。

这是正史上第一次明确记载兴建佛寺雕造佛像的情况。它向我们披露了这样三点情况：

其一，笮融所建佛寺规模十分宏大，很有特点。“铜盘九重”就是以相轮装饰，“重楼”指所造的层塔，“阁道”是说回廊环绕。这使我们了解到早期佛寺的建筑形式：上叠金盘，下为重楼，且有堂阁围绕。实际是一种以层塔为中心，环绕以回廊的佛寺。此寺之大，“可容三千余人”，则委实不小了。

其二，笮融所供奉的佛像是“以铜为人，黄金涂身”。这里十分明确地谈到，笮融所祀的佛像是雕像，是涂有黄金的铜制佛像。魏人张晏曾说：“佛徒乃祀金人。”可见，汉魏时期，金色佛像的知识已流传开来。

其三，笮融十分注意诵读佛教经典。桓帝时代，安世高、支娄迦谶、竺佛朔等人已到中土，到了灵帝、献帝时代，更有安玄、康巨、康孟详、竺大力、昙果等外国僧侣相继来到汉地，并且分别翻译出了大批的佛教经典。所以，笮融时代已有汉译佛经可读。在笮融兴建的佛寺内，在寺人员"悉课读佛经"，并有三千余人一齐读经的场面。我们可以推想，三千人共诵之经一定是十分简单通俗、人尽能读的短经，或许是很多人聚集在佛像前的众人唱和。

笮融不仅建造佛寺，而且还颁布百姓信奉佛教的优惠政策，他下令说，百姓凡是愿意奉佛者，都可以免除徭役。《三国志》卷49说：

> ［笮融］令界内及旁郡人有好佛者听受道，复其他役以招致之，由此远近前后至者五千余人户。

在战乱连年、百姓纷纷逃亡的情况下，招徕民户，就意味着可以发展生产，增加财政收入。笮融用信佛免除劳役的方法招引民户，这实际是一项鼓励百姓奉佛，从而促进生产的措施。在笮融的优惠政策下，该寺院所在地的郡以及邻郡的民众中，或有好佛者都成为佛教的信徒，到下邳佛寺会聚。这可以说是为自由信佛之徒开辟了一条坦路。因此，笮融的辖区内，在家的佛教信徒日渐增加。不管当时信奉佛教的老百姓是出于真心还是只图"就食"和免役，史书中所列举的"三千余人"、"五千余人户"、"万人"等各项数字，至少表明，由于笮融的崇佛，扩大了佛教的影响和传播的范围。

大佛光寺

飞天

笮融还经常举行盛大的浴佛法会，在八十里的范围内铺席设酒饭，招待前来参加法会的人。还是《三国志》卷49载：

> ［笮融］每浴佛，多设酒饭，布席于路，经数十里，民人来观及就食且万人，费以巨亿计。

三国志　书影

这里谈到笮融举办浴佛和斋会两种佛事活动。浴佛的形式是，从远近各乡里，以此寺为中心，聚集起成千上万的人，拥抬着佛像，沿着大街小巷游行，乡人则在各家门口浇水浴佛，情形很有些像后世的迎神赛会，这种浴佛会一般是在佛陀诞辰之日举行。“多设酒饭，布席于路”，即是设斋饭以飨应众人，其筵席沿道而设，广排盛宴长达数十里，参观或受食者将近万人，耗资上亿。

下邳国相笮融如此盛大常规性的佛教活动，是在193年曹操攻打徐州以前的四五年间举行的。当曹操带兵攻打陶谦时，笮融率领男女民众万人逃往广陵。跟随他逃亡的人群之中，佛教信徒当是不少的。笮融因贪广陵财富，杀死太守赵昱，并纵兵大掠。兴平二年（195年），杀死豫章（治所在今江西南昌）太守朱皓，占据其地。佛教的传播，也从下邳、广陵到了豫章。

佛学史家认为，汉明帝感梦求法，使佛光辉煌中土，笮融在下邳、广陵、豫章的奉佛活动，则使佛陀之光逐渐及于边俗。笮融出

身丹阳郡，而丹阳的泾县，恰是大约一百年之前楚王刘英的流亡之地。早在那时，佛教便随着楚王刘英一起南下了。笮融的奉佛，是假托运输粮食之名，把到了手的官方资金，用于佛寺建造。他用于浴佛会上数以亿计的巨额费用，也不能算是净财的运用。一句话，笮融是利用手中的特权搞礼佛活动。由于笮融的大力提倡、鼓励，江淮一带形成了浓厚的佛教气氛，下邳国相笮融也因奉佛而留名。

六、曹魏三帝与佛

在东汉末年的军阀大混战中，形成了魏、蜀、吴三大割据集团。曹魏初期，尊儒家思想为正统，对包括佛教在内的黄老神仙方术和鬼神祭祀，曾一度采取严格限制的政策。

先看一代枭雄魏武帝曹操。还在汉灵帝光和末年（当是184年），曹操因镇压颍川黄巾军有功，被任命为济南相。济南所属十余县的官吏多“阿附贵戚，赃污狼藉”。曹操到任后，把其中八县的县令罢免，并“禁断淫祀”。西汉初，城阳王刘章因讨吕氏有功，其封国为他立祠，青州（今山东北部）诸郡效仿，济南尤甚，其祠达600余所。至此，曹操把一切不合儒教的祠宇全部毁坏，并严令“止绝官吏不得祠祀”。曹操统一北方，以汉丞相名义掌握朝政后，“遂除奸邪鬼神之事，世之淫祀，由此遂绝”。在当时被视作黄老神仙的佛教，当然在曹操所禁之列。

汉末魏初，在社会动荡不安的情况下，出现了众多的方术之士，他们继承战国秦汉以来黄老神仙家的传统，或潜伏民间，隐居山林，从事服饵炼丹、导引行气、守一思神等道术修炼，幻想成为长生不死的神仙；或奔走于权贵之门，诈称数百岁人，以道术迷惑视听，诱人信从。曹操鉴于张角曾利用太平道教组织起义摧垮了汉室，便对民间方士采取了集中管理的方法，以限制他们与民间的接触和活动。曹操的儿子曹植在《辩道论》中声称：

世有方士，吾王（指曹操）悉所招致，甘陵有甘始，庐江有左慈，阳城有郗俭。（甘）始能行气导引，（左）慈晓房中之术，（郗）俭善辟谷，悉

陶戏楼　东汉

▶伎乐陶俑 东汉

号三百岁。本所以集之于魏国者，诚恐斯人之徒接奸诡以惑众，行妖慝以惑人，故聚而禁之。

▲魏太祖 曹操

甘始、左慈、郗俭，都是汉魏之际有名的方士。据曹丕的《典论》说：当他们到达魏国时，魏国官吏都竞相跟随学习辟谷饵茯苓、行气导引和房中之术，以至市场上的茯苓价格暴涨数倍，“众人无不鸱视狼顾，呼吸吐纳”，甚至连宦官阉竖也想尝试一下房中术。史载被曹操召至魏国的，还有王真、封君达、鲁女生、华佗、东郭延年、唐霅、冷寿光、卜式、张貂、蓟子训、费长房、鲜奴辜、赵圣卿等十余人，都是北方著名的方士。曹操深恐这些有影响的方术士与民间道教相结合，煽惑人民，危及政权，因此采取“聚而禁之”的政策，把他们都招致京师，限制其活动。不过，曹操并没有杀害他们，而是把他们养了起来。这里虽然没有具体地提到某个僧侣的姓名，但在曹操眼里，佛教同样是“行妖慝以惑人”的，是不可不禁的。这样，在曹操时期，佛教与黄老神仙方术一起，曾一度被明令禁止。

但是，曹操对佛家之言、对佛教思想也还是有所接触的。曹操的“对酒当歌，人生几何……忧思难忘。何以解忧”的思想状态，又怎能说没有黄老仙佛说教的影响!

再看曹操之子魏文帝曹丕。他于即位后的第二年，即魏黄初二年（221年），下诏说孔子是“资大圣之才，怀帝王之器”，是“命世之大圣，亿载之师表”，封孔子后裔为侯，令修孔子庙。这表明曹丕是尊孔崇儒的。

黄初五年（224年），曹丕又下诏，禁止祭祀“不在祀典”的鬼神。《三

国志·魏书·文帝纪》载有此诏：

> 先王制礼，所以昭孝事祖，大则郊社，其次宗庙，三辰五行，名山大川，非此族也，不在祀典。叔世衰乱，崇信巫史，至乃宫殿之内，户牖之间，无不沃酹。甚矣其惑也！自今，其敢设非祀之祭，巫祝之言，皆以执左道论，著于令典。

曹丕此诏是公告全国，信仰巫祝、预言者，要处以左道之罪。在他开列的朝廷所允准的“在把典”之内的祭祀中，没有佛教之名，佛教当在曹魏“非把之祭”的范围内，就是说，曹丕是禁佛的。

从以上这些记载来看，曹魏初期，曹操、曹丕父子对黄老神仙方术、鬼神祭祀是多有限制或明令禁止的，其中自然也包括佛教在内。因为佛教在东汉以来一直被看作黄老道术的一种。但是，到了曹魏的第三代皇帝魏明帝曹叡时，对佛教的态度就有些不一样了。

魏明帝时来汉地的西方僧人受到保护。魏明帝太和三年（229年），大月氏（即贵霜王朝）王波调遣使奉献，魏明帝封波调为“亲魏大月氏王”。当时大月氏以印度西北（现阿富汗和巴基斯坦北部部分地区）为中心，并控制中印度广大地区，正盛行佛教。此时，魏政权委命仓慈为敦煌太守，发展农业生产，并保护西域来往使者和商旅。徐邈任凉州刺史，他广开水田，招募贫民佃种，使境内“家家丰足，仓库盈溢”，且注意保护中西交通要道，因此史称“西域流通，荒戎入贡，皆邈勋也”。这样，从魏明帝以后，西域和印度来汉地的僧人明显增多，他们把当时在印度和西域各国流行的佛教典籍传入中国内地。这种情况一直延续到晋朝以后。

相传，魏明帝本想毁掉宫里的佛塔，后因看见外国僧人出示的佛舍利奇瑞，从而了解到佛教的灵验，于是将佛塔移向别处。就此，《魏书·释老志》说：

> 魏明帝曾欲坏宫西佛图（即佛塔）。外国沙门乃金盘盛水，轩于殿前，以佛舍利投之于水，乃有五色光起，于是帝叹曰：“自

▲鎏金铜佛像

非灵异，安得尔乎？”遂徙于道东，为作周阁百间。佛图故处，凿为濛汜池，种芙蓉于中。

类似的文字记载，还见于唐道宣《集神州三宝感通录》卷上和道世《法苑珠林》卷40所引的《汉法本内传》上。不过，《汉法本内传》还记载：

〔魏明帝时〕洛城中，本有三寺，其一在宫之西，每系播刹头，辄斥见宫内，帝患之，将毁除坏，时外国沙门居寺，乃赍金盘盛水以贮舍利……帝叹曰……乃于道东造周阁百间，名为官佛图精舍。

我们且不论这个传说中的神秘成分有多少，仅就建造佛寺来说，魏明帝时有无迁移佛寺和另建官方佛寺，已很难考证。但不难想见，随着印度和西域外交使节、商旅、僧侣来魏地人数的增加，魏政府建立一些供他们参拜和居住使用的佛塔、佛寺（也就是“官佛图精舍”），以及民间因地制宜建些佛寺，都是可能的。因此，魏明帝改变毁佛意图的故事，是有几分可信的。

魏文帝 曹丕

曹魏时期，汉地僧人朱士行西行求法，是佛教史上的一件大事，这里不可不作交代。佛教在中国的传播，依靠佛经的翻译和流传。佛经来源除了靠来汉地传教的西域或印度僧人随身携带之外，还有许多是由汉地西行求法的人，去印度本土或西域各国广为搜罗来的。在中国历史上，自魏晋南北朝一直到隋唐数百年间，西行求法之人络绎不断，他们凭借一片真诚，怀着对信仰的追求，渡流沙，越葱岭，克服了千难万险，来到异国他乡，探寻佛经的真谛。在历史上，究竟是谁最先踏上这艰难的旅程的呢？如果说汉明帝感梦遣使求法之说还有些疑问的话，那么，曹魏时期的汉族僧人朱士行西行求法，则是确定无疑的了。

朱士行是曹魏时代颍州人，少年出家。在魏地，早已有些汉族佛教僧侣，但他们没有按照佛教戒律出家，只是把头发剪去，显得与一般人不同，而且还举行斋戒，从事祭祀。胡僧昙诃迦罗来魏以后，应当地僧侣的请求，译出

大众部戒律的节选本《魏僧祇戒本》，并请印度和西域僧担任戒师授戒。从此，魏地开始按戒律规定授戒度僧。朱士行是汉地第一批受过戒的出家沙门之一，这和以前仅仅剪去头发以显示其离俗为僧，未曾受戒的奉佛者不一样。从这一点上，也有人把朱士行看作汉地第一个真正的僧人。朱士行出家后精心研究佛教经典，特别是对《般若经》的研究，更是格外用心，他在洛阳常常讲解《道行般若经》。

△青瓷谷仓罐 三国

上设楼台百戏，飞禽走兽及五罐。罐身塑蜥蜴、兔、鹿、犬等，并塑有佛像和胡伎俑等，极为生动。

但是，由于早期佛教经典的翻译不够完善，一些传译者碰上自己不懂或理解不够的地方，往往加以删略。这样，所译佛经的上下文缺乏连贯性，时有文意不通之处，脉络不清，使读者难以理解。此外，早期译经质过于文，往往使人觉得晦涩难懂，这种情况引起许多人的不满。朱士行常常感叹大乘佛教的重要经典译理不尽，使人不可解，因此他发誓要西行求法，去寻求《般若经》的原本，以弥补佛经翻译过程中留下的缺憾。

朱士行于魏甘露五年（260年）出长安西行。他穿过沙漠，辗转跋涉，最后来到于阗。于阗是天山南路南道的东西交通中心，印度佛教就是经由此地传到中国内地的。朱士行到达于阗国时，此地大乘佛教虽已广为流行，但居正统的仍是小乘佛教。朱士行在于阗获得《放光般若经》“梵书胡本”90章，六十余万字。但当时于阗国的小乘佛教徒们极力阻挠大乘经典的传播，据说，当朱士行要派弟子把抄写的《般若经》送回洛阳时，受到代表小乘佛教的于阗国王的阻拦，朱士行提出以烧经为证，如火不焚经，即应让送经回国，后来拿火烧经，果然应验，未能将佛经焚毁，朱士行这才得以让弟子把佛经送回。

朱士行从魏甘露五年（260年）到达于阗，晋太康三年（282年）派弟子把所抄经本送回洛阳，前后达二十多年，后来以80岁高龄死在于阗，实践了他为佛法捐躯的誓言。

在今天杭州飞来峰龙泓洞内，存有一块宋代浮雕造像，其中有一组所表现的即是曹魏时朱士行西渡流沙，往于阗国取经的故事。其题记中有“朱八戒”三个字，这显然是后人附会《西游记》中的猪八戒而补刻的。不过，也说明了朱士行的求法在佛教传播史上是有相当影响的。

回过头来看，僧人朱士行能在京师洛阳公开讲经，并率领人马西行求法，这表明，曹魏后期，朝廷对佛教的传播更为放松了，曹氏政权至少是默认了佛教的存在。

七、曹植：佛教音乐的开篇——《鱼山梵呗》

曹植，字子建，是三国时期魏武帝曹操的第四子。他少年即有文才，以才华横溢受到父亲的宠爱，也因此招来兄长曹丕的妒恨。曹操死后，曹丕掌权称帝，曹植随被逐出都城，封为陈王，谥思，故称陈思王。

曹植以其杰出的才华，“改梵为秦”，制作《鱼山梵呗》，从而创制了汉化的佛教音乐，这在中国佛教史上留下了重要的一笔。

佛教音乐源于古印度，后来随着佛教传入中国内地，当时称为梵呗。慧皎的《高僧传》说：“天竺方俗，凡歌咏法言，皆称为呗。至于此土，咏经则称为转读，歌赞则号为梵呗。”义净的《南海寄归内法传》载：“初出家者，……即须先教颂斯二赞，无问大乘、小乘，咸同遵此。”自从西汉佛教开始传入至三国时期，来自印度、西域的一些高僧在汉地传播、翻译佛经的同时，也传播了印度、西域的佛教音乐。因汉、梵语不同，曲调难以通用和接受。“梵音重复，汉语单奇。”如果用梵音咏唱汉词，则声繁而偈迫，反过来用汉曲咏唱梵词，则韵短而词长，不管怎么来，都很别扭。也就是说，来自古印度的佛教音乐与汉地的语言及音乐传统都不好适应。这就存在着一个为了弘扬佛法而如何使外来的佛教音乐汉化、通俗化、大众化的问题。大才子曹植在这方面迈出了重要的第一步。

据说，曹植在巡游鱼山时，听到空中有梵乐之声，便挥笔写下了《鱼山梵呗》，成为中国人创制的佛教音乐的开篇。记载曹植在鱼山创制梵呗的史料有

很多种，这里先看《清苑珠林》卷36的记述：

> 陈思王曹植，字子建……每读佛经辄流连嗟翫，以为至道之宗极也，遂制转谱七声升降曲折之响，世人讽诵，咸宪章焉。尝游鱼山，忽闻空中梵天之响，清雅哀婉其声动心，独听良久而侍御皆闻，植感神理弥寤法应，乃摹其声节写为“梵呗”，纂文制音传为后世，梵声显世始于此焉。其所传呗，凡有六契。

从这个史料得知，曹植还曾研读佛教经典，赞叹为至极之道。曹植是否及如何“读佛经”的，这里不加详谈，只说他创制《鱼山梵呗》一事。从史书记载的情况来看，曹植是在巡游山东东阿西北的鱼山时，听到空中唱梵呗之歌礼谶诸佛，遂加以模仿而传行于世。因为曹植精于诗词歌赋，才思敏捷，从而对音韵的感觉也和常人大不一样，因此才创造出了为世人传诵叫绝的汉化梵呗。曹植的“梵呗”有六契，所谓六契就是六段，是把经的颂文谱成六段歌唱。因曹植是在鱼山所作，故世间称为《鱼山梵呗》，简称《鱼梵》。

曹植对山东的鱼山，似乎格外地钟爱。在《三国志》卷19的《曹植传》中

▲花镜

这个元代花镜表现的场景取材于曹植的名篇《洛神赋》，上方明月当空，月光下一女子亭亭玉立，宛如天仙下凡。

▼洛神是传说中伏羲之女，溺于洛水为神，世人称作宓妃。传说曹植少时曾与上蔡（今河南汝阳）县令甄逸之女相恋，后甄逸之女被嫁给其兄曹丕为后，而甄后在生了明帝曹叡后遭谗致死。曹植在获得甄后遗枕后感而生梦，因此写出《感甄赋》以作纪念，明帝曹叡将其改为《洛神赋》传世。此图即取材《洛神赋》，采用长卷形式，表现了曹植与洛水女神相遇而爱恋的故事。

载道：

> 初，植登鱼山，临东阿，喟然有终焉之心，遂营为墓。

由此可见，曹植是预定鱼山为终焉之地，并且营造了墓穴。正因为曹植有终老鱼山的想法，才有在这山上听闻梵天之歌的事情发生。实际上，很可能是曹植在鱼山时，把佛经谱以抑扬长短的音韵，而加以讽诵。到了后来，才具备了“梵呗”的形式。

《高僧传》卷13在谈梵呗的起源时，说道：

> 原夫梵呗之起，亦兆自陈思，始著《太子颂》及《睒颂》等，因为之制声，吐纳抑扬，并法神授，今之皇皇顾惟，盖其风烈也。

看来，《高僧传》作者慧皎把梵呗的起源，追溯到陈思王曹植那里，理由是曹植曾著《太子颂》和《睒颂》，把声音付诸文章，注明其抑扬，以此而兆梵呗之始。

慧皎在《高僧传》卷13中，还进一步谈到，曹植在鱼山是受神意指使而制梵呗的：

> 始有陈思王曹植，深爱声律，属意经音，既通般遮之瑞响，又感鱼山之神制。于是删治《瑞应本起》，以为学者之宗，传声则三千有余，在契则四十有二，其后帛桥支籥亦云祖述陈思，而爱好通灵，别感神制，裁变古声，所存止一十而已。

依照这段文字所述，则曹植曾在鱼山感受神意，诵经文而制音律，所采用的经文就是《瑞应本起经》。实际上，《瑞应本起经》是吴时支谦所译，诵此经文而谱制声律音韵的不是曹植，而应该是东吴的支谦或康僧会。因此，说曹植在鱼山上受神指使制作佛乐当是不着边际的事。

还有一种说法，说曹植是以沙门赞叹之经，合以音韵而作成《鱼山梵呗》。在《大宋僧史略》卷中载：“魏子建，尝游鱼山而感音。翻其曲折，同合沙门之呗匿焉。”这是说曹植合沙门的呗匿而感音，并翻其音的曲折，而创制了汉化的佛乐。

曹植墓穴里的带盖灰陶罐

曹植的《鱼山梵呗》，后来在高僧手里又

东千佛洞窟伎乐天

得到了进一步的发展。《高僧传·支昙籥传》说："虽复东阿先变，康会后造，始终循环，未有如（支昙）籥之妙，后进传写，莫匪其法。"所谓"东阿先变"，是说曹植在东阿附近的鱼山上，最先把梵音的曲折高低变成汉音；"康会后造"则是说康僧会在后来把曹植首创的汉化梵呗再次制作；"未有如籥之妙"，支昙籥创作的六言梵呗在后世流传最广。因此说，曹植虽是汉地梵呗的先驱者，但其所以能够流传于后世，还在于后来其他高僧的积极推广和发扬光大。

曹植创制的梵呗，在中国佛教初期即已流布开来，这有着不同一般的意义，因为它是以音乐来理解佛教，以情感去感受佛教，以心念去体味佛教。梵呗也称作佛教的法乐，之所以如此称，是因为梵呗的音韵，虽哀婉但决不致伤心，虽快乐但不落于耽溺，是一种温和、美妙、亦幻亦实的娱乐，故称法乐。另外，诸佛教义、诸佛国土，都是以梵呗之乐而建立的，人们与其苦苦研习难以理解的教义，不如在音乐的气氛中去体会。后来，随着佛教音乐的汉化，佛曲的大众化、通俗化，形成了"士女观听，掷钱如雨"、"听者填咽寺舍"的盛况。有一位名叫宝严的佛教音乐家，每次举行法会，轮到他登座，还没来得及开口，狂热的听众便纷纷掷去什物，一会儿就淹没了他的座位！曹植创作的《鱼山梵呗》，其意义恰在于推动弘扬佛法上，而非谱曲填词之本身。

曹植墓中出土的乐器

八、孙权召请奉佛居士教太子

相传，吴大帝孙权曾与尚书令阚泽探讨佛教传播问题。孙权问阚泽说："自从东汉明帝以来，迄今已经多少年了？佛教自东汉年间传入经历了漫长的岁月，为什么到最近才传到江东一带？"阚泽回答说："自东汉明帝永平十年（67年）佛法传入，到如今东吴赤乌四年（241年）已是174年了。当初，在永平十四年有五岳道士与僧人摄摩腾争逐斗胜，道士终非对手，在场观阵的南岭道士褚善信和费叔才看到道家败北的情景，当场羞恨自裁，门人等将其归葬南岳。那时有令，非出家者不得传布佛法。又加上东汉末年政道衰弱，兵火不止，岁月悠悠，直到今天佛法才兴盛传播开来。"在此，我们姑且不论这则故事的真伪，但历史上孙权的确是与高僧有着不寻常的交往。

在战火纷飞的汉魏时期，东吴曾一度成为僧人的避难所。东吴占据长江中下游广大地区，南面的交州（现广东、广西和越南大部），也在它的版图之内。孙权在220年建都武昌，229年迁都建业（今南京）。东吴一带的文化积垫虽然不如魏国深厚，但是交通便利，战乱较少。在东汉末年三国时期，由于孙吴政权对佛教采取了宽容和尊重的态度，一代名僧纷纷聚集东吴。孙权甚至把高僧请入宫中，视为知己，在他结交的居士、名僧中，与支谦、康僧会二人的关系最为密切。

孙权曾拜请支谦为皇太子的老师。支谦是大月氏的后裔，一名越，字恭明。他的祖父法度在汉灵帝时率数百人归附东汉，被任命为"率善中郎将"，大概居于大月氏人移民领袖的地位。支谦从小学习中国书典，并"学胡书，备通六国言"，后来他又跟随支谶弟子支亮学习佛教，"博览经籍，莫不究练，世间艺术多所综习"，被人称为"知囊"。支谶、支亮、支谦三人在当时被认为是最有学问的人，"世称天下博知，不出三支"。支谦属于在家居士，而未出家。

龙华寺藏经阁

龙华寺位于上海南郊，据传是三国时期孙权为其母所建。

孙权听说支谦博学而才慧出众，便召他入宫觐见，并询以佛典中深奥之义理，支谦应答自如，对于孙权提出的难解的经文及一些疑问，均能作出明白透彻的解答。孙权见支谦果然博学多闻，便委任他做太子的师傅。据《出三藏记集·支谦传》载：

> 后吴主孙权闻其博学有才慧，即召见之，因问经中深隐之义；应机释难，无疑不析。权大悦，拜为博士，使辅导东宫，甚加宠秩。

东宫即指太子孙登。支谦既通晓中国古书典籍，又是西域移民中的头面人物，精通西方人文地理和佛法，因而被孙权看中，选作太子师傅。吴赤乌四年（241年），太子孙登早亡，临死前他上书父皇孙权：

> 愿陛下弃忘臣身，割下流之恩，修黄老之术，笃养神光，加羞珍馐，广开神明之虑……

◎东吴大帝 孙权

做儿子的都快要死了，还忘不了敬嘱父皇“修黄老”、“养神光”，说明孙登对“黄老之术”是崇信至极的。他的宾客中有一些就是方士。东汉以来，人们把佛教看作是黄老道术的一种；支谦不是僧侣而是居士，他“博览经籍”，有“智囊”之称，因此他以“宾友”、“宾客”的身份出入东宫教习太子是不会引人非议的。

太子孙登死后，支谦隐居穹隆山，谢绝一切世俗事务，专心跟随沙门竺法兰受持五戒。跟随支谦左右的人，都是些沙门。后来，支谦60岁时死于穹隆山中。孙权的另一个儿子会稽王孙亮在给僧人的一封信中谈到支谦，说：“支恭明不救所疾，其业履冲素，始终可高。”“冲素”是道家常用的词汇，意思是说无欲无争，说明当时人把佛教徒仍视为黄老学者或术士。支谦也一直被孙吴朝廷视为黄老道流。

支谦在东吴期间，共译经36部48卷，其中主要是大乘佛典，但也有一些小乘佛典。支谦反对前人译经过于质朴而使义理隐晦难明，主张文质调和，畅达经意，使人易于理解，并努力把这种观点运用于实践，开创了一代新的译风，深得佛教徒的好评。支谦所译经典，在历史上有过重要影响。

如果说孙权宠遇的支谦还是个奉佛的居士，那么，他所欣赏的康僧会则是一位十足的高僧了。康僧会的祖先是康居人，世代早已移居天竺，父亲经商，后来到了交趾。康僧会十余岁时父母双亡，服丧后就出家为僧了。康僧会进入佛门后，广读佛书，并博览中国儒家和方技图书，能文善辩，文笔也十分流畅有力。由此看来，康僧会和支谦一样，虽为外侨后裔，但都在中国土地上出生长大，深受中国文化的熏陶。不过，支谦是在洛阳地区向大乘佛教般若学传入者支谶的弟子支亮受学佛教的，而康僧会则是在交趾出家学佛的。后来，康僧会的佛学老师死去，他便跟从安世高的弟子南阳韩林、颍川皮业、会稽陈慧学习安世高所传小乘佛教，与陈慧共同注释《安般守意经》。他们非常忠实于安世高的佛学见解，“非师（指安世高）不传”。

东吴赤乌十年（247年），康僧会从交趾来到建业。起初，他主要从事佛经翻译活动，译出不少佛教经典，其中影响最大的是《六度集经》，这是一部编译的佛经，以所谓“菩萨本行”，即佛前生的种种神话故事来说明佛教的义理，其中有些神话、寓言故事在民间流传极为广泛。康僧会除译经外，还比较注重向一般民众传教。他建立茅屋，设立佛像，积极进行传教活动。

康僧会传播佛教的种种行动亦引起了吴地一些人的怀疑。相传，有官员上奏孙权说：“有胡人康僧会来此，自称是沙门，其容貌、服装都与常人大不一样，必须认真观察这人的所作所为！”孙权听罢奏报回答说：“我听说东汉明帝夜梦神人，称之为佛，其沙门供奉的，大概就是佛吧！”孙权于是召请康僧会拜问佛有何灵验？康僧会回答说：“自从如来灭寂以后，已是一千多年了，其遗骨舍利无论何时何地都能显现灵验，过去的阿育王因此而建造了八万四千座塔，寺塔正是用来表示佛教遗风教化的。”孙权听了康僧会的回话，觉得不免夸大其词，便命令康僧会说：“如果确能得见舍利，吴地自当建塔；若是虚伪欺君，当处以国刑。”康僧会马上意识到，佛法在吴地的兴废就在此一举。他立即斋戒进入静室，置铜于案上，焚香祈祷，祈求显现舍利。可是，七天过去了，十四天又过去了，都没有任何奇瑞出现。孙权认为这胡僧是在伪诈戏弄，要治以欺君之罪。康僧会死死恳求，再宽限七天，若仍不见舍利，甘愿以死抵罪，孙权答应了。到了第二十一天的傍晚，依然不见舍利的迹象，人们都很担心，为康僧会捏了一把汗。然而到这天夜里五更时分，忽然听到铜瓶中有铿锵之声，守候的人定神一看，舍利终于出现在里面。第二天早晨，康僧会

孙权观五色光芒舍利子

此为敦煌壁画中的精品，讲述了孙权与康僧会于静室观看显灵舍利子的事迹。

孙皓礼迎康僧会

孙皓为孙权之孙，其人性格暴烈，曾下令毁佛烧寺，后在康僧会的劝说下，开始礼遇佛教。此图描绘了孙皓跪迎康僧会的情景。

把舍利呈献给孙权，五色的光辉闪烁在瓶中，孙权亲手从铜瓶中取出舍利放在铜盘内，铜盘应声破碎，孙权顿时肃然起敬，连连称赞这罕见的灵验。康僧会说："把这舍利投入火中，也不会烧坏；用金刚锤击打，也不会破损！"孙权于是找来京城中的大力士，命他挥锤猛砸，可是，铁锤破裂了，舍利依然完好无损。孙权目睹此情此景，从心里佩服了，遂决定建塔祭佛。因为这是首次在江南建造佛寺，故称"建初寺"，并把建佛寺的地方称为佛陀里。江南大地的佛法由此而兴。

后来，孙权的孙子——孙皓即位，他性情暴烈，不信佛教，曾下令毁弃淫祀，并一度想把建初寺烧毁，内外群臣极力劝阻，说这是先王所建，孙皓才暂未下手。但孙皓并未就此罢休，他派人到建初寺与康僧会辩论，没想到讨个没趣，派去的人败北而还。不久，孙皓召令康僧会进宫，当面进行诘问。康僧会巧妙地利用这一机会，针对孙皓提出的问题，向这位吴国君主大力宣讲佛教教义，终于使佛寺免于被毁。对此，《康僧会传》载：

> 皓问曰："佛教所明，善恶报应，何者是耶？"
>
> 会对曰："夫明主以孝慈训世，则赤乌翔而老人（南极星）见。仁德育物，则醴泉涌而嘉苗出。善既有端，恶亦如之。故为恶于隐，鬼得而诛之；为恶于显，人得而诛之。《易》称：'积善有庆'；《诗》咏：'求福不回。'虽儒典之格言，即佛教之明训。"
>
> 皓曰："若然，则周孔已明，何用佛教？"
>
> 会曰："周孔所言，略示近迹；至于释教，则备极幽微。故行恶则有地狱长苦，修善则有天宫永乐。举此以明劝沮，不亦大哉！"

从这段引文可以看出，康僧会是在借用中国传统的儒家经典和天人感应论来解释佛教教义，进而把“儒典之格言”同“释教之明训”等量齐观，把佛教的“幽远”当作周礼名教的补充，希望当权者以孝慈仁德训世育物。这实质上是把儒佛思想融合在一起的一种尝试。康僧会弘扬佛法宣传教义很注意对象，对孙皓这样既不信仰也不了解佛教的王公贵族，他不是宣讲断情绝欲的四谛、八正道等修行解脱的道理，而是宣传与中国道德说教比较相近的善恶报应。既然儒家也说上天赏善罚恶，或降祥瑞，或示谴告，那么佛教讲作恶者死后下地狱，行善者死后升天宫，就比较容易被接受了。康僧会用这种方法向孙皓传说佛教，可以达到两个效果：

其一，借用儒家学说解释佛教，证明佛教“与圣典相应”，儒佛一致，这便于使佛教得到以当时孙皓为代表的东吴统治者的认可，取得合法传播的条件。

其二，讲善恶报应，用升天堂来劝善，用下地狱来恐吓，有利于迅速扩大佛教在社会上的影响。按照这种说教，人的灵魂是不灭的，“来生”福祸全都由今生的善恶行为来决定。统治者安富尊荣，只要扶持佛教，对民众稍施恩惠，即可死后获福；百姓民众只要安分守己，信奉佛教，来世即可摆脱苦难。

孙皓向康僧会询问“善恶报应”，康僧会便专门以此为题大做文章。正如《康僧会传》所指出的那样：“（康僧）会在吴朝，亟说正法，以（孙）皓性凶粗，不及妙义，唯叙报应近事，以开其心。”其实，并不仅仅是这一个例

宏伟的佛塔 泰国曼谷柴瓦塔那兰寺

佛陀在众多佛塔中静坐沉思。佛陀入灭火化后，舍利入塔珍藏供养。明绘本《释迦世尊应化事迹图》。

◀兴建江南第一所佛寺——建初寺

建初寺，位于南京秦淮区，是孙吴时期建造的江南首座寺庙，今天报恩寺的前身。敦煌壁画描绘了建造建初寺的情景，表明佛教开始在江南兴起。

子。在整个重视祭祀求福的西汉、三国时期，佛教传播的重要内容就是因果报应和生死轮回。

还有一个故事，更突出地反映了孙皓在善恶报应问题上的体验。相传，有一次吴国有人从地中挖得一尊数尺高的佛像，当即送到朝廷，孙皓对这佛像却是大为不敬，任意弃放在厕所前面，在四月初八日的浴佛会上，孙皓不但玷污佛像，还加以嘲笑，结果招来恶报，他的阴囊突然肿痛难忍。孙皓在病痛之际，想起了被他污损的佛像，连忙叫人把佛像抬入宫殿之内，用香水灌浴，并且焚香忏悔，请求佛祖恕罪。同时，孙皓还从康僧会那里受五戒，表示奉佛。如此这般以后，孙皓的病立即好了。从此以后，孙皓或许真的信奉佛教了，他把康僧会的住寺命名为天子寺，并下达命令，敕令文武百官都必须敬奉佛教。

这样，佛教在东吴帝王的皇宫大院落下了脚，佛光在江东一带铺洒开来。

第三章

乱世皇宫多沙门

两晋十六国时期的佛教，完全迎合以帝王为代表的门阀士族统治阶级在物质和思想方面的双重需要——

一方面，“酒肉穿肠过，佛祖心中留”。统治者在奢侈淫逸的生活中拜佛奉佛。魏晋以来掌握政权的是从东汉世家大族发展而来的门阀士族地主阶级。他们在经济上享有优厚的待遇，政治上垄断权位，生活上奢侈糜烂，精神上空虚无聊。这个时期，社会持续动荡不安，宫廷政变，八王之乱，流民起义，五胡兴兵，此起彼伏，而最终以孙恩起义结束了偏安江左的东晋小朝廷。战乱频繁，干戈扰攘，充满贫困、苦难和死亡恐怖的时代，为佛教的发展提供了温床。不仅普通民众需要神仙宗教思想来抚慰饱受创痛的身心，就统治阶级而言，对生离死别的忧患，对长保享乐生活的梦想，对精神超脱的追求，对人生命运的探索，成为从帝王到士大夫们最关心的问题。

佛教是以人生即苦和脱离苦海为教义号召，这恰恰迎合了乱世帝王特殊的精神需要。于是，那些拥有大量钱财的王室贵戚们，便通过建造佛寺、布施财物、持斋供养等途径为自己祈福禳灾，在他们的提倡之下，佛教徒日渐增多，聚敛的财物也越来越多，豪华奢侈日益成为风气，正是：花天酒地不误奉佛。

另一方面，两晋佛学处在玄风的笼罩之下，出现了佛、玄合流的奇特现象。

魏晋时期，社会上出现了一股强大的玄学思潮，士人们喜好“三玄”《老子》、《庄子》、《周易》之学，玄学清谈之风，占据了整个社会论坛。时人则把这样一些有地位有名望的清谈人物，称为名士。魏晋玄学崇尚老庄思想，著名的玄学首领人物何晏、王弼推崇《老子》之学，提倡贵无思想；玄学家向秀、郭象注释《庄子》，发挥庄子的逍遥主义；竹林名士嵇康、阮籍则称“老聃庄周，吾之师也”，标榜自己是老庄之徒。玄学的基本内容包括：一、世界万物皆“自生”、“自化”，既没有造物主，也没有一个统一的本体，并且事物的发展没有必然性，事物之间也没有必然的联系。二、世上一切事物皆完美无缺，谓“物各有性，性各有极”，“大小之殊，各有定分”；君臣上下，尊卑贵贱，都是“天理自然”。因此，若能各安本分自足其性，就是逍遥。三、统治者施政为教，就是“无为”，谓：“无为者，非拱默之谓也”；“夫神人即今亦谓圣人也，夫圣人虽在庙堂之上，然心无异于山林之中”；并明确表示：“夫仁义自是人之情性，但当任之耳”，即把名教等同于自然，说实施名教维持统治，就是“任自然”。这种玄学理论所鼓吹的是地地道道的维护西晋统治者和门阀士族统治、奴化人民的理论，因此备受统治者的欢迎。玄学成为整个魏晋时代思想界的统治思潮，佛教要想求得自身的发展，就必须与汉文化思想的变化发展相适应。而佛教的大乘空观又可配合老庄的贵无思想，一个讲空，一个谈无，两者相得益彰。

大乘佛教的“般若”学说，实际是极力迎合玄学理论主张的。所谓“般若”，指的是佛教所讲的最高智慧。按着“般若”义理，世俗的认识及其面对的对象，都是虚幻不实的，只有成佛所需要的那种特殊神秘的“般若”，才能超越世俗认识，才能把握诸法（即一切物质现象）的绝对真理。这种般若学说与玄学相表里，形成玄学化的佛教，在当时成为一代学风。佛教徒所谓“格义”，便是用老庄、玄学，去比附佛教教义。恰是由于佛教能够识时务地与中国传统的老庄、玄学结合，从而得到两晋时期中国皇帝的认可和扶植，并由此得到迅速的传播和发展。佛教正是在这个时期基本上完成了中国化的过程，使佛教成为中国佛教。

这里还要交代的是，两晋时期，在北方出现了五胡十六国。由匈奴、羯、氐、羌、鲜卑五个少数民族在北方建立的十六国割据政权，种族偏见极深，互相敌视，战胜者对战败者往往是不分贵贱尽行屠戮。儒家教义被视为中原汉族的信仰，而佛教来自西方，相比之下更容易为北方少数民族接受。于是，佛教很快成为北方各族人民共同信奉的宗教，它的这种优势，远非道教和儒教所能比拟。佛教在五胡十六国上下各阶层取得信仰方面的统治地位后，对消除种族隔离，融合民族习惯，起了一定的促进作用。后赵石勒说：“佛是戎神，正所奉祀”，足以表明北方少数民族统治者敬奉佛教的高度热情。佛教宣传因果报应，戒杀生，劝说统治者少杀戮，为来世积功德，对当时文化落后，喜欢杀戮的少数民族上层贵族来说容易接受些；对当时饱受苦难的下层群众来说，也可以从中得到某种精神安慰和“来世”幸福的虚幻许诺。因此，佛教在五胡十六国也得到了比较广泛的传播。

这样，不论是在两晋汉族皇室，还是在北方五胡王宫，佛教都受到了不同寻常的欢迎，帝王之家的大门不约而同地向沙门敞开着……

一、西晋惠帝“供养百僧”

西晋惠帝曾下令，在京师洛阳建造光圣寺，“供养百僧”。贵为天子，何以要建寺供养僧人？这是有其缘由的。

在古代印度，当佛陀在世的时候，出家沙门游行乞食，已成为一种风尚。佛陀制定了“外乞食以养色身，内乞法以养慧命”的乞食制度，从而基本上解决了沙门吃饭的问题。至于穿衣，好在印度处在得天独厚的亚热带，冬暖夏长，穿衣问题较好解决，如果有人布施衣服，僧侣就穿布施衣服，没有人布施，就在垃圾堆或荒冢间拾些残布头来缝缀一下缠在身上，即是佛经所言的“粪扫衣”，这样也可对付过去了。但住的问题就比较困难了，起初没有寺院，僧侣们只能住在山林里，早晨从山林走到村落或集镇乞食、说法。晚上回到山林，就在树下、露地等荒漠处所专修禅定。后来有频婆娑罗王布施迦兰陀竹园，印度从此开始有了佛教寺院，僧侣居住的问题随之得到解决。当佛教传入中国之初，从印度来华的僧人都是严守戒律，私人并不积蓄资财，靠乞食维持生活。所以那时人们称比丘为“乞士”或“乞胡”。汉地出家的僧人，有的是随师乞食，有的仍靠俗家供给生活所需。

僧人苦修的草庵

敦煌壁画。描绘了身着不同服饰的行乞僧人在草庵内苦修悟道的情形。

晋惠帝尊奉佛教，可怜僧人，因此在洛阳城建造寺院，供养数以百计的僧侣。

谈到晋惠帝在洛阳城增建佛寺，我们要说，正是由于西晋帝王的提倡，京师洛阳及长安成为佛教传播的两大中心。当时，洛阳城的白马寺，常常举办超度亡灵的法会。到了西晋末期的永嘉年间，洛阳城佛寺已达42座，其中据现存资料可查者有如下8所：城西白马寺、东牛寺、满水寺、槃鵄山寺、大市寺、宫城西门竹林寺、城西石塔寺、愍怀太子浮图。长安的佛寺现可考者有两所，即青门内的白马寺及西寺。此外，还有建康（今江苏南京）的建初寺、瓦官寺，陈留仓垣（今河南开封北）的水南寺、水北寺，还有不知所在的天水寺、

泰山金舆谷郎公寺。这些佛寺，除组织一般宗教活动外，有的还是佛经译场。星罗棋布的佛寺，成为佛教活动的根据地。

因为有西晋帝王的认可和欢迎，很多西域僧或天竺僧来到汉地，十分活跃，他们大力从事佛经翻译事业，推动了佛教的传播。西晋时期，积极译经传教的外来僧人和汉地高僧居士主要有：

竺法护，是世居敦煌的月氏侨民。他 8 岁出家，博学强记，刻苦践行，他深感曹魏末期的佛教徒只重视寺庙图像，而忽略了西域大乘经典的传译，实为缺憾，因此立弘扬佛法之志，他随师西游，通晓了西域各国不同的36种语言文字，搜集了大量的经典原本。西晋武帝泰始元年（265年），竺法护到达洛阳，除带来大量的佛经外，还带来了西域舍利、佛牙和佛像等物。从晋武帝泰始二年到怀帝永嘉二年（266—308年），他以几乎毕生的时间，先后在洛阳、长安、敦煌、酒泉等地翻译佛经，译出了一百五十余部经论。竺法护因原居敦煌，时人又称他为“敦煌菩萨”。

修苦行的悉达多 石雕像

雕像中的悉达多形容枯槁，头如骷髅，骨瘦如柴，气若游丝。雕刻极其精致形象，很有震撼力。

竺叔兰，天竺后裔，父世移居河南，居士，翻译家。魏时朱士行赴于阗寻得《大品》梵书胡本90章60余万言，于西晋太康三年（282年）派弟子送回洛阳，元康元年（291年），由于阗沙门无叉罗执胡本，竺叔兰将其译成汉文，这就是《放光般若经》20卷。

卫士度，司州汲郡（今河南汲县）人，居士。晋惠帝时，他将东汉支谶所译的《道行般若经》10卷删略成《摩诃般若波罗蜜道行经》2卷。

支孝龙，淮阳僧人。他少时便以风姿见重，常研读《小品》，“以为心要”。他与当时的玄学家阮瞻等 7 人结为知己，世人称为“八达”。有人曾嘲笑说：“大晋龙兴，天下为家，沙门何不全发肤，去袈裟，释梵服，被绫罗？”支孝龙回答说：“抱一以逍遥，唯寂以致诚。剪发毁容，改服变形，彼谓我辱，我弃彼荣。故无心于贵而愈贵，无心于足而愈足矣。”当竺叔兰译出《放光般若经》不久，支孝龙“即得披阅，旬有余日，便就开讲。后不知所终”。

法祚，河南僧人。25岁出家，深谙佛理，在关陇一带僧俗中颇有名望。当时梁州（今陕西汉中）刺史张光逼令法祚还俗，法祚誓死不从，最终被张光杀害。法祚曾为《放光般若经》作注，并且著有《显宗论》等书。

竺僧敷，僧人。他于西晋末年移居江左，住在建康的瓦官寺，开席讲法，建康旧僧莫不推服。

耆域，天竺僧人，于西晋初年踏上远赴汉地的征

贴佛青瓷尊 西晋

该器直身，唇沿、平底，下承三足，壁内有弦纹，外壁四周贴塑佛像，这在西晋瓷器中十分少见。

途，先是到扶南（柬埔寨一带），再沿着印尼沿海来到交州，再经广州、豫昌（南昌）到达襄阳。据传说，耆域在襄阳时，本想渡河，可船家见他衣服弊陋，心生轻视之念，不想替他摆渡，可是渡船刚刚靠岸，耆域已渡河到彼岸，并有两只老虎站在前面垂耳摇尾，耆域走近用手抚摸虎头，老虎立即离去。两岸的百姓目睹此状，都为耆域的神力所折服，纷纷尾随其后，以观举动。

其后，耆域于西晋惠帝末叶来到洛阳城。由于晋惠帝“供养百僧”，洛阳僧众的衣服过于华美，耆域为此批评这里的僧人“衣服华丽，不应素法”，指责他们不能如法着服。耆域在洛阳停留时，以佛教的修法，为朝臣官吏进行祈祷。据传，衡阳太守滕永文是个佛教徒，有段时间住在洛阳的满水寺，他因长期患病无法治愈，两脚弯曲，不能站立行走。一天，耆域来探视滕永文的病，他以一杯净水和一条杨柳枝为其修法祈祷，先把杨柳枝沾水，然后举手面对滕永文口诵咒文，如此行法三次，便以手按摩滕永文的两脚，要他站立起来，滕永文竟立刻站了起来，并且还蹒跚地走了几步。耆域不仅治人，而且还能治树。在满水寺的庭院里，有数十棵思维树，年久枯死，耆域用给滕永文治病的同样方法，面对这些枯树施法，不久，枯树开始发芽，渐渐地繁茂起来。耆域对病人或植物所行的修法，是以杨柳蘸净水施洒，唱念咒文。后来佛门举行仪式，必持净瓶洒净水，这一佛教礼仪的原始形态，大概就是从西晋的耆域开始的。

耆域在洛阳期间，还升上高座说法：“守口摄身意，慎莫犯众恶，修行一切善，如是得度世。”宣扬“诸恶莫作，众善奉行”是佛教的根本教义，这种让人民安分守己的说教，理所当然地受到西晋帝王的欢迎。事实是，在西晋时期，帝王扶植了佛教，使其得到进一步发展，沙门则是更主动地靠近皇宫。

◀男相观世音 敦煌布画

二、中山王派人写经，河间王以僧为师

西晋惠帝元康元年（291年），高僧竺叔兰和无叉罗在陈留的仓垣水南寺译出《放光般若经》。此经刚一译出，便立即风行国都洛阳，而且远离陈留的北方中山王（治在今河北定县）也派人前去抄写。就此，《出三藏记集》卷7载：

> （《放光般若经》）大行华京，息心（即“沙门”意译之一）居士，翕然传焉。中山支和尚遣人于仓垣，断绢写之，持还中山。中山王及众僧，城南四十里幢幡迎经。其行世如是。

从这段引文看，中山王是派人写经的“支和尚”和“众僧”的大施主。那么，这个中山王是谁呢？

据《晋书》卷37记载，司马懿有个弟弟叫司马恂，司马恂生有一子叫司马遂，晋初封为济南王，泰始二年（266年）死去，他的儿子司马耽嗣位。司马耽于咸宁三年（277年）改封为中山王，元康二年（292年）病死，其弟司马缉继承中山王位。司马缉在“八王之乱”中被成都王司马颖任命为建威将军，建武元年（304年）与石熙等率众抵拒王浚，死于战阵之中。据此，西晋前期有两个中山王，而《放光般若经》译出的时间是在元康元年（291年），“中山支和尚”派人抄经的时间又在这以后，那么，隆重迎接《放光般若经》的中山王如果不是司马耽，那就肯定是其弟司马缉了。

在西晋还有一个信奉佛教的宗室封王，这就是惠帝时期的河间王司马颙。据说，河间王司马颙信奉佛教，以高僧帛远为师，来往频繁。

帛远，号法祖，河内（治在今河南沁阳）人。他自幼出家，每天诵经八九千言，深研大乘经典，又博读世俗经史。后来在长安建造精舍，以讲习为业，僧俗弟子达千余人。当年河间王司马颙代梁王

司马肜为平西将军，镇守关中时，对帛远十分敬重。《梁高僧传》卷1《帛远传》载：

（帛远）乃于长安造筑精舍，以讲习为业，白（在俗信徒）黑（僧人）宗禀，几且千人，晋惠之末，太宰河间王颙镇关中，虚心敬重。待以师友之敬。每至闲晨靖夜，辄谈讲道德，于时西府初建，俊乂甚盛。能言之士，咸服其远达。

这是说帛远在长安盛讲佛教义理，僧俗信徒很多，河间王司马颙镇守长安时，尊帛远为师友，常在闲暇与他讲论“道德”，征西府中的“能言之士”，也都与帛远交往，佩服他的见识和言谈。

河间王司马颙虽然从内心敬重帛远，但帛远却对大动干戈、群雄交争的世俗时局感到厌烦，他执意潜行来到陇右（甘肃陇山、六盘山以西）。永安元年（304年）张辅为秦州（甘肃天水）刺史，镇守陇右，他再三劝说帛远还俗做自己的佐僚，帛远不从，因此得罪了张辅。不久，张辅听信谗言，杀害了帛远。第二年，张辅即因战败为他人所杀。由于河间王司马颙等一批贵族的推崇，帛远在关中、陇右一带很有影响，汉族和内迁少数民族信徒“奉之若神”，对其被害深表“悲恨”和“愤激”，在张辅被杀后，他们“共分祖（帛远）尸，各起塔庙”，争相供养。

日本京都的大金阁寺僧人

三、善画佛像的皇帝——东晋明帝

晋元帝 司马睿

西晋在建兴四年（316年）灭亡。第二年，琅琊王司马睿在建康（今江苏南京）建立东晋王朝。东晋以王室为中心的贵族们，十分注重对佛教的理解，许多杰出的高僧也与王室、名族交游。从历史上看，自东晋开始，最高统治者阶层中尊奉佛教的越来越多。东晋初期的元帝和明帝，都对佛教表现出很大的兴趣。

从整体来看，东晋时期的皇帝及公卿名流信奉佛教并非为了求得成佛，而只是以研读谈论佛教作为陶冶性情或精神寄托的手段，在普遍的心理上，传统文化仍然占据着优势。后世那种举国若狂崇信佛教的情形，在这个时期还见不到。但显而易见的是，皇帝和公卿名流对佛教的推崇，为佛教的迅速传播提供了十分有利的条件，佛教寺院正是从这时开始兴盛起来的。这个时期的佛寺，大都是在上层社会的积极支持和资助下建立起来的，具体有多少，现在已无法考证，但根据清代刘世珩所著《南朝寺考》，东晋时代建造的佛寺至少有三十余所。东晋第一帝元帝在京师建康就曾建有佛寺。

晋元帝在建康兴造了一座白马寺，很引人注目。西晋国都洛阳原本有座白马寺，东晋元帝奉佛，他虽不能将洛阳东移，却可以再建一座白马寺。据《法苑珠林》载，晋元帝所建白马寺在建康中黄里，于大兴二年（319年）建成。据说，支遁曾在这白马寺内与刘系之谈论《庄子》的《逍遥篇》，并进行注释，白马寺成为东晋贵族与僧侣清谈的游乐场所。

据史书记载，东晋初期的元、明二帝与“方外之士”竺法深有着不寻常的交往。竺法深，名竺道潜，俗姓王，琅琊（今山东临沂）人，是西晋武帝的驸马、东晋元帝时的丞相王敦的弟弟，18岁出家，以中州刘元真为师。据称他“剪削浮华，崇本务学。微言兴化，誉洽两朝”。24岁时，竺法深便开始讲《正法华经》、《放光般若经》，到他那里听讲法的常常达五百余人。晋永嘉初年，竺法深避乱过江，成为东晋著名般若学者之一。他在建康盛讲般若空义，与元、明二帝及丞相王导、太尉庾亮等公卿交往很深。对此，《世说新语·方正篇》载：

> 后来年少，多有道深公者，深公谓曰：“黄童年少，勿为评论宿士，昔尝与元、明二帝，王、庾二公周旋。”

皇帝梵像图

针对此文，在《世说注》中又有言：

> 晋元、明二帝，游心玄虚，记情道味，以宾友礼待法师；王公、庾公倾心侧席，好同臭味也。

这里是说，当时曾有年轻人对竺法深说三道四，竺法深回敬他们："乳臭未干的年轻人，怎可批评德高望重的大方家呢？我在早年，就曾和元、明二帝，以及王导、庾亮二公结交。"史载，在元帝、明帝时代，竺法深因深得皇帝的赏识，而常常穿着木屐出入于宫殿，当时的人见了都窃窃私语说："那个出家人，是位大德高僧，所以才可以穿木屐上殿。"由此看来，东晋名僧竺法深很得元、明二帝的信赖，与当时名流贵族有着很深的交情。

东晋明帝不仅信奉佛教，而且还在宫内的乐贤堂画制佛像。有关这方面的记载有不少——《弘明集》卷12载有习凿齿致道安的一封书信，其中谈到晋明帝"手画如来之容"，该函这样说道：

> 且夫自大教东流，四百余年矣，虽藩王居士时有奉者，而真丹宿训，先行上世，道运时迁，俗未佥悟，藻悦涛波，下士而已。唯肃祖明皇帝，实天降德，始钦斯道，手画如来之容，口味三昧之旨，戒行峻于严隐，玄祖畅乎无生，大块既唱，万窍怒号，贤哲君子靡不归宗，日月虽远，光景弥晖，道业之隆，莫盛于今。

根据这封信所讲的，佛教传入中国已经四百多年，帝王和士大夫们虽然也不时有信奉佛教的，但大部分依然信奉中国古来固有的礼教。汉代社会思想的主流是独尊儒术，到了三国、西晋，奉事老庄之教者辈出。以往，世人大多并不了解佛教，只有少数身份低微的人信佛而已。但东晋的明帝，却是天降此土的贤者，是帝王队伍中真正开始信佛的一个，他亲笔绘画如来佛的像，以口体味“三昧”的旨要，晋明帝严守戒行，深刻理解佛法。朝野上下受明帝信仰佛教的感化影响，贤哲名士、百官君子都效法明帝敬奉佛教，从而开创了佛教的繁荣。习凿齿在致道安的这一书简中，对东晋明帝的崇佛行为，给予很高的评价。据此，明帝信奉佛教，画制佛像，当是历史事实。

唐朝张彦远的《历代名画记》卷 5 载，东晋明帝司马绍：

> 及长，善书画，有识鉴，最善画佛像。

这里，把东晋明帝说成是个最擅长画佛像的皇帝。

有关东晋明帝在乐贤堂画制佛像的时间，《佛祖统纪》卷36说：

> 太宁元年，帝手御丹青，图释迦佛于大内乐贤堂，又往兴皇寺，集义学沙门百员讲论佛道。

据此，明帝在乐贤堂画佛像是在太宁元年（323年），明帝还曾前往兴皇

△番王礼佛图卷（部分） 元 故宫博物院藏

此画卷中，佛端坐在水中的莲花台上，其前三十余番王无不肃然听法。佛以其大智大慧劝救那些在权力与财富欲海中挣扎的人们以德报怨，脱离苦海。

寺，集聚学解优秀的沙门百人讲论佛法。可以看出，明帝在位时间虽然只有3年，但却是一位虔诚的奉佛天子。

对东晋明帝在乐贤堂自画佛像这件事，在后来晋成帝时又被提及。《晋书》卷77载：

> 彭成王纮上言，乐贤堂有先帝（指明帝）手画佛像，经历寇难，而此堂犹存，宜敕作颂，帝下其义……

依据这个记载，彭城穆王权的曾孙王纮，曾经向成帝具奏，说先皇明帝曾于乐贤堂自画佛像，虽然几经战乱，但这一乐贤堂仍完好无损，司马纮请求成帝下诏为该佛像作颂，成帝遂就此事向朝臣征求意见。

当时有太常蔡谟奉诏奏复：

> 佛者，夷狄之俗，非经典之制。先帝量同天地，多才多艺，聊因临时而画此像，至于雅好佛道，所未承闻也。盗贼奔突，王都隳败，而此堂孑然独存，斯诚神灵保祚之征，然未是大晋盛德之形容，歌颂之所先也。人臣睹物兴义，私作赋颂可也。今欲发王命，敕史官，上称先帝好佛之志，下为夷狄作一像之颂，于义有疑焉。

蔡谟是位博学的儒者，他在奏文中称："佛者夷狄之俗，非经典之制。"反对以朝廷的名义为乐贤堂佛像作颂。但从中他也谈到，"先帝（指明帝）量同天地，多才多艺"，出于好奇和消遣时光而画过佛像。成帝最终采纳了蔡谟的意见，没有为佛像作颂。东晋成帝君臣的这场讨论，恰好从一个侧面反映了宫内的乐贤堂确实有明帝亲自画的佛像。

四、东晋成帝：沙门应否跪拜君王的大辩论

汉地社会，皇权至上是一个根深蒂固的传统，不容许任何其他的社会势力凌驾于皇权之上，不论是谁，见到皇帝都必须下跪，行叩拜礼。佛教在印度本土，却恰恰是"超然世外"的，僧侣的社会地位高于俗人，包括君王在内。佛教最初传入汉地之际，沙门原不跪拜帝王，只是双手合十表示敬意，与中国传统礼制不合。到了东晋南北朝时，佛教为朝野所崇尚，沙门不跪拜帝王，这与封建皇权和儒家纲常形成了尖锐的矛盾，于是，多次发生沙门应否向帝王行跪拜礼的争论。这第一次舌战，便发生在东晋成帝时。

据《弘明集》卷12载，东晋成帝咸康六年（340年），中书监庾冰辅政，主张沙门应向王者行礼致敬，但尚书令何充等认为沙门不应向王者致敬。由于双方相持不下，成帝诏令礼官详议此事，拿出处理意见。结果在礼官中又产生分歧，博士们同意何充的主张，而中书侍郎则支持庾冰。为此，何充及左仆射褚翌、右仆射诸葛恢、尚书冯怀、谢广等联名上奏说：

世祖武皇帝以盛明革命，肃祖明皇帝聪圣玄览。岂于时沙门不易

屈膝？顾以不变其修善之法，所以通天下之志也。愚谓宜遵承先帝故事，于义为长。

在东晋朝臣中，何充等人是笃信佛教的，所以主张遵从“先帝故事”，尊重佛教律仪，不要让沙门在帝王面前屈膝跪拜。但庾冰却从维护儒家名教的立场出发，坚决反对沙门不敬王。庾冰在代成帝起草的一份诏书中说：

因父子之敬，建君臣之序，制法度，崇礼秩，岂徒然哉？良有以矣。既其有以，将何以易之。然则名礼之设，其无情乎？且今果有佛邪？将无佛邪？有佛邪，其道固弘；无佛邪，义将何取！继其信然，将是方外之事；方外之事，岂方内所体？而当矫形骸，违常务，易礼典，弃名教，是吾所甚疑也。名教有由来，百代所不废。昧旦丕显，后世犹殆；殆之为弊，其故难寻。而今当远慕芒昧，依稀未分，弃礼于一朝，废教于当世，使夫凡流，慠逸宪度，又是吾之所甚疑也。……凡此等类，皆晋民也。论其才智，又常人也。而当因所说之难辨、假服饰以陵度，抗殊俗之慠礼，直形骸于万乘，又是吾所弗取也。

△青瓷谷仓罐 西晋

整器分盖、体两部分，上塑一组庄园建筑，四周有院楼，并有朱雀、佛像、熊组成的贴塑分设其间。

庾冰在这里强调，忠君孝亲是中国儒家伦理名教的核心，佛教沙门不按世俗之礼仪敬重君亲，这是不利于维护君臣父子封建纲常名教的。为了封建皇权的巩固，沙门理应敬王。

针对庾冰的观点，何充等人又两次上表成帝，申述沙门不应尽敬之意，并特别指出，佛教有利“王化”，有利于巩固封建统治秩序：

寻其（指佛教）遗文，钻其要旨，五戒之禁，实助王化。贱昭昭之名行，贵冥冥之潜操，行德在于忘身，抱一心之清妙。且兴自汉世，迨于今日，虽法有隆衰，而弊无妖妄，神道经久，未有其比也。

何充等进而赞扬沙门把国家放在第一位，历来是尊奉天子、顺从皇权的：

每见烧香呪愿，必先国家，欲福祐之隆，情无极已，奉上崇顺，出于自然。

何充的意思是，沙门每天烧香唱赞，都是先祈祷佛法福佑国家，福

佑帝王，其虔诚之情，极情之意，是很难用言语来描述的。何充等人坚持认为，佛法当尊，不应逼迫沙门跪拜君王，“今一令其拜，遂坏其法，令修善之俗，废于圣世”。

经过如此反复的辩论，庾冰的主张没能得到实行，结果是，沙门见到皇帝仍不行跪拜礼。但是，关于沙门应否礼敬王者、僧侣应否向皇帝行跪拜礼的问题，并没有得到彻底解决，在此后的日子里，仍不时地被提出来。

五、宫闱女眷们的何皇后寺

我们在探讨东晋诸帝信仰佛教兴建寺院的时候，自然不能忽视与这些帝王同时担当重要角色的皇后，特别是康帝的褚皇后与穆帝的何皇后，都是以奉佛而出了名的后宫佳丽。

△帝后礼佛图　河南巩义

“帝后礼佛图”是河南巩义石窟中最典型的作品，它采用高浮雕的形式充分表现了北魏皇室前往寺院礼佛的宏大场面，体现了佛教在当时的社会地位。全图分为三层，是我国仅存的石刻帝后礼佛图。

东晋康帝的褚皇后，是两岁即位的穆帝的生母，一度以太后身份摄政，后来哀帝继位，因体弱多病，仍由褚后代理朝政，甚至到了废帝海西公时代，朝中大权仍由褚后执掌。因此，褚皇后成为东晋中期三帝幕后的实际政权执掌者。这位权倾朝野的褚皇后，热心于佛教，曾亲自主持兴建延兴寺。

康帝时期，济南有个女孩誓不应聘，出家为尼，这女尼便是僧基，她“净持戒范，精进习经”，在京师很有名气。据传，“枢机最密，善言事议，康皇帝雅相崇礼”。由于康帝常请僧基入宫，褚皇后也结识了这位女尼，并很欣赏她的奉佛诚心和高雅言谈。建元二年（344年），褚皇后在运河西岸的北乾道桥一带，专门为僧基建造了延兴寺，请僧基住持此寺。因为是皇后兴建的佛寺、请来的住持，当时慕名而来的徒众达数百人之多。

褚皇后在执掌东晋朝政的岁月里，并不专心理政，而是一意事佛，致使军阀桓温渐渐窃取了朝中实权。当这个军阀废掉一代君王海西公时，褚皇后正在佛堂里烧香。《晋书》卷32载：

> 及哀帝、海西公之世，太后复临朝称制，桓温之废海西公也，太后方在佛屋烧香，内侍启云“外有急奏”，太后乃出。

朝中的御座都已易主，身为太后的褚皇后还在佛屋叩拜，说她烧香误国，一点也不冤枉。

再说穆帝的何皇后，她是名门大家何充的弟弟何准的女儿。何皇后信奉佛教，与穆帝一起经常同僧人、女尼交游往来。当时，建康城有个女尼，名叫昙备，才貌出众，晋穆帝对她“礼接敬厚”，常对人说：“久看更佳”，“京邑比丘尼，鲜有昙备之俦也。”就连何皇后也说：京邑的比丘尼中，像昙备这样的确实很少。不论是晋穆帝，还是何皇后，他们赞赏女尼昙备，很大原因是因为她是一位姿容绝世的美人。永和十年（354年），何皇后在定阴里建造佛寺，先是命名为永安寺，不久即改名为何后寺，请昙备住持该寺。昙备为人极其谦恭有礼，接引大众毫无傲慢的态度，仰慕其名望而归依者有三百余人。

这所何后寺，实际是专门为深宫女眷们建造的佛寺，住在寺里的尼僧，因为经常接近帝王权贵，于是有很多桃色传闻，被世人视为佛教的颓废。《南朝佛寺志》卷上“何皇后寺”条载：

> 晋穆帝何皇后，性耽释氏，造尼寺一所，在西州桥侧，南临大道，后人呼为何皇后寺，女尼居之者，戒行不尽，严齐蔡兴宗尝纳寺尼智妃为妾也。

看来，何皇后寺的女尼们并没有真正超凡脱俗，她们甚至出寺为妾。

东晋的褚皇后、何皇后不仅奉佛，而且还召请僧人于法开为穆帝治病，不过于法开没有应召。于法开是高僧于法兰的弟子，精通《放光般若经》和《正法华经》，又“祖述耆婆（传为与释迦同时的名医），妙通医法”。升平五年（361年），晋穆帝患病，朝廷召命于法开为穆帝诊治，因为察觉到穆帝的病已无法医治，于法开没有应命，拒绝入宫诊治。穆帝的生母褚皇后下令：“帝病未见起色，昨日拟召于法开进宫诊脉，但至门因有畏忌而未入内，诏命廷尉务必召见。”褚皇后刚刚说完，大内便传出皇帝驾崩的消息，聪明的于法开由此得免一场厄难，旋即归隐剡县的石城山。于法开被召为穆帝诊病这件事，说明东晋皇室贵族对僧人的医术还是信赖的。

六、晋哀帝“好重佛法”

东晋哀帝即位伊始，便敕命召请僧人支遁。

支遁奉诏来到京都，住在城内的东安寺。支遁在演讲《道行般若经》时，不论出家僧尼还是在家居士，都听得津津有味，朝野人士尽皆归服。《高僧传》卷 4 介绍支遁说：

> 至晋哀帝即位，频遣两使，征请出都，止东安寺讲《道行般

若》，白黑钦崇，朝野悦服。

据说，晋哀帝本是信奉黄老的，但却迎请支遁到京师讲解《道行般若经》，这是因为他认为“般若经典”的说教，与老庄思想很有些类似，所以才请僧人开讲这类经典。

晋哀帝并曾遣使征请高僧竺道潜。竺道潜一度受到东晋元帝、明帝的礼遇。太宁四年（326年）明帝去世后，竺道潜移居剡山（今属浙江嵊县），隐于丛林，达三十余年。在晋哀帝的召请下，竺道潜再次迈入东晋皇宫的大门，向皇帝和朝臣宣讲《大品般若经》，受到晋哀帝和百官的欢迎。就此，《高僧传》卷4载：

彩绘宴乐图漆盘

哀帝好重佛法，频遣两使殷勤征请，潜以诏旨之重暂游宫阙，即于御筵开讲《大品》，上及朝士并称善焉。

《佛祖统纪》卷36亦说：

二年，诏法师竺潜讲《般若》于禁中，后辞还剡山。

还有那位在晋穆帝患病时不肯入宫诊视的于法开，倒是哀帝的面子大，终于将这位高僧从剡县石城山请入深宫。于法开入京，讲《放光般若经》，“凡旧学抱疑，莫不因之披释”。讲完《放光经》，于法开即回到山中。但晋哀帝仰慕其德行，仍不时向于法开赏发钱、绢、步舆及冬夏衣物。

服务于哀帝、远近闻名的于法开，成为众多佛教徒的崇拜者，许多很有名望的僧俗人士都与于法开有交往。当时有人曾问于法开：“法师高明刚简，何以医术经怀？”于法开回答说：

明六度以除四魔之病，调九候以疗风寒之疾，自利利人，不亦可乎！

“六度”，指布施、持戒、忍辱、精进、禅定、智慧；“四魔”，指烦恼、五阴、死、自在天魔。于法开这是把守持佛法与修身养性联系在一起了。

于法开60岁时，死于东山寺中。孙绰曾赞颂他说："才辩纵横，以数术弘教，其在开公乎！"

晋哀帝与瓦官寺的创建，也有些关系。《佛祖统纪》卷36记有：

> 兴宁元年，诏以瓦官窑地赐沙门慧力，建瓦官寺。

晋哀帝于兴宁元年（363年），将瓦官窑这块地方赏赐给了僧人慧力，并在这里建起了瓦官寺。僧人慧力是在晋穆帝永和年间（345—356年）来到京师的，他一直持守蔬食，行游乞食，长发驼背，完全是一种游行僧的风格。传说，晋哀帝开始决定建造瓦官寺时，这个塔基的标志每天夜里都向东移动十余步的地方，到了早晨又回复到原来的处所，为此，慧力约同竺道潜一起前往看视，果然看见有一身穿红衣、头戴武冠的人，拨起标志往东移置了十几步，于是便决定就在这"神人"指定的地方建寺，后来的瓦官寺就建在这里了。

晋哀帝"好重佛法"，可他同时又崇奉丹道。在他身上，曾发生过服丹中毒事件，他大约是中国历史上第一个受"长生药"所害的皇帝。

七、简文帝敬重女尼听佛经

东晋简文帝 司马昱

东晋的简文帝十分敬重女尼道容。道容是历阳（今安徽和县）人。住乌江寺，"戒行精峻，善占吉凶，逆知祸福，世传为圣"。据说，简文帝在未登位之前，曾以会稽王的身份出任宰辅，那时，他"清虚寡欲，尤善玄言"。一度师事清水道师，此道师就是京师的王濮阳，并在宫廷内建造道教的道舍。道容虽曾屡加忠告，但终不为采纳。后来，简文帝走入道舍，觉得常有神人出现，但这神人却呈现沙门的形态，几乎满屋子都是这样的神人。简文帝怀疑是道容所做的把戏，但又无法证实。在简文帝登基之后，有乌鸦在太极殿上筑巢，找来占卜大师曲安远进行占卜，曲安远解释说，在西南方有女法师，如得其人，则一切怪诞当可逢凶化吉。于是，简文帝派使者前往西南方的乌江寺迎请道容。道容对简文帝说：皇帝若能斋戒七天，受持八关斋戒，则一切怪异均可化险为夷。简文帝信从道容的意见，修整身心，斋戒还没到七天，乌鸦便自行把巢穴移走了。简文帝由此皈依道容。女尼道容使简文帝的信仰由道教转向了佛教。

与简文帝交往甚密的高僧还有竺法汰。竺法汰初到京师建康，住在瓦官

寺，开始并不出名。丞相王导的第三子王洽一度供养竺法汰，为使其成名，每与周旋，“来往名胜许，辄与俱，不得汰，便停车不行”。没有竺法汰的陪同，王洽便不外出，京城中的人由此越来越看重竺法汰了。简文帝听说僧俗民众都十分敬重竺法汰，便请他进宫讲解《放光般若经》；开题起讲之日，简文帝亲自前往聆听，“王侯公卿，莫不毕集”。此后，竺法汰的门徒日益增多，前来问学者累计达千人以上。瓦官寺原来只有堂塔，在简文帝支持下，竺法汰将其扩建重修，成为建康名寺。

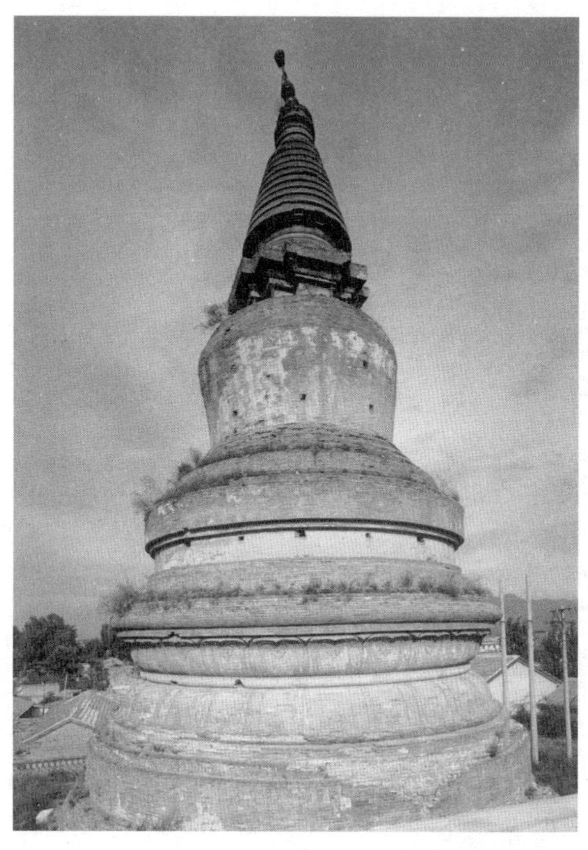

▲浙江宁波阿育王舍利塔，建于西晋太康三年（282年），距今已有1700多年的历史

简文帝奉佛，还诏令兴建了一批佛寺，其中最有名的是长干寺。长干寺的所在地，早在东吴时代，就有一些小精舍。孙琳为了毁除这些精舍，也把佛塔给废掉了。后来，僧众们又在旧址上建立新塔，晋元帝渡江后又将其加以修复。东晋简文帝咸安年间（371—372年），命沙门安法程在此建造小塔，塔尚未完成，安法成便逝世了，后由其弟子僧显继续修造，直到孝武帝太元九年（384年）才完成金相轮和承露。

有关长干寺的传奇，《高僧传》卷13的《慧达传》说，简文帝建造的长干寺有三层塔，每天傍晚都放光。慧达曾登上城楼眺望，见佛塔顶端其光色不同寻常，便到佛塔旁礼拜，到了夜晚，从佛塔下面发出光来，慧达立即命人在塔下挖掘，才挖一丈多深，就发现有三块石碑，中间石碑里面放有铁函，打开铁函，其中又有银函，银函中又有金函，金函里面有三颗舍利和指甲及头发，发长数尺而放光。慧达顿悟：长干寺的塔就是阿育王所建造的八万四千塔之一。为此，就在旧塔的西边另建一塔，以供奉舍利。

简文帝尊奉佛教究竟为哪般？《世说新语·文学篇》载：

> 佛经以为祛练神明，则圣人可至。简文云：不知便可登峰造极不？然陶练之功，尚不可诬。

按佛经上讲的，一切众生，皆有佛性，只要能够修智慧，断烦恼，万行具足，便可成佛。简文帝崇尚佛教，对是否能够“登峰造极”为佛并不在意，但他认为，佛教可以陶冶人的性情，给人以精神寄托，此功不可没。

八、与高僧女尼频打交道的东晋孝武帝

在东晋诸帝中，如果说，明帝是因多才多艺而画制佛像，哀帝虽然礼佛，但平素更重黄老，那么，孝武帝则是一个无可争议的真正的佛教信仰者了。他把精舍建在宫殿内 事，便足以说明这一点。

《晋书》卷9载：

> （太元）六年春，正月，帝初奉佛法，立精舍于殿内，引诸沙门，以居之。

孝武帝自太元六年（381年）的正月开始尊奉佛法。他于这年在大内设立精舍，召请沙门居住其中。

对孝武帝在皇宫大殿之内建造寺院，尚书左丞相王雅曾上书谏阻，但孝武帝并没有听从王雅的谏言。此事在《资治通鉴》卷104中有载：

> 太元六年（辛巳，381年）。春，正月，帝初奉佛法，立精舍于殿内。《后汉书·姜肱传》曰：就精庐求见征君。贤曰：精庐，即精舍也，盖以专精讲习所业为义。今儒、释肄业之地，通曰精舍，引诸沙门居之。尚书左丞王雅表谏，不从。雅，肃之曾孙也，王肃仕曹魏，以经学著名；武帝，肃外孙也。

王雅是曹魏时以经学著名的王肃的曾孙。王肃则是以攻击郑玄的学说而自成一家的儒学者。王雅好接纳下者而又敬慎奉公，因而深受孝武帝的礼遇。王雅虽任外职，却屡次谒见孝武帝，参赞国事。据说，孝武帝在举行宴会时，若王雅还没到场，则绝不斟酒。孝武帝在后宫建有一座清暑殿，门户朝北，可直接出入华林园，孝武帝与张后在此偕游时，也只有王雅陪同。由此可见孝武帝对王雅的敬重和宠信。就是这样一位备受孝武帝宠爱的重臣，对孝武帝在大内建造佛寺进行“表谏”，以示反对和劝阻，但孝武帝终是“不从”。奉佛入迷的孝武帝，连宠臣的谏言也听不进去了，他是执意敬奉佛法了。

彩绘出巡图奁

且让我们看看孝武帝与高僧女尼的频繁往来：

（1）遣使问候并颁诏奖赏道安。佛学大师道安，是常山扶柳（今河北冀县）人。7岁便能背诵儒典，12岁出家，天资颖敏，但因外貌丑陋而不为师傅所重，

被派去做田舍苦力，劳作三年之久而没有任何怨言。师傅为之感动，于是为道安授具足戒，并任其游学四方。后来道安来到邺（今河北临漳），皈依名僧佛图澄，为其大弟子。佛图澄说法时，他在一旁作解释，每每语出惊人，四座叫绝，成为远近闻名的高僧。道安应邀到襄阳等地传法，既讲大乘《放光般若经》，又讲小乘《毗昙》、《婆沙》；既重禅观，又重义解。道安明确地提出“不依国主，则法事难立”，清楚地概括出佛教对统治阶级的依附关系。道安在襄阳期间，先住白马寺，后来建造檀溪寺。他与当地名士习凿齿有很深的交情，郗超仰慕其名，派人送去粮米千斛。孝武帝早闻道安之名，十分敬重，他派遣使臣前往问候，并专门颁发诏书称颂褒奖道安，《高僧传》卷5载有此诏：

玉双螭纹佩　东晋

安法师器识伦通，风韵标朗，居道训俗，徽绩兼著，岂直规济当今，方乃陶津来世，俸给一同王公，物出所在。

孝武帝称赞道安的仁德超胜，教化道俗有显著的功绩，其济世度人并不止于现今，亦当及于来世，诏令赏赐与王公同等的俸禄，所供给的物品由所在地方供应。

（2）拜支昙籥为师，受持五戒。先看《高僧传》卷13的一段记述：

支昙籥，本月氏人，寓居建业，少出家清苦蔬食，憩吴虎丘山。晋孝武初，敕请出都止建初寺，孝武从受五戒，敬以师礼。

据此，东晋孝武帝曾下发敕命，请支昙籥到京师建康，并住进建初寺。孝武帝到支昙籥那里受持五戒，以师礼相待。支昙籥能以美妙的梵音转读经典，制出《六言梵呗》，也是一位很有名气的高僧了。孝武帝驾临支昙籥处拜师受戒这件事，充分表明他确是一位奉佛天子。

（3）与僧朗的书信往来。僧朗，俗姓李，冀（今河北高邑）人，“少事佛图澄，硕学渊通，尤明气纬”。后游方修道，曾在关中开讲《放光般若经》。公元351年，僧朗东入泰山，先是在泰山的山谷与过修道生活的张忠同住窟室，后来张忠应苻坚征召而去，僧朗便在泰山西北的金舆谷昆仑山中建立寺院。这金舆谷是一处险要的山峰，有涧流，有巨岩，景色极为壮观，僧朗在这里筑造房舍寺院，建有内外屋宇数十间，僧朗的佛德清风四方传闻，来到金舆谷拜佛求法者有百余人之多，僧朗孜孜不倦地教导这些慕名来寺的修学者。据说，当时泰山的虎患甚多，特别是金舆谷的虎灾十分频繁，人们通常都是手持棍棒成群结队地行经此处，若是单人而行，往往成为虎口之食。然而自从僧朗来到这里后，猛虎便不再害人，无论昼夜，人们都可在山谷中平安地通行，当地老百姓称颂这是僧朗的德行所致。后世为了纪念僧朗，都把泰山的“金舆谷”称为“朗公谷”。

对僧朗这位声名遐迩、德行高超的僧人，东晋孝武帝早有耳闻。淝水之战，孝武帝大败前秦苻坚，志在一统天下，就在这时，他派遣专使致书僧朗：

> 朕心长驱魏赵，扫平燕代。今龙旗方兴，克复伊洛，思与和尚同养群生。至人通微，想明朕意。今遣使者，送五色珠像一躯，明光锦五十匹，象牙簟五领，金钵五枚，到愿纳受。

此函在《广弘明集》卷28上有载。孝武帝在致僧朗的信中，既显示了大破苻坚的东晋皇帝将称霸于天下的宏图大志，又表明了要迎请僧朗这位精神界的领袖“同养群生”的美意，为表达敬意，孝武帝在致函的同时，给僧朗送去了一批贵重礼物。僧朗收到东晋皇帝的书信立即挥笔回函：

> 僧朗顿首顿首，夫至人无隐，德生为圣，非德非圣，何敢有喻？忝日出家，栖息尘表，慕静山林，心希玄寂，灵迹难逮，形累而已。奉被诏命，慰及应否，大晋重基先承孝治，惠同天地覆养无边，愿开大乘伸扬道味。僧朗顿首顿首。

僧朗虽然没有立即答应前赴东晋朝廷，但在回信中却称颂大晋的国威光被无边，期望开大乘的教化，以高扬佛法。

（4）与女尼妙音探讨荆楚用人。妙音，生地不详，自幼出家，居于建康，“博学内外，善为文章”，受到孝武帝及太傅会稽王司马道子的宠信。妙音经常与皇帝及太傅、朝廷学士谈论文章，蜚声一时。司马道子于太元十年（385年）建造简静寺，迎请妙音为寺主，信从门徒一百余人，京中公卿百官，竞相巴结奉承。《比丘尼传》卷1《妙音传》载：

玉佩 东晋

> 供嚫（指施舍）无穷，富倾都邑。贵贱宗事，门有车马，日百余辆。

△苏州云岩寺的虎丘剑池

当时司马道子专权，“姏姆尼僧，尤为亲暱”。中书令王国宝得到司马道子的宠信，“官以贿迁，政刑谬乱”。有人上奏孝武帝，请求将王国宝罢官免职。王国宝听说有人参奏他，十分恐惧，通过陈郡的袁悦之请求女尼妙音写信给太子的母亲陈淑媛，说王国宝还是很忠诚谨慎的，应该得到朝廷的信任。这一辗转说情事件惹恼了孝武帝，当即将袁悦之处斩，而直接写信说情的妙音，却免受牵连，没有受到一点责难。女尼妙音在孝武帝眼中，是有特殊地位的。

史载，女尼妙音在当时经常出入宫廷，参与朝中政务活动，“权倾一朝，威行中外”。有这样一件事，很能说明问题，太元十七年（392年），荆州刺史王忱死去，孝武帝起初打算任命王恭为新的荆州刺史。当时桓玄正在江陵，听说王恭要继任荆州刺史，担心难以对付，便派人去找妙音，请妙音出面向孝武帝推荐“弱才亦易制御”的黄门侍郎殷仲堪为新任荆州刺史。《比丘尼传》卷1《妙音传》载：

既而烈宗（指孝武帝）问妙音，荆州缺，外闻云谁应作者？答曰：“贫道道士，岂容及俗中论议。如闻外内谈者，并云无过殷仲堪，以其意虑深远，荆楚所须。”帝然之，遂以代忱。

妙音一句话，使殷仲堪当上了荆州刺史。看来，孝武帝对女尼妙音的话，真是到了言听计从的地步。

（5）厚礼安葬圆寂高僧。孝武帝对死去的名僧，常常痛心疾首，又是下诏哀悼，又是拨出大笔国库银钱办理丧事。

宁康二年（394年），曾先后受到东晋元帝、明帝礼遇，并为哀帝讲过《放光般若经》的竺法潜，以89岁高龄在山馆中圆寂，孝武帝闻讯“用痛于怀”，下令动支钱10万料理竺法潜的后事。《高僧传》卷4载有孝武帝当时颁发的一道敕命：

深法师理悟虚远，风鉴清贞，弃宰相之荣，袭染衣之素，山居人外，笃勤匪懈，方赖宣道以济苍生，奄然迁化，用痛于怀，可赙钱十万，星驰驿送。

高僧竺法义死后，孝武帝拨款起造三层塔。竺法义13岁时，得遇竺道潜，他问竺道潜："仁、利是君子所行，孔子何故罕言？"竺道潜回答说："物鲜能行，是故寡言。"竺法义便随从竺道潜出家受学。他博读众家佛典，尤其精通《法华经》。后来，竺法义离开竺道潜入京，住在瓦官寺，盛讲佛经，王导、孔敷等朝臣对他都十分敬重。东晋哀帝兴宁（363—365年）年间，居于始宁（今浙江上虞）之保山，受业弟子常达百余人。竺法义经常宣讲观世音信仰，南朝宋尚书令傅常曾对人讲："吾先君（指安成太守傅瑗）与义公游处，每闻说观音神异，莫不大小肃然。"孝武帝宁康三年（375年），遣使征请入京讲经，受到孝武帝的好评。太元五年（380年），74岁的竺法义死于都城，孝武帝动用10万钱买下新亭岗为墓，起塔三级，厚葬竺法义。

女尼道容，一直活跃于东晋，明帝、简文帝对她都甚为敬重，孝武帝即位后，对道容更加崇敬。太元年间，道容忽然消失，世人不知其所在，孝武帝敕命厚礼葬其衣钵。

孝武帝太元十二年（387年），曾为简文帝讲授《放光般若经》的竺法汰入寂死去，孝武帝颁诏致哀：

> 汰法师道播八方，泽流后裔，奄尔丧逝，痛贯于怀。可赙钱十万，丧事所须，随由备办。

此诏载于《高僧传·竺法汰传》。孝武帝对高僧竺法汰的去世，"痛贯于怀"，实在是发自内心的悲伤，所以如同当初对待高僧竺法潜一样，也下令动用国库10万，以厚礼料理丧事。

由于孝武帝崇信佛教，在他执政期间，高僧女尼常常出入宫廷，这些佛门弟子接受贿赂，干预政事，并且通过所谓"布施"的形式，大量勒索人民的钱财。《晋书·简文三子》载有左卫领营将军会稽的许荣上疏的一篇谏文，其中谈到：

> 今台府局吏，直卫武官及仆隶婢儿取母之姓者，本臧获之徒，无乡邑品第，皆得命议，用为郡守县令，并带职在内，委事于小吏手中；僧尼乳母，竞进亲党，又受货赂，辄临官领众。……臣闻佛者清远玄虚之神，以五戒为教，绝酒不淫。而今之奉者，秽慢阿尼，酒色是耽……尼僧成群，依傍法服。五戒粗法，尚不能遵，况精妙乎！而流惑之徒，竟加敬事，又侵渔百姓，取财为惠，亦未合布施之道也。

孝武帝时，佛教势力的发展、僧尼的堕落，由此可见一斑。

九、晚晋安帝遣使慰慧远

晚晋朝廷，上至安帝，下至百官，都与庐山高僧慧远或多或少地有些联系。

慧远，俗姓夏，雁门楼烦（今山西宁武）人。慧远出身于一个士族家庭，幼年随舅舅到许昌、洛阳一带学习儒家经典，但对当时流行的《庄子》、《老子》也相当精通。

慧远21岁那年，听说高僧道安在太行恒山（今河北阜平）立寺传教，便与弟弟慧持前往。他对道安十分敬佩，认为“真吾师也”。后来，慧远听道安讲解《般若经》，从中受到启迪，不无感叹地说：“儒道九流，皆糠粃耳。”遂与弟弟慧持一同出家为僧。慧远“常欲总摄纲维，以大法为己任，精思讽持，以夜继昼”。他的聪敏和勤奋，得到道安等人的赏识，24岁时便登台讲经。

东晋兴宁三年（365年），慧远随道安到达襄阳。竺法汰当时在荆州，受到桓温的优遇，当他患病时，道安特派慧远前去问候。太远三年（378年），前秦派兵攻打襄阳，道安分散徒众，慧远由此东下，先到荆州住上明寺，拟往广东罗浮山，太元六年（381年）路经浔阳（今江西九江），见庐山清静，便停留在此。慧远先是住在庐山西北麓西林寺。太元九年（386年），有僧人慧永对管辖庐山的江州刺史桓伊说：“远公方当弘道，今徒属已广，而来者方多，贫道所栖，褊狭不足相处，如何？”桓伊便为慧远另建寺院，太元十一年（386年）佛寺建成，因在西林寺东，故名东林寺。该寺四面环山，南对香炉峰，门前临虎溪，所处尽林壑之美。慧远从此在庐山传教，修行和从事著述。渐渐地，在庐山形成了一个以慧远为领袖的僧人团体。

慧远虽身在庐山，其声名却远播江东，从皇帝到百官，对慧远都相当敬重。庐山所在地江州，其地方官桓伊资助慧远修建东林寺，是庐山僧团的直接保护人。桓伊死后，大书法家王羲之的儿子王凝之任江州刺史，他虽然信奉天

江西庐山东林寺大雄宝殿

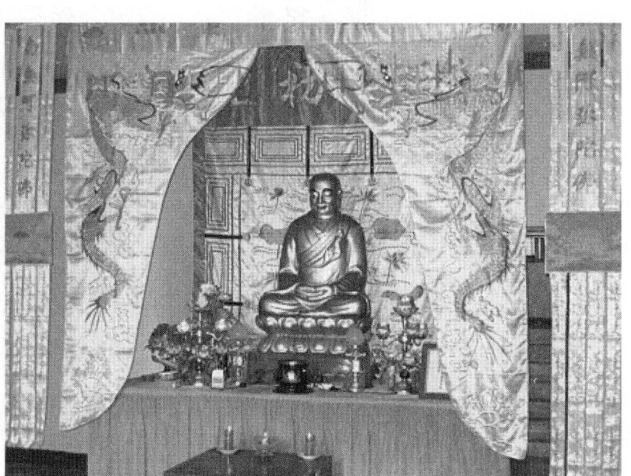
江西庐山东林寺慧远像

师道，但与慧远也有交往，时常充当施主。后来，桓玄兼任江州刺史，与慧远交情尤深。及至后来继任江州刺史的何无忌，与慧远关系更为密切，他曾力劝慧远拜见安帝，为这一帝一僧牵线搭桥。

此事发生在何无忌迎接安帝回归京师建康之际。当初桓玄篡位，何无忌等举兵讨伐，因功受到东晋皇室的嘉奖，封为辅国将军。元兴三年（404年），桓玄兵败，从建康西逃，何无忌乘胜追讨，进踞浔阳（今江西九江）。不久，桓玄自杀。义熙元年（405年）三月，何无忌从江陵侍卫安帝返还建康。其时，何无忌再三劝说慧远在安帝车驾经过浔阳时，下山觐见皇帝，没想到慧远却托词身体有病而拒绝了。尽管慧远没有下山拜会天子，可是，当安帝途经庐山脚下时，却特遣使者上山慰问。慧远或许被安帝的诚意所感动，立即修书答谢，对皇帝的垂询关切深表感激之情。收到慧远的答谢书函，安帝又一次下诏，向慧远答复致意．信中对不能与慧远见上一面深表遗憾，其中说：

> 去月（指义熙元三月）发江陵，在道多诸恶，情迟兼常，本冀经过相见，法师既养素山林，又所患未痊，邈无复因，增其叹恨。

可见，慧远在东晋朝廷是很有身价的。

的确，安帝遣使慰问的高僧慧远，更深得东晋内外百官和名士文豪的敬重。这个慧远，与何无忌、殷仲堪、王谧、谢灵运、刘裕以及卢循等，都有交往，我们不妨分别来看一看。

先说慧远与何无忌。据《弘明集》卷 5 载，慧远与何无忌曾有过一段关于佛教仪制的讨论。按中国传统的礼制，表示吉庆以左边为上，表示凶丧以右边为上，而沙门穿袈裟却偏袒右肩，俗称“袒服”。这与中国传统礼仪是否相背？何无忌就此请教慧远，慧远于是作《沙门袒服论》答复何无忌，慧远的主张与《沙门不敬王者论》的立场是一致的，表示出家人身穿袒服，是佛教僧徒所必须遵守的。中国的传统礼制，只适用于世俗的礼教世界，出家僧众与世俗的差异，正可以由袒服表现出来，沙门穿袒服更能增强其出家的自觉性和自信心，有助于达到解脱。慧远主张，在家人须顺从中国传统礼教，出家人则须遵守佛制。就此，何无忌提出，佛教是外，儒教是内，世间应内外合而为一。慧远则又指出，儒教是世俗之教，而佛教是寻求穷极之道，舍弃世俗，超越世界。就这样，慧远与何无忌反复探讨，交情也越来越深。

次说慧远与殷仲堪。殷仲堪自幼信奉天师道，但对佛教也颇为倾心。太元十七年（392年），殷仲堪受任都督荆益梁三州诸军事、荆州刺史，在赴荆州途中，殷仲堪登庐山拜会慧远，向慧远致以敬意，他与慧远一同来到北溪，探讨《易》的本体。殷仲堪问：“易以何为体？”慧远答：“易以感为体。”二人对这个问题一直讨论了很久。通过一同研讨，殷仲堪深感慧远“识信深明，

实难为度”。叹服慧远的见识深远与明察。

再说慧远与桓玄。东晋安帝隆安二年（398年），桓玄讨伐殷仲堪时，军队经常路过庐山，桓玄邀请慧远出虎溪相见，但慧远借口生病不能赴会，因此桓玄亲自前往东林寺拜会慧远，一见到慧远就不由自主地礼拜起来。在谈话中，桓玄站在儒家的伦理立场说：“身体发肤受之父母，不敢毁伤，乃孝之始，出家人怎么可以剃去头发呢？”慧远回答他说：“剃发出家，这是表明决心立身行道。”当桓玄问慧远“法师有什么心愿”时，慧远坦然答道：“但愿阁下平安，殷仲堪无事！”下山后，桓玄对部属说：“这是我有生以来看到的最伟大的人！”对慧远来说，既无敌人亦无自我，只要一切人的生命平安，就是他最大的心愿。

灭掉殷仲堪后的桓玄，名副其实地统辖了荆江二州，称霸一方。此时，他以“震主之威”致书慧远，劝他还俗致仕，说：“未知生焉知死，而令一生之中，困苦形神，方求冥冥黄泉下福，皆是

△白莲社图 明代仇英绘

慧远在庐山东林寺，同慧永、慧持和刘遗民、雷次宗等僧俗18人在佛像前立誓，共期往生西方极乐世界，并掘池植白莲，称白莲社。这幅图表现的是白莲社员们修炼参悟的情景。

管见，未体大化。迷而知返，去道不远，可不三思。”对此，慧远写了《答桓南郡书》，坚决回绝，其中说：“一世之荣，剧若电光，聚则致离，何足贪哉！浅见之徒，其惑哉。可谓下士闻道，大而笑之，真可谓迷而不反也。”

元兴元年（402年），桓玄举兵攻入京师建康，自称太尉，专断朝政。这时，他提出了沙门礼敬王者的问题，认为沙门也是被承王者恩泽，当然须对王者以礼相敬，并就此致书慧远。为此，慧远专门写了《答桓太尉书》，提出应分不同情况区别处理，在家佛教信徒理应礼敬王侯，但沙门则是脱离世俗的“方外之宾”，不应再礼敬王者。

元兴二年（403年），桓玄篡位称帝，为了争取僧俗信徒的支持，特地颁诏允许沙门可以不礼敬王者。

元兴三年（404年）春，刘裕等起兵讨伐桓玄，桓玄向西溃逃，五月被杀。就在这一年，慧远进一步发挥他在《答桓太尉书》中提出的观点，写出《沙门不敬王者论》，全面系统地论证了沙门不敬王者的理论主张，算是他与桓玄探讨这一问题的一个总结。

慧远与大文学家谢灵运也有很深的交情。谢灵运在东晋末年以妙笔文章著名江东。《高僧传·慧远传》说，谢灵运“负才傲俗，少有推崇”，但一见到慧远，立刻“肃然心服”，应请为慧远著《佛影铭》。慧远死后，谢灵运又著《庐山慧远法师诔》，并撰写碑文。

最后再说一说慧远与农民起义领袖卢循的一段交往。卢循出身于范阳涿县士族，曾参加晋末孙恩起义。义熙六年（410年），卢循率军攻占豫章（南昌），经过江州（今江西九江）时，前往庐山东林寺拜访慧远。慧远少时与卢循的父亲卢嘏是同学，卢循现今在战火连天的年代来访，慧远自然高兴。与

庐山东林寺大雄宝殿

慧远禅师 明刻本《仙佛奇踪》

卢循相会，慧远想起了早年的预言，慧远第一次见到孩提时的卢循时，便以其特有的识人善恶的眼力，当面指出："你的资质，虽然多才多艺，风格也质朴，却具有谋叛国家的意志。"后来，卢循果然与孙恩一同造反了。尽管这样，慧远还是热情地接待了卢循。慧远的弟子见他们二人一天天从早到晚地叙谈，心中不免多虑，劝谏慧远说："卢循是国家的叛逆，与这种人深交，将会招致朝廷的怀疑。"慧远则说："我在佛法中，于人情了无取舍选择。识者于此，应该有所了解；居心如此，还有什么可畏惧的？"慧远深知卢循是义军首领，因此诫勉弟子，佛门弟子不应该分别取舍，须以佛法之心礼遇天下人。

按照慧远的观点，佛教的确有助于"王化"，所谓"功侔帝王，化兼治道"。但佛教又有它自己独立的教义和礼仪，不同于世俗社会。因此，慧远不分朝野顺逆，皆与交往。不论是东晋皇帝，还是反皇帝的"贼寇"，他对谁都不亲不疏。慧远以一个外方人的身份，以超越世间的出家法则来处世，并由此立足于庐山，这也恰恰说明，慧远及其僧团在当时拥有相当的社会地位。以安帝为代表的东晋朝廷和王侯将相，与慧远竞相交游，便是要利用和争取慧远这样的"肥遁之士"，来装点盛世。

东晋最后一位皇帝是恭帝司马德文。他的奉佛，很有几分"放下屠刀，立地成佛"的味道。据说，恭帝小时候性情残忍，办事急躁。当他还是诸侯之一的藩王时，曾命优秀的弓箭手射马作游戏，有人劝说："马乃国姓，随便予以杀戮，这不是太不吉祥了吗？"恭帝顿感自己的罪过，很是后悔，此后他便矢志信奉佛教。为反省杀马的罪愆而求忏悔，恭帝转而奉佛了。

恭帝即位后，便利用皇权崇佛。史载：

> 恭帝深信浮屠道，铸货千万，造丈六金像，亲于瓦官寺迎之，步以十许里。

晋末恭帝动用大批铜质货币，在瓦官寺镕铸佛像，高达一丈六尺，佛像铸成，他又步行十几里路，亲自到瓦官寺迎接，可见恭帝敬佛之虔诚。然而，要知道，东晋末年，由于连年战乱，十分缺铜，市面上的铜钱不是很足，"铜禁甚严，犯者必死"，朝廷规定，百姓私铸铜器一律处以死罪。而身为一国之君的恭帝，却为奉佛带头践踏国法，竟毁掉成千上万的铜币，真可算是一位宁要佛像，而不要江山的昏君了！

十、后赵石勒、石虎与大和尚佛图澄

两晋时期，在北方相继出现了五胡十六国，天下长年大乱，群雄割据厮杀。在这个时期，北方少数民族统治者的割据政权，大都扶植佛教，其中以羯人建立的后赵、氐人建立的前秦、羌人建立的后秦、匈奴人建立的北凉，崇佛最为突出。这是因为，汉族正统的儒家学说一贯主张“内诸夏而外夷狄”，视边疆少数民族为蛮夷，那些少数民族割据政权，尤其是他们的帝王，对在中原的征战与统治缺乏信心，这就需要一种能为其所用的精神上的支柱。外来的佛教，在这方面恰恰比儒教、道教有着它独特的优势，更容易被少数民族统治者所接受和利用。结果，佛教在连年战乱的北方，不仅没有削弱，反而蓬勃地发展起来。

这里先说后赵。在北方襄国（今河北邢台），少数民族的羯人石姓建立了后赵政权。其开国君主明帝石勒公开宣称：“佛是戎神，正所奉祀。”把佛看成是少数民族理所当然供奉的神。在这种思想的指导下，石勒及其养子石虎的奉佛活动十分“出色”。

石勒、石虎执政的年代，后赵充满了战乱和种族残杀。人们在目不暇接的战争与天灾人祸中，感于现世的苦难和无常，渴望有神来拯救灵魂。宣扬人生即是苦海，寄希望于来世的佛教，恰恰适应了这个时期人们思想上的特殊需要。西域佛教高僧佛图澄，抓住这一宣扬佛教的好机遇，利用神奇的法术和善恶报应的预言，取得了石勒、石虎的信任和支持，在后赵占领的广大北方地区积极传教，他本人也成为后赵政权的高级顾问。

佛图澄的出身，一种说法是西域人，本姓帛；一种说法是天竺人，本姓湿。不管怎样，他是一个外来的胡僧是无疑的。他早年曾在敦煌长期停留。西晋怀帝永嘉四年（310年），佛图澄来到洛阳，自称已百余岁。他初来洛阳，本想建寺传教，正赶上匈奴人刘曜带兵攻打洛阳，没能达到目的。不得已，潜隐草野，以观世变。

第二年，作为刘曜部将的石勒攻掠豫州诸郡，临长江而还，屯兵于葛陂（今河南新蔡北），以滥杀树威，“沙门遇害者甚众”。佛图澄目睹此种情况，怜悯生民，极力想以佛法感化石勒，便来到信仰佛法的大将军郭黑略家中，说服了他。于是，郭黑略依佛图澄受五戒，做了佛门弟子。

将军郭黑略经常跟随石勒转战各地，每次战役的胜败得失，都不出郭黑略的预言，石勒有些怀疑，质问郭黑略说：“依我看，你在群将中并没有什么出类拔萃的智谋，但每一次出兵作战的吉凶你都能预测得那么准，这是怎么回事？”郭黑略说：一切都归于佛图澄。石勒听了非常高兴，认为是上天所赐，即召佛图澄问道：

佛道有何灵验？

佛图澄知道石勒“不达深理”，决定用“道术”来取得石勒的信任，便回答说：“至道虽远，亦可以近事为证。”　佛图澄的意思是，神通广大的佛法，是可以随时用眼前的事来验证的。说完，佛图澄便取出一钵，把里面装满了清水，然后烧香祈祷了一番，不一会儿，钵中就出现了一支青色莲花，光色耀目。看到这种奇妙的表演，石勒大为惊叹，由此而对佛图澄表示信服。

铜佛像

这是迄今为止最早的有纪年的铜佛像，造于后赵太祖石虎建武四年（338年）。

显然，佛图澄在这里耍弄的是一种地地道道的魔术。《高僧传·佛图澄传》说，佛图澄“善诵神咒，能役使鬼物；以麻油杂胭脂涂掌，千里外事，皆彻见掌中，如对面焉；亦能令洁斋者见。又听铃音以言事，无不效验”。《晋书·艺术传》说，佛图澄“少学道，妙通玄术……常服气自养，能积日不食。”这两部书中还说，佛图澄的腹部侧旁有一个孔，平常以絮物塞上，每到夜里读书，则拔去絮物，孔中出光，满屋通亮；有时还在水池旁从腹孔中引出五脏六腑进行清洗。还说佛图澄能够敕龙致水降雨，喷酒兴云灭火，烧香祝愿遥救人难，等等。佛图澄为了取信于后赵的统治者，不得不经常玩弄一些魔术，故弄玄虚或编造一些佛教神通的故事。经过其弟子或信徒的夸张宣传，他在人们的心目中便成为一个“神僧”，而关于他的神秘传闻也就越来越多了。在当时科学文化十分落后，人们在自然界和社会的盲目势力面前还感到无能为力的时候，佛图澄的传教方法确曾收到很大的效果。可以说，佛图澄是以魔术取得石勒的信任和对佛教的支持的。在佛图澄之前，敢于如此大胆地宣传佛教以争取统治者支持的，不论是外来僧人，还是汉地僧人，都不曾出现过。佛图

佛图澄与后赵皇帝石虎　初唐　敦煌莫高窟323 北壁

佛图澄于晋怀帝永嘉四年（310年）来到洛阳，受到石勒、石虎叔侄的信任。由于他学识渊博，一时名德如释道安、竺法雅等皆来受学，门下受业者常有数百人。前后门徒近万，成为佛学的一代宗师。图中穿袈裟者即为佛图澄，据说他为石虎说法时，幽州发生大火，他用法力唤来倾盆大雨，浇灭大火。

澄在西域见多识广，经历丰富，来到汉地时就已达八十高龄，他利用从西域学得的较为高明的魔术戏法，再加上深谙人情世故，能够迅速准确地掌握统治者的心理，因而法力表演收到了成效。

石勒对佛图澄的神力深表敬畏，尊称为“大和尚”（或“大和上”）。佛图澄除从事持戒、说法等宗教活动外，还利用他的变幻魔术参与石勒的军政机要，预言吉凶，策划谋略。石勒自称“赵天王”，即皇帝位后，对佛图澄更加敬重，“有事必谘而后行”。据说，建平四年（333年）四月，佛图澄预言，年内国家将有大丧，三个月后果然石勒驾崩。

石虎夺取后赵皇位后，迁都于邺。石虎生性残暴无比，对佛图澄却相当尊崇。史载，石虎“倾心事澄，有重于勒”，对佛图澄的敬重，比石勒更进了一步。《高僧传》卷9载有石虎颁发的一道诏书：

> 和上（指佛图澄），国之大宝，荣爵不加，高禄不受。荣禄匪及，何以旌德？从此已往，宜衣以绫锦，乘以雕辇。

石虎把佛图澄视为国家之“大宝”，为了嘉奖其美德，特赏赐绫锦裁做衣服，其交通工具准用雕辇。每当佛图澄上朝时，由群臣将他乘坐的辇舆抬起，太子诸公搀扶而行，“主者”（掌朝仪者）高唱“大和尚至”，众坐皆起。石虎又敕命司空李农早晚前去问候，太子诸公每隔五日探望一次。

由于石勒、石虎与“大和尚”佛图澄的特殊关系，佛图澄在后赵政权中扮演着不同寻常的角色。这主要表现在：

佛图澄听铃声辨吉凶

（1）充当军政顾问

首先，在石勒、石虎建立和巩固后赵政权的过程中，佛图澄借助佛教的教义，增强他们入主中原的信心。

作为羯胡少数民族出身的石勒、石虎，对自己能否在中原称王称帝，其信心是不足的。因为“自古诚胡人而为名臣者实有之，帝王则未之有也”。佛图澄在见到石勒之前，就通过郭黑略向石勒明确表示：“将军（指石勒）当略有区夏，已应为师。”“神僧”的这番话对于正在从事征战，尚未登上王位的石勒自然是个鼓舞，大大增强了他问鼎中原的信心。

石氏作为“胡人”，为什么有资格称王称帝呢？对此，佛图澄不是从汉

族传统的文化思想中去找根据，而是从佛教的因果报应和生死轮回理论的角度来进行解释。建元元年（343年），东晋桓温带兵进入临淮，对后赵造成威胁；不久，石虎进犯前凉又遭惨败。在这种情况下，后赵人心惶惶，石虎气愤地说："吾之奉佛供僧，而更致外寇，佛无神矣！"就此，佛图澄向石虎解释说：

> 王过去世，曾为大商主。至罽宾寺，尝供大会，中有六十罗汉。吾此微身，亦预斯会。时得道人谓吾曰：此主人命尽，当更化身，后王晋地。今王为王，岂非福耶，疆场军寇，国之常耳！何为怨谤三宝，夜兴毒念乎？

△佛坐像 后赵

石勒称帝后，为统一胡汉思想，积极扶植佛教发展。石勒之后的后赵皇帝石虎更是笃信佛教，大力支持佛图澄及其弟子在后赵传法。据《晋书·佛图澄传》记载，后赵"多奉佛，皆营造寺庙，相竞出家"。

石虎与佛图澄的这一问答，载于《高僧传》卷9。按照佛图澄编造的这个神话，石虎在过去世曾是个大商人，因为举办法会供养罗汉，修下功德，经轮回转生，成为晋地国王。石虎听了佛图澄这番话，转怒为喜，竟跪在地上向佛图澄叩首称谢。在这里，佛图澄已经把佛教中的"轮回转生说"实用化、政治化了。

其次，佛图澄利用预言参与石勒、石虎的军政机要。或以此增强石氏攻战进取的信心，或提醒石氏防备某种祸患的到来。

据《晋书·佛图澄传》载，咸和三年（328年），前赵刘曜进攻洛阳，石勒要前往救援，内外僚佐都认为不可行。佛图澄却说："相轮（指塔顶之九轮）铃音云：'秀支替戾冈，仆谷劬秃当。'这是羯语。秀支，军也；替戾冈，出也；仆谷，刘曜胡位也；劬秃当，捉也。"佛图澄的意思是说，佛祖示意，石勒若能出兵，必定会捉拿刘曜。石勒听后很受鼓舞，"使内外戒严，有谏者斩"，出兵后果然生擒刘曜，大获全胜。

建武十四年（348年）八月，佛图澄命弟子10人在别室行斋会，佛图澄自己进入东阁。石虎和皇后杜氏来到东阁讯问，佛图澄说："宫内有贼，不出十日之内将有叛逆。自佛塔以西，在此东阁以东，将有流血事件，不论怎样，皇帝都不要去东边的地方。"杜皇后听了不太明白，便问道："和尚老糊涂了吧！宫内哪里有贼呢？"佛图澄没有直接回答，只是支吾着说："上了年纪自然是衰老，只是年轻人不明白罢了！"两天后，石宣派人杀害太子石韬佛寺，并准备趁石虎参加丧礼时兴兵谋反。石虎因为听从了佛图澄的告诫，没有临丧，从而免于一场大祸。

最后，佛图澄有时也直接对后赵军政要务提出某种建议。

永嘉六年（312年），西晋大将王浚派王昌及辽西鲜卑段末柸等攻打石勒，石勒用奇兵捕获段末柸，众将都劝石勒将他杀死。但佛图澄却极力劝石勒把段末柸放还本国，以与鲜卑段氏结好。石勒听从了佛图澄的劝言，放了段末柸，此后段氏部族归附石勒，王浚的势力则日渐衰落。

咸康四年（338年），石虎想要攻打前燕，佛图澄出面劝谏说："燕福德之国，未可加兵。"石虎这次执意出兵，结果惨遭失败。

客观地说，佛图澄在后赵政权中所做出的一些预言是准确的，建议是正确的，他是石氏政权中一名杰出的军政顾问。这与他知识渊博、老于世故是不可分的。他对当时南北分立，群雄割据的政治形势以及后赵内部的情况十分清楚，又拥有众多的弟子和信徒，可以从不同渠道及时了解各种消息。因此，他可以对某些重大问题作出正确判断和预言，这并不是有什么佛祖神示。"大和尚"佛图澄是人，而不是神。

（2）劝谏"佛法不杀"

佛图澄的身份是"大和尚"，因此，他在后赵政权中一大特点是，通过宗教语言和宗教行为干预时政。他看到石勒、石虎以暴虐滥杀著称，在攻战中大肆屠杀百姓，甚至连沙门也不能免受其害，便决定以佛教慈悲戒杀的教义来劝谏后赵统治者。

《高僧传》卷9载，佛图澄在得到石勒的信任后，曾劝谏说：

> 夫王者德化洽于宇内，则四灵表瑞；政弊道消，则慧孛见于上。恒象著见，休咎随行。斯乃古今之常征，天人之明诫。

△石柱残段

石虎修建西门豹祠时的殿基记刻铭。

佛图澄的意思是说，作为一国之君若实行德政爱民，则日月星宿呈瑞象，否则天上就会出现彗星，天人之间是有感应的。据说，佛图澄的这一说教打动了石勒，"凡应被诛余残，蒙其益者，十有八九"。佛图澄把大批百姓从石勒的刀下解救了出来。

对于比石勒还要凶残几倍的石虎，佛图澄更以"佛法不杀"进行直言劝谏。《高僧传》卷9《佛图澄传》载有石虎与佛图澄的一段问答，很有代表性。石虎曾问佛图澄："佛法本旨为何？"佛图澄直截了当地回答说：

> 佛法不杀。

佛法就是不杀人！石虎面对这样的答复说："我是天下之王，不以刑罚

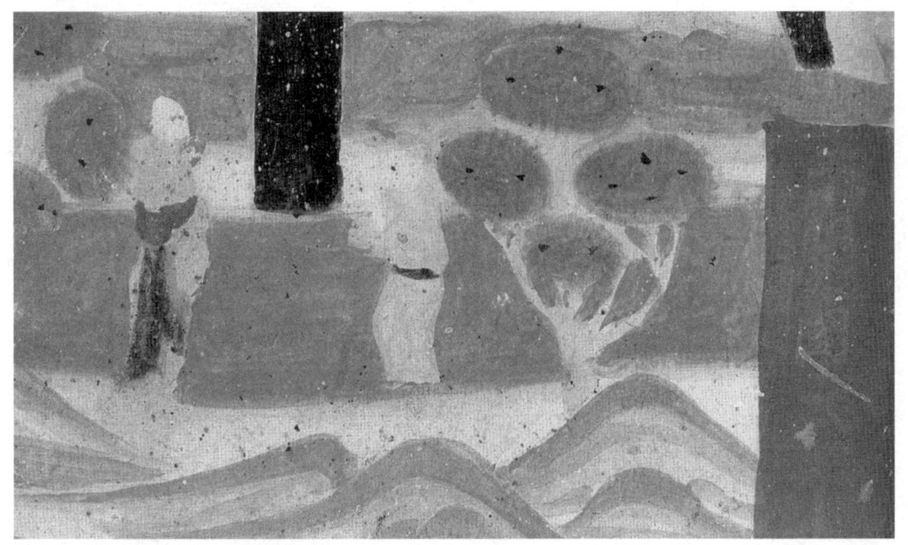

罗汉息兵止干戈

画面非常简单，只画二人对谈，其中一人有腰带可能为国王，另一人为罗汉，正劝诫他息兵回国，不可征讨。

便无法整肃海内，我已经违背了不杀生的法规，这样的奉佛，还会得到福报吗？”佛图澄回答他说：“帝王之事奉佛，是要以全身尽意地恭敬佛祖，从心底里顺从佛法，显扬三宝，不当有暴虐的行为，不该杀无辜的民众。至于凶恶、无赖、佛化不及者，有罪不得不杀，恶人不得不刑，这就是应杀者杀，应刑者刑。但如果帝王暴虐成性，滥杀无辜，即使用再多的财宝为佛法建造寺塔，也无法除灾免祸。因此，务请陛下节制私欲，慈悲为怀，并以慈善之心，惠及一切民众，佛教则永远兴盛，王位当长久永固。”

佛图澄对石虎巧妙的劝谏，把佛教徒的绝对不许杀生与世间帝王的“不杀生”的说教区别开来。他针对石虎恣意滥杀，劝他不为暴虐事，不害无辜人，要慈悲一些，但对那些危害封建君主统治的人，可杀可刑者，还是该杀该刑。并且说，这样不仅可使佛教兴隆，也可使皇位永续，国君得福。这里可以看出，佛图澄宣扬的佛法，与封建帝王的立场是一致的。史载，对佛图澄的劝谏，“虎虽不能尽从，而为益不少”，说明对石虎还是产生了一些影响的。

史家认为，假如没有佛图澄，石勒、石虎的残暴性，将会给更多的人带来灾难。佛图澄站在佛教的立场上，为安定社会秩序，维持封建统治而进行劝谏说教，是有一定作用的。《高僧传》的作者梁慧皎这样评论佛图澄：

慈洽苍生，拯救危苦。当二石凶强，虐害非道，若不与澄同日，孰可言哉。但百姓蒙益，日用而不知耳！

又说：

郡国分崩，民遭涂炭。澄公悯锋镝之方始，痛刑害之未央。遂彰神化于葛陂，骋悬记于襄邺……终令二石稽首，荒裔子来，泽润苍生，国无以校也。

这就是说，佛图澄在战乱方兴，生灵涂炭之际，假借神仙方术和预言使石勒、石虎信服佛教，暴行受到约束，从而使百姓民众获益，这是难能可贵的。

清朝人朱彝尊的《曝书亭集》卷67也说：

彼十六国之君，杀人若剸羊豕，而佛氏倡好生断杀之旨，世主信之，往往少回其残忍之习，是佛像之有益于当日，亦事理所有也。

佛教倡导放生禁杀，胡族君主信奉佛教者，由此稍微收敛了一下其残忍的习性。说佛教在那个时代有所贡献，其道理就在于此。清人的这一评论，是比较实际的。

应当说，佛图澄的劝谏，确实使石勒、石虎的残暴行为有所收敛。至于收敛了多少，我们也不能完全相信后世佛教徒对他的溢美之词。

（3）弘扬佛祖“戎神”

据说，石虎的儿子石斌，非常受石勒的宠爱。一天，石斌突然患急病暴亡。石勒闻讯焦急万分，他忽然想起，听说从前战国时代，虢国的太守死时，有名医扁鹊把他救活过来，当今大和尚佛图澄是国之神人，或许有起死回生之术。于是，在石斌死后的第二天，石勒亲自前往佛图澄处，把石斌暴死的事说了一番，佛图澄听后，随手取了一个杨树枝，念诵神咒，霎时石斌坐了起来，不久病就痊愈了。石勒亲眼目睹了佛图澄的神异力，因而将皇家的幼童们寄托在佛寺中养育。这些在佛寺中长大的龙子龙孙，由于受大和尚佛图澄的指点和感化，都能了解佛教的伟大，进而受持奉行。到了每年的四月初八日，石勒还亲自来到孩童们住的寺院，参加浴佛法会，为孩子们祈祷祝愿。由此可见后赵王室与佛图澄的亲密关系，及佛教在后赵宫廷的特殊影响。

石虎还命人制作了一辆载有佛像的檀车。晋人陆翙在他的《邺中记》中记述道：

（石虎）尝作檀车，广丈余，长二丈，四轮，作金佛像坐于车上，九龙吐水灌之。又作木道人，恒以手摩佛心腹之间。又十余木道人，长二尺余，皆披袈裟绕佛，行当佛前，辄揖礼佛，又以手撮香投炉中，与人无异。车行，则木人

△菩萨立像 五胡十六国

甘肃临夏永靖的炳灵寺第169窟 上部佛龛群 五朝十六国

行，龙吐水；车止，则止。

这种檀车，就是山车，是石虎命工匠解飞制作的。山车之上载有金佛像，为了向佛像灌浴，另安装了九龙吐水，大概是表示洗浴的意思。做木制的道人，也就是僧人木像，抚摸佛像的心腹，以模仿洗浴的动作。另外那十余个二尺多高的木僧，身披袈裟，围绕在佛像四周游动，并向佛像焚香礼拜。只要檀车往前行，木僧便也随行，龙亦吐水灌佛；车若停止，这一切也随之停止下来。这种山车，精巧至极，是利用当时最为先进的科学技术设计制造的。在每年四月初八日举行的佛诞浴佛会上，石虎总是推出檀车，沿着京师的大街小巷游行，供人们迎送礼拜。

由于石勒、石虎对佛教的信奉和尊崇，佛教势力在后赵得到迅猛发展。《高僧传》卷9言：

中州胡晋，略皆奉佛。

澄（指佛图澄）道化既行，民多奉佛，皆营造寺庙，竞相出家。真伪混淆，多生愆过。

由于石氏统治者的提倡，在后赵占领的广大地区，汉人和少数民族大都信

如来坐像
五胡十六国

奉佛教，出家为僧的人迅速增加。但也有不少人是为了逃避徭役和兵役而出家的。这就使得僧众队伍出现了伪滥现象，所谓“真伪混淆，多生愆过”。

石虎就此下诏问中书著作郎王度：

> 佛号世尊，国家所奉。里闾小人无爵秩者，为应得事佛与不？又沙门皆应高洁贞正，行能精进，然后可为道士。今沙门甚众，或有奸宄避役，多非其人，可料简详议真伪。

石虎的意思是说，佛为世人所尊，国家供奉，那些里门小人或没有爵位的人，也可以奉佛吗？沙门并不是一般人所能充当的，他们本应都是些高洁贞正之人，必须精心修行，才可成为有道之士。如今沙门人数众多，或有盗寇为逃避徭役而出家的，不适于做沙门的人有很多，应当立即甄别真伪进行整顿。

中书著作郎王度针对后赵王石虎的这一垂询，立即上奏答对，其大意是：帝王郊祀天地，祭奉百神，一切都载于祀典。而佛教出自西方，是外国之神，其功力不施华夏民众，因此我帝王不需祀奉。佛教传入中土，是由于东汉明帝的感梦，从那时起，佛教渐渐传播开来，但汉人奉佛从来没有取得皇帝的正式允准。东汉的这项制度，也由曹魏照样地因袭下来。现今大赵石氏受之天命，一切仍应承袭前朝的旧制。因此，国家不能允许民众去寺院烧香拜佛，后赵民众必须遵循中土的典礼，上自诸侯百官，下至百姓奴隶，应一律禁止去寺院礼拜，如果有违犯的，就应视同淫祀，必须处以刑罚。至于后赵人中已经出家为沙门的，不得穿僧服，仍须穿戴平民的服装。

王度的这一奏议有违石虎的初衷。石虎的本意有两点，一是探讨平民百姓是否可以信奉佛教？二是针对僧人太多，成分复杂的沙门队伍，应就其真伪进行审查，并提出处理方案。对此，王度却以儒家的正统理论为根据，要求全面禁止信仰佛教。其主要理由不外是，佛是“外国之神”，华夏人及其国君不应当信奉。然而，王度忽略了一点，这就是石虎本身就是个胡人，他要在儒家的传统之外，为自己称王称帝找一个理论根据。因此，石虎严厉驳斥了王度的主张，说：

> 度议云：佛是外国之神，非天子诸华所可宜奉。朕生自边壤，忝当期运，君临诸夏。至于飨祀，应兼从本俗。佛是戎神，正所应奉。夫制由上行，永世作则。苟事无亏，何拘前代。其夷赵百蛮，有舍其淫祀，乐事佛者，悉听为道。

石虎在这里批驳了王度，对佛是外国之神，华夏天子不当奉祀的论调进行了回击。石虎说，我自己就是生长在边陲的胡人，幸逢时运，而得以君临华夏。就祭祀而言，自己是中国的君主，不可忽略中国祭祀天地的传统，但又不能不随从自己本国的风俗。佛是胡人的神，正是我们所必须尊奉的。所谓制度，须从上边往下推行，假如没有任何的损失，就不必拘泥于前代禁止汉人出家的规则。为此，石虎诏令，赵国一切百姓都可以信奉佛教出家为僧。

石虎准许百姓出家，这是一项划时代的创举。由于这一敕令的实施，使那些希望出家者，得以正大光明地如愿出家。大家知道，朱士行是个汉人，竺潜是晋丞相武昌郡公王敦的弟弟，虽然三国、西晋时期也曾经出现过几位汉人高僧，但以官准的方式，由帝王的敕命而被批准，则必须推及石虎时代。石虎以最高统治者的身份，为普通百姓出家奉佛发放了准可证，这是佛教史上的一件大事。

在石勒、石虎统治下的后赵，有不少女子出家为尼，形成了一个不小的比丘尼队伍。《比丘尼传》卷 1 谈到一位后赵女尼，名叫安令首，俗姓徐，山东沂水人，父徐忡为后赵外兵郎。她信奉佛法，不求婚聘。其父问：“你想独身一生，怎么能照顾父母呢？”安令首回答说：“信奉佛法以立身行道，这可以度脱一切，更何况双亲大人呀！”其父就此前去请教佛图澄。佛图澄劝说：“如果顺从她的志向，定会光宗耀祖，你也可由此大富大贵。”安令首于是得到了父亲的允许，随从佛图澄受戒出家，立建贤寺。佛图澄把石勒赏赐的剪花七条衣（袈裟）及象鼻澡灌转赠给她。此后，追随安令首出家者达二百余人。“石虎敬之，擢父忡为黄门侍郎，清河太守。”人们常说父以子贵，在奉佛君王石虎那里，则是父以女贵了。

▲甘肃临夏永靖的炳灵寺第169号窟　西秦

然而，在石氏的暴政之下，也有不少比丘尼遭受屈辱和残害。石虎有个儿子叫石邃，被立为皇太子后，荒淫酒色，残忍横暴。他将有姿色的女尼猥亵奸淫后，竟丧尽天良地斩杀处死，然后断体分尸，与牛羊肉一起熬煮，石邃不仅自己亲口去吃，还用以赏赐近臣家人，让他们识别哪块是女尼肉，哪块是牛羊肉。《晋书》卷106《石季龙载记》就此载道：

> （石邃）内诸比丘尼有姿色者，与其交亵而杀之，合牛羊肉煮而食之，亦赐左右，欲以识其味也。

这简直是残忍到了极点！

十一、前秦苻坚尊高僧道安为“神器”

苻坚，是十六国时期的前秦皇帝。前秦原是氐人在关中一带所建的割据政权，至苻坚即位（357年）以后，重用汉族士人王猛为辅佐，振兴儒学，恢复魏晋士籍，兴修水利，劝课农桑，势力迅速扩张。苻坚于太和五年（370年）出兵灭掉前燕，五年后又灭前凉和代国，不久攻下巴蜀，派人征服西域。太元二年（377年），高句丽、新罗、西南夷均遣使入贡于前秦，至太元六年（381年），西域62国都向前秦称臣纳贡。在苻坚的手下，北方又一度出现了短暂统一的局面。在佛教方面，继后赵的石勒、石虎之后，前秦王苻坚也崇信佛教，在其执政期间，礼佛活动不断，特别是他以僧人道安为高级军政顾问，成为历史上颇有影响的事件。

道安是东晋僧人，出生在常山扶柳（今河北正定）。他12岁出家为僧，因外貌又黑又丑，不为师傅所重视，令其往田间耕作，不过，他毫无怨言，一直勤于务农，3年后，师傅对他转变了态度，令其受具足戒，并准许出外参学。约24岁时，在后赵的邺都（今河北临漳），得到佛图澄的嫡传，因而经常代替佛图澄说法讲经，并解答了许多理论上的疑难问题，故有“漆道人，惊四邻”之誉。道安成为佛图澄的得意门徒。

佛图澄死后，后赵内乱，道安先赴山西濩泽（今山西临汾），不久又去飞龙山（今河北涿鹿境），所到之处，大力宣扬佛图澄的佛学思想。东晋永和五年（349年），应后赵主石遵的邀请，道安返回邺都。后来石遵被杀，道安便又去了山西和河南。这期间，有东晋名士习凿齿发出邀请，道安便率弟子慧远等40余人南下襄阳。前后15年的时间，他穷览经典，钩深致远，注释般若、道行、密迹、安般诸佛家经典，还为四方从学之士制定“僧尼规范”，被远近佛教徒奉为大师。

道安遠識

▲《道安远识》书影

道安是东晋时代杰出的佛教学者，生于西晋怀帝永嘉六年（312年），卒于孝武太元十年（385年）。他12岁出家，因为形貌黑丑，不为他的剃度师所重视。大约在他24岁的时候，在邺都（今河南省临漳县境）遇见了佛图澄。佛图澄一见到他就非常赏识，对众人说“此人远识，非尔等可比”。“道安远识”的说法就是这么来的。

道安在襄阳期间，就已接受前秦王苻坚的馈赠。他先居白马寺，因为该寺狭小而僧人众多，道安另建檀溪寺，对此，当地的一些富裕信徒都大力赞助，建塔五层，起房四百，又铸造了一尊一丈六尺高的铜制佛像。前秦王苻坚这时遣派使者前往襄阳，给道安送去了一批佛像，其中外国金箔倚佛像有7尺高，还有金坐像、结珠弥勒像、金缕绣像、织锦像各一尊。

“不依国主，则法事难立。”这是道安

在政权频频更迭的乱世，为传播佛教而发出的由衷感叹，清楚地概括出佛教与统治阶级的依附关系，他认为，为了维持僧团的生存和佛教的发展，就必须寻求最大的施主。正是在这种思想下，道安虽身在东晋统治下的襄阳，却已与前秦王苻坚有所往来了。

苻坚对道安十分敬重，他常说："襄阳的道安是神器，朕将得而辅之！"东晋孝武帝太元三年（378年）春，苻丕率前秦大兵攻打襄阳，道安当时被镇守襄阳的南中郎将朱序拘禁，不得擅离，他只好把门徒弟子分散到各地。第二年二月，苻丕攻陷襄阳，俘虏朱序，并把道安与习凿齿一同送往长安。

炳灵寺第169窟　佛与菩萨及千佛　西秦

苻坚把道安召到长安后，立即接见会晤，赏赐很多。苻坚为获得慕名已久的道安而高兴，他曾向尚书左仆射权翼表示："朕以十万之师，唯得一人又半。"意思是说，动员十万大军攻陷襄阳，只得到一个半人。这一个半人，一个人是指道安，半个人是习凿齿。苻坚的这番评说，一时传为佳话。苻坚把千军万马换来的道安，安置在长安的五重寺，那里有僧众数千人。此后，道安实际上处于前秦最高佛教领袖的地位。

苻坚还约请道安同乘辇舆。据说，有一天，苻坚游玩于东苑，诏命道安同坐一辆辇舆，嬉笑游乐。尚书左仆射权翼对此有些看不惯，他向苻坚进言说："天子之驾侍中可乘，出家剃发的道安就不应一同乘坐了。"苻坚听后大为不满，斥责说："安公道冥至境，德为时尊，朕举天下之重，未足以易之。非公与辇之荣，此乃朕之显也。"表示道安法师的仁德，应予尊敬，纵使拿天下九州来换道安，都不会答应，道安乘坐辇舆，这不是朝臣和辇舆有什么值得夸耀的，而是在抬高我西秦王的身价！苻坚还命权翼等重臣搀扶道安登辇下舆。苻坚对道安的敬重，竟到了这种地步。

苻坚十分欣赏道安的才华。道安博览群书，写得一手好文章，长安城内的官僚贵族子弟中有兴趣写诗作赋的，都来到道安身边求得指教，当时蓝田得一大鼎，可容27斛，旁侧铸有篆铭，人们都不认识，请道安认看，道安看后说，此为古篆书体，写的是"鲁襄公所铸"，顺手写成了隶书。于是，道安更以多闻广识出了名。苻坚把道安当成一部活字典，敕命内外百官和朝中学士，在学问上凡有疑难问题，都去向道安请教。渐渐地，京城中流传开这样一句话：

"学不师安，义不中难。"

苻坚敬信道安，常常与他探讨有关军国大事，道安实际上成为苻坚的最高军政顾问。苻坚基本平定北方以后，试图南下灭晋，统一天下。东晋太元七年（382年）十月，苻坚召集群臣商议此事，大多数人都不同意兴兵南下，甚至连他一向倚重的弟弟阳平公苻融也持反对意见，认为从东晋和前秦各方面形势来分析，"虚劳大举，必无功而返"。太子苻宏和朝中重臣石越、原绍等也进行劝谏，但苻坚对这些反对意见一概听不进去，执意要兴兵。在这前秦命运攸关的时刻，一些大臣找到道安，请他向苻坚进谏，说："主上欲有事于东南，公何不为苍生致一言也？"道安于是找机会向苻坚提出劝阻意见。《晋书·苻坚载记》载有道安的谏言：

> 陛下应天御世，居中土而制四维，逍遥顺时，以适圣躬，动则鸣銮清道，止则神栖无为，端拱而化，与尧舜比隆，何为劳身于驰骑，口倦于经略，栉风沐雨，蒙尘野次乎？且东南区区，地下气疠，虞舜游而不返，大禹适而弗归，何足以上劳神驾，下困苍生……苟文德足以怀远，可不烦寸兵而坐宾百越。

道安力劝苻坚，不要兴兵动武攻打东晋，而应实行仁政，以"文德"感化招致那些还没有归服的人。苻坚却表示，除烦去乱，以济苍生，是做君王的天职，兴师南征，是坚定不移的，道安实在没有办法说服，便又提出缓兵之计，劝苻坚：如果銮驾一定要亲自兴动，不要远涉江淮，可暂时到洛阳，在那里指挥，劝降东晋，如其仍执迷不悟，再兴兵攻伐。苻坚最终还是没有采纳道安的谏言，第二年八月，他率重兵南下，终淝水一战，惨败逃回。从此，前秦土崩瓦解，诸胡族贵族纷纷拥兵而起，苻坚在北方的霸主地位丧失了。

苻坚奉佛入迷，直到国破身亡之际，仍不醒悟。东晋太元九年（384年），西燕王慕容冲进逼长安。当时长安城内大闹饥荒，百姓相食，"诸将归而吐肉以饴妻子"。国难当头，苻坚却对神佛的灵力更加迷信。当时传说，隐居倒虎山（今陕西华县西）的陇西方士王嘉有异术，能预言吉凶。苻坚与后秦王姚苌、西燕王慕容冲都派出使者迎请。这年十一月，王嘉进入长安，"众闻之，以为坚有福，故圣人助也"。把王嘉来到长安，看作是苻坚的福分。苻坚把王嘉和道安安排住在皇宫的外殿，凡事垂询，"动静咨之"。但这并没有能挽救苻坚败亡的命运，385年，苻坚在西燕王慕容冲面前吃了败仗，找人占卜，谶书云："帝出五将久长得。"苻坚当即留太子苻宏居守长安，自率大兵奔往五将山，不久被后秦王姚苌俘获，缢死于新平佛寺。苻坚的死，也没有离开佛。

十二、后秦姚兴·十名妓女·高僧罗什

后秦在十六国时期的北方地区，是国力较为强盛的王朝之一。东晋太元九年（384年），原前秦将领姚苌在渭北建立后秦政权，自称大将军、大单于、万年秦王，两年后攻入长安，即皇帝位，改元建初，国号大秦。到姚兴统治时期，后秦的版图已包括今陕西的大部和甘肃、宁夏、山西诸省的一部分。姚兴注意选拔人才，提倡儒学和佛学。因此，当时的长安，成为北方的文化中心，佛教也得到了很大的发展。《晋书》卷117说：

> （姚）兴既托意于佛道，公卿已下，莫不钦附，沙门自远而至者五千余人……州郡化之，事佛者十室而九矣。

后秦姚兴崇佛有个显著特点，他不是把工夫用在修寺庙、兴福事上，而是着重于研究佛学义理，把它当作争取贤能、赞助“政化风俗”的“玄教”来提倡。姚兴亲自主持规模空前的译事，带头讨论“有无兼抱”、“玄通无涯”一类的佛理；一些王公大臣，更直接地把探研佛理当作“参玄”的唯一内容。当时有人称颂姚兴，“使玄风煽千载之前，仁义陶万世之后”。可以说，姚兴的崇佛，实质是崇玄，在他看来，佛理和玄理是差不多的。这点，在姚兴与以罗什为代表的高僧打交道的过程中，充分显示了出来。

罗什，是鸠摩罗什名字的简称。祖籍天竺，家世为国相，祖父达多，为国家重臣。其父鸠摩罗炎在将要继承相位的前夕，辞避出家，东度葱岭，龟兹王迎为国师，把妹妹嫁给他为妻。罗什还在幼年的时候，其母亲便出家为尼了。罗什7岁时出家，从师受经，据载：“日诵千偈，偈有三十二字，凡三万二千字。”龟兹人因其母是王妹，给以丰厚的供养。9岁时，罗什随其母到了罽宾。

罽宾在今天的克什米尔地区，当时是小乘佛教说一切有部流行的地区。罗什到罽宾后，便拜著名的佛教学者罽宾王的从弟槃头达多为师，苦学佛典。一次，罽宾王请罗什入宫，与外道辩论获胜。罽宾王因此很敬佩小小的罗什，下令每天供给鹅腊一双，粳米面各三斗，酥六升，这是供应外国贵宾的规格。

罗什12岁时（东晋永和十一年，355年），母亲携带他返回龟兹。在龟兹国，罗什应国王之请，升座讲经说法，得到龟兹王的酬谢。后来，前秦苻坚派遣吕光西伐，曾特意嘱令寻访在龟兹国的罗什。当吕光建立后凉政权后，罗什一度成为后凉政权的军政顾问。

黄釉瓷扁壶

壶面上为龟兹乐舞的场面，中间一人舞于莲座上。这是研究中西文化交流的实物资料。

后秦政权从一开始建立，便设法召请罗什。姚苌称帝建立大秦国后，对正在后凉的罗什"虚心要请"，但后凉吕氏认为，罗什"智计多解，恐为姚谋"，因而拒绝放行。后秦弘始三年（401年）五月，姚兴派重兵西伐后凉王吕隆。吕隆大败，九月上表归降。同年十二月，罗什被后秦迎请到长安，时年58岁。从此，后秦王姚兴与西域高僧罗什的交往便没有间断过。

姚兴派遣专使把罗什迎入长安后，礼遇优厚，常常不分昼夜地在一起研讨佛法。《高僧传》卷2载，姚兴对罗什：

> 待以国师之礼，甚见优宠。晤言相对，则淹留终日；研微造尽，则穷年忘倦。

后秦王姚兴只要和罗什在一起，便到了废寝忘食的地步。由于姚兴如此敬重罗什，宗室显贵都信奉佛法，公卿以下莫不归心。

后秦弘始四年（402年），姚兴安排罗什住进长安城内的逍遥园，请他在这里译经说法，有时姚兴还亲自来到园中听讲佛经。这个逍遥园，在长安城北，渭水之滨。园内的西相阁，是罗什的译经场所之一；澄玄堂，是罗什讲经说法的地方。宋代人宋敏求在他的《长安志》卷5中，对逍遥园介绍道：

> 姚兴常于逍遥园引诸沙门听番僧鸠摩罗什演讲佛经，起逍遥宫。殿庭左右有楼阁，高百尺，相去四十丈，以麻绳大一围，两头各拴楼上。会日，令二人各从楼内出，从绳上行过，以为佛神相遇。

西安草堂寺
后秦王姚兴为西域高僧鸠摩罗什建造

又介绍澄玄堂：

在逍遥园中，鸠摩罗什演经所。

△鸠摩罗什

姚兴为罗什提供的另一处译经场所是长安大寺。据《历代三宝记》卷 8 介绍，大寺不是其本名，因为它是在逍遥园的侧旁“构一堂，以草苫盖”，所以人们习惯称之为草堂寺。自弘始八年（406年）以后，罗什便居住此寺，在寺内译经讲法，直至弘始十五年（413年）圆寂。

妙兴不仅为高僧罗什弘扬佛法创造和提供优越的条件，而且还接受罗什的指导，读经、修禅、著述。姚兴曾著有《通三世论》，论证过去世（前生）、现在世（今生）、未来世（来生）三世的真实存在，以证明佛教因果报应、三世轮回理论的正确。姚兴将此书送到罗什处，请罗什给予指教。姚兴在《通三世论中》说：

余以为三世一统，循环为用，过去虽灭，其理常在。……未来如火之在木，木中欲言有火耶，视之不可见，欲言无耶，缘合火出。……明过去、未来，虽无眼对，理恒相因。

姚兴另著有《通三世》，其中也谈到：

众生历涉三世，其犹循环，过去、未来，虽无眼对，其理常在。

姚兴捍卫三世之说，他认为，论证三世的存在，是佛教中的一个重要问题，因为一旦否认了三世的存在，也就意味着否认了三世轮回的说法。姚兴提出，三世是存在的，其中过去、未来这二世虽然眼睛看不见，但“其理常在”，这正如木头中看不见有火，而一旦条件具备，它就会生出火来一样。应当说，姚兴的比喻是形象的，他对三世存在的论说是有一定功力的。

对姚兴的请教，罗什回信作答，他引经据典，认为过去、未来是存在的，但如果把过去、未来说成“定有”或“定无”，那也是不正确的。“不得定有，不得定无，有无之说，唯时所宜耳。”

对于三世说，姚兴和罗什是分别站在小乘和大乘两个立场上来论说的。我们这里姑且不论后秦王姚兴与高僧罗什对佛学三世说的解释谁是谁非，但可以看出，这一君一僧对佛法的探讨是相当认真的。

除了《通三世论》之外，姚兴还著有《通不住法住般若》、《通圣人放大光明普照十方》、《通一切诸法空》以及《与安成侯姚嵩义述佛书》等佛学著作。受姚兴的影响，后秦姚氏皇族的人普遍奉佛，如大将军常山公姚显、左将军安成侯姚嵩，都是虔诚的佛教信徒，多次聆听罗什讲说新经。其中安成侯姚嵩是姚兴的胞弟，姚兴曾赐以珠佛像和自著的关于佛教的文章，姚嵩特上表致谢，并对姚兴的《通三世》等佛教书文进行评论，与皇兄一同研讨佛教义理。

在后秦王姚兴的大力支持下，罗什从弘始三年到十一年（401—409年）的八年时间里，与其弟子共译出佛经98部，425卷。其中包括对以后大乘各宗影响较大的《摩诃般若经》、《法华经》、《维摩诘经》、《阿弥陀经》、《金刚经》等和《中论》、《百论》、《十二门论》、《大智度论》、《成实论》等，系统地向汉地介绍了大乘佛教的学说。回顾佛教自两汉传入，汉译佛经数量已是不少，但所译经文“多滞文格义”，“不与胡本相应”，而罗什所译，义皆圆通，“众心惬服”，莫不欣赏。所以，当时四方义学沙门群集长安，多达五六千人，较为著名的也有三五十个。

史书上甚至有姚兴向罗什提供妓女的记载。《出三藏记集》中的《罗什传》说：

> 姚主尝谓什曰：“大师聪明超悟，天下莫二，若一旦后世，何可使法种无嗣？”遂以妓女十人逼令受之，自尔以来不住僧房，别立廨舍，供给丰盈，每至讲说，常先自说，譬如臭泥中生莲花，但采莲花，勿取臭泥。

这里把罗什与十名妓女的生活，说成是受姚兴指派，不得已而为之。罗什则因为有与妓女们整日厮混的事，把自己比作臭泥堆中的莲花，希望门徒们“但采莲花，勿取臭泥”。

《晋书》卷95的《罗什传》则说，罗什是主动向姚兴讨取女人的：

> （罗什）尝讲经于草堂寺，（姚）兴及朝臣、大德沙门千有余人肃容观听。罗什忽下高座，谓兴曰：“有二小儿登吾肩，欲鄣须妇人。”兴乃召宫女进之，一交生二子。

透过这两份史料记载，是否可以这样说，不论是姚兴“强迫”罗什接受了十名妓女，还是罗什主动向姚兴讨要宫女，总之，在后秦王姚兴那里，高僧罗什的确破了戒。

姚兴与罗什交情至深，以至罗什临死时还念念不忘地对弟子说：“身受王相厚遇。”据《出三藏记集·罗什传》载，弘始十一年（409年）八月二十

日，罗什死于长安。他在临终之前，自己感觉到四大不调，三度口诵神咒，外国的佛门弟子也跟随着读诵。临死前，罗什强忍着病痛与众僧告别说：

> 身受王相厚遇，但仍未能如己意尽全力。今当告别此世，无须悲戚。我以愚诚之身，谬当传译，如所译经不谬，焚身之后舌当不坏。

罗什一生译经四百余卷，临死时希望所译的佛经能永久流行于世。

对于罗什的死，《广弘明集》卷18载有姚兴给安成公姚嵩的一封信，其中谈到：

> 吾曾以已所怀，疏条摩诃衍诸义，图与什公评详厥衷，遂有哀，故不复能断理，未久，什公寻复致变。

西安草堂寺大殿内的释迦牟尼坐像

姚兴说罗什有变异，可能是指他患急症而死。罗什的遗体，最终按佛教礼俗在逍遥园火化了。

姚兴不仅敬奉罗什本人，对罗什的得意门徒也很看重。当时在后秦随着僧尼的急剧增多，姚兴任命了一批主管全国僧尼事务的人员，这些僧官全都由罗什的门徒充当。其中僧䂮任僧正，为“国内僧主”，是后秦管理僧尼的最高僧官，负责制定教团规则，厘定纲领。僧迁任悦众，以纲纪统摄僧众，为副职。法钦、慧斌同为僧录，掌管僧尼的簿籍等事务。朝廷供给这些僧官，车舆吏役，僧䂮之秩等同侍中，并给传诏羊车各2人，以及亲信伏身、白从各30人。僧官代表后秦政府一方面处理日常僧务，一方面约束僧尼，成为国家统一管理僧尼的正式官吏。在中国佛教史上，一般认为，后秦姚兴此举是汉地设立僧尼管理机构的开始。

十三、南燕慕容德赏封僧朗“东齐王”

十六国时期，当前秦苻坚失败以后，北方的鲜卑族慕容氏分别于384年建立了后燕（今河北定县）、于398年建立了南燕（今山东益都）政权。后燕王慕容垂和南燕王慕容德都是奉佛的，他们都与僧朗有过书函往来。

僧朗其人，前面已谈到，是十六国时期的高僧，东晋孝武帝、前秦苻坚、后秦姚兴都很敬重他。据《广弘明集》卷28载，后燕王慕容垂也曾致函僧朗，信中说：

> 元戎克兴，征扫暴乱，至人通灵，随阶指化，愿兵不血刃，四海混伏……今遣使者送官绢百匹、袈裟三领、绵五十斤，幸为咒愿。

在兵荒马乱的乱世，后燕王慕容垂也许对战场上的争夺仇杀感到厌倦了，而从心灵深处渴望兵不血刃即能四海平伏。慕容垂在派遣使者给僧朗送去一批施物的同时，嘱咐僧朗祝愿天下平定，试图借助沙门之力而使天下太平。

南燕王慕容德对僧朗的尊奉更胜一筹。他在给僧朗的信中说：

> 朕以无德，生在乱兵遗民，未几继承天禄，幸和上大恩，神祇盖护。使者送绢百匹，并假东齐王，奉高、山茌二县封给，书不尽意，称朕心焉！

南燕王慕容德说，自己无德，生为乱世遗民，后来继承王位，得到和尚和神祇的大恩加护。现在派遣使者，送绢百匹，并封僧朗"东齐王"的名号，划出奉高（山东泰安）、山茌（山东长清东北）两县为其封地。僧朗由此享有"东齐王"的封号，并接受两县的租税。一个僧人被君主敕封为王，并拥有封地，这在中国佛教史上是绝无仅有的。

《高僧传》中对这件事的记述略有不同：

> 燕王慕容德，钦朗名行，假号东齐王，给二县租税，朗让王，取租税，为兴福之业。

◇高善穆石塔 甘肃酒泉出土。北凉承玄元年（428年）造，是中国有纪年的最早的佛塔

这里是说，僧朗让出"东齐王"位，但接受了两个县的租税，意在将租税用作兴福之业，可能是用以建造寺塔等功德。

南燕王慕容德为什么对僧朗如此厚礼相待呢？据说，慕容德在打天下、定国都等军国大事上，都曾有僧朗给他出谋划策。慕容德起初在滑台建都，这地方介于晋魏之间，地面不足十个城池，军队也不过数万。当慕容德被自称秦王的苻广打败后，便陷于兵力失调的状态。这时，慕容德命令慕容和据守滑台，他本人亲率强兵讨伐苻广。不料，滑台城内有李辩叛变，斩杀了慕容和，以滑台降魏，于是魏军直入滑台城中，形成了主客势力颠倒的战局。在这种情况下，南燕军队是进还是退，以及如何进退，慕容德思虑再三，难以决定，遂召集众将征求意见。张幸提议攻打楚的旧都——彭城；慕容钟等认为，应夺回滑台；而尚书潘聪则提出，滑台与彭城都不是国都的适当地点，应当以广固（今山东益都）为都，较为适宜和妥当。

◀甘肃敦煌268窟的窟顶 五胡十六国

作为国都，滑台、彭城、广固三地，哪一个更合适些？群臣各有己见，慕容德也拿不定主意。人无法议定的事，便只好找“神”了。慕容德拜访僧朗，请他代为决定国都的选址。就此，《晋书》卷27记述：

> 德犹豫未决，沙门朗公素知占候，德因访其所适。朗曰：“敬览三策，潘尚书之议，可谓兴邦之术矣。今岁初，长星起于奎娄，遂扫虚危；而虚危，齐之分野，除旧布新之象。宜先定旧鲁，巡抚琅玡，待秋风戒节，然后北转临齐，天之道也。”德大悦，引师而南，兖州北鄙诸县悉降，置守宰以抚之。

▲如来坐像 五胡十六国

依据《晋书》这项记载，僧朗是很擅长“占候”的，即通过观测天文气象，而推断人事之兴衰。僧朗认为，在选择国都的三种意见中，尚书潘聪提议的广固，是可取的，定都那里，可以兴邦。而观测天上的二十八星宿，则应当先南进，平定旧鲁之地，安抚琅玡，等待秋风起时再转战北方。慕容德听了僧朗的一番话，大为高兴，即率师南下，大获全胜，并最终定都于广固。若说僧朗一言确定了南燕的国运，不免有些过分，但他的话，确实对慕容德南征北伐的战略、定都广固的决策，起了相当重要的作用。

当我们了解了这些，也就不难理解，南燕王慕容德为什么要封僧朗为“东齐王”了。

第四章

南北君王崇佛最狂

南北朝时期，出现了帝王出家入寺、皇后削发为尼的崇佛狂潮。

这个时期，从东晋灭亡到隋朝统一，约有170年，在我国历史上形成了南北对峙的局面。在南方，宋、齐、梁、陈的南朝各代统治者和世家大族，由于统治阶级内部激烈残酷的角斗，人人处于“惶惶不可终日”的状态，无不渴望得到灵魂的解脱，于是，以南朝帝王为代表的统治者上层，为鼓吹救苦救难的佛教的传播和发展，提供了肥沃的土壤。先后四次“舍身入寺”的梁武帝，便是南朝君王崇奉佛教的突出代表。在北方，则先有北魏统一，后又分裂为东魏、西魏，不久北齐代东魏，北周代西魏，北周又灭了北齐。自北魏建立以后，鲜卑族统治者拓跋氏为了巩固政权，竭力宣扬自己就是释迦牟尼的今身。因此，大乘佛教提倡的所谓“三世十方有无数佛”的教义，很快为拓跋氏皇帝所接受。

在佛教教义中，包含着许多深奥的佛学理论，但是对帝王们来说，他们感兴趣的不是晦涩难懂、玄而又玄的教义，而是那些人们在寺庙里见得到的佛像，即所谓佛的“应化身”。帝王们奉佛，不仅要祈祷佛保佑“长治久安”，而且还要把自己作为佛亿万个化身的一身，以自己的形象作为释迦牟尼的模样，站在洞窟或寺庙大殿的中央，接受人们的朝拜，以给众生百姓们造成心理上的束缚。这种“皇帝就是佛，皇权就是神权”的思想，促使南北朝时期的君王，以高度热情在各地广建寺庙、佛塔和佛窟。少林寺、云冈石窟、龙门石窟等许多佛教圣地，便是这个时期在帝王的直接扶持下兴建并发展起来的。

一、刘宋武帝夺位与慧义嵩山寻瑞

刘宋政权是南朝的第一个王朝，其创建者武帝刘裕，便是靠奉佛起家的。

刘裕本是东晋末年的一员武将，在镇压由孙恩领导的利用天师道兴起的农民大起义中，成为赫赫功臣。403年，晋将桓玄起兵谋叛，逼迫安帝让位，一度篡夺了皇位。桓玄虽然也曾敬重庐山高僧慧远，但他却还是发布了一个镇压佛教教团的“众僧沙汰”的命令，其中明确规定，沙门必须礼敬王者，这让佛门弟子大为不满。当桓玄夺得帝位后，刘裕等共同举兵讨伐桓玄。僧尼队伍为除去整肃佛教的桓玄而高兴，并由此将刘裕视为佛门恩人。这样，刘裕一开始便博得了僧人的好感。

宋武帝 刘裕

刘裕早年也确实对佛教门徒做出过友好的表示。412年，刘裕讨伐荆州刘毅，这期间他对于受到长安罗什教团排斥而逃难的佛驮跋陀罗和慧观，都给予殷勤的接待。刘裕在疆场厮杀混战之际，仍留心与僧人交往。

当刘裕追剿卢循时，这一对战场上的死敌都对庐山上的高僧慧远表示友好。卢循从广州反叛后，率众北上，路过江州（今江西九江）城时，曾登上庐山来到东林寺拜访慧远。追讨卢循的刘裕在桑尾扎营，家臣向他进言说：“庐山僧主慧远与卢循有很深的交情。”刘裕却说：“慧远乃世表之僧，而不是有彼此区别的俗人！”刘裕派遣使者手持他的亲笔信前往东林寺，向慧远表示敬意，并且还赠送了一批钱米。

416年，后秦王姚兴在长安死去，刘裕趁机率军北伐。这期间，刘裕开始大张旗鼓地利用佛教门徒慧义、慧严为自己篡夺帝位做舆论宣传。慧义、慧严二人，原本都是东晋京师建康（今江苏南京）城内东安寺的高僧，这次同时接到刘裕的邀请，希望他们随军北伐，参议军事。慧义爽快地答应了，慧严则推辞了一阵子。《高僧传》卷 7 《慧严传》载：

> （慧严）后还京师，止东安寺。宋高祖（指刘裕）素所知重。高祖后伐长安，要与同行，严曰：“檀越此行虽伐罪吊民，贫道事外之人，不敢闻命。”帝苦要之，遂行。

417年初，刘裕率领水师从彭城出发，沿淮河入泗水，再从清河经四渎口（山东长清西南）入黄河，然后溯河而上，与在黄河北岸集结的北魏大军交

战，大获全胜，三月便进入洛阳。在攻打后秦国都长安前夕，刘裕与幕僚王智商议，先在柏谷（河南灵宝县）驻兵。僧人慧义这时出面，向刘裕建议道，为了即天子之位，必须施行一项谶言。关于这件事，在《太平御览》卷806中有一段记述：

> 宋公谘议王智，先停柏谷。遣骑送道人慧义，疏曰：有金璧之瑞。公遣迎取，军次于崤东，金璧至，修坛拜受之。

据此，刘裕曾与亲信王智议谋，在入洛阳以前，先在柏谷停留。在这里，刘裕派遣同行的慧义乘马去嵩山，得到了金璧的祥瑞。刘裕派遣专使迎取金璧，并设祭坛拜受。为此，路经潼关进逼长安的刘裕大军，暂时在崤山（河南洛宁县北）东边安营扎寨。在对后秦发起总攻的前夕，刘裕要在这里通过佛门僧人来宣扬一下，他正在图谋的要接受东晋王朝的禅让而登天子之位，是合乎神意的。

有关刘裕在夺位称帝前利用佛教祥瑞一事，《高僧传》卷7《慧义传》说：

> 后出京师，逌说云："冀州有法称道人，临终语弟子普严云，嵩高灵神云：江东有刘将军，应受天命，吾以三十二璧镇金一饼为信"。遂彻宋王，宋王谓义曰："非常之瑞亦须非常之人，然后致之。若非法师自行，恐无以获也。"义遂行，以晋义熙十三年七月，往嵩山，寻觅未得，便至心烧香行道，至七日夜，梦见一长须老公，拄杖将义往璧处，指示云："是此石下。"义明，便周行山中，见一处，炳然如梦所见，即于庙所后坛下，果得璧大小三十二枚，黄金一饼。此瑞详之《宋史》。义后还京师，宋武加接尤重，迄乎践祚礼遇弥深。

青瓷刻花单柄壶

肩、胫部凸起覆仰莲瓣纹，间以卷草纹，颇具佛教艺术色彩。

这段记述更为详细一些。这里是说，慧义出京师，听人说，在冀州（河北高邑）有个叫法称的道人，他临死时对其弟子普严说：嵩山上的灵神已有预示，江东的刘将军应受天命登大位，灵神并有32块瑞玉和1片金版的出现来验证此说。刘裕听了慧义的这番话后，很是兴奋，恨不得立即找到嵩山祥瑞，随即对慧义说："不同寻常的祥瑞，须是杰出的人物才能获取。如果不是法师亲自移驾，恐怕是难以得到这份祥瑞的。"于是，慧义在远征长安的途中，从柏谷乘马来到嵩山，但不论怎样找，就是不见那宝玉、金版。为此，慧义虔诚地专心焚香行道，七天后的夜晚，慧义做了一个奇梦，梦中有一位长胡须老人，拄着拐杖带领慧义来到金、玉藏放处，告诉慧义“就在这块石头下面！”慧义一梦醒来，便在嵩山上寻找起来，来到一处与梦中所见显然是一样的地方，也就是嵩山灵神庙的石坛，掀开那块石头，果然起出了32枚瑞玉和 1 片金版。慧义当即将瑞玉和金版送交在崤山扎营等候的刘裕。刘裕获得信玉至宝，喜出望外，立即设坛拜祭。

史书所载的中心意思很明确，就是宣扬刘裕当即帝位，此乃沙门的预言，嵩神的示意，从而把刘裕的篡权活动神化、正当化。这里告示刘裕当受天命即帝位的神，表面看起来是嵩山的灵神，究其内容，还是把神格予以佛教化了。应当说，这则神话故事，是僧人慧义与宋主刘裕共同导演编造的。

高僧慧义为了证实嵩山灵神对刘裕称帝的告示，而亲往嵩山验视，这是在义熙十三年（417年）七月。就在这年八月，刘裕攻破长安，后秦的姚泓被俘，并且被遣送到建康，刘裕成为不可一世的人物。接着，刘裕前往参拜汉高祖刘邦的陵墓，宣称自己是刘邦的后代。到了十月，刘裕便逼迫东晋安帝封其为宋王。刘裕在佛教神话的烟幕下，加快了篡位的步伐。

△青瓷莲花檠 南朝

在天下混战的时节，刘裕结交的僧人僧导曾救了他的儿子一命，这件事更有传奇色彩。义熙十三年（417年）秋，刘裕平定了后秦的长安，当他返回建康时，把儿子刘义真留在了长安，让他担当镇守关中的任务。刘裕考虑到刘义真太年轻，因此特意请长安的僧导来关照他。僧导是京兆人，10岁出家，因为家境贫穷买不起油烛，便在夜里燃柴读书，到18岁时已精通许多佛教经典，后来成了一位杰出的高僧。刘裕撤离长安时，对僧导说：“刘义真年纪尚轻，留在长安镇守，还请法师多多费神关照。”僧导应允。刘裕回到了江南以后，大夏的赫连勃勃便发兵进攻长安，刘义真的军队大败而逃。当大夏人马乘胜急追，刘义真万分危急之时，僧导率弟子数百人前去阻止夏兵，对他们说：“刘裕把他的儿子托付给我，你们如今想要追杀他，这是对佛门的不尊，请你们就此留步，不要再追了！”

大夏军队慑于僧导的神威，因而收兵，刘义真才得以从草丛中逃亡。对这件事，《高僧传》卷7载：

> 高祖（指刘裕）旋旆东归，留子桂阳公义真镇关中。临别谓导曰：“儿年小留镇，愿法师时能顾怀。”义真后为西虏勃勃赫连所逼，出自关南，中途扰败，丑虏乘凶追骑将及。导率弟子数百人，遏于中路，谓追骑曰：“刘公子以此子见托贫道，今当以死送之，会不可得，不烦相追。”群寇骇其神气，遂回锋而返。义真走窜于草。

由于僧导在佛教界的影响，以“神力”阻止了夏兵对刘义真的追杀。刘裕

对此深表感激，命子侄内外拜僧导为师。后来，刘裕把僧导接到寿春（安徽寿县）的东山寺，僧导在这里为逃难而来的沙门供应衣食，并为在战乱中死去的僧人设法会焚香洒泪，以示悼念。僧导还在东山寺讲经说法，有千余人前来听讲，在这里集聚了一大批僧众。

420年，刘裕正式夺位，称武帝，建立了刘宋政权。他以一介武夫而能最终登上帝位，这中间自然有佛教僧众的效力。为此，刘裕登基后，对佛家门徒以礼相待。

刘裕为迎请并安置建国功臣慧义，在建康专门建造了祇洹寺，朝中文武百官常常云集此寺，举行佛教仪式。刘宋帝王君臣的皈依，使得祇洹寺大为兴隆。据《高僧传》卷8载，慧义在祇洹寺期间，从王室到庶民，向这里布施了大量的财物，“资生杂物，近盈百万”，充分显示了慧义在刘宋初期僧侣中的重要地位和君临佛门的重大影响。

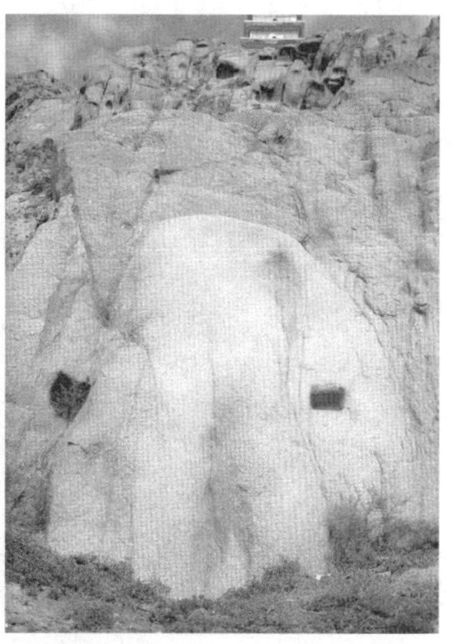

南京御容山上的无头大佛

刘宋时，在京师的东安寺住着一位僧人，名叫法恭，他身穿布衣，食用菽麦，诵经三十余万言。法恭先后受到宋武帝刘裕及其后的文帝、明帝三朝君主的尊崇。这位法恭从信徒那里得来的施物，一概都布施给贫病的人，自己却不蓄存一物。也许正是法恭的这种德行，博得了刘宋三帝的崇敬。

武帝刘裕为刘宋王朝奉佛带了一个头。有其父必有其子。刘宋武帝的几个儿子在尊奉佛教上，也各有千秋。其第三子文帝刘义隆，留待后面述说，这里先看看其他几位皇子与僧人交游的情况。

南京御容山大佛安装佛头

武帝的第四子彭城王刘义康，一度拜僧人慧叡为师。慧叡，冀州（今河北冀县）人，少年出家为僧，云游四方，远至天竺，后在长安随从罗什译经。他通晓梵语佛音。晚年在建康乌衣寺弘扬佛法，深受刘宋僧俗欢迎，曾为谢灵运讲解梵呗音律，并对谢灵运日后作诗讲求格律、音韵产生了很大影响。刘义康被封为彭城王之后，派人前去邀请慧叡，接连几次，都未如愿。慧叡被邀再三，遂说：“在礼数上，听说有来学的人，却未闻去教这回事。”刘义康听了这话，深感惭愧，立即前往慧叡的寺里，致以厚礼，并求受戒法。后来，刘义康送给慧叡一件貂裘皮袄，慧叡从来没有穿过这么高贵的衣服，便索性用它做垫，坐在上面参禅。刘义康见如此贵重的貂裘，竟让慧叡当了垫子，便暗中派人想索要回去，并出价30万的礼金。慧叡对来人说：“我虽然没有穿这件貂裘皮袄，但因为它是大王所布施的，我已经领受了！”

刘义康交结的僧人的确不少，有僧伽跋摩、求那跋陀罗等外国译师，也有僧澈、昙迁等国内高僧，他经常召请僧尼举办斋会。受过戒法的刘义康，算是位虔诚的佛教徒，当他被处死的时候，充分显示了这点。元嘉二十八年（451年）正月，宋文帝派中书舍人严龙作为使者，持药前来赐死彭城王，但刘义康拒服毒药，他向使者说："佛教的教义，自杀者必将不能再世为人，请你随便处置好了！"说罢，情愿被捕处死，时年43岁。

武帝的第五子江夏王刘义恭，特别敬重弘充、慧益、昙颖等僧人，并特意身临慧益焚身的现场，劝阻慧益焚身修行。江夏王刘义恭不但敬重男僧，也皈依过尼师，他对竹园寺的慧浚非常崇敬，经常供给钱财衣物药品。慧浚这位女尼，从不积蓄私人财物，凡是收到的一切供养物品，都转交给寺院，竹园寺的建造，便主要是靠慧浚的"私房钱"。这当中，刘义恭自然出了不少力。

武帝的第六子南郡王刘义宣，则与胡僧求那跋陀罗有密切的交往。元嘉二十一年（444年），刘义宣任荆州刺史时，把求那跋陀罗请到荆州辛寺，并为他建造房殿，求那跋陀罗便在这里翻译了《过去现在因果经》等很多经典。刘义宣还曾帮助求那跋陀罗的译经活动。《出三藏记集》卷9说：

> 《八吉祥经》，宋元嘉二十九年太岁壬辰正月三日，天竺国大乘比丘释求那跋陀罗于荆州城内译出，此经至其月六日竟，使持节侍中都督荆、湘、雍、益、梁、宁、南北秦八州诸军事、司空、荆州刺史领南蛮校尉南谯王优婆塞刘义宣为檀越。

檀越，是佛教名词，意为施主，是寺院僧人对施舍财物给僧团者的尊称。据上面记述，南郡王刘义宣做求那跋陀罗的檀越，助其译出《八吉祥经》。因为刘义宣是在家佛教徒，所以称为优婆塞。

武帝的第七子衡阳文王刘义季，于元嘉十六年（439年）任荆州刺史。当时刘义季想请沙门讲说佛法，人们向他推举了昙光。昙光在年轻时，曾习学五经、诗赋算数及卜筮等俗事，后舍身出家专修佛法，是一位卓有成就的修行者。江陵附近的僧俗百姓有不少要拜昙光为师，他都谢绝不允，不愿充当导师。衡阳文王刘义季亲自邀请昙光到寮房教授佛法，盛情难却，昙光答应了为刘义季说法的请求。为了感激昙光的传教，刘义季颁赐车马和夫役，并且日供钱帛 1 万。鉴于当时缺乏佛学导师，刘义季劝昙光说："引导更多的人才是德行的根本，你为什么一定要辞作导师呢？还是请你考虑担任这项修行吧！"昙光听了刘义季的劝告，改变了原来的主意，担任起一方佛学导师，并撰写忏文，自任唱导。

综上所述，在武帝刘裕的带动下，几位皇子都与僧人女尼有着不同寻常的交往，刘宋朝廷布满了奉佛的气氛。

二、卷入白黑之争的刘宋文帝

南朝刘宋的开国君主武帝，在位三年便死了，太子刘义符即位，是为少帝。当时，司空徐羡之、中书令傅亮等朝中重臣，表面上辅佐政治，暗中却有步骤地将少帝废掉，并逼皇子刘义真自杀。刘义符被废后，武帝的第三子刘义隆即帝位，这就是文帝。文帝刚一登基，便斩杀了徐羡之和傅亮。从这以后，武帝以来的实力人物和军人势力渐渐衰落，取而代之的是一些名门子弟。文帝在位的元嘉年间（424—453年），整整30年，政治稳定，社会平安，百姓无事，出现了"元嘉之治"。处在这样的升平乐世，文帝佛兴大发，其崇佛程度较之父辈有增无减。

元嘉十六年（439年），刘宋文帝建制四学：儒学、玄学、史学、文学。以雷次宗掌管儒学，何尚之掌管玄学，何承天掌管史学，谢文掌管文学，分别各自负责一门。不知是巧合，还是文帝的精心选用，这四学的执掌管员，都与佛门相关。其中，负责儒学方面的雷次宗，后来竟投奔庐山，在那里念佛结社，成为慧远门下学习佛教的人物；其他如何尚之、何承天、谢文三人，也都出身于奉佛世家。由于文帝起用的掌管诸学之官员，都是好佛之辈，也就自然地形成了修习佛学的风气。

刘宋文帝与当时许多僧众都保持友好往来，而对慧严、慧观二僧尤其敬重。

慧严，俗姓范，豫州（安徽寿县）人。他12岁开始学习儒学，博览诗书，16岁出家，精研佛理，入关为鸠摩罗什的弟子。后来到达建康，住在东安寺，刘裕当年西伐长安时，曾邀请同行。宋文帝即位后，对他更为信任和敬重。宋文帝曾对慧严说："情好尤密，每见弘赞问佛法。"是想跟随慧严修学佛教方面的学问。慧严于元嘉二十年（443年）在东安寺死去，时年81岁。宋文帝对

▼南朝宋文帝刘义隆的长宁陵石兽

慧严的圆寂十分伤心，赞誉慧严是教授知识和弘扬道德的巨匠，并赐钱5万、布50匹，隆重办丧。

慧观，俗姓崔，清河（山东清河）人。他10岁即以博学闻名远近，弱年之后出家游历四方，师事庐山慧远，后来听说鸠摩罗什入关，便由江南赶往北方，与罗什一同探究以往所学的旧学佛教与新传译的佛教的异同，当时人们都说："通情以道生与道融为上首，精解疑难则是慧观与僧肇第一。"可见，慧观是精通佛教疑难问题的学者。当慧观写好《法华宗要序》，呈送鸠摩罗什法师指教时，罗什表示："你所论述的极其明快，今后你可往江南游化，以弘扬此经为己任。"后来罗什示寂，慧观去往荆州，刺史司马休之对他甚为崇敬，特为他建造了高悝寺。据说，由于慧观的教化，荆州和楚州的民众有半数以上是止恶行善的。义熙十一年（415年），武帝刘裕进军江陵，与慧观相会。刘裕见到慧观，就像见到老朋友一样。永初元年（420年），14岁即为荆州刺史的刘义隆（即文帝）在江陵停留的时候，与慧观结为知交，后来文帝之重用慧观，也就是从这个时候开始的。没有多久，慧观便来到京师建康，住在道场寺。

据载，元嘉元年（424年）三月初三日，文帝与慧观等僧人墨客在道场寺举行曲水宴。所谓曲水宴，就是在每年的三月初三，文人骚客聚集，在特制的具有曲折流水的殿亭之内，将斟满酒的杯子放入水流之中，每个人必须在酒杯尚未流到自己的面前时及时赋诗，然后取杯饮酒，这可算是一种风雅的游戏。文帝也有此雅好，行幸到这曲水宴会之中，命慧观与群臣赋诗，慧观刚刚落座，即赋诗以献文帝。慧观的诗，清美绝伦，在坐的朝臣文士都赞不绝口。看来，文帝欣赏的僧人慧观的确是位才子。

刘宋文帝时发生了一场白黑之争，这是中国佛教史上的一次重大论争。"白"谓"白学先生"，指儒家学者；"黑"谓"黑学道士"，指佛教僧人。"白黑之争"实际上就是儒佛两家之争。

这场争论是由僧人慧琳的《白黑论》所引起的。慧琳是刘宋初年建康冶城寺的僧人，曾受到宋文帝的器重，参与朝廷大事，人称"黑衣宰相"。慧琳所著的《白黑论》，假设"白学先生"（儒）和"黑学道士"（佛）这

青瓷莲纹托碗 南朝

青瓷莲瓣纹盘 南朝

两家辩论谁优谁劣。文中大意是说，佛家虽然讲世间，也讲幽冥、讲来生，但这些都无经验，难以相信。同时还批评了佛家虽教人不贪，却又以利欲诱人，比如要求人们布施、修寺庙，并用因果报应之说去吓唬人等。最后则讲“六度与五教并行，信顺与慈悲齐立”，儒与佛“殊途而同归”。此文刚刚出笼，就受到佛教界的批评，认为慧琳攻击佛教虚伪自私，背弃了对佛的信仰，甚至要驱逐他。但慧琳的观点却受到宋文帝的赞赏，因而他能安然无事，甚至还受到重用。

当时，衡阳太守何承天，非常赞成慧琳的论议，便写了一封信，连同《白黑论》一起，送给太子中舍人宗炳征求意见。宗炳读后，当即写了一封《答何衡阳书》答复何承天。宗炳在信中根据自己的见解，对《白黑论》进行了批驳，认为慧琳假设的“白学先生”的立论是错误的，并逐条加以责难。何承天接到此信后，又在《答宗居士书》中，为慧琳的《白黑论》辩解。此后，宗炳与何承天又进行了往复多次的辩难。宗炳更作有《明佛论》（又名《神不灭论》），提出“精神不灭，人可成佛，心作万有，诸法皆空”等观点，何承天也作《达性论》驳斥宗炳的神不灭论，他说：“生必有死，形弊神散，犹春荣秋落，四时代换，奚有于更受形哉！”意思是生死是自然现象，所以神与形同时生灭。这样，由慧琳的《白黑论》所引起的“白黑之争”，到后来就转变成了“神灭神不灭”之争了。这是历史上的“白黑之争”的大致情况。

△陶风帽立俑　南北朝

在这场“白黑之争”中，宋文帝曾专门致函宠臣丹阳尹何尚之，谈了他自己的想法：我不曾读过什么佛经，对三世因果说并没有多大的了解，之所以有些兴趣，是因为以往许多杰出的人才和当朝不少的俊秀，都是信奉佛教的。宋文帝还特别欣赏谢灵运所说的一句话：“六经之教虽然是救世俗治国家的要旨，但若寻求精神的真奥，则必须以佛教为指南。”

接到宋文帝谈佛的诏文，何尚之即刻上疏答对。他在文中列举了东晋的王导、周颛、王濛、谢尚、郗超、王坦之、王恭、王谧、郭文、谢敷、戴逵、何充、何准、王元琳、范汪、孙绰、张玄、殷颛等前代贤人和当代的才子，指出正像文帝诏示的，这些先哲名士都是信奉佛教的。何尚之还向宋文帝谈到了帛远、昙无谶、于道邃、竺法护、竺法兰等高僧。何尚之认为，推行政治，由弘扬佛教来配合，是最好不过的。若能把佛教的五戒十善，从十人推广到百人，渐次再向整个社会弘扬，那么，邪恶将会销声匿迹，刑罚会慢慢派不上用场，自然也就为国家带来了太平。何尚之还举例说，西域诸国因为奉行佛法，很少有大国兼并小国的事情，暴君石虎由于高僧佛图澄的潜移默化，其杀戮的情形锐减大半，苻坚因信奉佛法，世人称为英明的君主。何尚之的这些意见，也得到了吏部侍郎羊玄保等人的赞成。

经过这场佛学大辩论，刘宋文帝对佛教更为笃信尊奉了。其中重要的一点是，所谓“精神不灭”、轮回转世说，有利于刘宋王朝的统治。他们利用佛教

△如来坐像 南朝·宋

因果报应的说法，把帝王将相、门阀士族今天的富贵荣华，说成是前世“积善余庆”的结果，而劳动人民的苦难则说成是前世的“积恶余殃”，以此为封建等级制度辩护，并进而用来世的善报和死后的天国，诱导人们安分守己，勉力“行善”，遵守封建道德。刘宋文帝曾赞叹说：“若使率土之滨皆纯此化，则吾坐致太平，夫复何事?”认为普天之下的臣民若都信奉佛教，便可太平无事了!宋文帝提倡佛教的妙用恰在于此。

正因为刘宋文帝把尊奉佛教与维系皇权统治联系在一起，他的崇佛活动才越来越起劲了。史载，宋文帝甚至亲自幸临法会，和大众一同坐在竹席上，与僧众比肩而食。

由于刘宋文帝奉佛，在他执政期间，有不少外国僧人、女尼来到京师建康，他们在刘宋政权下，从事佛经翻译和佛教宣传活动。如印度僧人求那跋陀罗，于元嘉十二年(435年)到广州，宋文帝刘义隆派人迎至建康，先后住在祇洹寺、东安寺，并到丹阳郡等地说法，很得颜延之、何尚之等官僚的敬仰。大将军彭城王刘义康、丞相南谯王刘义宣，对求那跋陀罗都礼敬为师。

与刘宋文帝有交往的外国僧人还有昙无谶、畺良耶舍等。特别是在元嘉十年(433年)，狮子国(今斯里兰卡)的比丘尼铁萨罗，带领10位比丘尼，随该国船主难提到达刘宋都城建康，应景福寺女尼慧果和净音的邀请，于元嘉十一年(434年)在南林寺设坛传戒，为300多尼僧重受具足戒。这是中国尼僧如律如法从二部僧众受比丘尼戒的开始。由于有文帝对佛教宽松鼓励的良好氛围，狮子国的比丘尼们在刘宋的京师建康城，一边学习汉语，一边传教，带动了不少中国妇女出家为尼。

三、刘宋孝武帝泪洒中兴寺

刘宋皇族，布满了相互残杀的腥风血雨。先是，宋文帝的长子被刘劭诛杀，不久，文帝的第三子刘骏即进入建康城杀了刘劭及其全族，这刘骏便是刘宋第四帝孝武帝。后来，孝武帝的儿子前废帝刘子业，又杀了其叔父刘义恭，前废帝是位残虐的君王，他的宫廷中淫佚风盛，纲纪紊乱。最终杀掉前废帝的是明帝。继明帝之后，即帝位的是后废帝，他把孝武帝的儿子全部斩尽杀绝。皇族间如此反复地血洗杀戮，你方唱罢我登场。孝武帝刘骏，在血腥厮杀中，仍自觉或不自觉地与佛门释族打交道。

首先，孝武帝的即位，就披上了佛的光环。先看《宋书》卷27的一段记载：

少帝即位，景平三年四月，有五色云见西方，时文帝为荆州刺史，镇江陵，寻即大位。文帝元嘉中，谣言钱唐当出天子，乃于钱唐置戍军以防之。其后，孝武帝即大位于新亭寺之禅堂，“禅”之与“钱”音相近也。

这段记述是说，景平三年（425年）四月，有五彩云朵出现在西方。当时文帝正在荆州做刺史，镇守江陵，不久即登帝位。到文帝元嘉年间，又流行这样一则谣言，说钱塘将出天子，文帝因此在钱塘一带布置守备部队以防应变。后来孝武帝即位，是在新亭寺的禅堂举行的大典，这时人们才发现“禅”与“钱”的音相近，而“唐”与“堂”的发音也相同，所以当初才有钱塘（实为禅堂）出天子的预言。

青瓷水盂 南朝

青瓷纹饰在南朝时相当流行，这应与当时佛教的盛行有关。

孝武帝刚刚即位，就派人到寿春（今安徽寿县）东山寺，迎请曾受武帝刘裕之托救过皇子刘义真的僧导，安排僧导住在建康的中兴寺，孝武帝亲自前往接应，并将寺中的执事人员分为上座、寺主、维那三个等级，统由僧导率领。

一次，孝武帝来到中兴寺，与僧导谈起佛教在中国的发展，当谈到长安教团在战火纷飞的乱世被毁灭时，孝武帝十分伤心，竟悲咽泣泪，痛哭流涕。就在这次激动人心的佛事恳谈中，孝武帝敕命僧导在瓦官寺开讲《维摩经》，孝武帝躬亲临幸，并且召集了很多的公卿朝臣一同听讲。僧导登上高座，说道：

昔王宫托生，双树现灭。自尔以来，岁逾千载，淳源永谢，浇风不追，给苑丘墟，鹿园芜秽。九十五种，以趣下为高升。三界群生，以火宅为净国，岂知上圣流涕大士栖惶者哉！

覆莲罐 南朝

魏晋南北朝是佛教传入中国后，迅速得到发展的重要时期。

僧导在瓦官寺的高座上，向孝武帝君臣大发佛教衰颓的慨叹。他说，当初释迦牟尼托生于王宫，而死于沙罗树下。其后经过一千多年，释尊所说的淳和德源，不断地衰落下去，因而无法匡正世间的浇薄风俗。时至今日，释迦牟尼最初说法的祇树给孤独园、鹿野苑，不是成为废墟，就是杂草丛生。九十五种外道下至凡界，以上升天界为归趣，从而广造恶业。现世的众生，都忘却了现实三界的火宅之苦，误以为是净土。孝武帝身为天子，之所以感慨流涕，是为沙门居士们忧虑，因此他执意向大众讲经说法，以致暗中饮泣。大众听了僧导的这番讲说之后，都为之肃然改容，益加敬佛。

僧导向参加法会的孝武帝说："卫护佛法，弘扬佛教，无疑要凭借帝王的力量，陛下若以慈悲喜舍的四无量心，劝诫邪恶，诱导善良，你的这片国土，就将会变成天宫一般。"孝武帝听后，欣然接受僧导的劝言，表示要从善如流，助佛门一臂之力。后来，僧导又从建康回到寿春，最终在石涧寺圆寂，世寿96岁。

孝武帝敬重沙门，还表现在这样一件事上，就是他曾劝阻高僧慧益焚身修行。建康城内竹林寺的慧益崇仰《法华经》的教示，决心焚身供养。孝武帝听到风声之后，立即派遣江夏王刘义恭前去劝谏。但是慧益决心已定，江夏王的劝说没起丝毫作用。刘宋孝武帝大明七年（463年）四月初八日，这一天，慧益乘坐牛车来到云龙门，孝武帝此时正在云龙门迎候。孝武帝与慧益见过面后，便一起来到钟山南侧的焚身场地，诸王的后妃和僧俗士民都尾随在后。慧益进入油锅后，江夏王刘义恭走近他身旁，劝说："修行的方法有很多种，并不一定非舍弃生命不可，请你再考虑一下，能否改变焚身修行。"但这已无济于事，孝武帝眼看着慧益焚身升天了。

孝武帝时，也曾因一起谋反事件，而诏令整肃沙门。《宋书》卷97载：

> 世祖大明二年，有昙标道人与羌人高阇谋反。上因是下诏曰：佛法讹替，沙门混杂，未足扶济鸿教，而专成逋薮，加以奸心频发，凶状屡闻，败乱风俗，人神交怨。可付所在，精加沙汰，后有违犯，严加诛坐。于是，设诸条禁，自非戒行精苦，并使还俗。而诸寺尼出入宫掖，交关妃后，此制竟不能行。

因为谋反的昙标可能是个僧人，高阇也是西戎人，孝武帝于是要整顿僧尼队伍。他在诏书中指出，佛法被践踏破坏，沙门队伍良莠不分极为混杂，以致不能弘扬伟大的教法而救度世人。现如今，寺院可以说成了逃犯的穴窟，不仅如此，有些僧侣甚至成为横行霸道杀人害命的恶人，他们违犯佛道，破坏风俗，社会大众对这些颓废的佛教徒十分憎恨，佛祖若是有灵，对此肯定也是愤怒的。为了匡正风气，特命僧众或寺院所在地的官府，须实行整肃淘汰僧侣的措施。日后如仍有敢违国法的人，严行杀戮，并连坐其主。为此，特设禁令数条，对于不能严守戒律的僧人，即令还俗。但是，孝武帝这项整肃沙门的诏令，实际上并没有得到贯彻执行。

大明六年（462年），孝武帝又发动了一次沙门敬王问题的讨论。孝武帝先是诏令有司议复僧尼见王当否跪拜，有司回奏说，沙门进见皆当尽敬。《高僧传》卷 8 对此有详细记载：

夫佛法以谦俭自牧，惠虔为道。不轻比丘，遭人必拜。目连桑门，遇长则礼。宁有屈膝四辈，而简礼二亲，稽颡耆腊，而直骸万乘者哉。……臣等参议以为，沙门接见，皆当尽虔礼敬而容，依其本俗，则朝徽有序，乘方兼远矣。

朝臣奏议的意思是说，佛法宣扬谦让的美德，以惠人敬施作为处世的准则。《法华经》上说的不得轻蔑菩萨，不论对任何人都必须礼拜，这是非常重要的。遇见尊者长者必加礼拜，这才是佛教徒应有的本分。因此，佛教徒对佛祖、菩萨、缘觉、声闻四辈均行屈膝，对双亲尽礼，对僧中的长老也顿首致意，那么，有什么理由不对万乘之尊的天子屈身礼拜呢？朝臣们提出，沙门在觐见皇帝的时候，均当以虔诚恭敬之心，依从中原的传统风俗，对帝王行跪拜礼。孝武帝对朝臣的这项奏议表示认可，诏令实施沙门礼拜王者的制度。

如来坐像 南朝·宋

然而，由来已久的沙门敬王之争，刘宋孝武帝不可能凭一纸诏令便可解决，在实际实施过程中，仍有大量僧尼拒不执行礼拜王者之令，于是，便有了严刑酷法之下的皮肉之苦。《广弘明集》卷6说：

世祖以大明六年，使有司奏议，令僧致敬。既行刳斮之虐，鞭颜皴面而斩之，人不胜其酷也。且僧拜非经国之典，亦不行之。

孝武帝对不事礼敬的僧人，以违犯命令罪，将其或处以刳斮之刑，或鞭打脸面划割脸皮，动用了种种惨虐的刑罚。那些执行刑罚的人，可能是因为刑罚太过于残酷，而常常不忍下手。而且，僧尼叩拜帝王，在经国法典上也找不到什么根据，最终还是没有能够实行下去。

据说，在孝武帝的沙门敬王诏令颁布后，有不少僧人隐居山林，躲藏起来，僧远就是其中的一个。僧远说："我是一个剃发的沙门，本来出家为求佛道，又何必与帝王有所牵连呢？"说罢即于当天称病隐退，来到上定林山栖隐起来，直到前废帝景和元年（465年）沙门敬王的诏令被废止，僧远才再度回到都城。

四、南齐高帝受禅与兴齐寺

在刘宋皇族同室操戈、血腥屠杀的后期，握有军政实权的武将萧道成，趁机杀掉后废帝，而拥立顺帝。但这只是萧道成夺取政权的一个步骤，不久，他便接受宋的禅让而建立齐室。萧道成于是成为齐代开国君主太祖高帝。

齐高帝 萧道成

齐高帝萧道成早在夺位前，就与精通阴阳术的僧人法愿往来甚密。法愿出家前，其俗家便奉事神明，他本人则以占相为业。因此，法愿以阴阳秘术闻名远近。萧道成听说法愿具有卜筮看相的特殊技能，便把他召入京师。一次，萧道成把囚犯和奴婢中颜面姣好者挑选出几个，让他们穿上整洁的衣冠，与常人在一起，然后把法愿召来，法愿一看，便立即分辨出谁是囚犯谁是奴婢。于是，萧道成让法愿住进后堂，向他学习起阴阳术。

法愿以其预言和占相的特殊能力，成为萧道成参政的得力高参。那时的萧道成还是刘宋顺帝名下的臣子，凡遇大事，都与法愿商谈。一次，法愿对萧道成说："后七月，一切事当有所决定！"七个月后，萧道成果然接受顺帝的禅让，得即王位。《高僧传》卷13载：

> 齐高帝事幼王，恒有不测之忧，每以谘愿。愿曰：后七月当定。果如其言。及高帝即位，事以师礼。

法愿在此正是扮演着刘宋武帝即位时，慧义所担当的角色。

齐高帝即位之际，曾专程前往定林上寺，入山造访僧远。当时僧远已经老病卧床，齐高帝从辇舆上下来，走到僧远的床边，嘘寒问暖，深表敬意。齐高帝登基以后，也还经常行幸于此，对僧远殷勤慰候。

特别值得齐高帝兴奋的是，就在他于建康（今江苏南京）接受刘宋顺帝禅让的那一天，在遥远的四川深山有僧人建成佛寺。《高僧传》卷9《玄畅传》载：

> 至昇明三年，（玄畅）又游西界，观瞩岷岭，乃于岷山郡北部广阳县界，见齐后山，遂有终焉之志，乃倚岩傍谷结草为庵。弟子法期见神人乘马着青单衣，绕山一匝还，示造塔之处。以齐建元元年四月二十三日建刹立寺，名曰齐兴，正是齐太祖受锡命之辰。

据《高僧传》记载，齐后山是在岷山郡北部的广阳县界（四川茂县），

南京栖霞寺主殿 毗卢宝殿

建于南齐，寺名源于刘宋时期著名隐士明僧绍之号栖霞。

玄畅是凉州出身的玄高的弟子。刘宋文帝曾再三恳请他做太子的老师，可是他都未允。刘宋末年，玄畅从荆州的长沙寺乘船来到成都，开始住在大石寺，自己塑造金刚密迹等16种神像。昇明三年（479年），玄畅游化到岷岭一带，见齐后山一峰，景色秀丽，遂决定将此地作为养老送终之地，于是便在山岩傍结成草庵栖身。有一天，弟子法期见有神人乘着大马身穿青单衣，绕山一周，示意建造佛塔的地点。于是，就在南齐建元元年（479年）四月二十三日，在这里建成了一座佛寺，起名为齐兴寺，这一天正是齐高帝承受天命登基称帝的日子。

当时，镇守成都的益州刺史傅琰，一向仰慕玄畅的风德，时有往来。在玄畅建造齐兴寺时，曾致函傅琰，这封书简收录在《高僧传》卷8的《玄畅传》中。玄畅在信中谈到，在齐后山神人所现的祥瑞，是显示齐帝王的灵验，并表示他作为沙门敬奉国家的感情是很深厚的。玄畅的书信是这样写的：

> 伏谓兹山之符验，岂非齐帝之灵应耶？檀越奉国情深，至使运属时征不能忘心，岂能遗事，辄疏山赞一篇以露愚抱。

青瓷莲花罐 南朝

有关这段齐高帝即位之日，建造齐兴寺的记事显示，皇帝接受禅让与佛教的祥瑞是连在一起的。齐兴寺这个寺名本身，就带有萧齐建国振兴的含义在内。问题是，在同一天，玄畅是在四川的深山里建齐兴寺，齐高帝则是在东南的建康（南京）称帝即位，这究竟是神意的安排？还是历史的巧合？抑或是有其他缘由？但不管怎样，这一佛寺

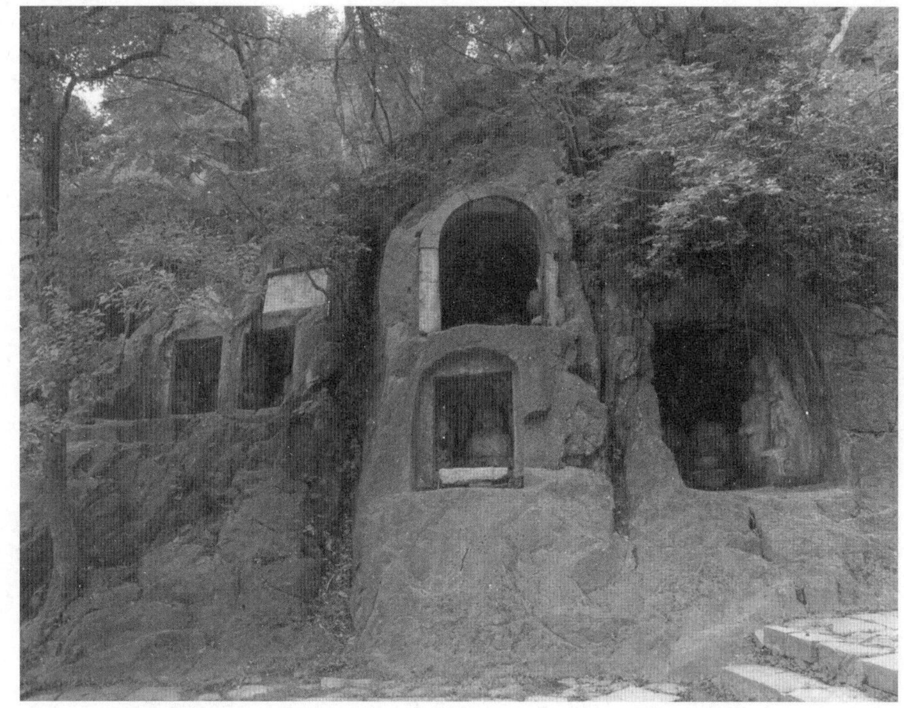

南京栖霞寺千佛岩

凿于南朝齐梁间，是我国唯一的南朝石窟。

的建造和起名，起到了奉承南齐帝王的作用。齐高帝为了奖赏玄畅，特敕命赐予百户的俸给。

齐高帝既得益于佛，也就更加奉佛。他即位后，动用大批人力、物力、财力，兴建招提寺，供养高僧。齐高帝还曾诏命僧人昙超前往辽东。昙超是个游僧，四处游历山水，经常独自一人露宿在荒野树下，老虎野兽竟然不去碰他一下。齐高帝看中了昙超，委派他去辽东，前后达两年之久，这到底是为什么呢？是代朝廷视察东北部的形势，还是奉诏去弘扬佛法，对此还无法考证，反正昙超是受齐高帝的指派而去的。在这里，僧人竟然成了南齐帝王的钦差。

齐高帝特别钟爱的次子豫章文献王萧嶷，也是一位奉佛皇子。他在镇守荆州时，就曾迎请高僧玄畅，不时拜晤。他还在荆州建造了一座三层佛寺，请慧绪女尼为住持。萧嶷知道慧绪的道行高超，便迎入城内事奉。对于这位守素食严戒律的慧绪女尼，萧嶷及其王妃眷属都深表敬意，并从慧绪受禅法。慧绪从萧嶷那里得到的布施物品，从不积蓄，而是立刻转施给别人。

萧嶷还很敬重钟山开善寺的沙门智藏，为他安排夏日避暑的良好居处，这一王一僧都感叹相见恨晚。

当萧嶷临终时，他把儿子萧子廉和萧子恪叫到床前，立下遗嘱，并要求殡葬时采用香火、槃水、饭、酒脯、槟榔等朴素的仪式，又须在堂楼上安置佛像，并要供养两位外国僧人。很明显，萧嶷要采取的是佛教的葬仪。萧嶷在最后的遗言中说道：“人生在世，本自非常，吾年已老，前程几何？”从这几句

话看，萧嶷对佛教中无常的道理，是有所悟的。

萧嶷死后，齐世祖武帝十分哀痛，集其财货建造集善寺，住持这座集善寺的，正是萧嶷以往敬重的女尼慧绪。

还有齐高帝的第十六子宜都王萧铿，虽一生短暂，却不误奉佛。他3岁丧母，长大后因为思慕母亲而守持素食，以示悲悼，经常祈祷幽冥。萧铿6岁时，梦中见到一位妇女，自称是他的母亲。萧铿醒来哭泣着询问往昔的家臣，他所讲述的梦中母亲的容貌和衣着，竟和在世时的情形完全相同。听了这个传闻的臣民，都感动得悲戚哽咽。

延兴元年（494年），齐明帝大肆屠杀皇族。当齐明帝派吕文显向萧铿呈上自杀的药物时，萧铿正在依照佛教的礼仪，行八关斋戒法。萧铿见吕文显入门，升上高座，怒斥他说："往昔高帝在世，对你宠信有加，如今你为什么做出这种大逆不道的事来？"吕文显说："我是不得已呀！"萧铿拜过佛祖，便一口饮下毒药，时年18岁。

五、齐武帝诏令：沙门不必自称贫道

南齐武帝对佛教的尊奉，最典型的一件事是，他曾诏令，沙门在天子面前不必自称贫道，而准许他们自称名号谈话叙事。

齐武帝即位后不久，便下发诏令，任命那个曾在高帝时显示佛教祥瑞的沙门玄畅，与另一高僧法献，同为僧主，分别掌管长江南北两岸的僧众。但这两位僧官与齐武帝一起谈话时，也都是自称法名而已，而不能与皇帝同坐。

据《高僧传》卷13载，中兴寺的僧钟在乾和殿与齐武帝相见。武帝问候僧钟起居，僧钟答说："贫道近来心情不佳！"武帝对僧钟自称为"贫道"，显然有些不满，便对尚书王俭说："往昔沙门与帝王谈话时，自称为何？还有，是否可把沙门让至正殿落座？"王俭对此回答说："汉魏时代，佛法还不兴

南京栖霞寺的千佛岩

△南朝齐武帝陵前石兽

盛，因而不见记录。自后赵时期，佛法已经兴隆，一般僧众均称贫道，也开始准许沙门进入正殿落座。到了东晋中叶，桓玄等人欲令沙门礼敬王者，因朝议未定，因而中辍。刘宋时期，也有令沙门礼拜王者之说，但最终未能执行。从那以后直到今天，大多允许僧人坐入正殿，沙门亦自称贫道。”齐武帝听后表示：“像玄畅、法献这些道行卓越的人，已自称名号，其他僧人自称名号也无妨！”

沙门向帝王不称贫道，而称自己的名号，这是从佛教传入中国以来，由玄畅和法献二僧开始的。在天子面前准许僧人自称名号，是齐武帝对于僧众人格的承认。传统上，僧道一向被视为与巫觋同样的低微，但到了南朝中叶齐武帝时，僧侣的人格获得了明确的肯定。

在齐武帝接触的众多僧人中，有个怪异的高僧叫保志，早在刘宋泰始初年（465—471年），僧人保志便以一种怪异的作风出现在街头，他的住处不定，发长数寸，经常光着脚走在路上，而且在拐杖头上挂着剪刀和镜子，身上总是披着一二匹的布帛。到了南齐建元年间（479—482年），保志的神异作风越发让人难解，有时一连几天不吃东西，也没有饥饿的表情，经常在赋诗中显示一些预言在里面，京城里的士大夫和庶民对他都深表敬服。齐武帝唯恐保志的神力令大批民众敬僧而不敬王，于是便以惑众的名义把他拘留在建康。可是，在保志被抓的第二天早晨，有人在大街上又见到了他，官方急忙检查囚室，保志却仍然在里面。一次，保志对狱吏说：“门外来了两顶轿子，用金钵送食物来了，你去端来给我！”狱卒出去看时，果然是文惠太子和竟陵王萧子良来给保志送食物了。渐渐地，齐武帝不得不佩服保志了，便把他从囚牢请入后堂。

相传，保志运用神异力在地下见到了高帝，高帝长期以来都在阴间受锥刀之苦，为了让高帝摆脱锥刀苦刑，齐武帝下诏不得使用锥刀。所谓保志阴间见高帝，显然是“天方夜谭”，可能是保志以此来规劝武帝多做些善事。

除保志外，齐武帝对其他高僧也很敬重。僧人法匮便是一个。据说，法匮能同时分身三处。齐永明七年（489年），法匮死去，武帝专设法会，并亲临葬礼，带头捐献钱物，文惠太子和文宣王也随从参加了葬礼。由于有众多的官民为了法匮之死献上供养，聚集了不少的银钱，便以此在积园寺建造了佛塔。

齐武帝还动用国库钱粮，在京城建康建造了一座禅灵寺。这座禅灵寺十分壮观，一般百姓都可以自由地去参拜。

在齐武帝的几个皇子中，第七子晋安王萧子懋以奉佛著称。在他7岁时，

母亲阮淑媛病死，当时请来僧众行道，并以莲花供佛。众僧用铜瓶盛满水，把莲花茎放在里面，并说这花是不会萎谢的。萧子懋流着眼泪拜佛祈愿说：“如果母亲的灵魂，由此得安，恳请诸佛庇佑，使这一莲花开到斋会结束之日。”7天的斋会结束了，莲花依然是那样地鲜艳，再看看铜瓶里面，已经生出了根须，人们都称这是萧子懋的孝心感动所致。当萧子懋长大成人后，就更是一心奉佛了。

六、南齐竟陵王萧子良的忏悔法

在南齐王朝，若将其数十位帝与王按崇佛程度加以排队，第一位当属齐武帝的次子、文惠太子萧子懋的弟弟——竟陵王萧子良。

萧子良在其祖父高帝时代，便倾心佛教。建元四年（482年），祖父高帝逝世，萧子良特铸造释迦像一尊，以供养菩提。在《广弘明集》卷16《齐竟陵王题佛光文一首》中，也提到了萧子良23岁即铸造释迦像一尊，说明萧子良年届弱冠的时候，即已奉佛。

永明元年（483年），世祖武帝即位，作为皇子的萧子良遂被封为竟陵郡王，命他持节都督南徐、兖二州诸军事，为镇北将军、南徐州刺史。这年二月八日，萧子良集聚京都名僧，在府邸内的法云精庐（精舍）开讲席，这可谓是旷世的盛举。据沈约的《南齐竟陵王发讲疏并颂》所述：“竟陵王殿下，神超上地，道冠生知，冥洋树宝业，冲念凝正解。”表明萧子良在这段时间内，大开《成宝论》等讲经法会，亲自聆听名僧的讲演，并以所理解的佛教教理来加强自身的修养。

萧子良还把扬都建元寺的沙门法护，请到法云寺设立义斋。所谓义斋，可能就是议论研讨教义问题的斋会。法护

四川出土的比丘释玄嵩造像碑 南朝·齐

不尚时流，言谈不求浮华，为人毫无假藉。当时，萧子良命法护为标领。标领，即是首领的意思。身当标领重任的法护，对经文解说具有绝对权威。恰如其分地按着经文的道理去宣讲，因而随其学习佛法者有百余人。萧子良开设义斋的意义在于，引导人们正确理解经文，使得大众精通义理，以进一步弘扬佛教。

到了永明五年（487年），萧子良移居鸡龙山（安徽和县）西邸。他邀请很多学士、名僧聚集在这里。先后被萧子良请到鸡龙山的名士，有后来做了梁武帝的萧衍以及沈约、谢朓、王融、萧琛、范云、任昉、陆倕等八友。《南齐书》卷40说他：

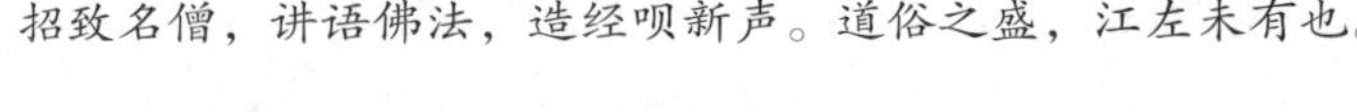
招致名僧，讲语佛法，造经呗新声。道俗之盛，江左未有也。

△四川出土的比丘释玄嵩造像碑 南朝·齐

史书上说，萧子良在西邸招请名僧，讲说佛法，并作新的梵呗，由唱导师来演唱。僧尼与在家奉佛者共同举行盛大的佛教仪式，这在江南还是前所未有的。萧子良成为这种佛教盛事的中心人物。

据史书记载，被萧子良邀请到宅邸的高僧，先后有僧柔、慧次、僧祐、智称、僧钟、玄畅、僧远、慧明、慧基、法安、宝亮、保志、法申、僧旻、明澈、慧约等一大批。可以说，从南齐到萧梁的名僧，几乎都与萧子良有交往。萧子良迎请高僧，态度极其诚恳。例如他在撰写《涅槃义疏》时，得知宝亮以涅槃学者著称，便亲自前往宝亮的居寺，执弟子之礼迎请为师，宝亮不得已允准了萧子良的请求，随从他来到西邸，萧子良以接足顶礼向宝亮表示欢迎。后来宝亮圆寂，萧子良专门画了一幅宝亮的画像供奉在晋弘寺。还有，在赤城山石室中潜修禅定的慧明，萧子良也曾三度派使者殷勤相迎，慧明于是由浙江赤城山下临京城萧子良的宅邸。萧子良对慧明法师，亦以师礼奉事。

据说，永明七年（489年）二月十九日那天夜里，萧子良梦见在佛前咏出《维摩》一契，可是刚一发声，便醒了，他立刻起身走到佛堂去吟咏《古维摩经》一契，觉得前所未有的美妙。第二天早晨，萧子良把京城中善唱梵呗的沙门召集到一起，请他们分别制作梵呗。奉萧子良之命，安乐寺的僧辩当场作出《古维摩》一契及《瑞应七言偈》一契等新的梵呗。《高僧传》卷13就此载：

永明七年二月十九日，司徒竟陵文宣王梦于佛前咏《维摩》一契，同声发而觉，即起至佛堂中，还如梦中法，更咏《古维摩》一契，便觉韵声流好著工恒日。明旦，即集京师善声沙门龙光、普智、新安、道兴、多宝、慧忍、天保、超胜及僧辩等，集第作声，辩传

《古维摩》一契，《瑞应七言偈》一契。

萧子良这次召集擅长声乐的沙门，在宅邸创作新声经呗，实为一次集体创作，对四声说的创立，具有很大的影响，在中国音韵学的历史上也有不小的意义。而为确立四声贡献最大的，当是萧子良请来的周颙和沈约。才华横溢而又擅长佛理的周颙，著有《四声切韵》，沈约也著有《四声谱》。萧子良制定四声，所依靠的便是周颙和沈约。

由上可见，萧子良从489年开始，便以极大的热情投入到新梵呗的制作中去。正是由于萧子良的鼎力支持和参与，齐代成为南朝经呗流行的最盛期。

同是在永明七年（489年），十月间，萧子良召集京都名僧，聚集于普弘寺，邀请定林寺的僧柔宣讲罗什译出的《成宝论》。僧柔是南齐最受尊重的僧人之一，可与刘宋时的道生齐名。应萧子良之请，他在讲完《成宝论》后，接着又讲《十诵律》，听众中有高僧与女尼七百余人。

受到萧子良邀请的法师，还有《出三藏记集》的著者僧祐。僧祐生于建康，幼年时到建初寺参加礼拜，因喜好佛道而不肯回家，14岁时投奔定林上寺的法师法达、法献为弟子。具戒之后，受业法颖大师，长期钻研《十诵律》，精通律部。萧子良请僧祐在三吴地方广泛宣讲佛律，三吴指的是吴兴、吴郡、会稽。僧祐在讲律过程中，结识了建初寺的明澈，他们二人在年龄上虽然相差很大，却志趣相投。后来，他们一同住进建初寺，常为萧子良所召请垂询。

△四川出土的比丘释玄嵩造像碑 南朝·齐

更有高僧智称，萧子良请他讲律，听众每次都有数百人之多。这位智称，经常转法轮，讲律达20余年，可以说，戒律之道是由智称带头中兴起来的。萧子良请智称讲律，一般是在宅邸举行，智称每次来到萧子良的官邸，都是未经问候便径入升座，坐上正位才开始致辞寒暄，很是不凡。当时，聚集在讲座四周的有不少名僧，常常提出一些疑难问题，智称都一一对答如流。

制定僧制，是竟陵王萧子良崇奉佛教的又一活动内容。在崇佛礼佛过程中，萧子良对佛教中的僧尼制度和受戒规定发生了浓厚的兴趣，他十分重视佛教戒律，接受了僧柔、僧祐、慧祐、智称、净秀等众多高僧女尼传授的有关佛教律典方面的知识，并进而亲自制定僧制，务期出家僧众都能严守戒律，同时对在家人也示以受戒的法式。据《出三藏记集》卷12收录的《齐太宰竟陵文宣王法集录》载，萧子良制定的僧制及有关受戒规定有：《僧制》1卷，《清信士女法制》1卷，《与僚佐书并教戒左右》1卷，《教宜约受戒人》1卷，《示诸朝贵释滞启答》2卷，《受戒并弘法式》1卷。

萧子良崇佛与其他帝王最不同的是，他以很大的精力投入抄经。抄经的定义是“撮举其义要”，也就是抄录经文义理的重要部分。在《新集抄经录》中，收录了萧子良抄出的经典有36部。经题上都冠以抄写者，说明的确是萧子良抄出的。萧子良所抄出的不止是经典，也抄有不少论，具有代表性的就是《抄成宝论》9卷。

萧子良大量抄经，从《华严经》到《贫女为国王夫人经》，计达36部，再加上《成宝论》等，数量可谓庞大。探究萧子良热心抄经的缘由，据说他是想把当时流行的经典要旨，简明地介绍给人们，以进一步弘扬佛法。

萧子良也经常在邸园开设斋会。有关萧子良设置的斋会，在《齐太宰竟陵文宣王法集录》中提到，分别有“述羊常弘广斋”、“华严斋”、“述放生东宫斋”、“八日禅灵寺斋”、“龙华会并道林斋”等。这些斋会的详细情形，虽无法查考，但在沈约所撰的《千僧念愿文》里谈到，萧子良举办的第十次斋会，邀请的是定林寺的僧祐，搭建草庵，有僧众百余人参加。

关于萧子良在邸园进行的斋戒活动，《南齐书》卷40说：

> （萧子良）与文惠太子同好释氏，甚相友悌。子良敬信尤笃，数于邸园营斋戒，大集朝臣众僧。至于赋食行水，或躬亲其事，也颇以为失宰相体。

有关竟陵王萧子良的奉佛崇佛，上面谈了许多。然而，萧子良在佛教史上影响最大的，当首推他在永明八年（490年）编写的《净住子净行法门》20卷。这部佛书后来由唐朝的道宣加以编辑，并附上“序文”和王融的“颂”，一并收录在《广弘明集》卷27内。

这里的“净住子”，究竟指的是什么？据乌程严《全齐文》中收录的“净住子序”，其定义是这样的：

> 遗教经云：“波罗提木叉，是汝大师，若住于世，无异我也。”又云：“波罗提木叉住，则我法住；波罗提木叉灭，则我法灭。是故众僧于望朔再说禁戒，谓之布萨。”外国云布萨，此云净住，亦名长养，亦名增进。所谓净住身口意，身洁意，如戒而住，故曰“净住”。“子”者绍继为义，以沙门净身口七支，不起诸恶，长养增进菩提，善根如是修习，成佛无差，则能绍续三世佛种，是佛之子，故云“净住子”。

据此，所谓净住，就是布萨。布萨是一种佛务活动，每月两次，聚集出家僧众告白罪过，进行忏悔。在家信众则守持八戒，开说佛法，邀集僧尼供养饮食。萧子良所指的就是保持身口意的清净，名为净住。至于“子”，是指继

承三世佛种，也就是佛子的意思。为了做佛之子，就必须守持戒律，清净身口意，以长养菩提，则必能增长善根。这样说来，净住子就是守持戒律、清净三业的佛子。萧子良的《净住子净行法门》便是为此而作的。

对于萧子良提倡的布萨，道宣在《四分律行事钞》卷上指出：

> 昔齐文宣王撰在家布萨仪，善照沙门道安开士撰出家布萨法，并行于世，但意解不同，心相各别，直得承用，文据莫凭。

道宣的意思是说，道安撰写的是出家布萨法，萧子良制作的则是在家布萨仪。二者同在世间流行，分别为出家和在家者遵循。

萧子良的《净住子净行法门》的最大特色是，它详细介绍了忏悔的方法和全部过程。这点是极其重要的。后来在佛教忏法上占有重要地位的《梁皇忏》，就是在此基础上撰述而成的。可以说，萧子良的《净住子净行法门》对中国佛教忏悔方法的创立和健全，有着深远的影响。

当然，南齐帝王也并非个个奉佛，其第六代天子东昏侯，便是一个对佛大不敬的君主。永元三年（501年），南齐后宫失火，各大宫殿全被烧毁。东昏侯为宠妃潘氏重建神仙、永寿、玉寿三大殿，为了装饰三殿，他下令把庄严寺的玉质九子铃、禅灵寺的宝珥等，尽行掠取，严重地破坏佛教寺院的建筑物。

不仅如此，东昏侯的残暴昏庸，也常常殃及僧人。东昏侯经常外出游玩，行幸所经之路，事先必驱走百姓。一次，东昏侯行经蒋山定林寺时，一位沙门因病卧床未能及时走避，情急之下爬入草丛之中躲藏起来，被护卫发现，送到皇帝面前。朝臣韩晖光劝说：“这位僧人年老病衰，值得怜悯，就免其一死吧！”东昏侯却说：“当你打猎时，看到瘸腿鹿，难道就不射杀了吗？”说完，命令士兵百箭齐发，无辜的僧人惨死在东昏侯手下。在这样的昏主暴君统治下，沙门弟子从皇宫的座上客成为君子戏杀的猎物，佛教的地位，一时间从天上掉到了地下。

四川出土的比丘释玄嵩造像碑 南朝·齐

七、痴迷佛门，梁武帝四次舍身同泰寺

梁武帝 萧衍

人各有志。中国历史上的帝王，“以佛化治国”以致“怪僻”到一再跑到佛寺里舍身为奴的，只有一个，这就是南朝梁武帝萧衍。

萧衍是南朝梁代的创建者。他生在南兰陵（今江苏常州），其父萧顺是齐高帝的族弟，与南齐皇室的关系颇为密切。萧衍年轻时，曾被竟陵王萧子良召入西邸，作为文学士人的八友之一。萧衍不仅多才多艺，长于文学、乐律，善书法，还是一员杰出的武将。在南齐与北魏的争战中，萧衍率军屡建奇功，升任雍州刺史，镇守襄阳。天监元年（502年），萧衍乘齐室内乱，以武力逼迫齐和帝“禅让”，自己登上了天子宝座，改朝换代为梁。至太清二年（548年），东魏降将侯景引兵渡口，攻破都城建康，萧衍被囚在宫中活活饿死。

梁武帝萧衍在统治南方中国的近半个世纪中，大兴佛教，以至于梁朝的半壁江山内，佛寺达2846座，僧尼有82万余人。下面就让我们看看梁武帝是如何走入佛门大兴佛事的。

（1）“舍道归佛”诏

“舍道归佛”，是说梁武帝舍弃道教，皈依佛教。梁武帝青年时代，虽曾一度在鸡龙山萧子良的西邸与文人高僧交游，受到佛教熏陶，但他那时主要还是信奉道教。就是在他39岁即帝位的前后，仍以道教为本。这在《隋书》卷35有载：

> 然武帝弱年好事，先受道法。及即位，犹自上章，朝士受道者众，三吴及边海之际，信之愈甚。

可见，这时的梁武帝还是道家老子旗下的门徒。

梁武帝曾一度尊崇道教，这从他与茅山道士陶弘景的交往中，也可得到印证。当年，身为雍州刺史的萧衍起兵后，陶弘景便在茅山造作谶言，为歌曰：“水丑木，为梁字。”梁武帝的军队到达新林时，陶弘景立即派弟子戴猛之假道奉表，表示拥戴。次年，梁武帝令群臣讨论国号，陶弘景又援引图谶数处，皆成“梁”字，令弟子进献，说“梁”是应运之符，显示神授皇权，被梁武帝采纳，遂以“梁”为国号。陶弘景还为梁武帝选定郊禅吉日。

由于陶弘景在齐梁禅代之际的功劳，梁武帝即位后，对其“恩礼愈笃，书问不绝”。梁武帝曾派人把大批黄金、朱砂、曾青、雄黄等物送上茅山，供陶弘景炼丹使用。后来，虽然梁武帝改信佛教了，但他与道士陶弘景的亲密关系依然如故。陶弘景把炼成的丹药和亲手打制的“善胜”、“威胜”两把钢刀进献给梁武帝，梁武帝也不时派人探视陶弘景，“国家每有吉凶征讨大事，无不前以咨询，月中常有数信，时人谓为山中宰相”。茅山道士陶弘景，居然成为萧梁朝廷中一位很有身价的政治顾问。

梁武帝即位后的第三年，即天监三年（504年）四月初八日，他亲率道俗两万余人，在重云殿重阁，亲作《舍道事佛文》，正式宣布舍弃对道教的信仰，皈依佛教。《广弘明集》卷4收录了其原文：

> 维天监三年四月八日，梁国皇帝兰陵萧衍，稽首和南十方诸佛、十方尊法、十方圣僧。……弟子经迟迷荒，耽事老子，历叶相承，染此邪法。习因善发，弃迷知返，今舍旧医，归凭正觉。愿使未来世中，童男出家，广弘经教，化度含识，同共成佛。宁在正法之中长沦恶道，不乐依老子教暂得生天。

梁武帝宣称，他要“弃迷知返”，不愿依老子教得以生天，但求“同共成佛”。实际上，梁武帝并没有完全舍弃道教，只不过是更为倾心

△静听松风图　南宋

陶弘景为南朝齐梁时著名道士、医药学家、炼丹家。字通明，自号华阳隐居。丹阳秣陵（今南京）人。此图表现的是陶弘景静听松涛的情景。

△菩萨交脚像 南北朝

佛教而已。天监三年（504年），可看作是梁武帝离开老子、走向佛祖的转折点。

梁武帝不仅自己“舍道归佛”，而且要求王公贵戚乃至平民百姓也都信仰佛教。《全梁文》卷4载有他的一道敕命官民奉佛的诏书：

> 唯佛一道，是为正道……老子、周公、孔子等，虽是如来弟子，而为化既邪，不能革凡成圣。公卿百官，侯王宗室，宜反伪就真，舍邪入正。

梁武帝把佛教视为唯一的“正道”，把老子、周公、孔子这些古代圣贤都当成如来佛的弟子，他以帝王之力号召文武百官“反伪就真，舍邪入正”，统统拜倒在佛祖脚下。

在梁武帝的大力提倡下，有梁一代奉佛成为时尚，崇佛之风越刮越烈……

（2）广建佛寺，大造佛像

梁武帝大兴土木建造佛寺，动用国库金银，筹造佛像，把这看成是敬奉佛教的首要内容。为此，他以追思双亲、怀念旧居、祭奠高僧等各种各样的名目，建造了一批宏伟壮丽的佛寺，并于寺内设置各式佛像。这里有代表性地介绍几个。

大爱敬寺。位于钟山的北涧，是梁武帝在普通元年（520年）为其父太祖文皇帝建造的。该寺从大门到中院，有长达7里的长廊相连接，寺内置有36院，周围还设有池台。寺内住僧千余人，在该寺中院正殿，设有1.8丈高的栴檀佛像；在龙渊别殿，则造有金铜佛像数尊；寺内还有梁武帝下令雕制的两尊剡溪石佛像，其立像高达10丈，坐像高也有 5 丈。每当梁武帝步入大爱敬寺，便更加思念其父，悲哽饮泣，左右从者，无不动容流泪。

大智度寺。此寺是梁武帝为亡母献太后建造的。位于清溪西岸建阳城门路的东边，这是京城里最佳的地段，也是河川与陆地的交通要道。殿堂宏伟壮丽，并有宝塔，正殿上设有金佛像，寺内有僧尼500余人，每天四时诵经。

光宅寺。这里本是梁武帝的旧居，在同夏里三桥篱门的旁边，武帝即位后，即将其改为寺院。《南朝佛寺志》卷下“光宅寺条”载：

> 梁武帝故宅，在同夏里三桥篱门侧。相传，有天子气齐作娄湖苑，以厌之者也。帝即位后舍为寺。

梁武帝委派他的家僧法云为光宅寺住持，在这里创立僧制，作为后世僧尼

尊奉的准则。天监六年（507年）又命僧佑在此造无量寿佛。

开善寺。梁武帝为死去的高僧宝志所建。天监十三年（514年）的冬天，深受武帝敬重的僧人宝志圆寂，被安葬在钟山的独龙阜，梁武帝敕命就在墓地建造开善寺。《高僧传》卷10记述宝志之死，这样谈道：

> 至天监十三年冬，于台后堂谓人曰：菩萨将去。未及旬日，无疾而终。……因厚加殡送，葬于钟山独龙之阜，仍于墓所，立开善精舍，敕陆倕制铭辞于冢内，王筠勒碑文于寺门。

梁武帝迎请另一高僧智藏住进开善寺，智藏尊奉御命，在这里开讲《大般涅槃经》。

同泰寺。大通元年（527年），梁武帝在台城北建造。寺内的楼阁殿台都依照皇宫的式样，九层塔高耸入云。寺内山树繁茂，装点得肃穆庄严。在该寺建成当年的三月初六日，梁武帝就亲自临幸，举行礼忏法仪。后来梁武帝又多次来到同泰寺修持舍身行，举办无遮大会。大同元年（535年）四月，梁武帝行幸同泰寺，敕命在该寺铸造十尊银质佛像。同泰寺的一砖一瓦，都留下了梁武帝来这里从事奉佛活动的记录。

南京鸡鸣寺山门一侧

鸡鸣寺是南京最古老的梵刹之一，整个寺院依皇家规制而建，规模宏大，盛极一时，无愧于“南朝四百八十寺”首刹之誉。鸡鸣寺寺址所在，三国时属吴国后苑之地，西晋永康元年（300年）曾在此倚山造室，始创道场。东晋以后，此处被辟为廷尉署。南朝梁普通八年（527年），梁武帝在此兴建同泰寺，这里从此真正成为佛教圣地。

另外，梁武帝还铸造了两尊与平常人等身的佛像，一尊金像，一尊银像，供置于宫内的重云殿，早晚礼拜，数十年如一日，以致形成不可更改的习惯，当亡国大难来临时，梁武帝仍在这里拜佛。《续高僧传》卷29说：

梁高祖（武帝）崇重释侣，欣尚灵仪，造等身金银像二躯，于重云殿晨夕礼敬，五十年初无替废，乃侯景篡夺，犹在供养。

礼拜佛像，成为梁武帝每日的必修功课了！

△六朝松

六朝松矗立在南京东南大学校园西北隅的梅庵之旁，距今已有1400多年的历史，相传为梁武帝手植。

（3）守持戒律，禁断酒肉

梁武帝敬奉佛教，十分难得的是，他能身体力行地守持佛教的戒律，竟真的禁断了酒肉。据载，梁武帝到了晚年，一天只吃一顿饭，肉食一丝不沾，只吃豆类的汤菜和糙米饭过日子。50岁时，他又断绝房事，远离嫔妃。平时，他穿的是极朴素的便服，不喝酒，不听音乐。除非是祭祀宗庙，梁武帝不举行任何大会、餐宴。梁武帝的所做所为，完全是一个守持佛教戒律的信徒所应做的。特别是，梁武帝禁断酒肉的态度相当坚决，因而向当时暗中饮酒偷着吃肉的僧侣发表了《断酒肉文》。《广弘明集》卷26收有该文：

弟子萧衍于十方一切诸佛前，于十方一切尊法前，于十方一切圣僧前，与诸僧尼共申约誓：今日僧众还寺已后，各各检勒，使依佛教，若复有饮酒啖肉不如法者，弟子当依王法治问；诸僧尼若披如来衣不行如来事，是假名僧，与盗贼不异，如是行者，犹是弟子国中编户一民，今日以王力足相治问。

△释迦诸尊像 南朝·梁

《断酒肉文》的大致意思是说，梁武帝列在诸佛、诸尊法、圣僧之前，与诸僧尼一起发此誓言：自今天起，僧尼们归还本寺以后，必须抑制各人的私欲，遵从佛教的戒律；对于那些仍然饮酒、食肉不守持戒律者，梁武帝当以皇权来讯问治罪；有的僧尼，身穿僧服，却不能实践佛法，这不过是徒有其名的僧人而已，实际上无异于盗贼，这样的僧尼，因为也是大梁国家臣民，所以皇帝有权力也有必要去过问治罪。梁武帝表

示，对于饮酒、食肉的僧尼，当责令他们还俗，以确保僧众队伍实行戒律。

梁武帝的《断酒肉义》写成后，曾通知僧尼1448人召开大会进行唱诵。从此以后，改变了我国汉代以来僧徒食用三净肉（即不见、不闻、不疑杀生之肉）的习惯，形成了出家僧尼（包括一部分在家信徒）一律素食的传统。

梁武帝禁绝肉食，不但强制僧尼实行，并且在天监十六年（517年）三月，还废止了宗庙的牺牲。要知道，宗庙的牺牲是中国传统的惯例，废止这一宗庙祭祀内容，许多公卿大臣都提出异议，整个朝野上下都表示反对，但梁武帝还是坚定地推行。这年十月的宗庙祭祀，便首次以蔬菜果品代替了牲醴。此举实在是需要以极大的奉佛勇气来实行的。

梁武帝信奉佛教的说教，不仅断绝酒肉，还施行放生。梁武帝有个家医，名叫张文休，他在做运吏时，因为随意散放运送的粮米给贫民，而被朝臣处以重罪。梁武帝知道此事后，认为张文休所为不过是布施，于是赦免了他的重罪，还让他担当起放生专使的职务，每天都到屠宰场去，当即买下将要被杀的牲畜，然后放生，其数量经常是成百上千。张文休在梁武帝的诏令下，为放生之事废寝忘食，马不停蹄地奔走于京城及城郊近处，他所到之处，击鼓张幡，见到待宰的家禽走兽就买下来，乃至鸟、龟、鱼、蝶，也在采买之列。每当施行放生会时，上自朝臣下至庶民都来观看称颂。

梁武帝为了更有效地管束那些不守戒律的僧尼，直接地干预佛教事务，一心想当白衣僧正。为此，梁武帝命令掌管文书的主事者，去征求名僧意见，有同意他的主张的人签名赞同，很多高僧都不敢抗辩，不能不应声署名。梁武帝把这件事写信告知智藏，智藏在回信中写道："佛法大海，非俗人所知！"智藏虽然没表示赞同，但当梁武帝颁诏召集众僧会聚华光殿时，智藏也还应约而来，梁武帝趁机对智藏说：

> 比见僧尼，多未诵习，白衣僧正不解律科，以俗法治之，伤于过重，弟子暇日，欲自为白衣僧正，亦依律立法，此虽是法师之事，然佛亦复付嘱国王，向来与诸僧共论，咸言不异，法师意旨如何？

梁武帝说，当时的僧尼多不读诵或学习经典，也就像《断酒肉文》所讲的不守戒律。统理僧尼的白衣僧正，多不理解律科，若以俗法来治理，恐怕这些僧尼将会受到很重的处罚，因此，梁武帝自己要亲做僧正，依照佛教律科来制定法规，亲自统治僧尼。梁武帝说，佛陀曾把统理僧尼之事委嘱由国王来办理，因此他自己做白衣僧正也是理所当然的。对梁武帝这番论说，智藏却不以为然，他一方面乞求梁武帝的宽容，与梁武帝进行了几番探讨辩论，另一方面大力呼吁众僧守持如来的戒律，僧尼若能都自觉地遵守戒律，自然也就不需要白衣僧正来统理了。由于智藏的反对和他在僧尼中的影响，梁武帝最终没有当上白衣僧正。

（4）广泛交游僧众

帝王与僧尼交游，在梁武帝时代尤其盛行。这时期，梁武帝广泛交结僧众，与他们保持频繁往来，萧梁的皇宫成为僧侣常常出入的场所。试看梁武帝与一个又一个高僧的结拜秘史：

梁武帝与慧超。慧超是梁武帝的家僧。他8岁出家，师事临菑（山东淄博）建安寺的慧通。那段时期，有位胡僧一见到慧超便表示："此人如果不做五众的英杰，当是八州的刺史。"后来，慧超自山东来到江南的南涧寺，学习《涅槃经》，尤其善长草书和隶书，也是占相的能手。不久，便由梁武帝授予僧正位，梁武帝并向慧超赏赐羊车和衣服等物。身为家僧的慧超，则向梁武帝授菩萨戒。梁武帝并请慧超在慧轮殿讲《维摩经》，梁武帝本人亲自前往听讲。此外，梁武帝还为慧超专门建造了庄严寺。

左　南京灵谷寺
右　灵谷寺无梁殿
梁武帝为其师志公禅师而建

梁武帝与慧约。慧约是东阳（浙江金华）人，冠族出身，7岁学《孝经》和《论语》，刘宋泰始四年（468年）17岁时在上虞东山寺落发，师事刘宋时的名僧慧静，一向为南齐竟陵王萧子良所敬重。梁武帝与慧约初次相见是在天监十一年（512年）以后，对他礼遇十分优厚。天监十八年（519年）四月初八日，慧约向梁武帝授菩萨戒，这天，梁武帝行幸等觉殿，从辇中走出来，屈天子之尊，几度向慧约敬礼，并脱下皇帝的礼服接受袈裟，其态度是相当的虔诚与严肃。梁武帝在受此菩萨戒时，向天下行大赦。自此以后，慧约每当参谒内廷时，都特设漆榻，慧约坐下后，梁武帝先行作礼，然后自己才就座。慧约死后，梁武帝把他安葬在独龙山宝志墓的左侧。慧约与宝志是梁武帝最为尊崇的高僧。

梁武帝与宝志。宝志俗姓朱，金城（甘肃兰州）人，幼年出家，住京都道林寺，师事僧俭修禅行。南齐武帝时，把他敬为上宾，迎入华林园静修。梁武帝对宝志的神异力和预言能力早有所闻，当他即位时，特地向宝志垂询国运和年代，宝志只是回答四个字："元嘉元嘉。"所谓元嘉，乃是刘宋文帝时的年

号，前后共30年，宝志连说两个元嘉，意思是萧梁王朝大约是宋文帝元嘉之年的两倍，梁武帝听后也还满意。后来，梁朝果然存在57年便被陈灭亡了，真的应了宝志的预言。

梁武帝曾颁诏给宝志，称赞宝志的德行，并允许其自由出入宫城内外。《高僧传》卷10就此载：

> 今上即位下诏曰：志公迹拘尘垢，神游冥寂，水火不能燋濡，蛇虎不能侵惧。语其佛理，则声闻以上，谈其隐伦，则遁仙高者，岂得以俗士常情空相拘制，何其鄙狭一至于此。自今行道来往，随意出入，勿得复禁。志自是多出入禁内。

一次，梁武帝把宝志请入宫中探问："我虽信佛法，诸多烦恼如何断治？"宝志答以"十二"；又问"如何静心修习？"宝志答说："安乐禁。"宝志曾作《十二时颂》，其中有言："终日拈花择火，不知身是道场。"宝志向梁武帝宣传的便是这种悟心成佛的禅意。

天监十三年（514年）冬季的一天，宝志把寺里的金刚像移置到门外，向人说："菩萨将要去了！"相隔不到10天，宝志便无疾而逝。梁武帝失去了一位宠僧。

梁武帝与明彻。明彻俗姓夏，是吴郡钱塘（杭州）人。他6岁丧父，立志出家，在阅读了道安大师传记后，深为所感，决心要学道安大师，做一位杰出的弘扬佛法的人才。天监初年，梁武帝迎请明彻为家僧。明彻精通四部律藏，可能是梁武帝也想学戒律，所以才做了皇帝家僧。天监末年，梁武帝请明彻在华林园的宝云殿抄写律文。明彻患病时，梁武帝遣派使者前往问候。

明彻在一次上表中，向梁武帝述说道，自己是东方边远地区的贱民出身，出家得入释门，虽然尚未体悟佛道，但得遇此佛法盛世，而且又有梁武帝这般厚遇，诚属幸运。明彻接着说，如今自己就要归入尘土了，面对这样的佛教盛世，我还有什么话好说呢！我唯一的愿望是，陛下住世永劫，天子位无尽际，具足庄严的道场，使得天下同归净土。明彻表示，经历万世复生，还要事奉梁武帝。针对明彻的上表，梁武帝回函作答，赞誉明彻的道行。并且开设有300僧人参加的法会，为明彻忏悔，并亲自撰写忏悔文。但这些终究无济于事，明彻还是在普通三年（522年）十二月死去了，梁武帝将他葬于定林寺。

梁武帝与昙鸾。昙鸾是中国佛教净土宗的先驱，生于山西雁门。他少年出家，对《中论》、《百论》、《十二门论》、《大智度论》与佛性学说颇有研究。昙鸾在研读《大方等大集经》时，深感词义深密，难以领会开悟，决心为该经作注，因身患重病未能完成。病好后，昙鸾有感人命危浅，死殁无常，打算先学长生之术，然后再学佛法。于是来到江南，向道士陶弘景询求仙术，

陶弘景授以“仙经”。昙鸾在北归途中，受到梁武帝的邀请，走进皇宫为梁武帝宣讲佛性。梁武帝对昙鸾推崇备至，尊他为北方肉身菩萨。

昙鸾大师

梁武帝与真谛。真谛是梁武帝迎请来华的天竺僧人。据传，真谛为西天竺优禅尼国人，是印度大乘唯识学创始人无著、世亲的嫡传。大同年间（535—546年），梁武帝曾遣使扶南，求请名僧及大乘经论，真谛受到邀请，携带许多贝叶梵本来华，于中大同元年（546年）抵达广州，后经两年来到京都建康，受到梁武帝的接见和赏赐。在梁武帝的支持和鼓励下，真谛自此开始了他长达20年的译经生涯。那时，正值“梁季混淆”，侯景之乱爆发，真谛身处逆境，在辗转迁居中从不间断其译经活动，前后共译出各种佛教经论48部232卷，为梁代的佛经翻译事业作出了重要贡献。

梁武帝与菩提达摩。菩提达摩，简称达摩或达磨。据《景德传灯录》载，达摩是南天竺香至王第三子，属刹帝利种姓，通晓大小乘佛法，他于梁普通八年（527年）泛海到达广州，广州刺史具礼迎接，梁武帝得知达摩入境，派遣使者把他从广州请入京师。梁武帝召见达摩，问他说，自己一生敬奉佛教，不停地造寺、布施、供养，这能有什么功德？达摩回答说，并不一定有什么功德。这话引起了梁武帝的极大不快。梁武帝因与达摩话不投机，将他遣出梁地。达摩“一叶渡江”，来到北方，他寓居嵩山少林寺，九年“面壁而坐，终日默然”，世称“壁观婆罗门”，所传安心禅法，受到魏孝明帝的推崇。

以上所例举的，只是梁武帝结交的僧人的一小部分，从中我们已经可以看到，梁武帝结交的僧人之广、交情之深，不论是江南，还是塞北，也不论是中土，还是外域，只要是名僧，他都想请入宫来，而且礼遇优厚，赏赐非常。梁武帝的宫廷，简直成了天下名僧的荟萃地。

达摩一叶渡江

（5）译讲佛经·开设法会·撰写忏文

梁武帝的译经事业，是在外来僧人的积极参与下发展起来的。随着南亚诸国的遣使朝贡，佛教僧人来朝的也渐渐增多，如：伽婆罗、曼陀罗仙、僧伽婆罗、月婆首那、真谛等，他们都是来朝的胡僧。梁武帝对许多外国僧人予

以优厚的待遇，赞助他们翻译佛教经典。梁武帝是如何热心于佛经翻译事业的，这里不作详谈，仅举一则史料。《续高僧传》卷 1 中的《僧伽婆罗传》说：

> 以天监五年，被敕征召于扬都寿光殿、华林园、正观寺、占云馆、扶南馆五处，传译讫十七年，都合一十一部，四十八卷，即《大育王经》、《解脱道论》等是也。初翻经日，于寿光殿，武帝躬临法座，笔受其文，然后乃付译人，尽其经本。敕沙门宝唱、慧超、僧智、法云及袁昙允等，相对疏出，华质有序，不坠译宗。天子礼接甚厚，引为家僧。

观世音立像　四川成都万佛寺　南朝·梁

据此，梁武帝迎请僧伽婆罗从事译经的场所是在：寿光殿、华林园、正观寺、占云馆、扶南馆五处。起初在寿光殿开始译经时，梁武帝躬身亲自出席法座，笔授经文，并与译者的经本相对照，还命宝唱等作成完整的译本，其译文词句华丽，结构严谨，又不失经文原旨。梁武帝对于僧伽婆罗十分敬重，准其随意出入宫廷，视为家僧一样对待。

梁武帝不但请外国僧人译经，他本人还亲自对佛经作注解。《出三藏记集》卷 8 说：

> 注解《大品序》，大梁皇帝。

以此可以认定，梁武帝确实对《大品般若经》作了注解。从梁武帝注解的《大品序》中可以知道，他对《般若经》、《法华经》、《涅槃经》有过对比研究，对三乘等佛学问题有着很深的造诣。梁武帝在政务余暇，邀请天保寺的法宠、灵根寺的慧令等12名高僧，共同合作注释佛经，以探究其要领，把握经旨。

在梁武帝的主持下，中外名僧对大批佛教书籍进行了编集和注释。据不完全统计，这个时期选集注释的佛教经典，按时间顺序先后有《众经要抄》88卷、《华林佛殿众经目录》4卷、《众经目录》4卷、《经律异相》55卷、《名僧传并序目》31卷、《众经饭供圣僧法》5卷、《众经护国高神名录》3卷、《众经诸佛名》3卷、《般若抄》12卷、《大般涅槃子注经》72卷、《义林》80卷、《众经忏悔灭罪方》3卷、《出要律仪》20卷、《法集》140卷、《续法轮论》70余卷、《大般涅槃经讲疏》101卷、《大集经讲疏》16卷。选注这批佛书，功绩最大的当属庄严寺的宝唱，梁武帝一度委任他担任佛教书籍总撰集的工作，他遵照梁武帝的旨意，长期统管佛经注释事宜。

梁武帝亲自登堂讲授佛经，这在史书上也多有记载。他经常讲经的地方有：同泰寺、华林园、寿光殿、占云馆、扶南馆、法云殿等处。

一代天子梁武帝讲经，应当说是名副其实的国家级的讲经法会了。每次都是法席上人声鼎沸，众僧喧腾，但一经鸣钟，梁武帝便在一片静肃中开始讲经。据载，当大同七年三月十二日那场讲经法会开始时，聚集了皇太子、王侯、宗室、外戚以及尚书令何敬容等百官，听众之中甚至还有外国使节，共有1360人之多，另有义学僧千余人。中大通五年（533年），梁武帝讲经时，有皇太子以下698位朝中百官参加，又另有僧正慧令以下僧众千余人听讲。而且，还不止是佛教的僧尼，就连道士、女冠等道教徒也前来听讲。波斯国和于阗国的使者以及北馆的归化人亦慕名而来，听梁武帝讲经，虽然有些语言障碍，但经过翻译之后也听得津津有味。可见这种讲经法会是有一定的国际影响了。

梁武帝还常常聚集僧俗，召开各类佛教法会。其名目有：无遮大会、救苦济会、平等法会、四部大会、无碍会、四部无碍法会、无碍法喜食宿、盂兰盆斋会等。这里着重介绍一下梁武帝在汉地首次创设的盂兰盆会。盂兰，在梵文里是倒悬的意思，盆是汉语，合起来意思是盆之类的器皿盛食供佛奉僧以救倒悬之

浙江天台山国清寺智者塔院

智者塔院又名真觉寺，俗称塔头寺，是佛教天台宗创始人智者大师的初修之地，智者大师圆寂后归葬于此，院内供奉着智者大师的肉身塔。

释迦救商主于苦海

苦。《盂兰盆经》说，释迦牟尼的弟子目犍连，看到他那死去的母亲堕落在饿鬼道中受苦，不能救助，就请求佛来替他设法救母。佛说："你母亲罪业深重，不是你一个人的道力可以救助的，必须靠十方众僧的道力，才能救出你母亲脱离苦海。"目犍连请求佛指点怎样才能会集十方众僧，来救他的母亲，佛告诉他说："七月十五日是众僧结夏安居修行结束之日，你应该在那一天敬设盛大的盂兰盆供，以百味饮食供养十方众僧，他们的神威道力会帮助救脱你的母亲。"目犍连依言而行，果然救了他的母亲。后来目犍连又问佛，将来其他弟子是不是也可以通过盂兰盆供救度他们的父母，佛予以肯定。这个故事里所包含的孝敬双亲的思想，立即为汉地文化所接受。南朝梁武帝正式创立盂兰盆会，大开斋筵，以供养十方僧众。由于梁武帝的极力提倡，民间各阶层人士无不效法遵行，渐渐成为汉地风俗，人们甚至把农历七月十五定为"盂兰节"。

再说一下梁武帝为供奉佛舍利而举办的无碍大会。天监三年（504年）八月，梁武帝下命改建阿育王寺的佛塔，在施工过程中，从塔基地下挖出佛的舍利（遗骨）及指甲、头发。八月二十七日，梁武帝行幸阿育王寺，设无碍大会，并颁诏大赦天下。当天，梁武帝以金钵盛水，想使佛舍利泛现，但小粒舍利始终隐而不出，梁武帝礼拜数十回后，舍利终于在钵中放光。梁武帝对大僧正慧念说："今天我们可看见了这些不可思议的事了！"慧念说："佛的法身是常在的，湛然而不动。"梁武帝便把一粒舍利还入台中，以为供养。到了九月初五日，梁武帝又设无碍大会，命令皇太子、王侯、贵族一起出城奉迎。当天风和日丽，有数十万人来参观这一盛大活动，从王侯权贵到普通百姓，人们纷纷供奉一些金银器具给寺里，布施的钱有一千万。第二年的九月十五日，梁武帝再次开设无碍大

阿育王一手遮天
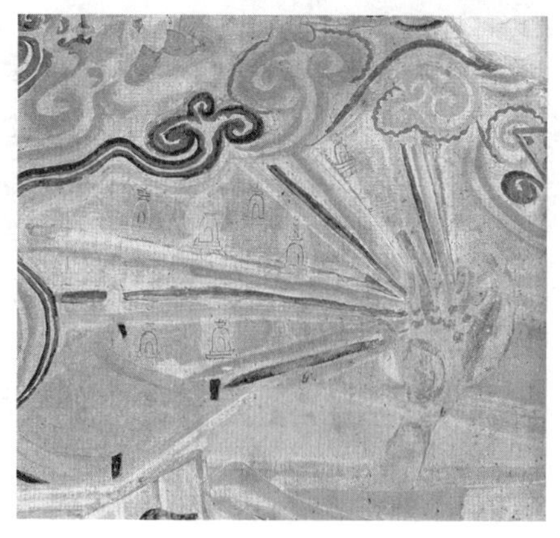

会，专门建造两座塔，在金瓶和玉瓶中分别装入舍利和指甲、头发，存入两座塔的下方珍藏，以作供养。

设立水陆道场，也始于梁武帝。水陆道场，是汉地佛教法事中最隆重的一种，时间一般较长，短的7天，长的49天，规模也相当大，参加法事的有几十甚至上百人。其内容可概括为诵经设斋、礼佛拜忏和追荐亡灵。所设的供品以饮食为主。据佛教史籍传说，梁武帝在一天夜里梦见神僧对他说："六道四生，受苦无量，何不作水陆大斋普济群灵？"于是，梁武帝创立法会，超度水陆上的一切鬼魂，普济众生。水陆道场就这样产生了。

梁武帝可算是一位多才多艺的皇帝，他的一生，创作了不少的诗词歌赋，其中大多含有佛意。这里节录一段梁武帝的《净业赋》作为欣赏：

观人生之天性，抱妙气而清静；感外物以动欲，心攀缘而成青；过恒发于外尘，累必由于前境；若空谷之应声，似游形之有影；怀贪心而不厌，纳内意而自骋；目随色而变易，眼逐貌而转移；观五色之玄黄，玩七宝之陆离；著华丽之窈窕，耽冶容之逶迤；……随逐无明，莫非烦恼；轮回火宅，沉溺苦海；……外清眼境，内净心尘；不染不取，不爱不嗔；如玉有润，如竹有筠；如芙蓉之在池，若芬兰之生春；淤泥不能染其体，重昏不能覆其真；雾露集而珠流，光风动而生芬；为善多而岁积，明行动而日新；常与德而相随，恒与道而为邻……修圣行其不已，信善积而无穷；永劫扬其美名，万代流于清风；岂伏强而称勇，乃道胜而为雄。

菩萨立像 南朝·陈

这首赋的大意是，烦恼缠身的众生，天天为情欲的驱使，轮回于火宅，沉溺于苦海；宜静心尘，不困于外境，修净业，改人性之恶，则名扬万代，流芳千古。文章采用对句骈体，换韵押韵，十分优美。

再看一首梁武帝的《幻》诗：

挥霍变三有，恍惚随六尘。
兰园种五果，雕案出八珍。
对见不可信，熟视事非真。
空生四岳想，徒劳七识神。
著幻是幻者，知幻非幻人。

梁武帝在诗中咏叹了"诸法无我"的真实感受。

梁武帝还曾亲撰忏文。《释氏稽古略》中有这样一段传说：梁武帝的皇后郗氏，生性残酷，好嫉妒，暴虐而亡。死后不久化作一条巨蟒回到后宫，托梦

《慈悲梁皇宝忏》插图　明刻本《梁皇宝忏》又名《慈悲道场忏法》，是梁武帝集诸僧所著

传说，梁武帝初为雍州刺史时，夫人郗氏性酷妒，死后化为巨蟒入后宫，托梦与梁武帝求拯救，帝阅佛经而制作《慈悲道场忏法》十卷，请诸僧忏礼。夫人化为天人，空中谢帝而去。其忏法流行于世，称《梁皇忏》。修此法可除罪生福，济度亡灵。画面左侧上部表现梁武帝与达摩会面情景。

梁武帝乞求拯救。梁武帝为此翻阅佛经，作了《慈悲道场忏法》，请僧人举行忏礼。郗皇后由此而化作天人，于空中谢帝而去。梁武帝的这篇忏悔文以《梁皇忏》为名，为后世称道，遗憾的是这篇《梁皇忏》后来失传了。这种著述论文，请僧人拜诵，以为死者祈福超生之风，此后就更为流行了。

《广弘明集》中收有梁武帝的《金刚般若忏文》和《摩诃般若忏文》。梁武帝在《摩诃般若忏文》中说：

> 观夫常乐我净，盖真常之妙本，无常苦空，乃世相之累法，而苦乐殊见。分别之路兴，真俗异名，计著之情反，颠倒我人之所，弥见愚痴，取舍有无之间，转成专附。岂知妙道无相至理绝言，实法唯一真如不二。

这篇忏文表明，梁武帝不但具备相当的佛教经典知识，并且对佛教教理也很通达。他大讲《涅槃经》中的“常乐我净”、“无常苦空”，恰到好处地使用“真俗异名”、“真如不二”等佛教术语，显示了一个佛学行家的功底。

梁武帝积极倡导佛教音乐。《隋书·音乐志》说，梁武帝曾“制《善哉》、《大乐》、《大欢》、《天道》、《仙道》、《神王》、《龙王》、《灭过恶》、《除爱水》、《断苦轮》十篇，名为正乐，皆述佛法。”另外，梁武帝还开创了童声演唱佛曲的“法乐童子伎”，让“童子倚歌梵呗”，又多次举办无遮大会，为中国佛教音乐的创作、传播，提供了有利的场所和条件。据载，在梁武帝倡导下创作的梵呗新声，都有清商乐中“江南吴歌”的特色。由于帝王的喜好和鼓励，这个时期乐僧辈出，新创作丰富多彩。道宣在《续高僧传·杂科声德篇》中评论道：南北朝时期的佛教音乐，“地分郑魏，声亦参差”，“东川诸梵声唱尤多，其中高者，则新声助哀般遮屈势之类也”，“吴越志扬，俗好浮绮，致使音颂所尚，难以纤婉为工”，“江淮之境，偏饶此玩，雕饰文绮，糅以声华”，“秦壤雍冀，音词雄远”。这就为佛教音乐的中国化奠定了基础，这其中当然有梁武帝的功劳。

（6）甘做“三宝之奴”，四次“舍身入寺”

按着佛教的说法，所谓舍身，即是自愿入寺，为僧众执役，以供养于佛，是为护法而舍弃肉身的修行方式。梁武帝是一个虔诚狂热的佛教信徒，他一面高踞皇帝的宝座，享受世间的无上尊荣，一面又执着地追求出世的解脱和“幸福”。为此，他先后四次离开皇宫，舍身佛门，甘愿当同泰寺的奴仆，而每次都由国家和公卿施舍大量财物，再把他赎回来，接着当皇帝，这实在是令人啼笑皆非的奇事，在中国佛教史上，也是绝无仅有的。

梁武帝第一次舍身，是在大通元年（527年）三月，时年64岁。《南史》卷7载：

> 三月辛未，幸寺舍身，甲戌还宫，大赦，改元大通，以符寺及门名。

据此，梁武帝于该月辛未日来到同泰寺舍身，并颁诏大赦，改年号为大通。当初梁武帝建造同泰寺时，为方便前往行幸，从皇宫通向同泰寺的方向专

送佛图

门开了一个门，即大通门，这时便以大通作为年号了。梁武帝首次舍身，在同泰寺共待了4天的时间。

第二次舍身，是在中大通元年（529年）九月，时年66岁。这次，梁武帝是通过在同泰寺举行无遮大会而舍身的。所谓无遮大会，也叫无遮会，是佛教的盛大法会。意为贤圣道俗上下贵贱无遮，平等财施和法施的大会。中国佛教史上的无遮大会，是从梁武帝时开始的。据《佛祖统纪》卷37载：

> 中大通元年，帝于重云殿为百姓设救苦斋，以身为祷。复幸同泰寺，设四部无遮大会。披法衣，行清净大舍，素床，瓦器，乘小车，亲升法座为众开《涅槃经》题，群臣以钱一亿万奉赎，皇帝设道俗大斋五万人。

力士立像 南朝·梁
浙江新昌的大佛寺千佛禅院

梁武帝这次行幸同泰寺，开设四部（比丘、比丘尼、优婆塞、优婆夷四众）无遮大会，脱掉龙袍御服，穿上佛门法衣，施行清净大舍。梁武帝在同泰寺内，坐很朴素的床座，使用瓦器，乘坐小车，为家臣执役。据载，他于九月甲午之日，登上法堂讲座，为四部大众讲解《涅槃经》的经题。癸卯之日，群臣以一亿万钱，赎回皇帝菩萨的舍身。接着，诸侯百官一起来到同泰寺的东门参拜，奉奏表文，请求梁武帝复天子位视事，群臣经过三次奏请，才得到梁武帝的允准。这样，从九月十五日梁武帝穿上法衣入寺为奴，到十月初一日群臣以亿万钱财赎回，这次梁武帝共在同泰寺住了半个月的时间。

梁武帝第三次舍身，是在中大同元年（546年）三月，时年83岁。梁武帝于三月庚戌日行幸同泰寺，讲解《金字三慧经》，并且舍身。四月丙戌日，皇太子等奉献金钱，要求赎回梁武帝的身体。梁武帝这时在同泰寺开讲经会，大赦天下，并改元年号。不料，就在这天晚上，同泰寺发生了一场火灾。梁武帝这次在同泰寺住了长达37天的时间。

第四次舍身，是在次年，即太清元年（547年），梁武帝这年84岁。梁武帝于三月庚子日行幸同泰寺开设无遮大会，身穿法衣的梁武帝，施行清净大舍，这在佛门称为羯磨。所谓羯磨，是修行者在受戒或忏悔时的礼仪，梁武帝施行清净的大舍就是行羯磨法。梁武帝这次在同泰寺中，居住在五明殿，睡的是朴素木床，使用葛布帷帐和土瓦器，乘坐小舆，为家臣执役，这些都同前几次一样。梁武帝在寺内乘舆时，只穿法服，除此以外的一切物件，一概摒除。直到“四月庚午，群臣以钱一亿万奉赎皇帝菩萨”。此次舍身，梁武帝在同泰寺共住了51天，是时间最长的一次，也是最后一次。

从梁武帝四次舍身入寺的情况看，他甘愿屈降帝位而为卑贱的奴仆，舍身期间使用的殿舍、衣服、器具等物，一律朴素化。梁武帝的舍身，一般是在无遮大会时施行的。而且，梁武帝这四次住寺的时间，从 4 天、16天到37天、51天，说明梁武帝愈是到了晚年，他舍身在寺的时间也就愈长。

梁武帝身为南朝天子，却甘愿做“三宝之奴”，一生四次舍身入寺，这种故作惊人的表演，其目的是多重的：一是表明他自身信奉佛教极端虔诚，而且不留恋皇帝宝座；二是带头兴起信奉佛教的热潮，扩大佛教的声势，抬高佛教的地位；三是通过群臣用数亿万钱赎他这个“皇帝菩萨”回宫，可以极大地充实寺院经济，并借机把国库的支出转嫁到人民头上，变相榨取人民的血汗；四是还可以借此检验皇子王侯、文武百官对自己的忠诚程度，并进一步树立和加强其绝对权威。但不论怎样，梁武帝这种等于儿戏的宗教迷信活动，成为了历史上的笑柄。

（7）佛教外交

梁武帝的“业绩”以奉佛见长，在与邻国的交往中，便也常常夹带着佛的内容，我们姑且称为佛教外交。

据说，天监元年（502年）四月初八日，有于陁利国（马来半岛古国）国王瞿昙修跋陁罗梦见一位僧人，那僧人告诉他说，中国出现圣主，十年后佛法将大兴，劝请这位国王遣使朝贡，国王并不相信，可是不久又做了一个梦，梦中亲自北上拜谒梁武帝，他便把梦中所见到的梁武帝的相貌画下来。后来，派使者朝见梁武帝，使者回来后描绘的梁武帝容貌，竟和国王托梦画制的完全一样。这也许是编造的传说，但梁武帝是个崇佛天子，确是为南海诸国所遍知的。

在梁武帝时期，南亚国家与梁的交通往来非常频繁，经常有遣使朝贡活动，于是佛像和佛经也纷纷贡献梁朝。据史书记载，天监二年（503年），扶

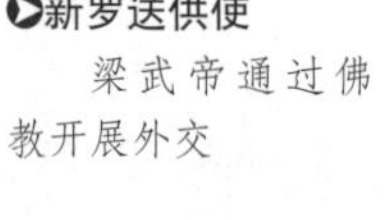
新罗送供使

梁武帝通过佛教开展外交

南国（今越南）的阇邪跋摩送来珊瑚佛像，并呈献一批宝物。天监十八年（519年），扶南国又献上天竺的栴檀瑞像，以及婆罗树叶子、宝石、香等。中大通二年（530年），丹丹国（今新加坡附近）遣使奉表，赞颂梁武帝的盛德，仰慕梁地佛法的兴隆，并献上象牙佛像及塔各两尊，还有香药等物。大同五年（539年），又有沙门释宝云奉梁武帝之命，迎请扶南国一丈二尺长的佛发来至梁境。

梁武帝陵前石兽——天禄

梁武帝时，还将佛教传入日本、朝鲜。那是在梁武帝普通三年（522年），汉人司马达等人东渡日本，在大和坂田原设立草堂，崇奉佛教，其儿女则分别出家为僧做尼，这是日本僧尼的开始。梁武帝于太清年间（547—550年），曾诏令送佛舍利到朝鲜的新罗国，新罗从此开始建立佛塔，供奉佛教。

纵观梁武帝的一生，是尊奉佛教的一生。我们若把梁武帝与其他所有崇佛帝王比较起来，就会发现其迥然不同之处：梁武帝的崇佛，最主要的是与他的复杂的性格和心态结构直接相关，而其他帝王或崇佛或灭佛，大多是出于政策需要。这里，我们就梁武帝的性格与他的崇佛之间的关系作一番探讨。

梁武帝之所以倾毕生之热情于崇佛，究其外部因素，当然与南朝历代崇佛传统有关。他早年出入南齐王室重臣竟陵王萧子良门下，深受其崇佛氛围熏陶，与当代名僧和信佛文人交游甚广。他即位不久便舍道入佛，自然与这段经历有重大关系。然而，使梁武帝终身崇佛并因此亡国杀身的内在根源，却是他的文人性格。在这里，文人不仅是一种身份或职业，而且是由固定的心态结构和气质构成的性格。具体说来，这种内在的文人性格较为自然地由传统习俗（如江南特重亲长）及儒家礼教熏习而成，以伦理道德为中心，形成强烈的内倾、封闭、保守和怯弱的性格。当梁武帝进入中年以后，帝王与佛教徒的双重身份糅合在一起，他的文人性格更加错综复杂和凝重了。在政治上，他显得软弱无能，到了晚年尤其目光短浅，贪图近利和贸然北伐，最后招致侯景之乱，活活地饿死在宫中。

梁武帝在位几十年，在复杂的政务面前常常不堪烦扰，优柔寡断，进退失据。另外，作为传统文人，他终身怀着强烈的精神寄托，沉溺于自己的精神世界。正是由此，他走向佛门。说到四次舍身佛寺为奴，与其说是出于他的狂热宗教信仰，还不如说是他富有理智的冷静选择，只不过结果每每由不得他，总是由群臣赎钱亿万，他也乖乖地“兴驾还宫”。这不禁令人联想到前人对南唐后主李煜的叹息之语：“做个词人真绝代，可怜薄命做君王。”梁武帝的悲哀，大概亦在于此。

八、陈武帝登基拜佛牙

南朝历经宋、齐、梁、陈四代，陈是继梁而建的最后一个南朝王朝。陈的创建者高祖陈霸先，是吴兴（浙江吴兴）人，家世低微，以一介武夫在梁朝的征战厮杀中立功建业。在梁元帝被西魏军斩杀后，陈霸先在建康拥立梁敬帝，他本人则掌握了朝中实权。梁太平二年（557年）十月，陈霸先篡夺梁室，自建陈朝，改元永定。

陈武帝 陈霸先

陈武帝即位伊始，便礼拜佛牙。就在他登基的当月颁下诏书，将佛牙请至杜姥宅，举办集聚四部僧俗的无遮大会，陈武帝亲自在门楼前礼拜佛牙。

关于这颗佛牙的来历，还有一段神奇的传说：

据说，这颗佛牙是宋齐间僧人法献从西域的于阗国得来的。法献是西海延水（青海海晏）人，早年出家。元嘉十六年（439年）来到京城住在定林上寺，被当时高僧智猛的西域求法之行所感动，立志巡礼圣迹，于刘宋元徽三年（475年）从建康启程，由巴蜀经过芮芮国（柔然）到达于阗，接着西越葱岭，因前路断绝，又折回于阗。在于阗期间，法献结识了一位芮芮国的僧人，交情至深，这位西域僧人把珍藏多年的一颗佛牙转送给了法献。法献把这宝物收藏在一个长3寸、宽1寸的铜匣内，当法献在于阗国停留的时候，有不少僧人对他谈到过：“于阗国丢失的那颗佛牙，不知是哪国的福德僧得到了！”法献听了这话，为得到佛牙而备加喜悦。后来，法献返回南朝国门，把这颗佛牙带到建康钟山的定林上寺，在长达15年的时间里，都是法献一人亲自供奉，众多弟子无一人知晓，只有灵根寺的法颖见过一次。

后来，在萧齐永明七年（489年）六月二十九日那天，竟陵王萧子良做了一个梦，梦见到定林上寺探望法献的病情，梦中法献说：“在我的库房里有一件无价神宝，现在郑重地托付给你，请你自己去取吧！”竟陵王萧子良走去一看，有大大小小许多匣子，他按着排放的次序一一打开看，几乎都是经典和佛像。另有一个十分精致的小箱子，挂在空中，萧子良将它取下打开，顿时光泽耀眼，有一件似象非象的宝物。

竟陵王萧子良从梦中醒来，意识到此梦是个瑞兆，于是便派遣使者杨昙明前往法献处，将夜里所梦向法师一一转述，并说相信法师的库房中必有不同寻常的宝物，希望能看上一眼。法献听后，自己来到萧子良的宅邸，把这颗佛牙的来龙去脉告诉萧子良，说只有灵根寺的法颖看过一次，此外无一人知晓，今天竟陵王能在梦中感应瑞兆，实在是不可思议。于是，法献把这颗

古代西域于阗国都城

佛牙送给了竟陵王萧子良。

据说，萧子良为判别这颗舍利的真伪，召集道俗数十人就地试验，当场即出现灵瑞。建元三年（481年），萧子良听说西方有佛牙与佛发供奉，便向齐高帝进言，派外国沙门昙摩多罗去求得供养的佛具，并制造一顶小型的宝账，把佛牙送往西域。但得到这一珍品的西域僧人最终又把它送还给了法献。建武四年（497年）法献死去，葬在钟山的南边。法献在于阗国得到的佛牙，便被放在钟山的上定林寺保管。

佛牙不幸被抢的事终于发生了！梁代普通三年（522年）正月的一天夜里，有几个人来到钟山的定林上寺敲门，高声叫喊："临川殿下的家奴反叛了！"所谓临川殿下，就是临川王萧宏，他自普通元年（520年）身居都督扬南徐州诸军事、太尉、扬州刺史等要职。这期间，临川王萧宏一度是定林上寺的檀越，与该寺僧侣时有往来，关系密切。所以，当寺内僧人一听说临川王家奴反叛，立刻便打开了大门。那几个人进门便说："佛牙应该就在阁楼上，赶快打开阁门查验看看。"说着，在寺内执事僧人引导下打开了阁门。这时候，来人中的头目马上奔至佛牙座前，打开匣子，取出佛牙放在锦缎上，顶礼三拜后，夺门而出，沿着山路向东方逃逸无踪。有关佛牙的去向，在《高僧传·法献传》中述说："至今竟不测所在。"前来抢佛牙者，究竟是何许人？似乎已无从查证，但佛牙确实于522年在定林上寺消失，这是毋庸置疑的。清朝人陈作霖在《南朝佛寺志》上说："今读《陈书》高祖本纪，乃知取佛牙者即陈武帝。"

武帝陈霸先当年是否抢走了佛牙，或是通过什么其他的方式把佛牙弄到了手，我们姑且不论，但他于即位之初便迎奉礼拜佛牙，并于杜姥宅举办无遮大会，确是事实。

所谓杜姥宅，是晋成帝恭皇后杜氏之母裴氏的故宅。晋室封裴氏为广德君，并在南掖门建造宅邸。因为裴氏很长寿，所以人称杜姥。这座杜姥宅，在当时是广为人知的。陈霸先在这颇具传统特色的杜姥宅请出佛牙，开四部无遮大会。四部是指：比丘、比丘尼、优婆塞、优婆夷。优婆塞是在家男士佛教信徒，优婆夷是在家女子佛教信徒。因此，四部包含了僧尼和在家男女信徒。梁武帝曾在同泰寺举办无遮大会，陈武帝在杜姥宅的无遮大会，大约是效仿梁武帝而行的。

陈武帝是在梁朝的奉佛高潮中夺位称帝的，因此，他供奉佛牙和举办无遮大会，既是出于他个人的佛教信仰，也是为适应社会各阶层崇佛的风尚，以此来收揽民心，稳固帝位。有了这样的开头，陈武帝与沙门在以后的日子里就更是打得火热了。

△捧莲童子石刻

在陈武帝登基后的第二个月，曾有甘霖普降，陈武帝把这看作是佛教瑞兆。那是永定元年（557年）十一月，在钟山的松林，骤降甘霖，并将山谷遮盖。开善寺的僧众采集甘霖，奉献给陈武帝，陈武帝为犒赏群臣，把它分给大家。所谓甘霖，相传是一种甜美的露水，人们吃了它可以长生不死。佛教则用甘霖美化其教义，有“甘露净法”。如今，甘露降在钟山松林，遂被朝臣和僧侣称颂为佛祖显灵，福祐武帝。

在永定元年（557年），陈武帝还把钟山耆阇寺的高僧安廪请入内殿，躬自焚香，行接足礼，竭诚致敬，秉受戒范。安廪奉陈武帝之命，连续开讲佛法。

陈武帝在永定二年（558年）曾三次行幸大庄严寺，在这里举行舍身、讲经、无碍大会等佛教活动。第一次是在四月，前往大庄严寺舍身。《陈书》卷2说：

> （永定二年夏四月）辛酉，舆驾幸大庄严寺舍身。壬戌，群臣表请还宫。

第二次是在十月，陈武帝来到大庄严寺，开始讲解《金光明经》的表题。《陈书》卷2载：

> （永定二年冬十月）乙亥，舆驾幸大庄严寺，发《金光明经》题。

就在陈武帝这次行幸大庄严寺讲经的当天晚上，普降甘露雨，崇佛廷臣颜晃即作《甘露颂》奉献陈武帝。

陈武帝第三次行幸大庄严寺，是在这年十二月。陈武帝这次在此开设无碍大会，舍弃乘舆法物，在群臣的奉迎下，当天还驾回到皇宫。

陈武帝以天子之尊，接连三次跑到大庄严寺，又是舍身讲经，又是开设法会，与梁武帝当初在同泰寺的所作所为也很有些相似。

陈武帝尊奉佛教，还不止这些。永定二年（558年），他在扬州建造东安寺，又在扬都的治下，建造兴皇寺、天居寺等四座佛寺。陈武帝还亲自誊写"一切经十二藏"，并铸造金铜等身佛像100万尊，度僧尼七千余人，修建旧寺32所。

对佛教经典，陈武帝与梁武帝的偏重有所不同。梁武帝注重《大智度论》和《成实论》，而陈武帝则致力于弘扬《大品般若经》，并重视《三论》（指《中论》、《百论》、《十二门论》），所宣讲的主要是《摄大乘论》。

释迦三尊像
南朝·梁

以上是陈武帝礼拜佛牙、行幸佛寺等一些奉佛活动。在他之后的陈文帝，"少而沈敏而有识量"，本是可以有所作为的，可惜因病早逝。有关陈文帝的礼佛情况，《辩正论》卷3有所记述：

> 陈世祖文皇帝，绍隆三宝，弘化五乘，盛泽比于慈云，大明方于慧日，美誉形于四海，仁心贯于三灵，刁斗无虞，干戈戢戢。修治故寺六十所，写一切经五十藏，度僧尼三千人。

据此，陈文帝也曾奉佛，先后整修旧寺院60所，抄写"一切经五十藏"，敕度僧尼达三千余人。当然，这些数字的可信性，尚待查考。但陈文帝治世，一时之间，战乱得以平息，佛教也呈现出渐趋兴盛的形势。

陈文帝还效法其父，于天嘉四年（563年）四月，在太极前殿举行无碍大会，并且也曾装腔作势地舍身，最终由群臣赎回。

天嘉五年（564年），陈文帝邀请大禅众寺的慧勇，在太极殿大开讲筵。这个讲席上，集聚着文武百官和佛教的七众信者。《续高僧传》卷7介绍慧勇时说：

天嘉五年，世祖文皇，请讲于太极殿，百辟具陈，七众咸萃。景仰之辈观风继踵，游息之伍附影成群。自此声名籍甚矣。

陈文帝还曾亲自动笔写过许多忏文。据史料可查的有：《妙法莲华经忏文》、《金光明忏文》、《大通方广忏文》、《虚空藏菩萨忏文》、《方等陀罗尼斋忏文》、《药师斋忏文》、《娑罗斋忏文》、《无碍会舍身忏文》。这些忏文表明，陈文帝修持过很多忏法，其中《金光明忏文》是供奉释迦如来、四佛世尊，相信菩萨礼敬奉事；《大通方广忏文》也是礼敬释迦如来；《虚空藏菩萨忏文》是礼拜释迦文佛、胜华敷藏如来、陀罗尼神咒、虚空藏菩萨。但若从陈文帝的《无碍舍身忏文》来看，则是为祭祀祖庙的圣灵和皇太后，为此，陈文帝把自己平生喜好的乘舆、法服、玉机、玄裘、绀马、缨络等宠物，一切都大舍而行，布施三宝。天子的祠堂灵庙，本来是按《礼记》的祭祀法来行事，如今却以佛教的法事来举行，其意义实在非同寻常，这意味着一向采用儒教方式的帝王祭祀被佛教的祭法礼仪取代了，也就是说，佛教礼仪已经进入到皇室的祭祀领域之内，说明佛教确实已经渗透到中国帝王生活的各个角落。

在陈文帝的提倡下，京师佛教大发展。史载，这时期建康城内“刹寺如林，义廷如市”，为加强对日益繁荣的佛事的管理，陈文帝特任命大彭城寺的宝琼担当京邑的大僧正，管理建康佛教事务。

天嘉六年（565年），陈文帝派使者给朝鲜送去释迦牟尼经论一千余卷。说明陈文帝不仅自己奉佛，还热心于佛教的传播。

陈文帝死后，继承皇位的是废帝，他仁厚懦弱，毫无天子之气，在位只有两年，便让位于陈宣帝。陈宣帝尊奉佛教，敬重高僧，在位14年礼佛活动从未间断。

陈宣帝最为宠用的高僧是昙瑗。昙瑗是金陵人，精通《十诵律》，是位讲律的高僧，经常到他身边听讲的有二百余人。陈宣帝重用昙瑗，命他监察僧尼，并且由他提出通过考试任用僧尼的办法。陈宣帝对昙瑗说，要由官府来供应僧尼的衣食，不让他们为维持生计而烦心，当然，僧尼们也不可疏忽各自的功行。昙瑗接受陈宣帝的委派，向国内僧众宣布皇帝的这项恩旨，就连边远地区的僧尼也都风从依顺。昙瑗还提拔深达教义的僧众二十余人，请他们说示教法。京城里一时僧尼济济，行道、读诵之声此起彼落，响遍全城。因为在陈宣帝的宽容政策下，国家对僧尼的供养很丰厚，不出数年，来京修学道行的僧众急速增加。对于完成学业将回本寺者，昙瑗招聚徒众，让他们提出各种问题进行讨论，必须做到对教义毫无滞疑，才准许他们各回本寺。律学由此重新兴隆起来。陈宣帝看到这种情景，下发诏敕奖赏昙瑗，称赞他的功德，任命他做国家的僧正，赐住光宅寺。由此可知，陈宣帝起用昙瑗，推动了佛教的兴盛。

陈宣帝还曾利用僧人慧明为其争战攻伐进行占卜。太建五年（573年）三

◀陈文帝在位八年，陈废帝在位二年，南朝

月，陈宣帝派兵讨伐北齐，出征前，他在太极殿上以龟来占卜，用卦就龟的腹纹来测试，结果发现龟的腹纹断裂，群臣认为卦兆不祥，都为这一占卜结果捏了一把汗。陈宣帝随即请来了百名僧众开斋会，在斋会席间，慧明恭恭敬敬上完一柱香，然后当众解释占卜的含义。慧明提高嗓门说："皇帝占卜北伐战事，结果龟的腹纹断裂，这意味着帝王之师可通达千里之外。"慧明的一番解说，坚定了陈宣帝出征北伐的信心。后来，陈军果然大胜北齐，获得江淮二百多个城池，陈宣帝把这些战绩归功于僧人慧明的占卜预言。

在国难当头之时，陈宣帝听从高僧智文的劝言，仍坚持免除僧众的劳役。太建十年（578年），北齐、北周联合进攻，陈军大败。陈宣帝为了有效地撤退，必须补充输送力量，乃至在一些地方雇用僧侣。这时，有扬都奉诚寺高僧智文，不惧严罚，向陈宣帝进言说："君子治国必须遵循礼仪，怎么可以征用僧众，派令他们服劳役呢？这种情形，不仅会使北齐、北周轻视陈军，而且是一种犯罪。"由于智文的建议，陈宣帝诏令停止动员僧众充当战争劳役。可见，陈宣帝在危难时刻，仍能尊重僧人的谏言。

陈宣帝死后，太子陈叔宝即位，这就是陈代亡国之君后主。陈后主在太建十四年（582年）登基当年的正月和九月，先后两次在太极殿开办无碍大会，舍身修行，大赦天下。

陈后主大约是受到其父皇的影响，在奉佛活动中特别倾心于天台山的智顗。曾先后两次派侍臣赵君卿前往天台山，请智顗下山进京，但智顗却以习惯山野生活为由，仍然留在天台山。陈后主两次遣派使者都没有请动智顗后，仍不死心，又第三次迎请。这次，陈后主派龙宫寺的道升前赴天台山劝说智顗，又命东阳州（浙江绍兴）刺史永阳王亦往天台山，转达陈后主的迎请诚意。陈后主一而再，再而三的恳请，终于感动了智顗，这次他跟随使者一起下山了。

△陈后主叔宝

经过漫长的旅途远行，疲惫不堪的智顗，由陈建宗在开阳门出迎，请住至敬寺，再往灵曜寺修禅道场。陈后主在灵曜寺向智顗赠送金像、释论、鹿尾、香炉等物，还有夏服、绢布、粮米及钱3000文，智顗一再推辞，陈后主还是坚持把这批礼物送给他。陈后主请智顗在太极殿召开仁王会，又请他在光宅寺讲《仁王经》。智顗成为陈后主的贵客。

陈后主的沈皇后，寂寞时光读佛经，也算是陈代后宫奉佛的一个花絮。沈皇后性情质朴而好静寂，从不任性嗜欲。当后宫的宠爱和实权，一切都归拢到张贵妃一人身上时，沈皇后以端庄安静的心态，并不为之动气，也从不抱怨陈后主，起居处所十分简朴，衣服不饰锦绣。《建康实录》卷20载，沈皇后面对寂寞无聊的生活，以拜佛求得心理平衡和充实，每日与身边的近侍诵读佛经：

> 左右近侍才留五人，唯寻阅图史及佛经。

被冷落的沈皇后，还曾遣派使者去天台山高僧智顗处受菩萨戒，并请求赐给菩萨名号。智顗于是给沈皇后起了个海慧的佛号。《国清百录》卷2就此载：

> 妙觉和尚，今遣内师许大梵往，稽首乞传香火，愿赐菩萨名，沈后扶月供，熏陆沈香各十斺，黄屑一斗，细纸五百张，烛十挺，赤松涧米五石，钱一千文。

以诵经度日、别起佛号的沈皇后，在前廷后宫的明争暗斗中，清心寡欲，甘愿做个佛门弟子，可算是皇宫内虔诚的佛教徒。后来，隋灭陈室，建康城破，陈后主、沈皇后一同被隋军解送长安。据说，隋炀帝外出巡幸，常令陈后主从驾跟随，后来遭到隋炀帝暗害。沈皇后则设法脱离隋军，自广陵（扬州）渡过长江，返还乡里，到后来竟不知所终。一对奉佛帝后，竟落得个如此下场。

九、北魏道武帝——“正是当今的如来”

东晋末年，拓跋族崛起于塞北，兼并了北方诸国，统一了中原，是为北

魏。北魏的开国君主道武帝拓跋珪，深知自己是北方少数民族，因而他看准佛教是外来的宗教，极力宣扬“人王即是法王”，试图以此来消除中原百姓的民族意识。为此，道武帝一直充当着护佛使者的角色。

道武帝在打天下的过程中，就对各地的佛寺僧侣十分留意保护。《魏书·释老志》载：

> 太祖平中山，经略燕赵，所经郡国佛寺，见诸沙门道士，皆致精敬，禁军旅无有所犯。帝好黄老，颇览佛经，但天下初定，戎车屡动，庶事草创，未建图宇，招延僧众也，然时时旁求。

这就是说，道武帝平定中山，经营燕赵一带的国土，所到之处，对佛寺中僧侣都表示诚挚的敬意，并下令军队不得侵扰佛寺。太祖道武帝既喜好黄老，又爱读佛经，但当时拓跋部刚刚平定汉地，由于军队经常出征，诸般国事都在草创时期，还没有精力建造佛寺，可他却时时都在注意访求高僧。

天兴元年（398年），道武帝迁都平城（山西大同），开始大规模地造宫殿，建宗庙，立社稷，与此同时，礼佛活动也被当作一件大事。道武帝刚刚迁至平城不久，便下诏说：佛法的历史很古老，佛教的救度利益，普及于生者与死者，佛祖的事迹与遗教完全可以信赖。道武帝下令，在平城建造供奉佛像的殿堂，迎请信仰具足者居住。在道武帝的诏令下，当年便造起五重塔、耆阇崛山殿、须弥山殿，还为僧众建造了讲堂、禅堂、沙门座等，俨然成为一所完备的寺院。建国伊始，道武帝便首先着手于营造佛塔、佛殿、讲堂、禅堂、僧房等礼佛设施，可见道武帝奉佛决不是停留在口头上。这不论是对北方胡族，还是对中原汉族来说，都具有深远的影响。这也正是道武帝的良苦用心。

道武帝对身居泰山深谷的僧朗，深表敬意。前面分别谈到过，东晋孝武

青瓷莲三尊　北朝

用莲花作瓷器的纹饰是受佛教艺术影响的结果。

山西大同云冈第5窟南壁照窗东侧壁龛像 北魏

帝、前秦王苻坚、后秦王姚兴、后燕王慕容德等，都与僧朗有过书信往来，彼此相互攻伐的帝王都很敬重这位高僧。北魏道武帝也不例外。据《广弘明集》卷28载，道武帝曾致函僧朗：

> 皇帝敬问太山朗和上，承妙圣灵，要须经略，已命元戎。上人德同海岳，神算遐长，冀助威谋，克宁荒服。今遣使者，送素二十端，白毡五十领，银钵二枚，到愿纳受。

道武帝在信中说，他身为天子，仰承圣灵经略天下，用兵四海，接着赞扬泰山僧朗的崇高德行，法龄的悠长，并请求襄助治理化外的蛮夷。道武帝希望僧朗以其宗教领袖的身份和卓越的神异力，来佐助他成就霸业。为表达对僧朗的敬意，道武帝在派使者致送信函的同时，还送上白布20匹，毡子50领，银钵2枚，请僧朗收纳。可谓礼多人不怪！

在众多僧人中，与北魏道武帝关系最为密切的，当属法果。法果是赵郡（河北赵县）人，40岁才出家为僧。道武帝开始知道法果其人，是在皇始年间（396—398年），他听说这个赵郡沙门僧行严正，弘说佛典，便命人将其请入京都平城，委任法果为北魏最高僧官“道人统”，统管四方僧众。法果经常随从道武帝左右，说话办事都能让皇帝满意，因此，经常得到很丰厚的供给与施与。

法果常对人说：“太祖明叡好佛道，正是当今的如来，沙门应予尽礼。”为此，法果时常礼拜道武帝，并解释说：“能弘道者人主也，我非拜天子，乃是拜佛耳！”法果把道武帝看作是“当今的如来”，所以认为沙门必须礼拜。主张能弘扬佛道的专制君主不只是天子，与佛无异。法果把北魏道武帝视作“当今的如来”来尊崇，天子即如来，把人间的权威和佛教的权威一体化，由此便形成国家佛教的第一步。自觉地为封建君主道武帝戴上“如来”的佛冠，使其人神合一，这正是道武帝欣赏法果的妙处所在。

法果一反沙门不礼拜王者的常态，把道武帝称为“当今如来”，进行跪拜，这当中固然有沙门对北魏君王的归顺、迎合、阿谀的成分，希望籍此求得佛教在北魏的立足与发展，另外，也多少表明，道武帝对佛教是倾心扶植的，他是一位好佛的胡族天子。

北魏道武帝敬重的沙门法果，在明元帝时期，更为受宠。天赐六年（409年），道武帝拓跋珪死去，其长子拓跋嗣即位，改年号永兴，是为明元帝。明元帝在开拓北方疆土的同时，与其父皇道武帝一样，尊崇佛法，在京都平城大造寺院和佛像，并请沙门教化百姓。对于法果的恩宠，明元帝远远超过了道武帝，他在永兴年间（409—413年），先后授予法果辅国宜城子、忠信侯、安成侯等爵号，但都被法果谢绝了。明元帝还经常行幸法果的住处，因为门太狭小，辇舆通不过去，明元帝便命人把门扩大。法果在80岁时示寂，入殓之前，明元帝三度临丧，追赠法果谥号为老寿将军、赵胡灵公。明元帝还让法果的儿子法猛，来承袭追赠给法果的爵位。法果身为出家之人，怎么还有儿子？原来他在40岁出家以前，过的是在俗生活，仍有生儿育女的天伦之乐。这样，北魏的明元帝就可将对法果的恩惠转与其后人了。

▲河南洛阳龙门石窟古阳洞内北壁顶部的飞天浮雕刻像，线条简练优美 北魏

十、北魏太武帝禁佛——第一次帝王废佛

在中国历史上，曾先后有四位皇帝发动过毁灭佛法的事件，他们是北魏太武帝、北周武帝、唐武宗和后周世宗，史称“三武一宗”之厄。

佛教不是中国土生土长的宗教，它是一种外来宗教，是一种异国的意识形态和文化现象，它在中国的传播与发展，必然会与中国传统思想文化发生矛盾。另外，佛教发展，需要有巨大的经济力量来支持和维持。寺院经济力量的过分发展，会引起世俗统治阶级的不满，种种交织在一起的矛盾激化时，便会导致通过政治手段加以解决。中国佛教史上所谓“三武一宗”之难，也就是这种矛盾激化的结果。

第一次法难的发动者北魏太武帝拓跋焘，并不是一开始就厌恶排斥佛教的，相反，起初他还是一个佛教信仰者，经常请一些“高德沙门”进宫谈论，每当四月初八日的佛诞日，太武帝还亲自登上城楼观看庆祝活动，并向佛像散花以示敬意。《魏书·释老志》有载：

> 世祖（即太武帝）初即位，亦遵太祖太宗之业，每引高德沙门，与其谈论。于四月八日舆诸佛像，行于广衢，帝亲御门楼临观，散花以致礼。

△这座无头佛像，据说就是北魏灭佛时所毁

不仅如此，太武帝还以武力相威胁，向北凉王沮渠蒙逊强行索要胡僧昙无谶。昙无谶是中印度人，幼年出家，20岁时已诵大小乘经200余万言，又擅咒术，西域称为大咒师。后来携带《大般涅槃经》和《菩萨戒经》辗转来到龟兹、敦煌。昙无谶在敦煌停留了几年，便于421年独自一人流浪到北凉国都姑藏。北凉王蒙逊将其请入宫中，厚礼相待。蒙逊曾想借助昙无谶弘扬佛教，因而请昙无谶翻译自带的佛教经典。但因昙无谶不通凉州土语，又无人可做助手，因此昙无谶以三年的时间致力于汉语学习。此后，他以河西沙门慧嵩、道朗为助手，译出《大般涅槃经》40卷、《大方等大集经》29卷、《菩萨地持经》8卷、《金光明经》4卷、《优婆塞戒经》7卷、《大玄经》4卷等，共计19部131卷。昙无谶的译经活动，对中国佛教思想的发展有着相当大的影响。

据说，昙无谶具有卓越的咒术。一次，昙无谶对蒙逊说：“鬼一旦进入聚落，很多的灾厄便会来临。”蒙逊不相信，因为他从来没见过什么鬼。不久，鬼果然出现了，蒙逊大为惊骇。昙无谶施展咒术，经过三天，数百名疫鬼纷纷逃走，姑藏

城这才平安下来。蒙逊由此更加敬重昙无谶了。

北魏太武帝对胡僧昙无谶的咒术也早有所闻，于是派遣使者，想迎请昙无谶到北魏来，并传话给蒙逊："如果不主动送出昙无谶，将要出兵以迎。"蒙逊的北凉国很弱小，自忖难以抗拒北魏的命令，又怀疑北魏会迫使昙无谶以咒术暗害自己，因而进退两难，便想杀掉昙无谶以绝后患。这是《出三藏记集》传记中所记述的。

义和三年（433年）二月，昙无谶露出风声，想去西域寻求《涅槃经》的后半部分，蒙逊怀疑昙无谶是想乘机从北凉逃往北魏，恼怒之余，密谋杀害昙无谶。蒙逊先是假装以钱财、粮食及宝货等物相赠，当昙无谶启程后，约行40里，蒙逊密遣刺客将昙无谶杀害，时年49岁。北凉王蒙逊没能留住昙无谶，北魏太武帝最终也没有见到这位胡僧，不过，若不是太武帝的强行索要，蒙逊或许不会因起疑心而将他斩杀，胡僧昙无谶成为帝王争夺的牺牲品！

北魏洛阳城皇家寺院永宁寺塔基内出土的供养人头像

北魏太武帝时，传说有僧人玄高通过神力调解皇帝与太子的矛盾。玄高本是陇西高僧，他早年来到北凉，受到北凉王沮渠蒙逊的厚遇。439年，北魏太武帝征服北凉时，太武帝的舅舅王杜超，请玄高一同来到北魏国都平城。太武帝的太子拓跋晃拜玄高为师，学习佛法。曾有一度，太武帝听信谗言，对太子拓跋晃起了疑心。太子晃对父皇的疑惑感到非常苦恼，便把心事向玄高诉说："我完全是冤枉的，觉得很痛苦，可有什么办法呢？"玄高叫太子晃维持金光明斋的忏法，经过7天的虔诚修行，太武帝在梦中见到了祖父和父亲，先祖手执宝剑，气势汹汹地责问太武帝："你为什么听信谗言，而冤枉太子对他起疑心呢？"太武帝从梦中惊醒，立即召集群臣，把梦中情景述说一遍。诸臣都说："太子本无过失，事实确如皇祖神灵所告。"从此，太武帝消除了对太子的

甘肃敦煌莫高窟268窟交脚佛 北魏

甘肃敦煌莫高窟第259窟释迦多宝佛 北魏

怀疑。这段感梦故事，与其说是玄高的神力所致，不如说是玄高调停太武帝父子的感情纠葛而构成的。

北魏太武帝从信奉佛教敬重沙门到走上毁佛的道路，司徒崔浩起了极大的推波助澜的作用。崔浩之所以能够如此，首先是利用道士寇谦之将太武帝从佛门引入道门。

寇谦之出身于门阀士族家庭，自幼喜好道教，曾随方士入嵩山、华山，修习神仙方术。北魏明元帝泰常八年（423年），寇谦之托称有太上老君的玄孙李谱文降临，授给他《录图真经》60卷，让他“辅佐北方太平真君”。显然，寇谦之是为迎合当时正想入主中原的北魏统治者而特意制造的谶语，隐居三十多年的寇谦之，要带着他的仙道思想投奔北魏帝王了。

寇谦之于始光元年（424年）前往京师平城，把《录图真经》献给刚刚即位的太武帝。太武帝接受了这部书，但寇谦之并没有立即博得太武帝的青睐，只是“令谦之止于张曜之所，供其食物”。当时朝野之士得知这件事，也是“若存若亡，未全信也”，只有司徒崔浩，“独异其言，因师事之，受

其法术”。

崔浩对寇谦之的兴趣与他的家世有关。崔浩的家与卢循有姻亲关系，他母亲信奉天师道，他本人老早就偏好仙道。正因如此，崔浩很快成了寇谦之的弟子，并极力向太武帝进行推荐。

北魏统治者为证明其统治的正统，一度以轩辕黄帝的后裔自居，说：“魏之先出自黄帝，黄帝子曰昌意，昌意之子受封北国，其处有大鲜卑山，因以为号。”崔浩的上疏正是抓住太武帝“侔踪轩黄”入主中原的心理，着力宣扬《录图真经》中的符命之说，果然使太武帝对寇谦之的教义刮目相看。由于寇谦之的仙道思想适合鲜卑统治者和门阀地主的需要，他所创立的天师道的“新法”，便得到了北魏官方的正式承认和支持而兴盛起来，嵩岳道士寇谦之摇身一变而“为帝王师”。

寇谦之以其特殊的身份，成为太武帝的军事参谋和政治顾问。在寇谦之的怂恿下，北魏太武帝竟号称太平真君，年号也改为太平真君。寇谦之还鼓励太武帝，在京都平城设天师道场，皇帝亲临道场接受符箓。

崔浩、寇谦之将北魏太武帝一步步引出了佛门。为了独尊道教，崔浩怂恿太武帝发动了对佛教的镇压。先是太延四年（438年）三月，太武帝颁发诏令，沙门年龄在50岁以下者，一律罢免为民。《资治通鉴》卷123载：

> 三月癸未，魏主诏罢沙门年五十以下者，以其强壮，罢使为民，以从征役。

据此，太武帝强迫青壮年僧侣还俗，责令他们充当劳役或从军征战。

太平真君五年（444年）正月，在崔浩的极力主张下，太武帝在三天之内连发两道禁佛诏令。据《魏书》卷4载，太武帝的第一道诏敕说：

> 愚民无识，信惑妖邪，私养师巫，挟藏谶记、阴阳、图纬、方伎之书。又沙门之徒，假西戎虚诞，生致妖孽，非所以一齐政化，布淳德于天下也。自王公已下至于庶人，有私养沙门、师巫及金银工巧之人在其家者，皆遣诣官曹，不得容匿。限今年二月十五日，过期不出，师巫、沙门身死，主人门诛。明相宣告，咸使闻知。

这是说，从王公百官到庶民百姓，一律禁止私养沙门、巫觋，逾期仍未申报的，不仅将被窝藏的沙门或巫师处以死罪，窝主还要满门抄斩。这是一道很严厉的禁佛诏敕。

太武帝的第二道禁佛诏令进一步规定，严禁僧侣或巫觋进入一般人的住宅，责令他们规规矩矩地居住在庙宇里。这样，对沙门的限制越来越严了。

▶甘肃敦煌莫高窟第437窟影塑飞天 北魏

就在太平真君五年（444年）的九月，太武帝听信崔浩一伙人的谗言，将高僧玄高和慧崇幽禁起来。玄高曾一度身居宫廷，调解皇帝与太子的矛盾，慧崇则是当时朝中尚书韩万德的门师。这两位高僧被囚禁不到半个月，便在平城死去。二人被葬在城南的旷野里。

北魏太武帝大规模地毁佛，是在太平真君七年（446年）三月，导火线是“长安事件”。先是有杏城盖吴谋反，关中骚乱。太平真君七年初，太武帝率军亲征，当他进入长安时，其马夫在寺院的麦田里放牧，太武帝进寺看马时发现，寺内沙门有的正被从官劝酒，派人查验僧众的寮房，发现有大批的弓矢矛盾等兵器，太武帝勃然大怒，说：“这些物件本非沙门所用，难道他们与盖吴通谋反叛吗？”太武帝责令彻底清查全寺，又在寺内查得大量酿酒用具，以及州县地方长官和富豪寄托或隐匿的财物，数量竟达数万之多。还发现寺内有密室，以“与贵室女私行淫乱”。太武帝为沙门的非法行为而愤怒，当时随从在侧的崔浩，当然不会放弃这个机会，建议立即禁佛教。太武帝于是下诏，诛杀长安城内的沙门，毁弃佛像。并令太子拓跋晃行令天下四方，一体推行毁佛措施。

太武帝在诏敕中说，往昔汉明信奉伪邪之佛教，梦见胡人事佛伎天道紊乱，佛教本是虚妄的，但末世的昏君或乱主却多被佛教所惑，以致不行政教，大乱礼仪，而鬼道（佛教）兴盛，蔑视王者之法，从这以后，代代兴祸乱而行天罚，百姓多灾多难，王化之地亦极为荒凉，乃至千里萧条，不见人迹，这一切，都是由于崇佛所致。太武帝发誓，要除伪（佛教）定真，以复远古伏羲、神农之治，荡除一切胡神，灭其踪迹，这样才不至于愧对伏羲。太武帝在诏敕中继续说：

自今以后，敢有事胡神及造形像泥人、铜人者，门诛。虽言胡神，问今胡人，共云无有，皆是前世汉人无赖子弟刘元真、吕伯强

之徒，接乞胡之诞言，用老庄之虚假，附而益之，皆非真实，至使王法废而不行，盖大奸之魁也。有非常之人，然后能行非常之事，非朕孰能去此历代之伪物。有司宣告征镇诸军、刺史，诸有佛图形象及胡经，尽皆击破焚烧，沙门无少长悉坑之。

此诏载于《魏书·释老志》。诏中明确规定，今后胆敢有人事奉胡神（佛教），以及塑造泥铜佛像者，一律满门抄斩，这是非常严厉的。太武帝认为，所谓佛祖，是根本不存在的，那都是往昔汉人的无赖之徒，如刘天真、吕伯强等人，听受胡人的妄言，又附会老庄的虚言而加以增益，因此佛本来是不真实存在的。太武帝说，如果不是非常之人，是做不出非常之事的，若不是我以雄才大略，将永远无法祛除这历代的伪物。因此，太武帝诏令征镇诸军和诸州刺史，在全国范围内毁佛，焚烧一切佛寺、佛像、佛经，对于寺内沙门，不论年龄大小一律挖坑活埋。

河南龙门石窟极南洞窟门上的金刚力士像

这道毁佛诏令是由崔浩的谗言而颁行的。寇谦之虽然与崔浩一起随侍太武帝，但他却反对残酷毁佛，因而与崔浩起了争执。寇谦之警告崔浩说："你必将由毁佛而缩减寿命，遭受刑戮，一同毁灭！"后来果如寇谦之所言，崔浩全族遭受极刑。

话说回来，太武帝命太子拓跋晃推行毁佛诏令，当时，太子晃正在平城以监国的身份执事国政。他早年就有佛教信仰，因此他坚决反对毁佛行为，再三向父皇劝谏，希望停止禁佛，但未被采纳。可是，太子拓跋晃还是利用手中的权力，把禁佛诏令公布的时间稍作延迟，使得各地僧尼们预先获悉毁佛灾难即将到来，而速谋对策。因此，大批沙门都纷纷逃亡免遭杀害，在京都平城的僧侣也由此得救，大量的佛像、经典，也都得以秘藏起来。太子晃在太武帝的毁佛事件中，以其特殊身份对佛教起了一定的保护作用。

然而，太武帝的毁佛令还是推行开来了。《高僧传》卷10载：

（太武帝拓跋）焘既惑其言，以伪太平七年，遂毁灭佛法，分遣军兵烧掠寺舍，统内僧尼悉令罢道。其有窜逸者，皆遣人追捕，得必枭斩，一境之内无复沙门。

这样，恰如禁佛诏令所颁示的，各地的佛塔、佛像、佛经纷纷遭到破坏和焚烧，北魏领域内的僧尼，全部责令还俗。或有逃匿者，必将派人追捕，一经

△甘肃敦煌莫高窟435窟交脚菩萨 北魏

拿获，无不斩首，并将首级挂在树上。没有多久，北魏境内再也见不到一个沙门。

在崇高山上经常坐禅的僧周，风闻朝廷禁佛，对众门徒说："大难将至！"立即率领弟子数十人直奔寒山（在陕西略阳县南）。这座寒山在陕西西南部，一年四季都有积雪，溪谷险阻，长安来的军队，无法进入搜索，因此僧周等数十名逃难沙门免遭杀害。

在河南常山寺的僧人慧芬，于太武帝毁佛之际向南逃至乌江，后面的追骑眼看逼近，码头上又无船可搭，慧芬于是一心念佛，突然间从上游漂来一条小船，慧芬急忙坐上去得免于死，到达建康的白马寺居住下来。

还有高昌出身的法朗，在太武帝禁佛令颁布后，他向西逃往龟兹，在此终其一生。据载，太武帝毁佛期间，很多僧尼为了避难，远向龟兹国逃亡。

这些表明，北魏太武帝的毁佛，的确是一次全国性的行动。

谗言毁佛而且又极力推行毁佛的中心人物崔浩，由于滥用权力，不久便失宠了。崔浩自恃受到太武帝的宠爱与信任，结党营私，在地方大员中安插自己的亲信，因而遭到非难。问题出在国史撰写上，崔浩主持编写有魏一代的国史，他把胡族出身的北魏先祖，都一一详细述列，许多经历都是据实照写而不避讳，皇族人等有见于此，十分愤怒，一同向太武帝进言。太武帝得报大为震怒，诏令有司审查崔浩的罪状。于是，以国史编纂事件为契机，崔浩终于在太平真君十一年（450年）六月被诛杀。

崔浩被诛杀以后，北魏太武帝开始为自己的毁佛行为而懊恼。不久，太武帝又得了重病，他怀疑这是佛祖对他的报应，因此越发后悔灭佛之举。太武帝暗中希望太子晃能将佛教复兴，却又不便明言，于是对禁佛诏令的执行弛缓了下来。渐渐地，佛教信徒在家中秘供奉佛，得到了官方的默许，甚至有的沙门大着胆子穿上法服诵经，但在都城平城依然未能公开地奉行佛教。北魏太武帝毁佛，从太平真君七年（446年）到承平元年（452年）历时七年，这期间，佛教在华北大地上销声匿迹了。在崔浩被诛死两年后，即承平元年（452年）三月，太武帝病逝，终太武帝一朝，佛教没能再抬起头来。

最后，让我们回过头来看一看，北魏太武帝为何由敬佛走向灭佛？这并不是偶然的心血来潮。采取这样一项重大措施，是有着深刻的社会政治、经济背景的。归纳起来，大致有如下几种因素：

从社会经济上看，佛教的过分发展，加深了世俗地主与佛教上层僧侣之间的矛盾。佛教寺院经济的发展，侵害了统治集团的利益，例如，僧尼享有免除赋税徭役的特权，而且，当时僧尼大多不直接从事生产，因此出家僧尼数量太

多，就会影响国家的税收和劳役。在封建社会里，户籍人口的多少，直接标志着一个国家力量的强弱，故此大量在编之民投入寺院，减少了国家掌握的户籍和人口，妨碍了社会经济的发展，这是国家所不能容许的。此外，大规模地修寺造塔，耗费巨大的人力和物力，使国家经济力量受到影响。总之，佛教力量的过分膨胀，给封建经济带来了一定的不利影响。

从政治思想上看，统治北魏的拓跋部落自进入中原以后，逐步采用了儒家思想进行统治，太武帝选用了一些汉人儒生帮助他建立封建国家。儒家思想强调华夷之分，于是拓跋贵族便说自己的祖先是从中原迁至漠北的，与汉族祖先同出一支。这样，对从西方传来的佛教，就有了一种排斥心理。当太武帝灭佛时，便袭用反佛汉人的蔑称，把西来的佛教僧侣叫做“乞胡”。

从佛道两教的斗争较量看，北魏太武帝时，北方道教发展起来。如前所述，当时有道士寇谦之，一方面在山中修炼，一方面着手改组原始道教，剔除原始道教中不适应当时社会的东西，寇谦之通过司徒崔浩接近了太武帝，使太武帝逐步信奉道教，并改年号为“太平真君”，甚至到道坛接受符箓，成为一名道教徒。信奉道教的司徒崔浩，深得太武帝的宠信，而崔浩是力主禁佛的。因此，太武帝毁佛，多少是受了道教尊奉者崔浩等人的怂恿指使。

可以说，北魏太武帝反佛灭法，既具有世俗的封建君主回击佛教势力的性质，又具有道教打击佛教的目的。促使太武帝禁佛的直接因素，则是长安佛寺僧侣的不法行为。这次灭佛，虽然因太子拓跋晃的暗中庇护而减少了损失，但作为第一次帝王毁佛事件，还是在佛教史上留下了恐怖的一页。

文殊菩萨 北魏

十一、开凿云冈石窟的北魏文成帝

北魏佛教的复兴，与文成帝息息相关。太武帝于太平真君七年（446年）下诏毁佛，在北魏的统治区域内断然推行毁佛措施。不过，到448年，寇谦之死去，450年，不可一世的崔浩也失宠被杀，崇道排佛的首谋被诛，自然对佛教镇压也就有所缓解。承平元年（452年）三月，太武帝驾崩。太武帝死后不过三个月，对佛教素有好感的太子拓跋晃也随之去世。拓跋晃死后，其长子拓跋濬即皇帝位，是为北魏文成帝，他给佛教的复兴带来了希望。

北魏文成帝是在承平元年（452年）十月继承皇位的，登基后改年号为兴安。就在这年十二月，文成帝颁发恢复佛教的诏敕。

《魏书·释老志》载有这一诏文，大意是说：为帝王者必奉神灵，须显彰仁道，仁惠著于生民，救生灵而施与利益，古往即载列其功勋。《春秋》崇神明祭祀为善，《礼记》则记述施功者的祭祀。何况释迦如来之功齐济大千世界，其惠流于尘境。寻生觅死者，深为感叹佛的生死，览阅文义者则尊崇佛的妙明。佛教有助于王政的戒律，增益仁智的喜性，乃是排斥群邪开演正觉者，因此自古以来，无不崇仰佛教，吾国自然亦当尊奉。当初世祖太武帝，拓广边境，德泽无远弗届，沙门道士以其善行纯诚，自远来至，感其风采，经常是人集如林。然而，恰如山顶深处怪异正多，有奸淫之徒假称尊奉佛教，混入长安城的寺庙之中。于是，太武帝根据其过失罪行，分别惩处杀戮。但朝中官吏假藉诏敕，禁断一切佛教，这本不是太武帝的本意，景穆皇帝（即太子晃）经常为此感叹！由于当时军国正处于多事之秋，对此未能修复纠正。朕（文成帝）继承皇位，居临万邦，因而承继先代的遗志，亟思助盛佛道。文成帝在诏文中明确提出：

山西大同云冈石窟
云冈石窟依山开凿，东西绵延1000米，现存主要洞窟45个，大小窟龛252个，石雕造像51000余躯，是我国规模最大的古代石窟群之一，其中许多重要窟龛都是孝文帝时期雕凿的。

> 今制诸州郡县，于众居之所，各听建佛国一区，任其财用，不制会限。其好乐道法，欲为沙门，不问长幼，出于良家，性行素笃，无诸嫌秽，乡里所明者，听其出家。率大州五十、小州四十人，其郡遥远台者十人。各当局分，皆足以化恶就善，播扬道教也。

据此诏所述，文成帝复兴佛教的具体措施，就是先准许在人口

众多的地方各建一寺，其建筑费用不加限制。好佛者出家为僧，不论年龄大小，只要是身家清白，品性善良，一律准许。出家沙门的人数比例，大州50人，小州40人，远离都城的边地，则可允准10人出家。指令这些僧侣，各于所在地扬善戒恶，宣传佛教。

本尊如来坐像
山西大同云冈石窟

北魏文成帝恢复佛教的诏文颁布后，不少沙门弟子仍是心存疑虑的。《高僧传》卷11载，当初太武帝废佛之际，有僧周率领弟子10人一起逃往长安西南四百里边地的寒山。文成帝复兴佛教的诏敕下达后，长安的永昌王拓跋仁奉旨寻求沙门。当时有“寒山有僧，德业非凡”之说，是说僧周在寒山名声远扬。永昌王对僧周也早有所闻，这时便遣派使者，前往邀请，但僧众们都亲身体验过毁佛的恐怖，因而没敢贸然应允永昌王的招请。僧众们在复兴佛教的初期，对到底会发生什么事，摸不着头脑，甚至怀疑朝廷会有什么计谋在里面，因而疑虑重重。这时僧亮出来说：“佛法的命运，是依人而定的，如今或许正是其时，如果要诛杀，那就杀我好了，倘若侥幸无事，不正是迎来复兴佛法的机遇吗？”因为僧周已是老疾之身，于是委派僧亮下山。

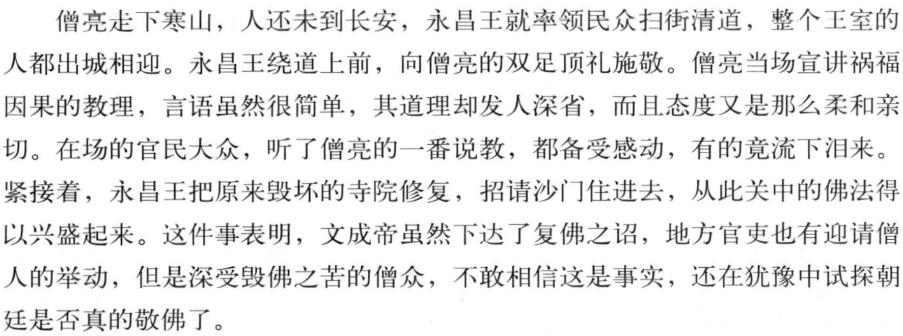

僧亮走下寒山，人还未到长安，永昌王就率领民众扫街清道，整个王室的人都出城相迎。永昌王绕道上前，向僧亮的双足顶礼施敬。僧亮当场宣讲祸福因果的教理，言语虽然很简单，其道理却发人深省，而且态度又是那么柔和亲切。在场的官民大众，听了僧亮的一番说教，都备受感动，有的竟流下泪来。紧接着，永昌王把原来毁坏的寺院修复，招请沙门住进去，从此关中的佛法得以兴盛起来。这件事表明，文成帝虽然下达了复佛之诏，地方官吏也有迎请僧人的举动，但是深受毁佛之苦的僧众，不敢相信这是事实，还在犹豫中试探朝廷是否真的敬佛了。

兴安元年（452年），北魏朝廷在诏令复佛的同时，又命有司刻造与文成帝等身的石佛像。这尊石佛像雕刻完毕，只见石像的脸上和脚下各有一个黑石块，冥冥中与文成帝身上的两个黑痣完全相符，使如来与帝王合二而一。

接着，在兴光元年（454年）秋，文成帝又敕命在5级大寺内，为北魏太祖道武帝以下的5位皇帝分别铸造释迦立像。这5尊佛像各高1.6丈，用赤金2.5万斤。5尊释迦金佛代表着北魏初期的5帝。或许文成帝意在为先祖追荐修福，所以才在京都建造这么大的佛像。这种国立寺院，实际上具有皇家祖庙的性质。

在文成帝宽松的佛教政策下，外国僧人也纷纷来到北魏京都平城。太安元年（455年），有狮子国沙门邪奢遗多和浮陀难提等五人奉带佛像三尊来到平城。接着，又有沙勒胡人沙门来到京城，奉献佛钵及佛的画像。这样，在佛教复兴的平城，外国僧人不断地流入。

随着佛教的恢复和发展，僧事日繁，文成帝于是对佛教管理机构和僧官制度作了一次调整。北魏初年执掌佛事的最高僧官叫道人统，那时的道人统是法果，当道武帝建国之时，法果曾尊道武帝为“当今如来”，提倡沙门礼拜帝王，从而缔造了国家佛教。在毁佛之前的太武帝时代，有沙门法达做僧正，僧正也就是道人统。后来因毁佛事件发生，僧官也就废止了。但到了文成帝时代，僧官制度又重新建立起来。文成帝将最高僧官道人统，改称为沙门统，又称昭玄统，其下设都维那等，在诸州、镇、郡则设维那、上座、寺主等，分别掌管中央、地方以及各寺庙僧务。出掌首任沙门统的是师贤。

师贤本是罽宾王族出身，年轻时出家，东行来至北凉的凉城，后因北凉降归北魏，师贤也就随着来到平城。当太武帝施行毁佛之时，师贤假装还俗做医生，但实际上一直守持佛道戒律，不曾有过一点逾越。文成帝下诏复佛之日，师贤立即恢复了沙门身份，就在那一天，文成帝亲自为五位出家人剃了头发，任命师贤为沙门统。

和平元年（460年），师贤去世，文成帝又委任高僧昙曜出任第二任沙门统。《续高僧传》卷1载：“释昙曜，未详何许人也，少出家，摄行坚贞，风鉴闲约。”昙曜的出生地虽然无从查考，但他确是幼年出家，坚守戒律，风采恬静，见识非凡。昙曜节操高挺，在太武帝时深得太子拓跋晃的尊崇。废佛时，有很多沙门都以医术或其他才能而还作俗人，太子晃也曾请求昙曜还俗，以便委用，可是昙曜坚决守持沙门生活。太子晃认为，在大规模毁佛的情形下，以沙门的生活方式生存是非常危险的，所以先后三次亲自劝说昙曜暂且还俗，但都没能打动昙曜的志向，太子晃也就不再劝请了。昙曜暗中还是法服器

商人奉食 北魏中期

◀山西大同云冈石窟
❶飞天群 北魏中期
❷天宫伎乐 北魏中期
❸飞天 北魏中期
❹摩尼珠宝 北魏中期

物不离身边，一直守持着佛教戒律。昙曜就这样不屈服于毁佛的压力，坚守戒行，死守沙门座位。在文成帝恢复佛教的第二年，昙曜应召从中山（河北定县）来到京都平城。据说，有一天，昙曜正在都城的大街上走动，恰遇上文成帝的车队，不料昙曜的袈裟被皇帝的马咬住不放，于是有了“马识善人”的说法，文成帝认为这是天赐高僧，遂对昙曜以师礼相待。当师贤死后，文成帝便请昙曜接任沙门统这一最高僧官职务，直到479年昙曜以80岁高龄辞世为止，历时20年之久。

北魏文成帝开凿云冈石窟，也是在昙曜的倡议和主持下进行的。云冈石窟，是中国古代最大的石窟群之一，在我国三大石窟（另有敦煌、龙门二窟）中，此窟以其石雕造像雄伟、内容丰富多彩著称。它坐落在山西大同市西郊武周山南麓。石窟依山开凿，东西长1公里，现存主要石窟53个，有石雕佛像、飞天等5万多尊，最大的高达17米，小的只有几厘米。飞天、菩萨等雕像生动活泼，凌空飞舞，姿态飘逸。这座闻名世界的佛教艺术宝库，就是文成帝时，在昙曜的建议下开始开凿的。《魏书·释老志》载：

昙曜白帝，于京城西武州塞，凿山石壁，开窟五所，镌建佛像各一，高者七十尺，次六十尺，雕饰奇伟，冠于一世。

这里是说，在昙曜的建议下，在平城西方武州塞的山上，开凿石壁，建造5窟，每窟之内各雕造一尊佛像，高的有70尺，低的也有60尺，可称当世之冠。在文成帝的支持下，昙曜役使万名工匠历时数年在武周山上开凿的这5所石窟，后人称为“昙曜五窟”。

文成帝时开凿的这5窟，位于整个云冈石窟群的中部，当然也是这里开凿最早的洞窟。按今天人们对云冈石窟的编号，“昙曜五窟”是由第16窟至第20窟组成的。在这5个由石门、石窗护卫着的石窟里，居住着5尊顶天立地的巨佛，简直就是5座石雕高峰。5尊巨佛神态各异：第16窟的释迦立像，高13.5米，面目清秀，立于莲花座上。第17窟为交脚弥勒坐像，高15.6米，由于窟小像大，显出咄咄逼人之势。第18窟身披袈裟的释迦佛，高15.5米，安祥沉静地站立着。第19窟的释迦坐像，高16.8米，是云冈的第二大佛雕，气势雄伟。第20窟就是那尊被誉为云冈石窟代表作的露天大佛，在经历了辽代的坍塌之后，这尊大佛就幸运地摆脱了佛国石门、石窗的束缚，来到了人间。如今这座巨佛容光焕发地端坐在光明之中，虽历尽千年沧桑，却仍保持着丰腴的容颜，深邃的双眼永远是那样地安详善良，宽厚的双肩托起下垂的双耳，造型雄伟，气概不凡。

千佛 北魏中期
（衬底图）

据说，当初昙曜深知佛教若不能得到当代统治者的支持，是很难兴盛起来的，所以在主持塑造主像时，打破常规，按着北魏太祖道武帝以下五位皇帝的形象来雕刻这5尊巨型佛像。其中第16窟的年青主佛就是模拟了当时正在皇位的、只有20多岁的文成帝的样子。更有意思的是，石佛身上的某些部位还特地嵌上黑石头，传说那是皇帝身上长的黑痣。昙曜为了兴佛而极力迎合帝王，真是用心良苦。

云冈石窟中心佛塔 北魏

细看“昙曜五窟”，不难发现它保留了很多印度佛教艺术的风格。这是因为，北魏时期，佛教艺术从印度传入中原地区的时间还不长，开凿昙曜五窟的主事工匠，又大多来自西部凉州。昙曜五窟的平面是马蹄形，窟顶是穹窿形，主像占据了窟内大部分面积，整个结构很像印度仅容一人修行的草庐式洞窟。佛像外穿着袒露右肩的袈裟或通肩袈裟，通肩袈裟在印度犍陀罗艺术中很常见，袒露右肩袈裟则出现在秣菟罗艺术中。菩萨上身袒露，胸前戴项圈和璎珞，下身穿羊肠大裙，很像古印度贵族、富人的装扮。佛的面相方圆，细眉长目，眼窝深陷，鼻子高直，鼻翼舒长，嘴唇略厚，嘴角现出一丝笑意，两肩齐亭，胸部厚实，这些都明显地受到古代印度佛教艺术的影响，当然也有北魏时代中国人对佛的形象的理解。昙曜五窟之后的云冈石窟，风格逐渐本地化，洞窟平面变为方形，有前、后室，服装衣纹简化，并出现了汉式服装的佛像，等等。

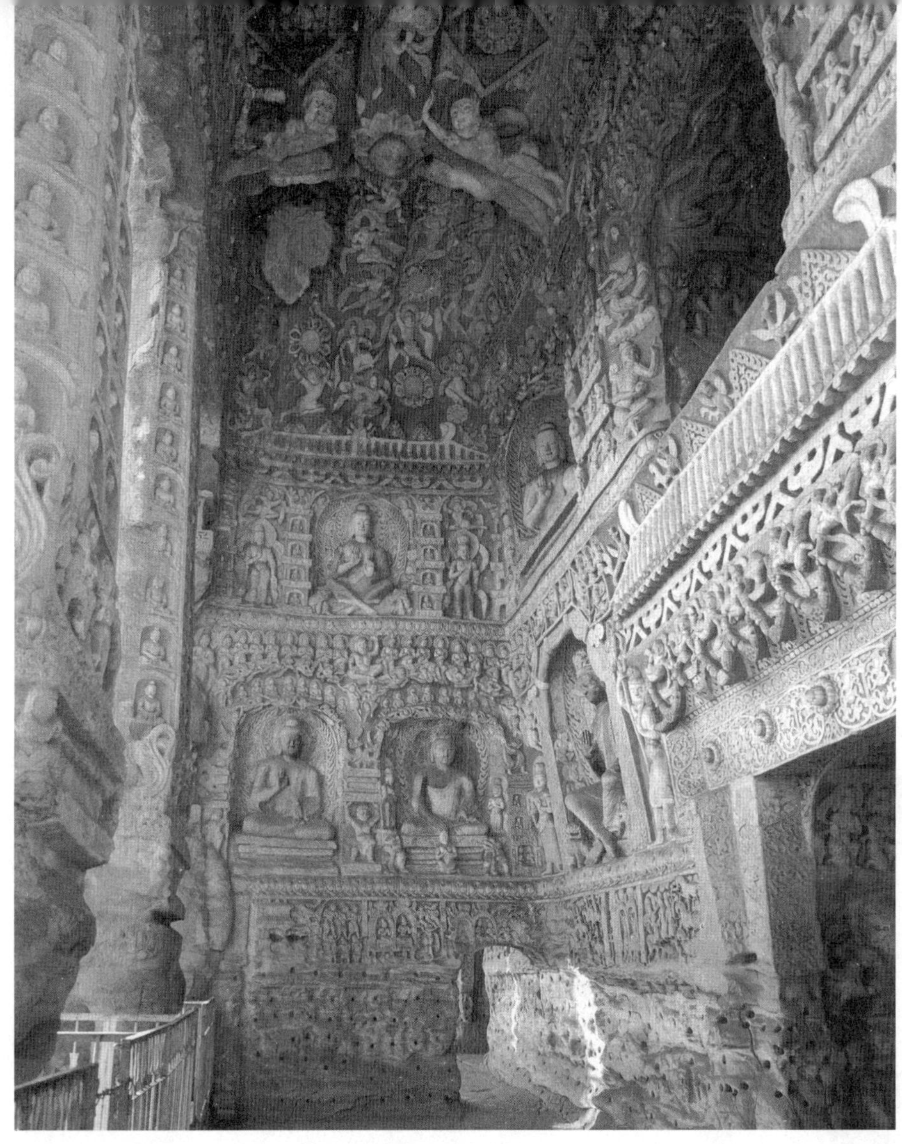

佛堂前室全景
云冈石窟

但有些特征仍得到保留，如深目高鼻的佛面相，着裙的菩萨服装，一直延续了很长时间。

总体来说，文成帝时开凿的昙曜五窟，其气势宏大，表现了鲜卑这一北方新兴民族的内在精神。在艺术处理上，虽然保留了许多旧有风格，但也创造了许多新的意境，使石窟造像这一形式更加完善。

北魏文成帝倾举国财力开凿的云冈石窟，不仅是北魏境内最大的佛教工程，而且是北魏定都平城时期最重要的佛教圣地。北魏皇帝曾多次巡幸石窟佛寺。

云冈还是当时的译经中心，昙曜在这里与天竺、西域的沙门常那邪舍、吉迦夜等人，曾译出《付法藏传》、《杂宝藏经》等多部佛经。

应当说，文成帝时建造的昙曜五窟，只是云冈石窟整个开凿工程的第一阶段。自文成帝之后，经献文帝，到孝文帝迁都洛阳之前，当是第二阶段。从孝文帝迁都洛阳，经宣武帝到孝明帝正光末年，当是第三阶段。换句话说，云冈石窟经过北魏五位皇帝之手，历时60年，才得以开凿完毕，这在后面将续作交代。

十二、为佛像披上汉装的北魏孝文帝

在谈孝文帝奉佛活动之前，有必要对其祖母文明皇太后冯氏先作一番交代。

文明皇太后冯氏，是文成帝的皇后，以其聪明秀美，于14岁时被立为后，与文成帝可算是情深意笃。和平六年（465年），文成帝年仅26岁驾崩，冯皇后悲痛欲绝，据说，行完大丧礼后，焚烧文成帝的御服、器物，百官及宫人都临场号泣，冯皇后哭叫着跳入火堆，要自焚殉葬，众人连忙把她从火中拉抢出来，过了好久才苏醒过来。12岁的献文帝即位后，皇后冯氏即为皇太后，一直摄理朝政。年轻的皇太后暗中喜欢上朝臣李奕，不时私下偷情往来。献文帝为了纠正母后的不检点行为，找茬儿把李奕诛杀了。这件事惹怒了冯太后，对儿子献文帝大为不满。皇兴五年（471年），冯太后逼令刚当了5年皇帝的献文帝退位，继承皇位的便是 5 岁的孝文帝。

薛山俱黑石造像碑 北魏

此造像碑为北魏薛山俱集资所造，可见在当时佛教已深入人心。

据《魏书 · 释老志》记述，献文帝当初虽是少年即位，但对佛教确是深信不疑。他常常将沙门请入宫中，与之谈论佛法及玄学。皇兴元年（467年）八月，敕建永宁寺，该寺建有七级佛塔，高达300余尺。献文帝还在天宫寺铸造了一尊释迦牟尼立像，高有43尺，用铜10万斤，黄金600斤。献文帝另筑有一个三级石造佛塔，其梁、栋、楣、楹都是由石头构成的，极其坚固精巧。皇兴四年（470年）十二月，献文帝行幸鹿野苑的石窟寺。这里有“凿仙窟以禅居，辟重阶以通术”的文句。当献文帝被冯太后废掉后，便移居该寺，以烧香拜佛消磨苦难的青春时光。23岁时，献文帝突然病死在佛寺，当时曾有人怀疑是被冯太后害死的。

延兴元年（471年），幼小的孝文帝即位，朝政仍由冯太后把持。因此，孝文帝在位前期的佛教政策，很大程度上取决于冯太后的态度。

延兴二年（472年），根据冯太后的旨意，北魏朝廷下达了取缔游僧的诏令。规定：比丘中如有不住守寺院而游涉村落四处流浪者，一律取缔。其具体方法是，以民间五家为一组，互相警戒监督，不准游僧进入或求住。如有违犯者，在地方交付州镇官厅，在畿内送付昭玄曹（最高佛教管理机构），严行惩治。如果是为了传教而巡游民间，这类教化僧必须持有官府发给的特许证件，否则，是不得游历弘教的。这种准可证，在京外由州镇的僧曹官维那发给，在都城由昭玄曹僧官都维那颁发，违者当处重罪。以如此严厉的措施取缔无籍僧，目的是让

所有的僧众都住守在寺院内，不许他们在外游荡惹事。这就意味着，僧尼必须服从僧官的统领制约，其意图在于将佛教彻底纳入北魏国家政权的控制之下。

同在延兴二年（472年），北魏朝廷又以孝文帝的名义，颁发了禁止民间过度建寺造塔的敕命。诏令说，都城和地方上有些人，为了造福植业，经常起造很庄严的塔寺，这虽是佛教的隆盛，但若是竞比贫富以靡费钱财，来求得寺塔的高大壮阔，乃至在建造佛寺中杀生，这些都不是善益之事。即使不起造雄伟的寺塔，只要竭尽诚心，哪怕是堆积沙土而成小刹，也有其不朽的福业。为此，严禁各地民人私建高大的寺塔。诏文中明确谈道："朕为民父母，慈养是务，自今一切断之。"看来，这道诏敕，是在崇佛热潮中，为防止财力的过分消耗而颁布的。

永固陵石券门　北魏

永固陵石券门建于孝文帝太和五年（481年），是冯太后的陵墓，石门上雕刻着颇具佛教特色的持莲童子。

北魏朝廷一方面禁止造立私寺，但同时却又宣扬佛教祥瑞。据说，当时在济州东平郡（山东东平）有佛祖灵像出现，灵像灿灿发光，为金黄色，是自古未有的。经沙门统昙曜奏请朝廷，由地方官把灵像送到都城，让道俗共瞻其尊容，以示喻百姓，如今正是佛教隆盛的时期。

承明元年（476年）六月，已经退位数年的献文帝死去。同年八月，孝文帝在永宁寺举行大法供，为献文帝追福超荐。在这次法会上，有良家男女得度为僧尼者百余人，孝文帝亲自为这些出家人剃度，施与僧尼服装，勉励修道持戒。就在这个月里，孝文帝敕命兴造建明寺。两个月后，建明寺举行落成法会，孝文帝亲自前往，并恩赦天下罪人。

据《魏书·释老志》载，同在承明元年（476年），北魏朝廷诏令设立僧祇户、佛图户，即设僧官所管辖之民户。其中，僧祇户是指"平齐户及诸民，有能岁输谷60斗入僧曹（管辖寺院总机关）者，即为僧祇户"。佛图户是指"民犯重罪及官奴，以为佛图户，以供诸寺扫洒，岁兼营田输粟"。僧祇户和佛图户实际上是寺院团体的佃户与奴隶。孝文帝时的这一措施，促使了寺院经济的形成。

山西开化寺壁画局部　北魏

从此画可以看出，图中人物衣着均已汉化。

第二年，即太和元年（477年）二月，孝文帝行幸永宁寺，设立斋会，赦免死罪人犯。三月，孝文帝再次亲临永宁寺，除设斋会，还请僧行道，听讲佛经。孝文帝并命中书、秘书二省讨论僧徒与佛义，同时布施衣服和宝器给僧众。还在当初太祖道武帝在方山的扎营处建造思远寺。随着年龄的增长，

孝文帝开始主动介入佛事活动了。

大约在太和三年（479年），自文成帝就任职最高僧官沙门统的昙曜死去。推选哪位高僧继任沙门统？这事要由孝文帝亲自来定，他一度犹豫不决，最终选定了僧显，并为此颁发了“帝以僧显为沙门都统诏”。《广弘明集》卷24载有此诏：

> 门下，近得录公等表，知欲早定沙门都统，比考德选贤寤寐勤心，继佛之任莫知谁寄？或有德高年尊，理无萦纤；或有器玄识邈，高挹尘务。今以思远寺主法师僧显，仁雅钦韶澄风澡镜，深敏潜明道心清亮，固堪兹任，式和妙众。近日口白，可敕令为沙门都统。

此诏是讲，最近录公（在台阁领尚书事者）等上表孝文帝，想要尽快确定沙门都统。目下正在遴选有德望的僧人，一直犹豫不定。虽然有道行高且法龄长者，但对教理却不能把握自如；虽然有才识高且见识广者，但却自恃清高摒退俗务。所以，选任沙门都统确有很大困难。现在有思远寺住持僧显法师，仁德高厚，其高风亮节像镜子般的清澄，明敏而又道心坚固，颇能胜任沙门都统职责，可以统率众僧归一。正像近来外间传说的，即传达诏令，任命僧显为沙门都统。孝文帝同时委任皇舅寺法师僧义为沙门副都统。从这里可以看出，孝文帝对国家最高僧官的任用是十分慎重的。

到了太和十年（486年），有司上奏说，朝廷虽然从前有诏禁止无籍僧尼，实际上为了逃避徭役而出家的游僧仍未断绝。为此，孝文帝再次颁诏，敕命无籍僧尼还俗。同时诏令各地寺院的寺主和地方僧官维那详加审查，对僧尼中道行精勤者，依然准许其保持僧尼身份，若有不勤奋行道者，不论其有籍还是无籍，一律罢免，令其归还平民身份。接此诏令，各地立即清理整顿僧尼队伍，在北魏近8万名僧尼中，有1327人被勒令还俗。

金塔寺东窟中心柱的飞天 北魏

该飞天塑像人物丰满，姿态轻盈，逼真的动作中涌动着一股灵性。

太和十四年（490年）九月，49岁的冯太后死去。次年正月，孝文帝开始亲政，冯太后执掌朝政的时代宣告彻底结束。这里还要顺便说一下，就是冯太后的两个侄女——冯太后哥哥冯熙的两个女儿，曾先后被册立为孝文帝的皇后，但后来都不得宠，一个削发为尼，在瑶光佛寺终其一生，另一个因病跑回娘家，再也不返回皇宫，后来也出家做

了尼姑。

孝文帝亲政后，使北魏本来就规模不小的奉佛活动更加轰轰烈烈起来。太和十六年（492年），孝文帝颁诏，每年的四月初八日和七月十五日，准许大州100人、中州50人、小州20人，可度为僧尼。将此作为各地僧尼剃度的数量标准，行令地方执行照办。

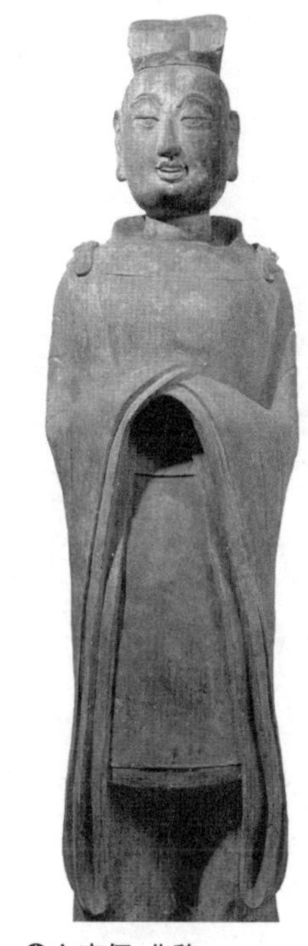
文吏俑 北魏

孝文帝的汉化政策中，主要的是改汉姓，说汉语，衣汉装，此俑的衣着打扮已明显有了汉服的样子。

北魏孝文帝为了加强对中原地区的统治，消除鲜卑族和汉族间的隔阂，实行了一系列的汉化政策，主要有改胡姓为汉姓，禁胡语讲汉语，罢胡服穿汉装，最重要的是太和十八年（494年）迁都洛阳。孝文帝的汉化改革在云冈石窟造像中也有反映。早在太和十年（486年），孝文帝就“始服衮冕，朝向万国”，开始了服制的改革，他并且亲自为群臣赐易汉服，在北魏辖地开始流行穿戴汉族服装。云冈石窟地处当时的国都附近，自太和十年以后，云冈石窟的佛像也着上了汉服。这种服装本是南朝士大夫的常服，因为衣大带宽，所以称为褒衣博带式服装。开始时，只有部分佛像穿新式服装，可是到了太和十八年迁都洛阳之前，石窟中的佛像服装都雕成了褒衣博带式。佛像也随着孝文帝汉化了！

下面让我们具体地来看看孝文帝时期对云冈石窟的开凿情况。

从文成帝死去到孝文帝迁都洛阳之前（465—493年），可算是云冈石窟开凿的第二阶段。这期间，开凿的洞窟主要有第7、8窟，9、10窟，5、6窟，1、2窟和11—13窟这五组。位于窟群中部的第5、6窟，是一组双窟，被认为是整个云冈石窟的精华所在。那尊云冈石窟群中最大的佛雕释迦牟尼坐像就坐落在第5窟内，这尊巨佛高17米，宽15.8米，一只脚就长4.6米，中指长2.3米，他交叉在胸前的双手上面可以同时坐下6个人。在坐佛两旁排列的佛像按照个头大小顺序就位；此外，壁顶上的飞天轻盈飘舞，四壁散立着身材矮小的供养人。这种组合，似乎象征着皇帝、群臣、百姓三者之间的那种统治、服从和被奴役的等级关系，从而也显示出孝文帝把自己的地位加以神化的本意。

鲜卑贵族元显儁墓志

被称为云冈“第一伟窟”的第6窟，窟顶刻有33诸天及各种骑乘，其余壁面上雕满了佛、菩萨、罗汉、飞天。窟内很难找到一块没有雕刻的空隙。特别是东、西、南三面刻有33幅内容连续的佛经故事，它把释迦牟尼从“腋下诞生”、“逾城出家”到“成佛升天”的过程十分生动、逼真地表现出来。如“逾城出家”图的画面上，太子隐藏在伞盖下，唯恐别人发现，四个天神小心地捧着马蹄，生怕夜间行走引起别人注意。这些雕刻技法精练，生动传神，富丽典雅，是云冈造像艺术的精华所在。

总起来看，孝文帝迁都洛阳前的云冈洞窟形制平面多作方形，窟内有前后室之分，有的洞窟在中央立塔柱。窟内壁面雕刻不像第一阶段只

河南巩县石窟第4窟西侧的礼佛图 北魏

帝王的礼佛活动往往都有专人将其记载下来，以体现由上而下的崇佛信念。

有千佛，而是上下重层，左右分段开龛造像。造像中大型佛像减少了，造型也不如过去雄伟，但是造像的题材增多了，还出现了世俗供养人行列。造像的面相由丰满趋于长圆、躯体健壮适中。衣纹的处理演变为断面阶梯式，佛装以褒衣博带式为主。菩萨则头戴花蔓冠，着交叉帔帛。云冈石窟在这一阶段出现的中国传统形式的建筑和壁面布局，以及佛像褒衣博带式服装，是和孝文帝的汉化改革密切相关的。在孝文帝的汉化政策下，外来的佛教石窟艺术，在北魏明显地中国化了，这对北方其他石窟的影响也非常大。

从北魏孝文帝迁都洛阳直到孝明帝正光末年（494—524年），是云冈石窟开凿的第三阶段。这一阶段多为中小型洞窟，布局多样的小龛遍布云冈各处，洞窟内部日益方整，流行的窟式有塔洞、千佛洞、三壁三龛式和三壁重龛式。佛的面相清瘦，长颈，削肩，整个躯体修长、秀美。佛已全部穿上褒衣博带式服装，衣服的下摆褶纹越来越重叠。菩萨也日趋消瘦。从历史上看，这一阶段北魏皇室虽然迁到了洛阳，但平城作为北都，云冈仍然是佛教重地，加之洛阳开凿大型洞窟不多，很多工艺师留在了云冈，他们发展传统工艺，并在孝文帝汉化的浪潮下，创造出一些新的样式和题材。这个时期塑造的佛像、菩萨像，都已是短衫长裙的汉人装束。随着孝文帝汉化的深入，佛也一步步地被汉化了！

北魏孝文帝在进一步扩建云冈石窟的同时，为纪念祖母，还着手开凿龙门石窟。龙门石窟，又称伊阙石窟。在今天河南省洛阳市南郊伊河入口处的两岸龙门山和香山。与敦煌莫高窟、大同云冈石窟并称为中国古代佛教石窟艺术的三大宝库。此窟开凿于北魏至北宋年间，历经400余年的营造，两山窟龛，密似蜂窝。现存窟龛2100多个，造像10万余尊，题记碑碣2700多块，佛塔40多座。龙门石窟的大规模营造，是在孝文帝之后的宣武帝时代，但是它的启动却是在孝文帝时。相传，龙门石窟是孝文帝为追念祖母文明皇太后冯氏而兴建的，大

约在太和十九年（495年），即有僧人匠役奉旨投入这一石窟开凿工程了。

孝文帝在迁都洛阳的同时，也把佛教文化从平城迁移到洛阳，以至于旧都平城有什么佛寺，他就在新都洛阳造什么佛寺。永宁寺是献文帝时代在平城建造的国立寺院，孝文帝曾在这里经常召开法会、设斋。迁都洛阳后，孝文帝即着手兴建新的永宁寺，终于在熙平元年（516年）建成竣工。在平城还有为文明皇太后建造的报德寺，孝文帝比照该寺，在洛阳丝毫不差地另建一座报德寺。就这样，在孝文帝的直接关照下，洛阳在成为北魏新的政治中心的同时，也成为新的佛教中心。

孝文帝于太和十九年（495年）四月行幸徐州白塔寺，前往看望寺内僧嵩法师。僧嵩曾经从鸠摩罗什那里接受《成实论》，后在徐州弘扬佛法。孝文帝博览经史，喜好老庄，亦通佛典，平素尤喜玩味《成实论》，因此才特意造访精通《成实论》的僧嵩。据载，僧嵩曾将所学传授僧渊，僧渊又转授慧纪、道澄二人。

这慧纪、道澄两位高僧，也深得孝文帝的敬重。据《广弘明集》卷24载，当慧纪法师圆寂时，孝文帝特颁诏说：

> 徐州法师慧纪，凝量贞远道识淳虚，英素之操超然世外，综涉之功斯焉罕伦，光法彭方声懋华裔，研论宋壤宗德远迩，爰于往辰唱谛鹿苑，作匠京缁延赏贤丛。修矣，死魔忽歼良器，闻之悲哽伤恸于怀，可敕徐州施帛三百匹，并设五百人斋，以崇追谥。

◀金塔寺西窟中心柱的密迹金刚 北魏

孝文帝与道澄的关系尤其密切。当太和十九（495年）孝文帝向南征伐攻打寿春时，就曾派遣道澄先行进入城内，向城内众僧施与绢帛500匹。太和二十年（496年），道澄死去，孝文帝为表哀悼之意，施帛1000匹，设一切僧斋，历时7天行法事，并下诏天下须着白色丧服，在诏书中明确说“朕师道澄法师”，可见孝文帝对道澄是何等的尊重。

孝文帝热衷佛典，颁布诏敕，请高僧每月三次入宫讲说佛法。《广弘明集》卷24载：

> 先朝之世，经营六合，未遑内范，遂令皇庭阙高邈之容，紫闼简超俗之仪，于钦善之理，福田之资，良为未足。将欲令懿德法师时来相见，进可飡禀道味，退可饰光朝廷，其敕殿中听，一月三入，人数法讳别当牒付。

孝文帝的诏书说，往昔先朝之世，为了经营天下，无暇思考内范，朝廷上缺乏高藐的威容，令宫中起用礼俗以简略威仪，钦善道理，福田之资，都不够重视。因此，与高德法师时常往来相见，听其弘扬佛法，必当为朝廷增添光辉，每月有三次允请沙门入宫宣讲，有关人数和法讳，当另行通知。孝文帝为强化中原统治，设法启用佛教，以至迎请僧尼入宫，一月三次，习以为常，成为定制。

▲河南登封嵩岳寺塔

孝文帝还十分关心沙门的安居供养。为此，孝文帝曾颁“帝令诸州众僧安居讲说诏”，规定：地方各州安顿僧人，一般要保证大州300人，中州200人，小州100人。根据需要，还可适当增减。

孝文帝就僧人佛事问题颁诏是经常的，他在“赠徐州僧统并设斋诏”中，诏令向徐州沙门统僧逞施给布帛300匹，以供追福之用，并敕命设5000人的大型斋会。

历史上赫赫有名的少林寺，也是北魏孝文帝创建的。少林寺为中国佛教禅宗祖庭，位于河南登封城西少室山（即嵩山）。据佛教传说，早年有西域沙门佛陀禅师，四处游历，来到北魏京都平城，深得孝文帝的尊崇。当孝文帝南迁时，佛陀也随赴洛阳。太和二十年（496年），孝文帝敕命在少室山山麓为佛陀立寺居住，供给衣食。因该寺处于少室山丛林之中，故名少林寺。佛陀法师在少林寺专传禅法，此后又师承不绝，传播海内外。到唐朝时，少林寺僧人勇助秦王李世民，而使少林武僧名声大震，这是后话了。

十三、北魏宣武帝的瑶光尼寺：专为皇后与女官

北魏太和二十三年（499年），33岁的孝文帝驾崩，其次子即位，是为宣武帝。史载，宣武帝也是个喜好佛教的皇帝，他广召名僧，大建佛寺，并且在宫中经常亲自讲经，甚至有沙门为宣武帝记录了《内起居》。《内起居》是仿照《起居注》而作的，《起居注》是有关官员在天子的左右，将天子的言行、起居如实记载的记录本，《内起居》则是沙门专门记述宣武帝礼佛活动的。

宣武帝即位后，因为过于崇尚佛教，无暇料理朝政，而把朝中政事委任给臣下去治理。当时有尚书令叫高肇，因为是外戚而独揽朝事。《魏书》卷84载：

> 初，世宗（宣武帝）委任群下，不甚亲览，好桑门之法，尚书令高肇以外戚权宠，专决朝事。

宣武帝登基伊始，便因奉佛而荒废了朝政！

◎河南龙门石窟宾阳洞中的帝后礼佛图

大规模地开凿龙门石窟，是宣武帝奉佛活动的一个重要内容。据《魏书·释老志》载，宣武帝即位的第一年景明元年（500年），就诏令大长秋卿（掌管宫廷内事的长官）王质等，仿照云冈的灵严寺石窟，在龙门为自己的父母孝文帝和文昭皇太后营造石窟。这两座石窟起初计划由地面到窟顶有31丈，到了正始二年（505年），开始改为23丈。后来，王质认为仍然太高，费工费时，恐怕难以完成，便奏请宣武帝，将石窟起点移就地平，开凿成高10丈、南北宽14丈的石窟。永平年间（508—511年），有中尹刘腾上奏说，还应当为当今皇帝宣武帝造一石窟。这样一来，便有三座石窟同时开凿，从景明元年到正光四年（500—513年）的13年间，共花费了八十余万的劳动工役。

宣武帝为纪念他的父母孝文帝和文昭皇太后而兴建的洞窟，位于龙门山上宾阳洞。洞中有11尊雄健朴实的圆雕大像，主佛释迦牟尼高8.4米，面部修长，眼大鼻高，嘴角略翘，使微笑长住。两侧侍立着二弟子、二菩萨，面相清瘦，衣服褶纹规整稠密，刻线流畅自然。洞顶雕有莲花宝座和伎乐天，整个洞内造像严谨、肃穆庄严，是北魏时期龙门造像艺术的典型代表。在宾阳洞中，宣武帝敕命雕塑了一组“帝后礼佛图”，表现的是孝文帝和文昭皇太后礼拜佛祖的场面，据说其富丽宏大的画面构思和细腻精湛的雕刻技艺，在礼佛图浮雕中被视为超绝之作。这组“帝后礼佛图”由两块组成，分立洞门南北两面，门北为孝文帝出行图，刻有头戴各种冠冕的孝文帝、太子、诸王、文武大臣和侍从像；门南为文昭皇太后出行图，刻有皇后、昭仪、女官、命妇像。这两幅大型精美异常的浮雕，可惜于1943年被盗往国外，宾阳洞内如今只剩下两块凹坑。这两件作品现存于美国纽约市艺术博物馆和堪城纳尔逊艺术博物馆。不管这组“帝后礼佛图”在哪里，它都是北魏孝文帝、宣武帝尊崇佛教的最好“物证”。

宣武帝不仅自己奉佛，还鼓励和带动身边儒臣崇佛。当时有个名儒叫惠蔚，任太庙令，于正始年间（504—507年）在北魏宫廷为宣武帝充任侍讲，在宣武帝的要求下，他经常夜谈佛典，废寝忘食，由此博得了宣武帝的宠信。惠

帝后礼佛图

龙门石窟的这组雕塑分为三层，每一层都有一个不同的主题。帝后在随行官员的陪同下，由比丘和比丘尼引领，虔诚地进行着礼佛活动。整个雕塑紧凑工整，体现了佛法的神圣。

蔚的名字，原本只有“蔚”一个字，后由宣武帝赏加“惠”字，所以后来人们都以惠蔚法师相称。神龟元年（518年），67岁的惠蔚死去，朝廷赐帛500匹，并追赠大将军、瀛洲刺史。

▲北魏宣武帝景陵前石人

北魏宣武帝认为，加强对僧尼的有效管理，是繁荣佛教的必要保障。为此，他在永平元年（508年）颁诏说，僧侣与俗人本有所别，适用的法律规范也应当有所不同，今后僧众中除有杀人罪的仍按俗法来处断外，其他的犯罪，全部交付僧侣管理机构昭玄曹以内律（佛教律文）处断。

紧接着，于永平二年（509年）的冬天，在沙门统惠深的建议下，宣武帝就僧尼队伍的管理问题又颁发敕令：

第一，随着僧尼人数的不断增加，沙门队伍的管理日趋紧迫，诸州、镇、郡的维那、上座、寺主（俗称三纲之职）一切行事应依佛教律制，这些地方僧官如有对佛律不够精通者，当责令其引退。

第二，出家人不可触犯戒律，不可贮备“八不”净物，比如车牛也属不净之物，不可私备。作为例外，只能是年老多病而且年龄在60岁以上者可备车一乘。

第三，近来僧尼中有以三宝物（寺院与沙门的所有物）之名出贷私财者，今后一律严行禁止。

第四，出家人本无丧服礼仪，故不可废出家之道而从俗习披戴丧服；如于远处闻知父母三师的不幸，允许三日之哭；若是当日遇知不幸，限许七日之哭。

第五，不安住寺院而到处游荡的僧侣，往往惹是生非，日后再见有这类游僧，即令其脱掉僧服还俗。

第六，建造供50名以上僧众居住的寺院，必须先行申报，获准方可动工。若有未经准许而营造者，处以违敕罪，然后赶出该寺放逐外州。

第七，僧尼不可为俗人役使。若有违反，着令还俗回归本籍。

第八，外国来华僧侣，若欲归化者，需经过详细检查考核。经查验，符合三藏德行者，许其居留；如无德行，遣还本国；对违制逗留者，依照中国僧制处罚。

以上八条，是宣武帝专门就僧尼问题颁发的一道敕令。宣武帝是要求以佛教的内律来整饬僧尼队伍和处理佛门事务，根据他的敕令，非经申报批准，不得私建寺塔，禁止寺院或僧尼本人贷出私财以收取利息，以免影响国家的正常经济运转。宣武帝特意要求僧尼须居住在固定的寺院，禁止在民间游历，以及擅自进入百姓家中寄住，饬令违反者还俗，这是为了防止僧尼与百姓交往串联以致滋事。宣武帝订立了有关外国僧侣的条例，是因为这个时期，来自天竺和西域的外国僧人急速增多，理当采取相应的法律对策。宣武帝就是这样，一方面大力奉佛，另一方面又对僧尼队伍严加管束，将佛教世界纳入北魏皇帝的一统天下。

北魏宣武帝真心奉佛，以至于不惜将自己的离宫改为佛寺。永平二年（509年），宣武帝颁诏，将自己在河南登封的一处离宫，改建为寺院，此寺后来改名为闲居寺，到了隋代又更名嵩岳寺。该寺内建有一塔，是我国现存最古老的砖塔，全塔除塔刹和塔基之外，均以砖砌筑，高39.8米，底层直径10.6米，其外形流畅秀丽，艺术成就非常高。

据《洛阳伽蓝记》载，北魏宣武帝的礼佛形像活动十分隆重。行像，就是用车载着佛像巡行城市街道的仪式。行象发源于古印度。据佛教史籍说，在佛陀去世后，佛教徒们深深地怀念他，祈求能再亲眼见到他，便制作了佛像，在佛诞日上街游行，供人瞻仰，形像活动于是风行开来。宣武帝诏令京城外每年都隆重安排形像活动。据载：佛诞日的前一天，京城各寺的一千余尊佛像都集中到城南的景明寺。第二天，大队佛像巡行开始，依次进入宣阳门，向后宫进发，接受宣武帝散花。

> 于时，金华映日，宝盖浮云。幡幢若林，香烟似雾。梵乐法音，聒动天地。百戏腾骧，所在骈比。名僧德众，负锡为群。信徒法侣，持花成薮。车骑填咽，繁衍相倾。

甘肃临夏永靖的炳灵寺第169窟第8龛坐佛头部 北魏

当时从西域来到北魏的沙门，见到宣武帝组织的形像活动如此隆重，惊叹为“佛国”。

宣武帝与胡僧菩提流支交情颇深，礼遇甚厚。永平元年（508年），北印度僧人菩提流支携带大量梵本，翻越葱岭来到洛阳，很快得到宣武帝的赏识，他亲自召见，赐予大批供养物品，又不时遣人慰劳，并且安排菩提流支住进规模宏大的永宁寺。当时，在永宁寺内有印度、西域僧侣共达七百余人，宣武帝命菩提流支“为译经之元匠”，主管佛经翻译事业。在宣武帝的支持和赞助下，菩提流支的译经事业搞得有声有色，先后译出《金刚般若波罗蜜经》1卷、《弥勒菩萨所问经》1卷、《胜思惟梵天所问经》6卷、《深密解脱经》5卷、《入楞伽经》10卷、《大萨遮尼乾子所说经》10卷、《弥勒菩萨所问经论》5卷、《究竟一乘宝性论》4卷、《法华经论》2卷、《宝积经论》4卷等佛教经典，共有30部101卷。据载，菩提流支的房间内梵本万册，译稿满屋，这位外来胡僧在北魏皇帝手下有了用武之地。

北魏宣武帝在宫内演讲佛经也是常事。《魏书》卷8载：

> （宣武帝）雅爱经史，尤长释氏之义，每至讲论，连夜忘疲。

宣武帝贵为天子，能为僧侣、群臣宣讲深奥的佛经，而且常常是连夜宣

山东济南千佛山石窟神游洞西壁的供养人礼佛图

讲，不知疲倦，足见他的奉佛热情之高。

在崇佛皇帝宣武帝的带动下，各州郡佛事频繁，从官吏到庶民纷纷热衷于佛教活动。虽然要有一定的申报审批程序，但佛寺建造热潮越来越猛，到延昌年间（512—515年），北魏各州郡的僧尼寺院总计达13727座，真可以说是北魏佛寺遍天下了！

宣武帝甚至还在京城为皇后、女官们建造了一座瑶光尼寺。当初孝文帝迁都洛阳时，议定在城内设一所永宁寺，在城外设一所尼寺。到了宣武帝时代，在城内也建造尼寺了，特别是为皇族女眷营建了瑶光尼寺。瑶光尼寺在洛阳城阊阖门的御道北边，由东边的千秋门出去，约有二里远的地方。这座尼寺是宣武帝为孝文帝的废皇后冯氏和宣武帝的皇后高氏所兴建的，后来成为名族女眷出家为尼的修道场所。《洛阳伽蓝记》卷1中的“瑶光寺条”有载：

> 椒房嫔御学道之所，掖庭美人并在其中，亦有名族处女，性爱道场，落发辞亲，来仪此寺，屏珍丽之饰，服修道之衣，投心入正，归诚一乘。

这段记载向人们披露，瑶光尼寺是皇后、女官们的修习佛道的场所，后宫的美女们，有的也在这里停留。更有大家闺秀，本来喜好修行佛道，也剪掉头发辞别亲人，来到此寺。她们舍弃装金饰玉的华丽服装，身穿修行佛道的衣袍，虔诚地恭奉佛教。

这座瑶光尼寺，后来在永安三年（530年）尔朱荣攻入洛阳城时，有胡骑数十人闯入寺内，对女尼们极尽奸淫。为此，瑶光尼寺的女尼在日后常被世人嘲笑。

十四、北魏胡太后发出的度僧限令

北魏胡太后指的是宣武帝的皇后胡氏。胡氏生在一个奉佛世家，其父胡国珍是朝中重臣，十分热衷佛事活动，其姑姑出家为尼，宣讲佛道。胡氏以秀美聪颖被召入宫，并一度受到宣武帝的宠爱，生下皇子。

延昌四年（515年）正月，宣武帝死去，胡氏所生的6岁皇子即位，是为北魏孝明帝。还是孩子的孝明帝登基后，先有宣武帝的皇后高氏为皇太后，后来高氏看破红尘，出家为尼，住进瑶光寺修行，不久因事变而死。于是，北魏朝廷的大权便落在胡太后的手里。她亲自临朝听政，群臣上书皆称“陛下”，她本人也自称“朕”而执掌朝纲。胡太后掌权伊始，便大力提倡尊奉佛教，亲率文武百官为佛寺奠基。那是孝明帝熙平年间（516—517年），胡太后敕命在洛阳城内太社的西面建造永宁寺，当开工之日，胡太后亲自带领朝中大臣前往安置基石，设立幡柱，该佛塔建有9层，高达40余丈，为此所耗用的人力物力，就无法计算了。还有景明寺，它虽是宣武帝景明年间建造的，但其 7 层塔都是胡太后时所立，所以说，胡太后对洛阳佛教文化的兴盛，起了很大的推动作用。据《魏书》卷9载：

（熙平二年夏四月）乙卯，皇太后幸伊阙石窟寺，即日还宫。

▲甘肃天水麦积山库藏第191号影塑坐佛 北魏

由此可知，胡太后还亲自行幸龙门石窟。在胡太后执掌朝政的年代，龙门石窟的再度开凿，在莲花洞和魏字洞，都刻有正光、孝昌年号的造像记。

在京外各州，胡太后诏令各建5层佛塔，并命地方官经常举办斋会，布施很多物品。地方百姓为了营造佛塔而疲于奔命，市面金银的价格节节上升，府库所藏消耗殆尽。以至于有朝中老臣任城王澄上书劝谏，请胡太后将全国上下过于铺张的佛事活动略微收敛些。史载，胡太后在位的北魏末年，江北整个地区建有佛寺3万余所，有僧尼200万人，奉佛队伍可谓宏大。

胡太后的父亲胡国珍因拜佛丧命，更成为笑谈。胡国珍在孝明帝即位初为光禄大夫，胡太后临朝后，父以女贵，胡国珍升为侍中，封为安定郡公，其妻皇甫氏封为京兆郡君。胡国珍年事越高越敬佛法，经常吃斋，礼佛不懈。神龟元年（518年）的佛诞节来到了，其前一天即四月初七日，已是80岁的胡国珍由家宅步行到阊阖门，全程有四五里路。第二天初八日，胡国珍从早晨开始便伫立不动，敬观佛像，一直到傍晚才坐下来，因为劳累过度，再加上天气闷热，胡国珍病倒在床。虽然胡太后不离左右，亲自侍奉汤药，还是在四天后死去。胡太后敕命全国各州，七七期间（49日内）各设千僧斋，度7人出家，百日时则各设万人斋，度27人出家。

神龟元年（518年），胡太后派遣惠生、宋云等人从洛阳出发，去西域求

经，经过今天的青海、新疆，越葱岭，巡游乌场、犍陀罗等地，于正光二年（522年）归来，带回大乘佛经170部。胡太后奉佛，不忘到西方求取真经。

在北魏帝室崇佛狂潮一浪高过一浪的同时，也时有佛教徒谋反之事发生。如515年有沙门法庆的大乘教徒兴乱；接着517年，又发生了月光童子刘景晖之乱。有鉴于此，胡太后出于维护北魏王朝统治的根本目的，在崇佛的前提下，对度僧一事加以限制。熙平二年（517年），胡太后颁发诏令：

第一，限制度僧人数。规定准许度僧的人数，大州300人，中州200人，小州100人。早在太和十六年（492年），北魏朝廷曾有诏令，允许度僧大州100人，中州50人，小州20人。两个诏令相比较，可见在这26年间，僧尼队伍的迅速壮大。胡太后规定，度僧的权限，在州是由沙门统、维那与刺史等地方官吏共同行使，由他们选拔修行精练之人准令剃度。如果剃度非人，则刺史等俗官分别降调，沙门统、维那等僧官一律罢免，并放逐到500里外的州郡。

△甘肃庆阳北石窟寺第165窟窟门外壁右侧的天王 北魏

第二，不许奴婢出家。诸王和亲贵，也不得为家中奴婢请求出家，犯者以违旨论处。僧尼中如果有人擅将人家的奴婢剃度出家，须放逐500里以外。以往有僧尼私养亲族或他人奴婢，年大以后私度为弟子，自今以后一律断绝，若有犯者，该僧尼责令还俗，奴婢仍返还其本来身份。

第三，禁止私度僧人。寺主若私下剃度一人，放逐500里以外，若擅许二人私度，则驱逐千里之外。地方官对私度僧要严加禁止，私度僧人如果在一个县超过15人，在一个郡超过30人，在一个州超过30人，则罢免其行政长官，所属官吏也要连坐，私度僧本人发配做劳役。

胡太后的这道禁令，中心内容是限制度僧，禁止奴婢出家和禁止私度。其目的是，以皇权控制佛教，使日益壮大的僧尼队伍不致影响到正常的封建秩序。但在实际上，胡太后的诏令下达后，并没能收到预期的效果，各地佛教教团依然比较混乱。

胡太后的后半生，大起大落，大悲大喜，也与佛教密切相关。正光元年（520年）四月，临朝听政的胡太后突然被元叉、刘腾二人幽禁在北宫，时间长达 4 年之久。不过，到了孝昌元年（525年）七月，胡太后又奇迹般地重新执掌朝政。第二年，即孝昌二年（526年），突有飓风来袭，房顶掀落，大树被连根拔起，永宁寺塔刹竿上的宝瓦也被吹落，人们认为这是不祥之兆。武泰元年（528年）二月，年仅19岁的孝明帝崩于显扬殿。孝明帝一死，其身边亲

△甘肃天水麦积山库藏影塑飞天 北魏

信大臣都被胡太后处斩，朝野上下都怀疑胡太后为了继续专权而暗害了刚刚成年的孝明帝。于是，建义元年（528年），有太原王尔朱荣以讨伐胡太后的暴行为名，兴师问罪，直逼京师洛阳。胡太后见大兵压城，含泪削发，想出家了事，但仍被尔朱荣拘禁起来。胡太后请求饶她一命，尔朱荣却不允准，命人把这个曾几度执掌朝政的太后沉入黄河。胡太后的一个妹妹派人将胡太后的尸体打捞上来，埋葬在双灵佛寺，胡太后最终又投奔佛国了。

十五、麦积山，西魏文皇后削发为尼

北魏末年，战乱连年，朝政渐渐被军阀高欢掌握。534年，身为大丞相的高欢，强行把都城从洛阳迁往邺城，拥立年仅11岁的元善见（孝文帝四世孙）即位，称孝静帝，此即东魏。另有北魏的最后一个皇帝孝武帝，当初因不满高欢的专横跋扈，从洛阳逃脱出来，投奔了长安的宇文泰。永熙三年（534年）十月，孝武帝在长安被宇文泰毒杀。宇文泰另拥立北魏南阳王元宝炬，称文帝，于是，以长安为京都建立了西魏政权。这就是我国历史上的东西两魏。

东魏孝静帝虽是少年即位，却也奉佛。《北齐书》卷24中，载有孝静帝稍大后与朝臣杜弼的一段问答，表明孝静帝是通晓佛教教理的。孝静帝问："佛教中的佛性与法性是一理的，还是互异的？"杜弼就此答道："佛性与法性是一理的。"皇帝听后，进一步问道："佛性不是法性，怎么会是一理的呢？"杜弼解释说："佛性也好，法性也好，都是性，并无变易，因为性是无处不有的，所以才是一体的。"孝静帝听后反问说："法性是宽的，佛性是窄的，宽和窄本来是不同的，怎能说是一体？"杜弼答说："在宽成宽，在窄成窄，若论性体，非宽非窄。"皇帝又问："既言成宽成窄，又为何非宽非窄，若定是窄，亦不能成宽。"最后杜弼答说："以非宽窄，故能成宽窄，宽窄所成虽异，能恒成一。"至此，这一君一臣才结束了这次关于佛性的探讨。完了，孝静帝亲自来到经书文库，挑选了一部《地持经》，连同绢帛100匹，一同赐给杜弼。

孝静帝于武定六年（548年）四月初八日，在宫内的显阳殿召集名僧和朝臣讲说佛理。杜弼和吏部尚书杨愔、中书令邢邵、秘书监魏收等参加法筵。孝静帝敕命杜弼升师子座开讲席，当时的昭玄都僧达及道顺都是一代名僧，杜弼

接受这些人的接连提问，毫无惧色，对答如流。孝静帝敬重的杜弼，的确是很精通佛法的。

被南朝梁武帝称为“肉身菩萨”的高僧昙鸾，也曾得到东魏孝静帝的赏识。孝静帝很看重昙鸾的志尚高德，称他为“神鸾”，安排他住在并州（今山西太原）大岩寺，晚年又移往石壁山（今山西交城境内）玄中寺，弘通净土法门。孝静帝对昙鸾的佛务活动，一直给予很大的支持。

上面是东魏王朝唯一的皇帝少年天子孝静帝的礼佛情况，下面再看看西魏文帝是如何奉佛的。

《辩正论》卷3载：

> 文皇帝立德立仁，允文允武，常行信舍，每运慈悲。大统元年造般若寺，拯济孤老供给病僧。口诵《法华》，身持净戒，起七觉殿，为四禅室，供养无辍，檀忍不穷。

据此所述，西魏文帝于大统元年（535年）建造般若寺。这座般若寺经常收容孤老病僧，施行慈善事业。此外，文帝还经常口诵《法华经》，史载，文帝“每诵《法华》，以为恒业”。西魏文帝奉佛做到了持之以恒。

西魏文帝还拜高僧道臻为师。据《续高僧传》卷23载，文帝敬重道臻，迎为师傅，于长安建造大中兴寺，任命道臻为魏国大统，制定统理僧尼的科条。当时人们就说：“佛法载兴，诚其人矣！”道臻以帝师和僧统的双重身份，从事佛教的复兴。

应当说，西魏时期，不论是文帝，还是废帝、恭帝，都不过是个傀儡而已，真正执掌实权的人物是丞相宇文泰。这个西魏王朝的实际

甘肃天水麦积山西崖群窟

麦积山因其珍贵的雕塑、壁画而被誉为“东方雕塑馆”。麦积山石窟与甘肃敦煌莫高窟、山西大同云冈石窟、河南洛阳龙门石窟并称为我国四大石窟。

统治者，也雅好佛教。《续高僧传》卷1载：

> 时西魏文帝大统中，丞相宇文泰兴隆释教，崇重大乘，虽摄总万机，而恒扬三宝，第内常供百法师，寻讨经论，讲摩诃衍……

▲甘肃天水麦积山第178窟佛头像 西魏

宇文泰尊崇大乘佛教，弘扬三宝，在府邸内供养着上百名的法师，经常讲说佛法。据载，宇文泰还命沙门昙显依据大乘经来撰述《菩萨藏众经要》与《百二十法门》，其内容由佛性开始，到融门终了。宇文泰把这部佛教纲要书作为每天开讲的课本，代替了以前的佛教书。宇文泰又命僧官就佛教礼仪方面的香火梵呗、礼拜、唱导等问题，订立相应的规则。西魏丞相宇文泰，俨然成为弘扬佛法的释门要人。

文皇后失宠后出家为尼，也算是西魏宫廷奉佛的一个花絮。文皇后是文帝的皇后，失宠后，出走麦积山，削发为尼。麦积山位于甘肃天水市东南，这里有洞窟开凿于峭壁之上，重重叠叠十余层的栈道通向距地面六七十米高的洞窟，险峻异常，蔚为壮观。现存窟龛194个，保存泥塑造像7000多个，是中国泥塑造像最多的石窟。麦积山石窟的开凿年代，一般认为是在北魏、西魏时期。其佛像特点是，面相雄健，直鼻大眼，嘴小唇薄，躯体粗壮坚实。菩萨则高冠披发，袒裸上身，下着长裙，体态丰满。文皇后在麦积山这个佛国出家为尼，修行一世，最后就老死在这里。当文皇后死后，僧尼们凿崖为窟，予以安葬。麦积山由此又多了西魏文皇后一窟。

十六、北齐文宣帝修行甘露寺

公元550年，东魏朝中实权人物高洋接受孝静帝的“禅让”，即帝位，这就是北齐的文宣帝，北齐时代即由此开始。文宣帝既是武勇豪杰的天子，又是极尽淫乱的暴君，同时又是一代奉佛帝王。

文宣帝登基的第一年，即天保元年（550年），便“诏法常入内，讲《涅槃经》，称为国师”。可知，文宣帝刚刚穿上龙袍，就拜僧为师了。

文宣帝既然奉佛，自然对建造佛寺格外感兴趣。《续高僧传》卷16《释僧稠传》载：

> 天保三年下敕，于邺城西南八十里龙山之阳为构精舍，名云门寺，请以居之，兼为石窟大寺主，两任纲位，练众将千。

北齐文宣帝在邺城（今河南临漳）西南八十里的龙山南面建造云门寺，任命僧稠为云门寺与石窟寺的寺主，这座云门寺住有上千名的修行僧。关于文宣

帝兴建云门寺，史书记载："宣帝担负，倾府藏于云门。"为了建造和维持云门寺，耗尽了国库资财。

僧稠，是当时最有名的禅匠。佛陀禅师曾评僧稠："葱岭以东，禅学之最者，汝其人也！"文宣帝对僧稠深表敬意，曾就禅居深观问题向其讨教。文宣帝深受僧稠影响，越发迷上佛教，以至于提出：今后将国库资财分为三份，一份供国家军政开支，一份为帝室花费，一份赞助佛事。文宣帝表示："佛化东流，此焉盛矣！"

在文宣帝的支持下，云门寺成为修行禅观的一大禅林，盛极一时。文宣帝经常向僧稠赏赐银钱、绢帛、被褥等物，在寺中设库贮存，以供日常使用。僧稠在致文宣帝的奏疏中说，佛法的要务在于修心，钱财则是有碍修道的，希望不要再赐钱物。文宣帝越发觉得僧稠为大器，此后更是书信往来不断，不时为寺中病僧致送药饵。文宣帝还在家臣的陪伴下，行幸云门寺。当文宣帝驾临时，僧稠正在寺内参禅，弟子们告诉他皇帝来了，请他马上出门奉迎，可僧稠仍然坐地参禅，文宣帝并不因此有丝毫的责怪。我们若把文宣帝与梁武帝略加比较就会发现，梁武帝积极从事法事与讲经，而文宣帝则是尊崇禅师奖励禅观，由此可以看出南北帝王在尊奉佛教上存在的差异。

天保五年（554年）正月，文宣帝就佛道二教的发展问题，下问梁州刺史刘杀鬼所荐举的秀才樊逊。文宣帝认为，僧尼与道士的人数过于膨胀，由于这些人可免除赋税和劳役，因此直接影响到国家的财政收入，甚至宫廷费用也出现短缺，因此应当酌予裁减。樊逊知道文宣帝一心奉佛，便回答说：道教所说皆无，其事皆非，是虚妄之教，理当禁革，而佛教出家者，只是形态上的改变，实际上与俗人并没有什么两样，不用禁佛。樊逊的这番话，文宣帝当然愿

❶河南安阳灵泉寺石窟大留圣窟东壁卢舍那佛像 北齐
❷河南安阳灵泉寺石窟大留圣窟南壁弥勒佛 北齐

意听。

另据《广弘明集》卷4载，由于南朝梁武帝舍道奉佛，建康道士陆修静激愤不已，率门人投奔北齐，以重金贿赂贵族，以谋求道教的复兴。为此，文宣帝于天保六年（555年）下诏，召集沙门和道士各10人，令双方当面辩论决赛。辩论分三场进行，第一场，道士以方术表演出种种特技，因沙门不谙方术，败下阵来。第二场，高僧昙显出场，与道士陆修静对论，昙显饮酒大醉，狂放地与陆修静比赛咒术，结果是道士的咒术行不通，沙门昙显终于获胜。第三场，纯舌战。道士说，佛家自称属内，道教称外，内小外大，道家理当为上；昙显反驳说，如果按你们的推论，天子是内，难道是小吗？百官属外，难道是大吗？道士们无言以对。于是，文宣帝认定道教是虚妄之教，诏令天下予以禁绝。

上面这段记述显然是捏造的。因为陆修静生于晋末，已于刘宋泰始年间（465—471年）死去，怎会参加八十多年后北齐的佛道辩论。但是，文宣帝崇佛抑道，的确是事实。

天保九年（558年），文宣帝苦心经营的大庄严寺在邺城竣工。为弘扬佛法，文宣帝将北齐高僧及其弟子千余人召集到大庄严寺，另有居士500人。还请来当时十分活跃的高僧释昙衍，请他在大庄严寺开讲《华严十地》等佛学经文。

北齐文宣帝与佛门高僧广泛交游，与文宣帝保持经常往来的名僧有真玉、慧嵩、法上、道慎、灵裕、僧达以及僧稠、昙显等。文宣帝曾召集天下的俊秀人才在国立寺院天平寺讲说佛法，太平寺的真玉受到道俗的共同尊崇。文宣帝还曾诏请灵裕进住官寺，被灵裕婉言谢绝了。

在北齐佛教界，备受文宣帝信赖，执掌教团位居最高的是法上。当时人们都称："京师极望，道场法上。"文宣帝在天保年间于全国置有十统，以法上为大统，其他称为通统。北齐掌管僧尼事务的昭玄曹置有50人，全国上下所属僧尼200余万，法上以昭玄曹大统管理着这支庞大的僧尼队伍。朝廷对法上很满意，四方诸寺也都服从他的威令。文宣帝曾下达诏敕，尊法上为戒师。据《续高僧传》卷8载：

文宣尝布发于地，令上践焉。

这里是说，北齐文宣帝曾经伏地散发，请法上从上面践踏走过，以此来表示

▼河南安阳小南海石窟中窟外景 北齐

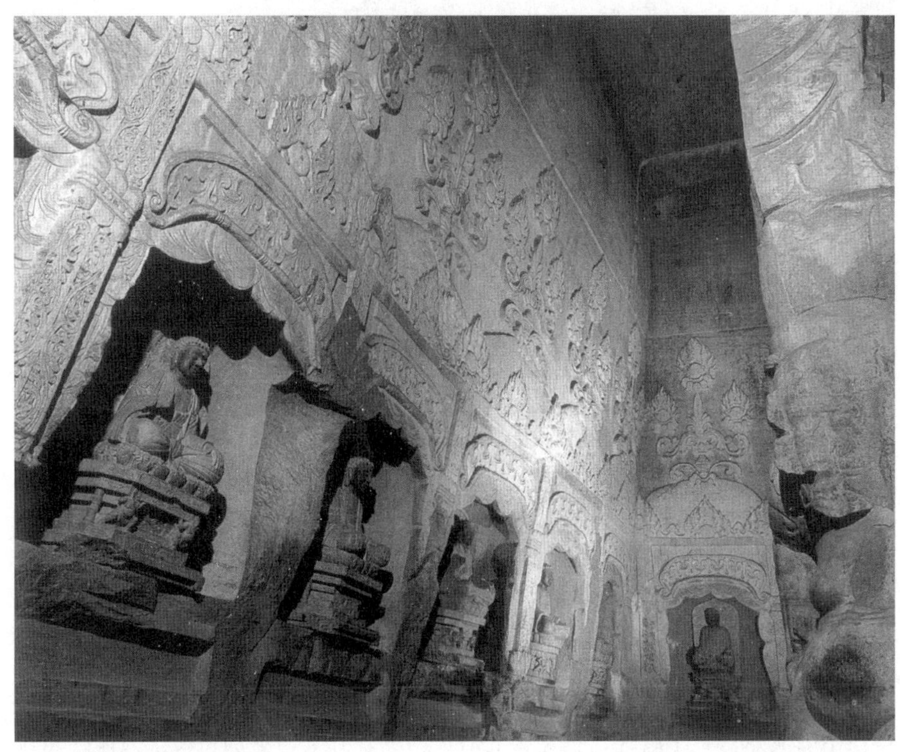

河北邯郸北响堂石窟9窟北甬道的塔形列龛 北齐

对法上的极度尊崇。

北齐文宣帝还效法江南的梁武帝，禁止杀生，断绝肉食，竭力实践佛教的慈悲教法。天保二年（551年），文宣帝下诏，禁止用凶猛的鸷鸟捕杀幼小动物，命人把这类猛鸟放还山林，同时，在从前王室进行鹰狩的土地上，为太皇太后建造宝塔，对鹰狩人员严加管束，并把鹰师曹的机构撤销，将原址改建为报德寺。到天保七年（556年），文宣帝以食肉是反慈悲的为由，开始断绝肉食。《北齐书》卷 4 就此载：

（天保七年五月）是月，帝以肉为断慈，遂不复食。

天保八年（557年）四月，文宣帝颁诏，禁止捞取虾、蟹、蛤、蚬等，只准捕鱼而已。同月，诏令禁绝一切狩猎活动。文宣帝由哀怜动物而惠及昆虫草木，天保九年（558年）二月下诏，限令只准在阴历十一月和正月火烧野荒，其他时间一律不得野外用火，以避免烧杀昆虫草木。甚至在天保末年，连宗庙祭祀，也不准供兽肉，文宣帝敬佛胜过敬祖了！

北齐文宣帝在晚年奉佛越发虔诚，曾先后两次行幸辽阳的甘露寺，并于该寺禅居深观，修行佛道。

北齐文宣帝也热衷于开凿石窟，他命人开凿的响堂山石窟，具有承先启后

▶河北邯郸北响堂石窟第3窟3壁开龛佛殿窟 北齐

的影响。响堂山石窟位于河北邯郸鼓山，包括南响堂、北响堂和小响堂三处。北齐时期，这里是由都城邺至晋阳的必经之地。以文宣帝为代表的北齐皇室和一批显贵在这里大兴佛事，开窟造像。北齐帝室开凿的响堂山石窟，其造像大多健壮丰满，胸部隆起，两肩宽大，整体造型是上大下小，略有厚重之感。其特点是，由早期造型对线的强调，发展为对物体自然形态的立体描述，但显得还不够成熟。到了唐代，在完善北齐风格的基础上，更加表现了人体的曲线美，形体生动自然。可以说，北齐响堂山石窟上承北魏传统，下开隋唐风格，表现了两大石窟造像高峰之间的过渡，在中国石窟艺术发展史上占有重要地位。

天保十年（559年）十月，31岁的文宣帝暴亡，其长子废帝即帝位。第二年改由孝昭帝登基，在位一年即亡，接着由武成帝即位。

武成帝虽生逢乱世，却不误奉佛。《北齐书》卷7载：

> （河清元年正月）诏断屠杀，以顺春令。

看来，武成帝是在效仿文成帝的“断肉食诏”，而敕命天下禁绝屠杀。

河清二年（563年）五月，武成帝在邺城内双堂闰位苑建立大总持寺，接着又于八月下诏，以三台宫作大兴圣寺。住进武成帝所建大总持寺的慧顺，是侍中崔光的弟弟，初习儒学，后为居士，进而出家。慧顺被武成帝尊为国师，后来就死在大总持寺。

河清二年（563年），北齐武成帝还诏请慧藏法师到太极殿上讲《华严经》。《续高僧传》卷9载：

> 齐主武成降书邀请，于太极殿开阐《华严》，法侣云繁，士族咸

集，时共荣之，为大观之盛也。

河清四年（565年）四月，武成帝让位与皇太子（后主），四年后，身为太上皇的武成帝病死。在唐初史学家李百药写的《北齐书》中提到，北齐武成皇帝卧病期间，曾梦见观世音来到他身边，观世音是位亭亭玉立的美妇人。且不论武成帝是不是真的做过这个梦，但这则记述倒是告诉我们，在唐朝以前，观世音已是女身了。

北齐后主于天统五年（569年）四月下诏，将并州的尚书省改作大基圣寺，以晋祠作大崇皇寺，又于十月诏令禁酒。晋祠的位置在太原寺西南的悬瓮山麓，是晋水的发源地，本是为了供把周武王的次子唐叔虞所建，是颇为有名的祠宇，后主一下把它改作寺院，人们都感到非常突然。

北齐后主还在晋阳建造了12所寺院，其规模之大、工艺之精，绝不亚于邺城的佛寺。后主在视察营造中的寺院时，若略有不满意的地方，便命人拆毁重造。每到夜晚，建寺工地灯火通明，寒冷的冬天用滚开的热水和泥施工，匠役昼夜劳作，不得休息。后主又在晋阳西山造立大佛像，为光照佛殿，一夜之间便燃尽万盆灯油。后主为皇后胡昭仪建造大慈寺，其设计工艺极尽精巧，为了运石填泉，耗费了数以百万的人力物力，人畜死者不计其数。

如果说北齐佛教的颓废，是由于后主极尽奢侈与横暴滥造寺院所致，那么，后主之母皇太后胡氏与僧人的堕落行为，则又暴露了宫廷佛教的荒淫。

武成皇后胡氏，在武成帝死后，经常前往佛寺参拜，渐渐与沙门昙献有了感情，以致暗中私通。为了博得昙献的欢心，武成皇后经常把金钱放置在昙献的坐垫下面，又把武成帝生前用宝石装饰的胡族坐具，挂在昙献寮房的墙壁上。深得武成皇后宠欢的昙献，获得了最高僧官昭玄统的职务。武成皇后不仅

◀河北邯郸北响堂石窟第4窟中心方柱式塔形窟 北齐

常常将昙献请入内殿偷情作乐，还在身边供养了近百名僧侣，对外声称讲说佛法，暗中多行不轨之事。后主对皇太后的不端行为虽时有所闻，但不敢相信。有一天，后主去皇太后胡氏的寝室请安，见有两个女尼在床上坐着，待招过来一看，竟是两个男僧。

武成皇后与僧人私通的事，闹得朝野遍知，僧俗共愤。当时有儒林学士章仇子陀义愤填膺地上书后主，严厉地斥责佛教，说沙门妖淫蓄财败俗，其中有“妃主尽入僧房，子弟夜宿尼室”之句。实际上指的就是武成皇后与昙献的不端行为。这个时期，高僧私养妻妾、女尼与僧俗私通，以及寺院堕胎的现象已十分普遍。荒淫的宫廷佛教带动了整个僧尼队伍的堕落。

十七、北周武帝禁佛——第二次帝王废佛

公元556年，西魏的实权人物宇文泰死去。宇文泰三子宇文觉接受西魏恭帝的禅让，建立北周政权。北周初年，执掌朝政的实际是宇文泰的侄子宇文护，他先后毒杀了两代帝王——孝闵帝宇文觉和明帝宇文毓，最后拥立18岁的宇文邕，是为北周武帝。

北周武帝即位之初，循例事佛，但相比之下，更重儒术。他常召集群臣到正武殿上，亲自讲解《礼记》。

▲河北邯郸南响堂石窟第1窟中心柱五龛立像释迦 北齐

天和二年（567年），有还俗沙门卫元嵩上书北周武帝，认为寺院僧尼过多过滥，常常滋生是非，国库收入也因此骤减，提出治理国家并不在于佛教，尧舜时代没有佛教，可国家十分安定，相反，南朝齐梁寺舍遍布，却导致亡国失祚。武帝对卫元嵩的上书深表赞同，开始为禁佛做准备。

从天和至建德年间（566—577年），北周武帝先后八次召集百官、沙门、道士等，就儒、释、道三教进行辩论。第一次是在天和四年（569年）二月初八日，武帝亲临大德殿，召请僧道名儒及文武百官两千余人，就三教谁优谁劣展开舌战，大殿之上众议纷纭，各执己见。接着，于三月十五日、三月二十日和四月十五日，又举行了三次辩论会，均不分上下，武帝每次都亲临现场，但并不表态。

北周武帝主持的三教论争，其第五个回合是在天和五年（570年）五月初十日。在这之前，有僧人甄鸾上书《笑道论》3卷，对道教的三洞说教加以嘲笑，武帝就把这件事作为这次论战的主题，结果认定《笑道论》中伤道士，当场命人把它焚烧掉。武

帝排斥佛教的倾向已表露出来。建德元年（572年）正月，武帝行幸玄都观，亲升法座讲说，并与公卿、僧道相问难，这是第六回合的三教论争。武帝借用道教的道观来举办三教辩论，这本身就表明了他重道贬佛的意向。接着，又于建德二年（573年）十二月，举行第七回合的辩论，武帝召集群臣及沙门、道士等，他自登高座，命题让大家辩论三教的先后次序，争来论去，最后由武帝敲定：儒教为先，道教次之，佛教居后。以往虽然经过六次论争，但都没有确定谁先谁后，这次则定下了儒、道、佛的排列次序。

汉白玉观世音立像

建德三年（574年）五月十六日，北周武帝举行第八回合的三教论争。武帝先让道士张宾与僧人智炫对论，张宾虽有辩才，却不能折服智炫，武帝于是以天子的权威，出而斥责佛教之不净，智炫仍不能心服。但武帝毁佛决心已定，遂于第二天颁发了禁佛诏令。

北周武帝的禁佛令，于建德三年（574年）五月十七日下发。《周书》卷5就此载道：

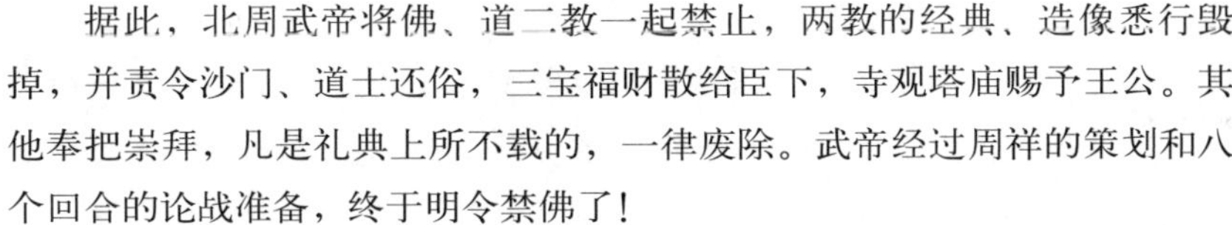

（建德三年五月）丙子，初断佛道二教，经像悉毁，罢沙门、道士，并令还民，并禁诸淫祀。礼典所不载者，尽除之。

据此，北周武帝将佛、道二教一起禁止，两教的经典、造像悉行毁掉，并责令沙门、道士还俗，三宝福财散给臣下，寺观塔庙赐予王公。其他奉把崇拜，凡是礼典上所不载的，一律废除。武帝经过周祥的策划和八个回合的论战准备，终于明令禁佛了！

北周武帝毁禁佛道二教的诏令下达后，在一个月内，全国上下，不论是官立寺院还是私寺，一概撤销，佛像被砸坏，经典也被焚烧。大批寺院赏赐给王公大臣作宅第，300万僧众被勒令还俗，充军为民，编入国家户籍，寺院的无数财货全都归入官府。这里最重要的一点是，数以百万的僧众还俗后，多数应征从军。这恰是武帝毁佛的根本意图，他为了求得攻伐北齐的成功，就需要在当时社会占据相当大比例的强壮沙门或道士去充当士卒，强化军队。因此可以说，北周武帝的禁佛，是力求富国强兵的一项国策。

麦积山第47龛正壁右侧胁侍菩萨 北周

建德六年（577年），北周武帝讨伐北齐，攻占邺城，遂在北齐境内推行灭佛令。将原北齐辖地的一切佛像、经典全部销毁，所有僧尼一律勒令还俗，史载“北地佛教，一时绝其声迹”。佛教在中国皇帝的高压之下，遭受了一场灭顶之灾。

北周武帝死后，宣帝、静帝先后继位，接连颁诏复佛，佛法又渐渐兴盛起来，直至迎来隋唐宫廷佛教的繁荣。

第五章
佛在皇宫走红的黄金时期

隋唐时期，是中国封建社会第二次大一统王朝的重建，国力雄厚，文化繁荣。有着如此优越的历史条件，加上帝王的大力支持，佛教也进入了在中国的鼎盛时期。这一时期中国佛教的特点有三：一是寺院林立，二是僧尼众多，三是宗派涌现。这些兴盛气象，大大影响着国家的政治生活和人们的思想行为。同时，也标志着佛教传入我国后，依附于传统的儒、道等思想的过程已告结束，从此佛教进入独立地作用于我国封建社会的阶段。于是，佛教在隋唐皇宫备受重视，大为走红。

隋王朝的建立，结束了南北分裂的局面，佛教也得到了统一。隋文帝大肆营造佛像，翻译佛典，并设立译经院，在全国诸州建舍利塔，极力宣传建塔的灵感，以显示隋之得天下是诸佛所加被的。

进入唐朝，统治者更加竭力地扶持佛教。尽管李唐皇室尊道教始祖李耳为家祖，但对佛教仍很看重。唐太宗曾自称"皇帝菩萨戒弟子"，并鼓励大臣们出家当和尚。武则天在夺取帝位的斗争中，尤其大大地利用了佛教，佛门高僧称她是该做皇帝的女菩萨。唐明皇敬奉佛教，与外来胡僧交往甚密。作为官府颁发的出家许可证"度牒"，产生于唐朝，它在李唐皇室平定安史之乱中发挥了特殊效用。以唐宪宗为代表的中唐诸帝，迎佛骨入大内供养，到寺院听高僧"俗讲"，礼佛活动从未间断，且一浪高过一浪。大唐皇权将佛教推向了极盛时期。

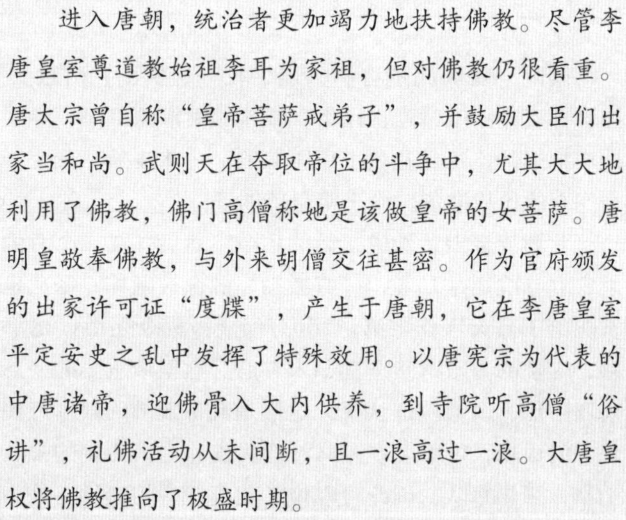

到了唐朝后期，佛教的过度发展，与皇权产生了冲突，终于发生了会昌年间的唐武宗灭佛。这次毁佛事件，使佛教元气大伤。再经过唐末社会动乱的折腾和五代时期前四代王朝有节制的冷落，佛教仅是维持局面而已。接下来的周世宗禁佛，又使下滑的佛教雪上加霜，走向了衰微。

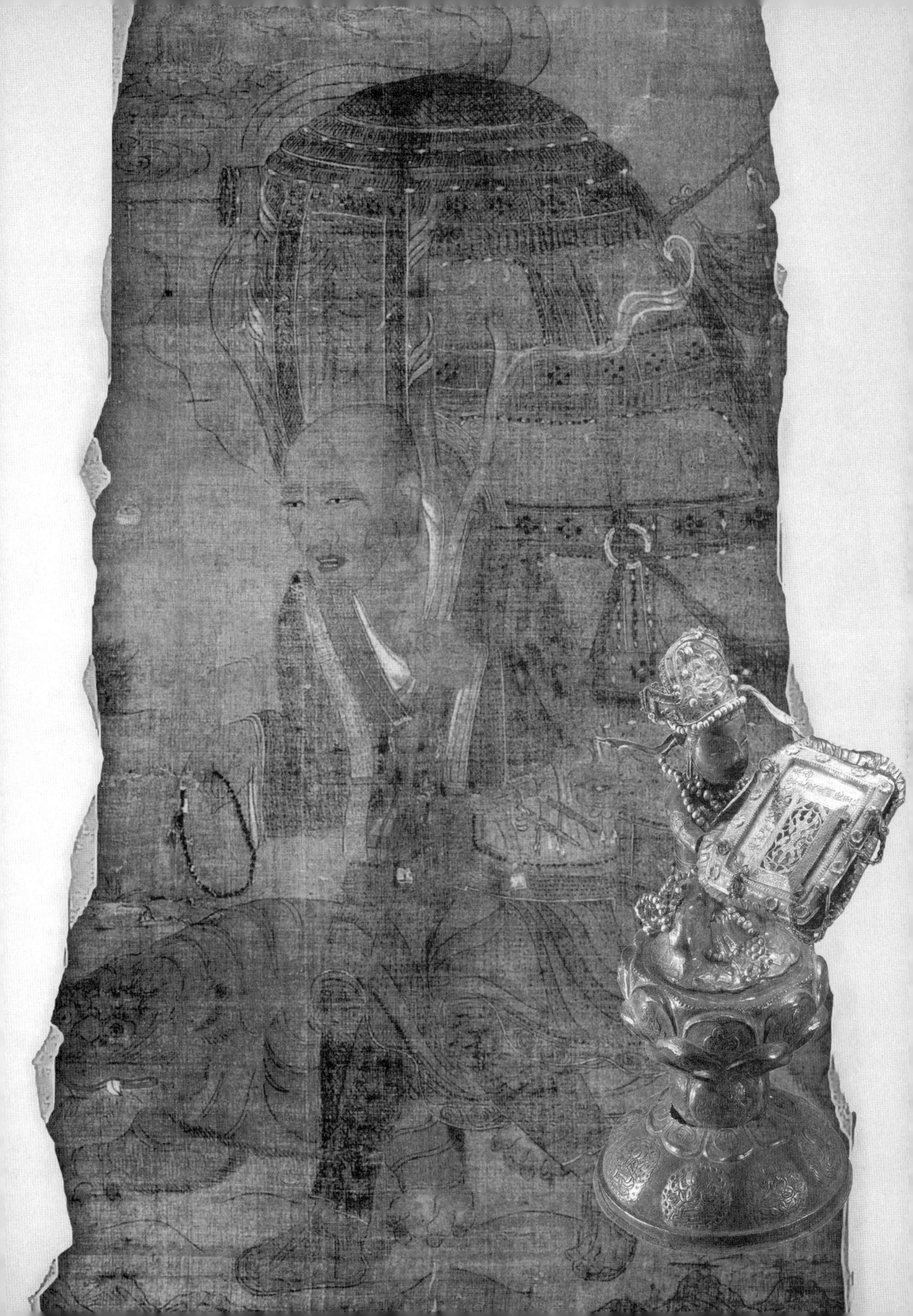

一、在尼庵中长大的隋文帝

△隋文帝 杨坚

隋朝开国皇帝隋文帝杨坚，结束了南北朝的分裂局面，统一了天下，也统一了佛教。

隋文帝奉佛有着深刻的个人背景。从降临人世，隋文帝便与佛教结下了不解之缘。他出生在佛教寺庙里，从小父母就把他寄托给僧尼抚养，主要由一个叫智仙的尼姑照看他，一直在寺庙里生活了13年。以后做了皇帝，他也时常对臣下讲起自己幼年时代的这段佛门生活，毫不避讳。隋文帝还敕令史官为抚育自己的尼姑作传，对自己生活过的尼寺大加修葺。

据载，仁寿元年（601年），隋文帝诏令天下各州，凡舍利塔内均作神尼智仙像，就是因为他少时得智仙养育的缘故。隋文帝常常无不感慨地对群臣说：我兴由佛法。

正因隋文帝自幼沐浴在佛光之中，对佛教有着特殊的感情，所以一直致力于兴佛。他在北周辅佐幼主，掌握朝廷实权时，就逐渐改变北周武帝的毁佛政策，留心恢复佛教。开皇元年（581年），当他取代北周身披龙袍登上天子之位时，便普诏天下，听任百姓自由出家为僧，广做佛事，大兴佛教。有《龙藏寺碑》这样记述：

> 大隋……上应帝命，下顺民心。……树兹法雨，使润道身。烧此戒香，令薰佛教。修第一之果，建取胜之幢。拯既灭之文，匡已坠之典。

这里盛赞隋文帝拯佛教于危难之时，兴佛法于将灭之际。

这一时期，也有高僧配合隋文帝的崇佛活动，称佛曾预言：将来佛法末世时，月光童子将托生于大隋为国王，能令国内一切众生倍奉佛法，将会“书写大乘方广经典无量百千亿数，处处安置诸佛法藏，名曰法塔，造作无量百千佛像，及造无量百千佛塔”。

隋文帝知道，要弘扬佛法，就必须进一步建立和健全僧官制度。为此，隋文帝改变北周僧官制度，仿照北齐，在中央设立昭玄寺，置昭玄大统、昭玄统、昭玄都僧官，天下各州置统都、沙门都、断事、僧正等，分别管理全国和地方僧尼事务，对外国僧侣还设有外国僧主。在有学问的僧侣中设“五众”（即讲大论、讲论、讲律、涅槃、十地五种）制度，五众设有众主，由朝廷任命。隋文帝还特置鸿胪寺崇元置令、丞，掌管国家佛教事务。

开皇二年（582年），隋文帝迁都龙首原（在汉长安城东南），因隋文帝在北周时原为大兴郡公，于是以“大兴”命名，都城为大兴城，殿有大兴殿，门有大兴门，园有大兴园，在这里建造的国立寺院也就称为大兴善寺。据《长安志》记载，该寺建成后，成为京城最大的寺院，其规模与太庙相同。大兴善寺的第一位寺主，是与隋文帝有布衣之交的灵藏，兼领昭玄都。住在寺内的有昭玄大统僧猛、继任昭玄统昙延及其随员等，协同朝廷处理全国僧尼事务。开皇七年（587年），隋文帝召请天下名僧进住大兴善寺，这当中有洛阳的慧远、魏郡的慧藏、清河的僧休、济阳的宝镇、汲郡的洪遵、太原的昙迁。这6位高僧，被隋文帝任命为“大德”，为僧众之主。这些名僧同时带来了不少的门徒弟子，大兴善寺一时聚集僧众三百余人，成为高僧荟萃之地。隋文帝在创建大兴善寺时，就考虑到创设译经馆，先后有外国僧人那连提黎耶舍、阇那崛多、达摩笈多、彦琮等在这里为主译，所译经文约占隋代译经总量的半数以上。

隋炀帝 杨广

隋文帝精心供养舍利一事，在佛教史上颇有影响。所谓佛舍利，就是释迦牟尼去世后火化的遗骨。据传，释迦牟尼死后，弟子以香木焚烧佛身，灵骨粉碎，大小如粒，其色红白，击之不坏，焚之不焦，每有光明神验。当时，有8个国家的信徒各分得一份佛的舍利。佛舍利的供养与崇拜，成为佛教在其早期的一种传统。当隋文帝尚在北周龙潜时期，曾得到印度僧人进献的一包佛舍利。为供养好这些佛舍利，仁寿元年（601年），隋文帝敕令在天下31州各建舍利塔，以便分藏。第二年又颁诏，下命增50州分立舍利塔。到仁寿四年（604）再次下敕，又增30余州立塔。这样，立舍利塔的州共达110多个。据载，隋文帝向各州分送舍利，均选名僧护卫办理。各塔在安放珍藏舍利的石函时，礼仪十分隆重，所在地方刺史以下县尉以上的官吏，要停止正常的衙署办公七天，以专门料理安放舍利之事。

这里介绍一下幽州云居寺（在今北京房山）供养隋文帝颁发的三粒舍利的情况。仁寿年间（601—604年），幽州沙门静琬从隋文帝处得到三粒佛舍利。为珍藏舍利，静琬于隋炀帝大业年间（605—618年）在幽州创建云居寺，该寺除本身建筑外，还有九个藏经洞。云居寺建成后，静琬将隋文帝赏发给他的三粒舍利安置在雷音洞（第五藏经洞）内。这三粒舍利包装得十分讲究，从外往里，石函套银函，银函套玉函，确是无价之宝。后来，明朝万历皇帝的母亲慈圣皇太后，曾把这三粒舍利迎入明宫，供养了3天，然后又恭恭敬敬地放回原处。1981年，有关单位在修缮雷音洞时，又意外地发现了隋文帝时存贮、万历母亲放回的舍利，真是一波三折，这些都是后话了。

隋文帝还曾大建五台佛寺。五台山，是中国佛教四大名山之一（另三个为浙江普陀山、四川峨眉山和安徽九华山），它位于山西省五台、繁峙二县境内。相传，这里是文殊师利菩萨显灵说法的道场。因为“岁积坚冰，夏仍飞雪，曾无炎暑”，所以又称“清凉山”。该山由五座山峰环抱而成，峰顶宽平如台。北魏、北齐时，已开始在这里建造寺院。隋文帝登基后，在敕命天下各州建造寺塔的同时，又专门颁发诏令，在五台山的五个台顶上各建一所具有相当规模的佛寺，使五台山的香火更加旺盛。

隋文帝也没有忘记少林寺。前面说过，位于河南登封城西少室山的少林寺，是北魏孝文帝时创建。在北周武帝禁佛时，寺宇被毁。后在北周大象年间（579—581年）重建，改名陟岵寺。隋文帝即位不久，便敕令恢复少林寺原名，赏赐良田100顷给该寺。少林寺由此复兴，成为北方一大禅寺。

隋文帝还别出心裁，动员民间力量，让每家每户出钱营造经像。在京城和主要都邑，则由官方负责缮写佛经，写好之后由佛寺和官方图书馆分别收藏。这些做法，在社会上影响非常大，《隋书·经籍志》说，当时佛经数量比儒家经典多出了许多倍。

山西五台山塔院寺的文殊发塔

由于隋文帝崇尚佛教，佛曲也进入隋朝宫廷。隋朝宫廷设有“七部乐”和“九部乐”，其中的“西凉乐”有舞曲《于阗佛曲》，于阗是地名，在今新疆和田一带；“天竺乐”有舞曲《天曲》，《天曲》也是佛曲。可见，佛教乐曲已列入宫廷燕（宴）乐的节目之中。欣赏佛曲，成为隋文帝宫廷文化生活的组成部分。

隋文帝的皇子杨广（即后来的隋炀帝），也随父奉佛。当年杨广为晋王时，率军南下建康攻打陈朝。杨广深恐佛像佛经在战乱中化为灰烬，于是传命各军，小心保护寺庙，见有灵像尊经谨慎收存，派学士高僧精心整理。在扬州的晋王府邸中，设有宝台经藏，共有四藏，总数近10万轴。晋王杨广对宝台经藏，亲自受持整理。

杨广为晋王时，就与天台宗创立者智顗交往甚密。杨广尊智顗为“智者大师”，智顗则应邀到扬州为杨广授菩萨戒，并取法名“总持”。开皇十五年（595年），智顗专为杨广撰著《净名经疏》。智顗有个弟子叫灌顶，一直跟随左右。开皇十七年（597年）智顗圆寂后，灌顶将智顗的遗书和《净名经疏》带到扬州，献给晋王杨广。杨广当即命灌顶

为智𫖮设千僧会，开皇十八年（598年），杨广承智𫖮大师的遗意，命灌顶主持，在浙江天台山南麓建造佛寺，初名天台山寺。大业元年（605年），杨广登基称帝，颁赐“国清寺”匾额，此后便叫国清寺了。

杨广对会稽嘉祥寺的吉藏也礼遇甚厚。吉藏是中国佛教三论宗的创立者，本是西域安息人，先世避仇移居南海，后迁建康。吉藏幼年出家，及长在会稽秦望山嘉祥寺弘传佛法，从他受学者多至千余人，后来学者即以他所住的寺号称他为嘉祥大师。开皇年间（581—601年），晋王杨广在扬州建置四个道场，延请高僧入住。吉藏以其盛名被延入慧日道场，受到特殊礼遇。开皇十九年（599年），杨广自扬州赴长安，邀请吉藏同行，到长安后吉藏被安置在日严寺，整理《维摩经》。杨广的次子齐王杨暕，早闻吉藏盛名，于大业五年（609年）请他莅临私第，邀集长安城内名士六十余人举行辩论会，并推吉藏为论主。高僧吉藏成为隋宫的活跃人物。

隋炀帝杨广即位的第一年，大业元年（605年），便大造佛寺。其中为文皇帝造禅定西寺，在高阳造隆圣寺，于并州建弘善寺，扬州造慧日道场，京师造清禅寺等。

隋炀帝在位期间，努力使佛教国家化、统一化。《大慈恩寺三藏法师传》卷1载：

> 初，炀帝于东都（今洛阳）建四道场，召天下名僧居焉，其征来者皆一艺之士，是故法将如林。

这反映了隋代已有了统一中国佛教的需要，所以隋炀帝要集中南北各路名僧，“破斥南北，禅义均弘”，从而开始打破了南北佛教各有所偏的局面，使两地僧人不断交流，互相影响，把禅法修持和义理研讨统一起来。

隋炀帝还于大业二年（606年），在东都洛阳的上林园设置佛教翻经馆，命彦琮主持其事，征召达摩笈多和许多

数珠手观世音　重庆大足石刻

佛教在隋唐达到了全盛，建寺造像之风遍及全国。隋朝初年东西部造像分别延续北周风格和北齐风格，隋末东西部风格趋于统一，多体现北周造像风格。

学士从事佛经翻译。不过，只译了7部，就因隋朝内乱，而使翻经馆的译事废止了。

隋文帝、隋炀帝父子以崇佛出名，以至于有日本人接连前来学习佛法。大业三年（607年），日本摄政圣德太子派使者小野妹子来到隋都，随同前来的还有沙门十余人。《隋书·东夷传》上说："使者曰：闻海西菩萨天子重兴佛法，故遣朝拜，并沙门十人，来学佛法。"也就是说，日本国君主听说隋文帝在北周武帝废佛之后，竭力复兴佛教，才特地遣使前来。很清楚，派遣使者和沙门到隋朝的主要目的就在于求取佛法。由于隋文帝、隋炀帝大力奉佛，隋都大兴城成为佛教传播的中转站了。

二、唐太宗与少林武僧及西天取经

（1）父子商讨佛事

唐朝李氏皇族，一度利用道教始祖老子姓李的巧合，尊老子为唐皇室祖先，宣称自己是神仙之苗裔，借此制造"君权神授"的舆论。因此，有唐一代，对道教格外尊崇和扶植。但对在汉地业已根深蒂固的佛教，李唐皇室也十分尊崇。

唐高祖李渊即位前，就曾祀佛求福。隋炀帝大业初年，李渊在荥阳的大海佛寺为次子李世民病愈造立佛像，那时李世民刚满9岁。高祖李渊起兵之初，曾在华阴拜佛求福。及即帝位，立寺造像，设斋行道，从未间断。

武德元年（618年），唐高祖李渊在京师长安的虔化门召集各地佛教知名人士，吉藏等一批高僧受到接见。第二年，唐高祖李渊设置"十大德"，命吉藏、保恭、慧因、海藏等10名高僧统理佛教事务，实际是利用僧人管理僧人。同年，他在长安城朱雀门的南通衢上，普建道场，设无遮法会。唐高祖李渊还为太祖元皇帝、元贞皇后造栴檀等身像三区，写像书经，备修禔福，命沙门49人入内行道。又命沙门道士各69人，在太极殿七日行道，散席之日设千僧斋。

唐高祖李渊还大建佛寺。他诏令，在京师兴造会昌、慈悲、证果等一批佛寺，又将旧居改为兴圣寺。唐高祖还把京城的一处宅第送给沙门昙崇，并赐名"清禅寺"。唐高祖建造佛寺的活动还不止于京内，在建康（南京）东北栖霞山西麓，南朝齐时永明年间（483—494年）曾建有一寺，唐高祖敕命，在该寺增建殿宇四十余所，改名功德寺。

△唐高祖 李渊

唐高祖李渊时，朝廷也发生过是否禁佛之争。据《旧唐书》卷79载，当时有太史令傅奕，几次上疏，奏请禁止佛教。武德五年（622年），傅奕向

唐高祖递上《废省佛僧表》，奏陈“益国利民事十有一条”，认为各州只留寺、观各一所便可。于是，有终南山龙门寺沙门法琳，站在佛教的立场上，广引中外书典，撰《破邪论》2卷，反驳傅奕，主张兴佛。武德七年（624年），傅奕再次上疏，亟言佛法害国，说六朝祚短，悉因信佛：

唐太宗 李世民

> 佛在西域，言妖路远。汉译胡书，恣其假托。故使不忠不孝，削发而揖君亲。游手游食，易服以逃租赋。演其妖书，述其邪法，伪启三涂，谬张六道，恐吓愚夫，诈欺庸品。凡百黎庶，通识者稀，不察根源，信其矫诈……

对傅奕的奏疏，道士李仲卿、刘进喜等极力附和，沙门法琳、普应、慧乘等则奋起驳斥。双方辩论，至为激烈。就此，唐高祖李渊于武德九年（626年）春下诏，垂询皇太子李世民说：

> 朕惟佛教之兴，其来自昔。但僧尼入道，本断俗缘，调课不输，丁役俱免，理应尽形寺观，履德居真，没命释门，清身养素。比年沙门，乃多有愆过，违条犯章，干烦正术。未能益国利化，翻乃左道是修。佛戒虽有严科，违者都无惧犯。以此详之，似非诚谛。今欲散除形像，废毁僧尼，辄尔为之，恐骇凡听。伫子明言，可乎不可？

唐高祖诏文发下，朝臣赞否不一。揣测高祖本意，实际是想顺从傅奕的意见，禁灭佛法。但又有顾虑，一是担心大规模地灭佛，恐骇凡听，二是高祖当初起兵反隋，曾凭借佛法。有朝臣裴寂进谏说：陛下昔创义师，志凭三宝，云安九五，誓启玄门。今陛下欲毁废佛僧，理不可也。而且，太子李世民也认为不当毁弃佛法。在这种情况下，唐高祖李渊下诏，强调原则上仍“兴隆教法”，“情在护持”，并且“诸僧尼道士女冠等，有精勤练行，遵戒律者，并令就大寺观居住，官给衣食，勿令乏短”。但对不能精勤修行者，当令还俗。唐高祖还诏令，酌量裁减佛寺和道观，“京城留寺三所，观二所，其余天下诸州，各皆一所，余悉罢之”。唐高祖李渊此诏，是在武德九年（626年）五月颁发的，他到了八月便退位当了太上皇。唐太宗李世民摄理朝政，大赦天下，裁撤寺观一事也就搁置下来了。接下来，倒是唐太宗对佛教更为推崇。

（2）少林武僧助阵与开启地宫舍利

十三棍僧救唐王

此为河南嵩山少林寺壁画中的精品，描绘了唐王李世民即位之前，曾遭王世充等人的追杀，后依仗少林武僧，才得以打败王世充，为以后的霸业打下了基础。

谈到唐太宗敬佛，人们首先会想到的是，他与少林寺和尚的生死之交。少林武僧兵助秦王李世民的故事，一直广为流传。据说，武德四年（621年），身为秦王的李世民率军平定王世充的割据势力，在攻伐危难之际，少林寺13个武功高强的和尚杀出寺门，以非凡的武艺投入战阵，助李世民一臂之力。战事完了，李世民颁发《告少林寺主教书》，少林武僧前来进见领奖，赏赐十分优厚，首立战功的和尚昙宗被封为大将军。其他几位和尚也各有封爵，并赐给少林寺良田40顷，水碾一具。从这以后，少林武僧声振海宇，闻名遐迩。

唐太宗尊崇佛教，以至于自称“皇帝菩萨戒弟子”。贞观初年，唐太宗将华严宗的始祖杜顺从终南山召入宫廷，赐号“帝心”，人们此后便尊杜顺为“帝心尊者”。贞观三年（629年），唐太宗诏令，以高僧波颇为主，在大兴善寺译经，译馆所需钱物，令百司供给。唐太宗还颁发佛典，“展转流通，使率土之人，同禀未闻之义”。

在唐代，法门寺真身宝塔的地宫先后被打开过7次，在这里珍藏的佛舍利有6次被迎到长安、洛阳两京。而李世民是唐朝第一个打开这个宝塔地宫的人。这里所说的佛舍利，据说是佛的一节中指骨，此佛骨长“一寸八分，莹净如玉，以金廓棺盛之”。一直以来，珍藏在岐州的法门寺。据载，贞观五年（631年），岐州刺史张德亮上疏唐太宗，说法门寺古塔相传三十年一开，以便僧俗信徒瞻仰佛舍利，请唐太宗定夺是否开启。唐太宗闻奏后，当即同意开启宝塔地宫。于是，在岐州刺史张德亮的主持下，法门寺的宝塔地宫被打开。据有关文献记载，地宫深一丈多，里面留有后周、北魏时期立的两个残碑，在地宫里真的找到释迦牟尼的佛指骨舍利一节。立刻，成千上万的僧俗信徒前往法门寺瞻仰。在这次礼瞻佛骨的活动中，有的信徒竟将自己的头发点燃，或用手指作灯芯而点燃，把这称为炼指，以表示虔诚的心情。唐太宗这次开示法门寺的佛指舍利，没有搞迎送活动，只是在当地瞻仰。

陕西扶风法门寺地宫出土的六臂观音纯金宝函

唐太宗因尊老子为家祖，而将道教排在佛教之前，针对这一安排，唐太宗专门向僧人作出解释。据《佛祖统纪》卷39载，唐太宗于贞观十六年（642年）行幸弘福寺时，就道先僧后的顺序问题，问弘福寺的住持说：老子乃朕之始祖，故如此决定，汝等是否不悦？住持回答说：此乃陛下尊敬先祖之美德，

岂有不悦之理？唐太宗又说：佛道两教之尊卑，乃人所共知，虽说排列在先，实则并无高下之分，朕之始祖来自柱下——即老子，故仅以尊敬老子、信奉老子教诲之道士排列在先而已，绝非轻视佛教矣。这段谈话充分表明，唐太宗在崇道之余不忘敬佛。

唐太宗时，宫廷娱乐往往离不开佛乐。唐朝建立之初，宫廷仍沿用隋朝的“九部乐”，至唐太宗时增为十部，即《燕乐》、《清乐》、《西凉乐》、《天竺乐》、《高丽乐》、《龟兹乐》、《安国乐》、《疏勒乐》、《康国乐》、《高昌乐》。其中的《天竺乐》、《西凉乐》、《龟兹乐》等西域音乐与佛教音乐均有密切的关系，如《天竺乐》中的乐工、舞工都是身穿袈裟，其乐舞也有明显的佛教色彩。

据《广弘明集》卷28载，唐太宗曾诏令天下，于全国“交兵之处”普建寺刹，超度随他征战而死的亡灵。破薛举于豳州，立昭仁寺；破宋老生于吕州，立普济寺；破宋金刚于晋州，立慈云寺；破刘武周于汾州，立弘济寺；破王世充于邙山，立昭觉寺；破窦建德于郑州，立等慈寺；破刘黑闼于洺州，立招福寺。贞观十九年（645年），唐太宗为悼念征辽阵亡将士，在幽州（今北京）建造悯忠寺。该寺于安史之乱时，被史思明改为顺天寺。后来，北宋钦宗被金兵掳至燕京，曾拘留在这里。金大定十三年（1173年），该寺曾作策试女真进士的考场。元世祖至元二十六年（1289年），宋朝遗臣谢枋得被拘在此，绝食至死。清雍正年间（1723—1735年），又更名为法源寺。唐太宗为征辽将士修建的佛寺，竟引出这许多是非。

唐太宗认为，“佛道玄妙，圣迹可师”，常拜高僧为师。由于唐太宗的推崇，佛教不仅顺利发展，而且高僧也具有很高的社会地位。以至于当时有些人认为，做官不如当和尚。唐太宗也鼓励大臣们出家当和尚，以致时有文武大员辞别仕途，走入佛门。

玄奘西行取经图　日本 无名氏

玄奘与鸠摩罗什、真谛并称为中国佛教三大翻译家，在中国佛教史上是个有多重贡献的高僧，在世界文化史上都有着极其重要的地位。此像绘于日本镰仓时代，真实地表现了玄奘西行求经的意志与坚韧。

（3）召见到西天取经的唐僧

众所周知的唐僧取经的故事，就发生在唐太宗时期。我国著名古典名著《西游记》，生动地描写了唐僧师徒四人克服千难万险、跋山涉水、降妖捉怪，最后取回真经的神话故事。不过，孙悟空、猪八戒、沙和尚，全是作者虚构的，历史上并没有这样的人。唯有那位到西天取经的唐僧，历史上确有其人，实有其事，他就是唐太宗时的一代名僧玄奘。

玄奘本姓陈，名祎，生于隋文帝开皇十六年（596

阿毗達磨順正理論卷第十八 物
尊者衆賢造 三藏法師 玄奘奉 詔譯
辯差別品第二之十
因離繫果傍論已周本所明今當說於當所
辯異熟等流離繫士用及增上果如是五果
對前六因當言何果何因所得頌曰
後因果異熟 前因增上果 同類徧等流
俱相應士用
論曰於五果中第三離繫非生因得故此不

△阿毗达摩顺正理论 唐 玄奘译

据载，玄奘前后共译经论75部，总计1335卷。所译之经，后人均称为新译。此为南宋绍兴十八年(1148年)福州开元寺刊。

年），洛州缑氏（今河南偃师缑氏镇）人。13岁出家，21岁受具足戒。他于22岁那年开始游历四方，先后到成都、荆州、河南、山东、河北等地，遍访有学问的和尚，钻研佛学上的许多疑难问题。这时，中国佛教界在“佛性”问题上，正处在突破传统束缚的时期，玄奘认为，现有的佛经译本，往往因过于直译，以致晦涩得不易理解；也有的由于过于意译，以致失真走样，失去了原来的意思，而且译文上的错误也不少。这就妨碍了对“如何才能成佛”这一问题的理解。为此，玄奘产生了到印度去学习，寻取“真经”的想法。

玄奘先来到京师长安，上表唐太宗，请求西行求法。但当时唐朝初立，边境不宁，朝廷严禁私人出境，所以他的申请未被批准。到唐太宗贞观三年（629年），长安饥荒，朝廷允许百姓四处自行谋生，玄奘便趁机出长安西行，经姑臧（今甘肃武威），过敦煌，越葱岭，翻雪山，途经16国，历时4年，克服了种种艰难险阻，终于到达了印度的佛教最高学府那烂陀寺，投到戒贤门下。

玄奘在印度的十多年中，除了在那烂陀寺向戒贤学习《瑜伽师地论》并专攻梵书梵语数年外，几乎走遍了印度各地，前后向十多位佛学大师求教问学，学遍了佛学中的各种学说，达到了十分精熟的境地。由于玄奘的刻苦钻研和对佛学的精深研讨，他还多次参加了当时印度佛教界的辩论大会，写下了《会宗论》、《制恶见论》，并在因明学说方面提出“真唯识量”的见解，名扬于印度。

唐太宗虽然当初因边境不安未准玄奘西行，可对玄奘取经回国却是隆重欢迎的。贞观十九年春正月二十五日，玄奘返抵长安。西去印度16年取经的高僧回国的消息，把整个长安轰动了！唐太宗派宰相房玄龄、大将军侯莫、长安令李乾祐等出城迎接。史载，当玄奘进入长安城时，“道俗奔迎，倾都罢市”。玄奘此次取经，共带回大小乘佛经520箧，657部，以及佛像、舍利等。

玄奘西行取经的非凡经历，引起了唐太宗的重视。唐太宗在东都洛阳召见了玄奘，要他写出在西域的游历见闻。唐太宗还劝玄奘还俗从政，充任朝中官员，但玄奘婉言谢绝了，他决心从事译经传经的事业。

于是，唐太宗先后安排玄奘在长安的弘福寺、大慈恩寺组织译经院，以玄奘为译主，下设征文、缀文、证梵、笔受等科。唐太宗还亲自为玄奘译场召请当代高僧，如律宗创始人道宣，就是贞观十九年（645年）六月被唐太宗召至长安弘福寺译场的，一度任缀文大德，参与译事。在皇权的支持下，玄奘主持的译场，聚集了各地名僧二十余人，加上有关参译、辅助人员共达千人以上，成为全国最大的国立译场。由于玄奘精心组织，译场内分工细密，职责明确，

检查译文、润饰文句、推敲词义、记录抄写等各有专门职司。在玄奘译场，先后译出大小乘经、律、论75部、1335卷。

玄奘所主持译场的一切需要，都是唐太宗派人供给，十分丰厚。当玄奘写出西行见闻《大唐西域记》后，唐太宗认为这是一部生动翔实的了解西域各国的国俗民情和政治地理状况的实录，明确表示："朕学浅心拙，在物犹迷，况佛教幽微，岂能仰测。……新撰《西域记》者，当自披览。"贞观二十二年（648年），玄奘译出《瑜伽师地论》100卷，唐太宗以病弱之躯亲自挥笔作序。就在唐太宗死前的一个月，贞观二十三年（649年）四月，还召请玄奘一同前往翠微宫，听玄奘讲解《瑜伽》大意，共同谈论《金刚般若》，并不无遗憾地对玄奘说："朕共师相逢晚，不得广兴佛事"，表达了与玄奘相见恨晚之意。可以说，玄奘译经事业的辉煌，与大唐天子唐太宗的支持是密不可分的。

（4）文成公主与布达拉宫

唐太宗把宗室女文成公主送进吐蕃（西藏），给松赞干布为后，并由此带去了汉地佛教，此事对藏地影响很大。

古代藏族人民最初信奉本教。本教是藏族地区固有的一种原始宗教，是一种万物有灵的信仰，所崇拜的对象包括天、地、日、月、星辰以至土石、草木、禽兽万物。7世纪初，藏王松赞干布建立了吐蕃王朝，实行藏地改革，对外开放，为佛教的输入创造了条件。据史书记载，松赞干布先娶尼泊尔公主赤尊为后，该公主进藏时，带去不动、弥勒、度母等佛像。贞观十五年（641年），唐太宗以宗室女文成公主与松赞干布联姻，又带去释迦牟尼佛像和经书等。为供奉佛像，在松赞干布的支持下，尼泊尔赤尊公主主持建造了大昭

步辇图 唐 阎立本

此图记述的是：吐蕃（今西藏）王松赞干布遣使臣禄东赞来唐都长安拜见唐太宗，迎接文成公主入吐蕃与松赞干布成亲。

布达拉宫建筑图

布达拉宫坐落在拉萨的玛布日山（红山）上，是一座规模宏大的宫堡式建筑群。它最初是松赞干布为迎娶文成公主而兴建的，17世纪重建后，成为历代达赖喇嘛的冬宫居所，也是西藏政教合一的统治中心。此图表现的是布达拉宫扩建时的情景。

寺，供奉她带到吐蕃的不动金刚佛像（释迦牟尼8岁等身像）；文成公主主持建造了小昭寺，供奉她带到吐蕃的觉卧佛（释迦牟尼12岁时等身像）。在两位公主的影响下，松赞干布也皈依了佛教，敕命在拉萨四周各建12座小庙，供奉各种佛像。

松赞干布宠爱大唐皇室的文成公主，欲“筑一城以夸后世”，遂于拉萨西北角的红山之上兴建了布达拉宫。布达拉，藏语意为“佛教圣地”。据说，当初共建有999间房屋，加上山顶上的一间红楼，共有一千间。松赞干布和文成公主曾来这里修法释佛，并由此留下了修法洞和观音堂。

由于尼泊尔公主和唐室公主奉佛，松赞干布大力提倡佛教，到8世纪后，逐渐形成了藏传佛教——喇嘛教。追根溯源，藏传佛教的形成，与唐太宗选送文成公主入藏是密切相关的。

有趣的是，唐太宗虽然敬佛，但遇到“真格”的，在真佛面前也要争个高低，不会相让的，观世音菩萨就不得不为避讳而改名。“观世音”是梵文的意译，也译作“光世音”或“观世自在”。据佛经讲，观世音原为印度一位国王的长子，名叫不眴。不眴和他的父亲以及弟弟都随释迦牟尼出家修行，后来释迦牟尼给他父子改了名字，父亲称“阿弥陀佛”，两个儿子称“观世音”、“大势至”，父子三人合称为“西方三圣”。根据《法华经》记载，释迦牟尼给不眴起名观世音，是因为他为“苦恼众生，一心称名。菩萨即时观其音声，皆得解脱，以是名观世音。”可是到了唐朝，唐太宗的名字叫李世民，观世音同他重了一个“世”字，尽管观世音是佛教“西方三圣”之一，但因为李世民

纯金四门塔八重宝函（内七重） 唐

法门寺地宫中珍藏佛指舍利的八重宝函，是世界上发现最精美、层数最多的宝函，充分反映了唐帝王崇佛之虔诚。最外层为镌刻有阿弥陀佛极乐世界等图像的檀香木盝顶宝函，出土时已残毁。第二重即鎏金四天王盝顶银宝函，生动威武。第三重为素面盝顶银宝函。第四重为鎏金如来说法银宝函。第五重为六臂观音纯金宝函。第六重为金筐宝钿珍珠装纯金宝函。第七重为金筐宝钿珍珠装珷玞石宝函。第八重为宝珠顶单檐纯金四门塔，塔内有一柱，佛指骨套在金塔基的银柱上。

是人间的皇帝，还是不得不“避讳”，改名为“观音”。唐太宗李世民“逼”得观世音菩萨改名了！

三、洛阳宫中供养佛指的唐高宗

唐高宗为太子时，就对西行取经的玄奘十分敬重，特作《述圣记》一文，对玄奘倍加称颂。永徽三年（652年）三月，登基不久的唐高宗在京师长安的慈恩寺西院造起大雁塔，用以保存玄奘从印度取回来的佛教经典。永徽六年（655年），唐高宗召令玄奘与尚药奉御吕才辩论佛法。显庆元年（656年），应玄奘法师之奏请，唐高宗撰写《慈恩寺碑》，碑文写毕，唐高宗亲临安福门，观看玄奘迎接御赐碑文的盛大仪式，奉迎队伍以天竺法仪幢幡为先导，前后陈列三十余里，车辆千余乘，长安城出来观看的男男女女达百万余人，玄奘为此设3000僧斋。显庆三年（658年），西明寺建成，唐高宗迎请玄奘入居该寺。显庆五年（660年）正月，唐高宗把玄奘请入玉华宫，在这里翻译《大般若经》，唐宫竟如同佛寺一样，任玄奘自由出入。麟德元年（664年），玄奘死去，唐高宗为他安排了极其隆重的葬礼，用金棺银椁藏其骨灰，在长安周围500里内，有一百多万人前来送葬，3万多人庐于墓旁。一个高僧能享有如此崇高的荣誉，可见当时朝野对佛教的狂热尊奉达到什么程度了。

唐高宗不仅自己敬佛，还为皇子、公主也都披上佛的光环。显庆元年（656年），皇子显（即后来的中宗）出生，唐高宗赐号佛光王，并为他剃度7人。龙朔二年（662年），城阳公主患病，唐高宗将苏州和尚请入宫中，日夜朗诵《观音经》，祈求观音菩萨保佑，不久城阳公主果然病愈，为报答观音福祐之恩，公主奏请立一观音寺。唐高宗遂令将唐初已废旧寺灵感寺（在今陕西西安南郊）修复，改为观音寺。

在宫中供奉佛指，是唐高宗奉佛的一大亮点。显庆五年（660年），有僧人智宗、弘静应召入宫，向唐高宗谈起，舍利塔须三十年开示一次，今年距贞观初年唐太宗开示法门寺宝塔已满三十年，请再出之，以示天下，共求善因。唐高宗当即诏令，迎请岐州法门寺护国真身释迦佛指骨，

西安净业寺

净业寺，亦称白泉寺，始建于隋末，唐初为高僧道宣修行弘律的道场，是佛教律宗的发祥地。

▲唐代的弘忍大师
清代丁观鹏绘

至长安供养。当时，京邑内外，僧俗信徒接连二百里，往来相续，皆称佛德。这一佛指舍利，先是置于长安一年，供人礼瞻。第二年三月，唐高宗又敕令，将佛舍利迎请到东都洛阳，放置在宫中供养。当时，这枚佛指舍利被放在一个石臼中，有一名叫道宣的和尚提出，佛指舍利不应放在这样简陋的器皿中。唐高宗于是按着中国传统葬俗，为佛指舍利制造了雕镂奇妙的金棺银椁，即九重宝函。直到龙朔二年（662年），唐高宗才让僧人智宗等人将佛指舍利送还法门寺。在送还的过程中，也是热闹非凡，最后僧俗和官吏无数，举行了隆重的仪式，将舍利安放在宝塔地宫的石室之中。唐高宗这次奉迎佛指舍利，前后历时三年之久，产生了相当大的影响。

唐高宗在位期间，还曾在天下各地普设官寺，祈愿国家安泰。龙朔年间（661—663年），唐高宗敕命长安僧人会颐前往五台山，主持修建寺塔。传说在五台建寺造塔过程中，佛显形象，多有奇瑞。麟德二年（665年），唐高宗诏令道宣在长安西南的终南山上建造石戒坛，是为净业寺，后来这里成为中国律宗祖庭。乾封元年（666年），唐高宗敕命兖州设置佛寺、道观各3所，天下其他各州建寺观各1所，并各度僧尼道士7人。

唐高宗敬重佛法，因而时常迎请中外名僧。显庆五年（660年），唐高宗派遣使者去请弘忍入京。弘忍是湖北黄梅人，7岁出家，13岁剃度为僧，后道信高僧付法传衣给他。弘忍认为，修习佛法应该山居，远离尘嚣，这成为后世禅宗僧人于深山幽谷建立丛林，实行生产自给农禅生活的指导思想。弘忍虽一直深居黄梅双峰山内，名声却是远扬山外，唐高宗慕名遣使迎请，希望弘忍入京传法，没想到弘忍固辞不赴，不过，唐高宗也没有责怪他，又派人把一批衣服、药物送入山中，供养禅宗高僧。永淳二年（683年），唐高宗迎请南天竺国僧人菩提流志来中土，请他翻译《宝雨经》等佛经513部、111卷。

唐太宗、唐高宗父子确是敬奉佛法的，但比起先是给太宗当“才人”，摇身一变又给高宗当皇后的武则天，则又显得逊色多了。且看武则天是如何进出佛门的——

四、武则天，从佛门走来的一代女皇

（1）“圣母”“天女”的由来

武则天，出身于大贵族大官僚家庭。她的父亲武士彟，由于参与李唐建国有功，封为太原郡公、应国公，任工部尚书，食实封800户，赐田300顷。武则天14岁那年入宫，当了唐太宗的“才人”。太宗死后，武则天到感业寺，削发为尼。这当中，究竟是武则天出于对佛教的真诚信仰？还是痛思太宗，想一走了之？抑或是经过一番预谋，通过入寺为尼，小别皇宫，暂离尘世，换一种身份再投入唐太宗之子唐高宗的怀抱，以此来减少朝野非议？种种猜测，谁也说不清，道不明，为后世留下了一个难解的谜。

▲武则天

武则天入感业寺为尼后，不久，唐高宗便把武则天召回宫里，随侍左右，成了高宗身边的宸妃。

然而，武则天并不满足仅当宸妃，她还想当皇后。在封建社会，废立皇后是国家大事，必须得到朝臣的支持。长孙无忌和褚遂良坚决反对立武则天为皇后，而李勣、许敬宗、李义府却支持武则天。终于在永徽六年（655年）十一月，武则天被册封为皇后，开始参与朝政。麟德元年（664年）后，武则天又垂帘听政，事无大小都亲自过问，当时人们把高宗和武后并称为“二圣”。

唐高宗死后，武则天独揽朝政，称帝之心越来越迫切，她逐渐感到道教成为她篡权夺国的障碍。因为经过唐初六余年的崇奉和宣扬，道教的教主老子作为唐皇的“圣祖”和护国神的形象已深入民心，它已成为唐皇朝的象征，并且，人们利用老子来反对武则天的篡权阴谋。据《犹龙传》载，文明元年（684年），武后垂帘听政时，即有所谓老子降显于虢州阌乡县龙台乡，对洪州豫章县民邬元崇说：“我是太上老君，汝帝之祖。”并命邬元崇传言于武后：“国家祚永而享太平，不宜有所僭也。”邬元崇赶赴京城奏闻朝廷，武则天得报大为不快，邬元崇被禁锢而死。由于有人利用老子来反对武则天称帝，她要代唐为帝，就需要削弱道教的地位，贬低老子的形象，从而达到削弱和打击唐皇朝的政治目的。同时，也需要编织一套新的政治神话来神化自己。

这时，佛教成为武则天利用的工具。当时佛教在社会上已有着广泛的影响，僧尼对唐初执行崇道抑佛的政策也有所不满，这正是武则天可以利用的社会力量。垂拱四年（688年）四月，武则天暗示武承嗣等人伪造刻有“圣母临人，永昌帝业”的所谓瑞石，诡称获于洛水，武则天把这块瑞石称为“天授圣图”，封洛水神为“显圣侯”，武则天也自封为“圣母神皇”。同年六月，又于汜水得所谓刻有《广武铭》的瑞石，铭文暗示武则天是“化佛空中来”，当取代李唐为女主。其《广武铭》载：

> 发我铭者小人，读我铭者圣君。……三六年少唱唐唐，次第还唱武媚娘。……化佛从空来，摩顶为授记。光宅四天下，八表一时至。民庶尽安乐，方知文武炽。千秋不移宗，十八成君子。歌曰：非旧非新，交七为身，傍山之下，到出圣人。

这里已不是什么暗示，而是十分露骨地向人们昭示，武则天当为天子，这是佛祖之意。

永昌元年（689年），有沙门薛怀义、法朗等9人，伪撰《大云经》4卷，进呈朝廷。《大云经》上讲，武则天“乃弥勒佛下生，当代唐为阎浮提主”。佛教称人世间为阎浮提，阎浮提主即是人世之主，是说武则天当取代李唐统治天下。在《大云经》中，大讲所谓的“净光天女”，说佛预言这位“天女”要以“女身”成为统治天下的帝王，而且她将来还要作佛。以此暗示武则天当女皇，是顺应了佛的旨意。

武则天得到此经，十分喜悦，随即命令天下各州，都要建立“大云寺”，又度僧千人以祝贺“佛”的美言。伪撰并进呈《大云经》的沙门薛怀义等人，都被封为县公，分别赏赐紫袈裟龟袋。沙门封爵赐紫，就是从这时开始的。此后僧人，多以朝廷赐紫为荣。

佛教为武则天戴上皇冠提供了充足的理由。就在《大云经》颁布天下的第二年（690年），武则天改国号为周，改元天授，正式称帝，成为中国历史上唯一的女皇帝。由于佛教为武则天夺取天下立下了汗马功劳，所以她一反李唐皇室“道在佛先”的排列，明确规定先佛后道。据《唐大诏令集》卷 3 载，天授二年（691年），武则天下制：释教“开革命之阶……自今以后，释教宜在道法之上，缁服（僧人）处黄冠（道士）之前”。长寿二年（693年），武则天推翻自己从前的建议，命举子等罢习《道德经》。以后又取消“玄元皇帝”的封号，复称“老君”。武则天执行了先佛后道的政策。

▲绛红罗地蹙金绣半臂

这件绛红罗地蹙金绣半臂，是武则天供养西安法门寺地宫佛指舍利时捐纳的微型装束，1987年出土，历时近千年，无丝毫损坏，为唐代金丝织物中的珍品。

武则天称帝后，进一步利用佛教来巩固和维系她的统治，不断制造新的舆论。长寿二年（693年），有僧人菩提流支译出《宝雨经》10卷，经中讲到，有东方日月光天子，乘五色云来到佛所在的地方，佛为他授记，讲他日后当在摩河支那国，现女身为王，以佛法教化众生，建立寺塔，供养沙门。

据查，《宝雨经》到唐代共出现三译，唐以前梁、陈时所译的都没有这段文字，因此，很明显这是唐译本伪造，是专门为武则天登基制造舆论根据的。就在此经译出这一年，武则天加尊号为“金轮神圣皇帝”。由此可见，武则天支持佛教发展，是有其特定的历史背景和政治目的的。

一代女皇武则天来自佛门，佛又为她的称帝登基助有不可缺少的一臂之力，那么，武则天又是如何回报佛的呢？

（2）敬高僧，皇宫大殿行跪礼

武则天广为交结僧人，厚礼相待，一个又一个高僧走进深宫——

第一，跪拜神秀。神秀，俗姓李，汴州人。少习经史，博学多闻，后出家受具足戒。50岁时，前往黄梅双峰山东山寺拜谒禅宗五世祖弘忍，求教佛法真谛，从事打柴汲水等杂役6年，深为弘忍所器重，被称为“神秀上座”。弘忍死后，神秀在江陵当阳山玉泉寺大开禅法，四海僧俗闻风而至，声誉甚高。武则天久闻神秀盛名，于久视元年（700年）派遣使者迎至洛阳。武则天用肩舆把神秀迎入大殿，“亲加跪礼”，见面后首先问道：“所说之法，谁家宗旨？”神秀回答说：“蕲州东山（即双峰山东山寺）法门。”此后神秀往来于长安、洛阳两京，受到朝野信徒的崇奉。

▲武后步辇图 唐 张萱

当时，神秀已九十多岁，武则天对他十分敬重，神秀所在道场的一切需用，均由朝廷供给，十分丰厚。武则天除常召神秀，“时时问道”外，还敕命于神秀说法的当阳山设度门寺，在汴州神秀的老家置报恩寺，以旌其德。神龙二年（706年），神秀死于洛阳天宫寺，朝廷赐谥“大通禅师”。

第二，征召慧能。在电影《少林寺》中，有一个镜头介绍了“一苇渡江”的达摩祖师“面壁九年”后，在一堵墙上留下的身影痕迹。这个达摩祖师，就是禅宗的开山祖师。从佛教在中国流传的历史来看，菩提达摩建立的禅宗，地位并不十分重要。现在一般所指的禅宗，是在禅宗第6代继承人慧能手中形成的。慧能，俗姓卢，生于广东南海，3岁丧父，靠采樵卖柴养母度日。23岁时，到黄梅双峰山东山寺参见禅宗五世祖弘忍法师，作为寺庙里的“行者”，

正在碾米。一天，弘忍为选自己的衣钵继承人，命庙里的僧侣各作一偈。当时担任“上座”的神秀作偈说：“身是菩提树，心是明镜台，时时勤拂拭，勿使有尘埃。”不料，这时舂米的慧能走了过来，说出了以下偈语：“菩提本无树，明镜亦非台，本来无一物，何处惹尘埃。”这一偈语深得弘忍的赞许。慧能在弘忍密授他衣钵之后，因惧怕受人暗害，连夜逃往岭南，混居于民间16年之久。

大约在弘忍去世之后两年（676年），慧能到广州法性寺听印宗法师讲《涅槃经》。据《坛经》讲：“时有风吹旛动，一僧云旛动，一僧云风动。慧能云：‘非旛动风动，人心自动。’”印宗感到慧能“定非常人”，于是反执弟之礼，向慧能请求佛法真谛。慧能名声远播，武则天“敕书劝谕，征赴京城”，可是慧能“竟不奉诏”，谢绝了武则天的召请。武则天虽然没有能请动高僧慧能，但仍以礼相待，赏赐甚丰，“送百衲袈裟及钱帛等供养”。

第三，聆听法藏讲经。法藏是华严宗的实际创立者，祖籍为康居国。祖父时始侨居长安，以康为姓。法藏17岁时，入太白山求法。后到云华寺听智俨宣讲《华严经》，成为深深领会妙旨的门徒。智俨圆寂时，把法藏付托于弟子道成、薄尘，说他将会光大佛法。法藏28岁时，武则天的母亲荣国夫人（杨氏）死，武则天为树福田、剃度僧人，把自家的旧宅施舍作为太原寺。于是，道成、薄尘等高僧连状荐举，度法藏为僧，住持太原寺，得到武则天的许可。法藏这时还只是受了沙弥戒，武则天敕命他在太原寺讲《华严经》，不久诏令京城十大德为法藏授具足戒，并把《华严经》中贤首菩萨的名字赐给他作称号，人们由此常称法藏为贤首国师。太原寺本是在武则天原有宅邸基础上改建的，法藏一度被朝廷安排在这里，于是僧俗都把法藏视作武则天的家庙和尚。

奉先寺洞　河南洛阳龙门石窟　唐

奉先寺，原名大卢舍那像窟，位于洛阳龙门石窟西山南部，是龙门唐代石窟中最大的一个石窟，长宽各三十余米。洞中佛像明显体现了唐代佛像艺术特点，面形丰肥，两耳下垂，其形态圆满、安详、温存、亲切。石窟正中卢舍那佛坐像为龙门石窟最大佛像，身高17.14米，头高4米，耳朵长1.9米，造型丰满，衣纹流畅，具有高度的艺术感染力，传说是依武则天像造成。卢舍那在佛经中意即光明遍照。

法藏的确是个投武则天所好的和尚。当武则天在朝中摄政准备称帝之时，法藏牵强附会地将佛经上的某些词句，胡诌为“女主”做皇帝是佛早就预言过的事。因此，他大得武则天的欢心。法藏所弘扬的华严宗，依靠武则天的支持，很快成为一个很有影响的宗派。

相传，有一次，武则天请法藏到东都洛阳，为她讲解《华严经》。当法藏讲到天帝网义十重玄门、海印三昧门、六相和合义门、普眼境界门等佛教术语时，武则天茫然不解。法藏于是指着宫殿一角的金狮子作譬喻，讲到一一毛头各有金狮子，一一毛头狮子同时顿入一毛中，一一毛中皆有无边狮子，重重无尽。武则天听到这里，豁然领解。法藏把他与武则天的问答对讲集录成文，文题就叫《金狮子章》。

第四，出宫迎义净。义净俗姓张，齐州（今山东历城）人，14岁受沙弥戒。他于唐高宗咸亨二年（671年），从长安出发，远赴印度，历时25年，游历30余国。武则天证圣元年（695年），义净返回洛阳，带回梵本经、律、论近400部。武则天听说继玄奘之后又一位西行取经的高僧满载而归，亲自来到洛阳城的东门外迎接，垂问赏赐，礼遇甚厚。在武则天的安排下，义净一度参加大遍空寺的“华严经译场”，先后翻译佛教经、律、论61部，239卷。

武则天时，还曾召见过东渡传法高僧鉴真的师傅弘景律，请他入宫，作授戒师，于唐宫弘扬佛法。

(3) **龙门石窟卢舍那大佛的隐秘**

建寺造像的沉浮起落，与帝王个人的好恶、政治风云的变幻是密切相关的。佛像雕塑艺术，在武则天时期达到了高峰，龙门奉先寺的卢舍那大佛就是武后造像精品的代表之作。对武则天主持雕琢的龙门奉先寺，古人曾称：“正教东流七百余载，佛龛功德唯此为最。”郭沫若先生也赞誉说：“一寺灵光号奉先。”

奉先寺大像即卢舍那大佛，是龙门石窟群中规模最大的造像。大像始凿于高宗、武后的“二圣”时期，及武则天称帝后完成。大像完成以后，在像前修建了一座规模很大的寺院，即奉先寺，大像属奉先寺的一部分，名大像龛。后来木结构的奉先寺被毁无存了，大像龛就被习惯称为奉先寺。奉先寺大像的开凿同武则天有着密切的关系。武则天曾为大像的开凿“助脂粉钱二万贯”，并主持工程落成的“开光”仪式。

有趣的是，那座卢舍那佛像很有些像武则天本人。本来，卢舍那佛是释迦牟尼的报身佛，意思是光明普照，而且是华严宗的教主。而武则天在夺位称帝过程中，格外得力于华严宗，于是，她在这座佛像上大做了一番文章。这一座巨型坐佛，总高度是17.14米，仅是头部高就有4米。面部表情慈祥而恬静，眉清目秀，眼光中流露出智慧的光芒；嘴角微翘，显出微微笑容；头部稍低，好像在关心注视着礼拜者，使人觉得可敬可亲，同时大像宏大的气魄，又令人敬畏。值得注意的是，这座佛像的头部圆满而秀丽，既有男性的庄严，又略带女性的慈和。这已不像普渡众生的佛教偶像，而是大唐帝王的化身。据考证，武则天“方额广颐”，卢舍那大佛的头部形状和女性气质，显然有她的影子。武则天为了替自己歌功颂德，试图以佛像来美化自己，进而把自己比作佛。

西安香积寺的善导塔及大雄宝殿

前面说过，武则天对把她说成是弥勒佛化身的《大云经》格外欣赏，令全国各州和两都都要建置大云寺。武则天的这条谕令得到全面执行，据考古资料可知，远在帕米尔的碎叶镇和海南岛，当时也都设置了大云寺。说武则天的大云寺遍布天下，是毫不过分的。

佛教传入中国后的第一座寺院白马寺，在武则天时成为她的御用佛寺。白马寺在唐朝东都洛阳的市郊。垂拱元年（685年），武则天命令僧

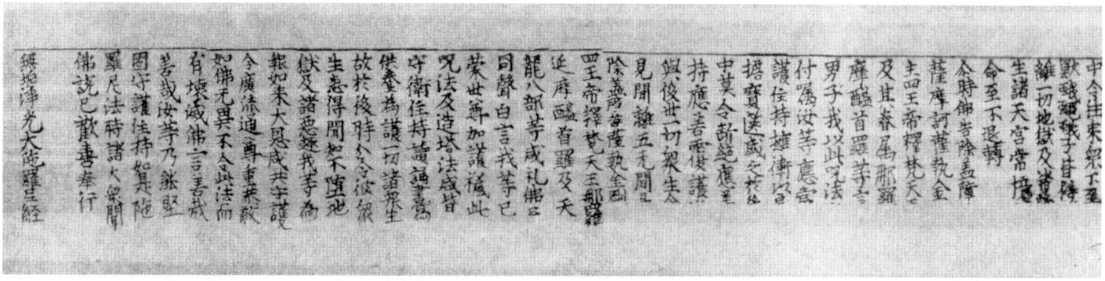

《无垢净光大陀罗尼经》经文

该经书于1966年发现于韩国庆州佛国寺释迦塔内，上有武周制字，经专家鉴定，乃为武周后期中国洛阳刻印的经文，实属珍品。

人薛怀义重新修缮白马寺，修好后便让薛怀义充当这里的寺主。这个薛怀义，本名叫冯小宝，原是洛阳街头的一个市井无赖，但却是生得英俊挺拔，相貌堂堂。据说，冯小宝先是姘识了唐高祖李渊的第十八女千金公主，后来千金公主把他推荐给了武则天。盛年寡居的武则天，对冯小宝十分宠爱，两情欢悦，恩遇日深。为了掩人耳目，便于出入后宫，武则天安排冯小宝出家为僧，取法名为怀义。武则天又嫌冯小宝出身低贱，叫他改姓为薛，对外声称是自己的爱女太平公主的驸马薛绍的本家，而且还是驸马的叔父。这样，薛怀义既是僧人，又为名门，便可堂而皇之地出入宫门，充当武则天的男宠。武则天时常来到白马寺拜佛，薛怀义便装模作样地在这里为武后设道场诵经，王公朝贵则称其为薛师，白马寺成为武则天专用的宫廷寺院。一代女皇武则天，利用佛教作掩护，来满足自己的私欲，这在中国历史上也是绝无仅有的。

唐高宗时，为保存玄奘从印度带回的佛经，曾在长安慈恩寺建起5层高的大雁塔。武则天称帝后，她本人带头，朝中王公响应，施舍大量钱财，将大雁塔重加营建，增至10层。后经兵火，仅剩下7层。大雁塔至今仍是西安的一大景观。

武则天也曾有恩于香积寺。香积寺是中国佛教净土宗祖庭，位于长安南郊神禾原，唐高宗时建造。唐代诗人王维在其著名的诗篇《过香积寺》中描绘说："不知香积寺，数里入云峰。古木无人径，深山何处钟。泉声咽危石，日色冷青松。薄暮空潭曲，安禅制毒龙。"唐高宗和武则天曾分别向香积寺赏赐舍利和国宝。对女皇武则天的不时恩典，香积寺的僧尼们感恩戴德。

武则天晚年穷奢极欲，也突出地表现在迷信佛教上。据《通鉴》卷207载，她建筑兴泰宫等寺宇，"功费甚广，百姓苦之"。兴建明堂，"凡役数万人"。载初元年（690年），武则天令薛怀义作夹纻大佛像，佛像的体积很大，仅一个小指就可容纳数十人。为了安置这尊巨佛，又专门建造了"天堂"。在兴建天堂时，"日役万人，采木江岭，数年之内，所费以万亿计，府藏为之耗竭。"武则天为崇奉佛教，真是到了不惜倾国荡产的地步。

（4）**女皇笔下的佛经序文**

《华严经》在东晋时曾有佛陀跋陀罗的60卷译本，但这一本子并不完整。

于是，武则天派人去于阗求取梵文的全本，组织力量进行翻译，诏令著名译经僧实叉难陀主持译事，从695年开始，至699年完成，在武则天的一手经办下，完成了《华严经》80卷译本。中国佛教宗派之一的华严宗，就是依据此经，在武则天时创立的。

当《华严经》译成后，武则天又兴致勃勃地亲自作序。《全唐文》卷97载有武则天撰写的序文：

> 朕曩劫植因，叨承佛记，金仙降旨，《大云》之偈先彰；玉扆披祥，《宝雨》之文后及。加以积善余庆，府集微躬，遂得地平天成，河清海晏。殊祯绝瑞，既日至而月书；贝叶灵文，亦时臻而岁洽。逾海越漠，献赈之礼备焉。

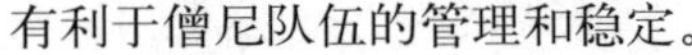

武则天在序文中，对薛怀义等僧人伪撰的《大云经》和菩提流支等翻译的《宝雨经》大为赞赏，对《华严经》这类“贝叶灵文”倍加称颂。这里顺便交代一下，南印度沙门菩提流支于长寿二年（693年）来到长安，在佛授记寺译出《宝雨经》，其中有“菩萨杀害父母”等语，这无疑是在为武则天杀戮唐宗室作掩饰，因此博得了武则天的欣赏。

此外，武则天还撰有《大唐新译圣教序》、《大周圣教序》，均是为佛经译文写的序。武则天为弘扬佛法，不辞劳苦，也实在是雅兴不小。

武则天时，随着佛教的繁荣，僧官制度进一步得到健全。唐初沿袭隋制，天下僧尼隶属鸿胪寺。武则天延载元年（694年），令天下僧尼转隶礼部祠部，祠部设郎中、员外郎各一人，主事、令史、书令史多人。寺有定数，每寺立有三纲，即上座、寺主、都维那各一人，以德行知识高者充任。凡考试佛经剃度僧尼，由祠部发给牒文。僧人设有专门薄籍，三年一造。这些措施，无疑有利于僧尼队伍的管理和稳定。

鎏金双凤纹银棺

从南北朝后期，经隋到李唐一代，是佛教在汉土扎根落户，并与中原汉文化融会贯通，达到完全汉化、民族化的巅峰时期。此银棺内珍藏有一枚佛指，为唐代佛教汉化的体现。

(5) 东都明堂拜佛骨

武周时代的长安四年（704年）冬，佛教华严宗的实际创始人法藏和尚在皇宫内的道场，向女皇武则天谈起法门寺的佛指舍利。武则天当即派凤阁侍郎崔玄玮和高僧法藏等僧俗一千多人前往法门寺奉迎佛骨。这年年底，佛指舍利被迎到长安的崇福寺。

第二年的正月，根据武则天的旨令，佛骨被迎至东都洛阳。当时，武则天敕令文武百官和洛阳城的百姓，张灯结彩，鼓乐齐鸣，将佛骨迎至洛阳的明堂，以罗锦为衬，精心安放。武则天带领太子李显，也就是后来的唐中宗，前往明堂面对佛

骨顶礼膜拜，并请法藏和尚在旁祈祷。武则天的这次奉迎活动，将佛指舍利放于东都明堂达三年之久。

武则天正式做了16年的皇帝。她奉佛而登基，称帝后更崇佛，以至在武则天时代，公私田宅，多为僧人占有；大内朝廷，僧人随便出入；市井街头，恶僧横行霸道；征伐大事，多由僧人执掌，等等。这些不正常的现象，在当时就曾引起许多人的不满和抵触。譬如，薛怀义有一天在朝堂之上遇见宰相苏良嗣，傲慢无礼，苏良嗣见状不禁怒火中烧，命令手下人把薛怀义抓了起来，一连打了十几个耳光。薛怀义跑到武则天那里告状，武则天自知自己行为有短，只好对薛怀义说：你以后要从皇宫北门出入，南面的朝堂是宰相办公的地方，不要再轻易从那里出入。又如，武则天大肆敛钱，要在洛阳的邙山白司马陂铸造巨大的铜质佛像时，内史狄仁杰曾公开上疏，慷慨陈词，对女皇进行劝谏，希望她不要假托佛法而劳民伤财。

总起来看，中国历史上唯一的一位女皇帝武则天，早年走出唐宫步入寺宇，做了尼姑，紧接着又从佛门返回宫门，在夺位称帝和强化统治过程中，更巧妙地利用了佛教。在她君临天下后，则通过皇权大大地推动了佛教的发展，使佛教在宫廷大为走红。

在武则天一统天下的日子里，佛门与宫门是相通的。

五、唐明皇推崇密宗：“欲色为至乐”

唐明皇，即唐玄宗李隆基，是继唐太宗之后又一堪称有为的皇帝。唐明皇在位的开元、天宝年间（713—755年），是李唐王朝最为繁荣昌盛的年代，同时也是沙门在宫廷最为活跃的时期。这里，我们从几个侧面看看唐明皇与佛的微妙关系。

△唐明皇 李隆基

（1）诏令：考试天下僧尼

唐明皇即位之初，曾对佛教采取了一定的限制措施。先是在中宗李显时期，“造寺不止，枉费财者数百亿；度人不休，免租庸者数十万”。听任贵戚造寺度人，富户强丁多削发避役。到睿宗李旦景云二年（711年），又准许贵妃、王公之家建造功德院。这些，严重地影响了大唐王朝的国计民生。唐明皇开元二年（714年），朝臣姚崇上书，请求整顿僧尼队伍，并停止佛道营造寺观。唐明皇由此下诏，敕命伪滥僧尼12000余人还俗，并传谕百官，嗣后不得私造寺庙。唐明皇同时规定，僧尼必须致敬君上、恭敬父母。从这以后，沙门是否敬王之争便渐渐平息了。

登科平乐舞图 唐

唐明皇通过考试和造籍，来加强对僧尼的管理。开元十二年（724年）六月，唐明皇通过祠部下达诏令：天下僧尼60岁以下者，须背诵经文200页，限每年背诵73页，三年测试一次，不合格者勒令还俗。这样一来迫使和尚坐下来真念经、念真经。开元十七年（729年），唐明皇敕令两京度僧尼道士女冠，要有御史一人到场主持，以示郑重。同时规定，天下僧尼道士女冠，三年一造籍，以加强统管。

初唐时期，佛教开始由贵族独占逐渐向庶民化发展，所以，讲经说法也随之开始迎合俗流所好，其内容大都是述说以庶民为对象的俗事，以此来谋求寺门的维持。进入唐明皇时期，此风愈演愈烈，僧侣的讲说似乎已经成为社会问题。正如《唐大诏令集》所载开元十九年（731年）唐明皇的一道诏令所写到的那样：

> 近日僧尼，此风尤甚。因缘讲说，眩惑闾阎；谿壑无厌，惟财是敛；津梁自坏，其教安施？无益于人，有蠹于俗。或出于州县，假托威权；或巡历乡村，恣行教化……自令以后，僧尼除讲律外，一切禁断。

唐明皇试图通过皇权整肃僧尼，提高佛法讲说质量。

唐明皇时，经君臣商议，对犯罪僧尼按“格律”处分，以与俗人有别。据《佛祖统记》卷40载：

> 开元二十九年，河南采访使齐瀚言：至道可尊，当从宗仰，未免鞭挞，有辱形仪。其僧道有过者，望一准僧道格律处分，所由州县不得擅行决罪。奏可。

唐明皇批准了河南采访使齐瀚的奏请，僧道有过，另行别处，按着“僧道格律”来管理僧道。

（2）乐山大佛与鉴真东渡

尽管唐明皇对佛教有所限制，但总的来说，他并不禁佛，而且在他执掌朝政期间，佛教门徒还迎来了造像的黄金时代。唐明皇时期的佛教造像，圆润丰腴，宽妆高髻，充满着生命的活力，达到了前所未有的成熟与完美。世界上最大的佛像雕塑乐山大佛，就是唐明皇时开凿的。

乐山大佛在四川乐山市东凌云山西壁，岷江、青衣江、大渡河三江合流处。大佛为依凌云山栖鸾峰断崖凿成的一尊弥勒佛倚坐像，又称凌云大佛。据《嘉州凌云寺大佛像》记载：大佛于唐明皇开元元年（713年）开始，由僧人海通主持开凿，后来剑南川西节度使韦皋于贞元十九年（803年）完成，工程前后进行了90年。据最新测绘数据，大佛从头顶至足底为58.7米，若加上已被毁掉的莲花座，大佛通高70米左右。佛像头高11.7米，脸宽7.8米，鼻长3.5米，眼长3.3米，耳长6.4米，肩宽7.8米。大佛头部与山平齐，脚踏大江，气势宏伟，人称“山是一尊佛，佛是一座山”。这座世界上最大的石刻佛像出现在唐朝，当然与唐明皇的奉佛政策分不开。

△四川乐山大佛 唐

天宝二年（743年），唐明皇以广东罗浮山据佛经上讲是华首菩萨所在，敕令在该山建造延祥寺、华首台、明月戒坛。

天宝七年（748年），唐明皇诏令，在五台山的清凉寺，为他所宠爱的杨贵妃写一切经5048卷，般若四教、天台疏论2000卷，由贵妃的哥哥杨铦主持其事。

鉴真和尚东渡日本传法一事，也发生在唐明皇时期。鉴真是扬州人，俗姓淳于，14岁出家，曾在长安、洛阳两京游学。他的活动以扬州大明寺为中心，主要在淮南地区。给鉴真受菩萨戒的道岸法师，是当时著名的建筑家，唐中宗曾委任他修筑长安的荐福寺和小雁塔。景龙二年（708年），鉴真在长安从弘景受具足戒。弘景是道岸的师兄，精通医学。鉴真跟从弘景和道岸学了很多医学和建筑知识。

唐明皇天宝元年（742年），日本高僧荣叡和普照从京师长安来到扬州大明寺，拜谒鉴真大师，除了听他宣讲戒律以外，还希望取得他的支持，派几位弟子东渡日本。可是，弟子们认为，“远涉大海，百无一至”，都不愿东渡。鉴真于是站起发誓：“为是法事也，何惜生命！诸人不去，我即去耳！”弟子们深受感动，有二十多人决心跟鉴真一起东渡。于是，从天宝二年（743年）起，鉴真先后5次试图东渡日本，经过种种磨难都宣告失败，鉴真本人双目失明。

天宝十一年（752年），日本遣唐使觐见唐明皇之后回国，到扬州拜会鉴真，希望他继续东渡日本。鉴真这年虽已66岁，而且扬州僧俗都挽留他，但他仍坚持随日本遣唐使东渡。天宝十四年（755年）二月，鉴真到达平城京（今

鉴真东渡

此图描绘了鉴真抵达日本后受到天皇和信徒的热烈欢迎，赐为传灯大师。他在日本讲授天台宗教义，被尊为扶桑律宗太祖。

奈良），受到天皇以下朝野的欢迎。鉴真在日本宣教受戒，为传播大唐文化作出了重要贡献。应当说，鉴真东渡日本，是在李唐朝廷的许可和支持下进行的，没有唐明皇的“许可证”，鉴真是不可能一次又一次地组团东渡，并最终到达日本的。

相传，南诏大理国的佛教，是由唐明皇的赏赐传入的。据《云南志略》载：

开元二年，遣其相张建成入朝。玄宗厚礼之，赐浮屠像，云南始有佛书。

这就是说，由于唐明皇向南诏大理国使臣赏赐佛像、佛经，南诏大理国开始流行佛教。唐明皇把佛像、佛典备于宫内，并用以赏赐，也足见他对佛教的尊奉。

鎏金银质捧真身菩萨像

唐代密宗的创始人是三位从古印度来的僧人：善无畏（637—735年）、金刚智（669—741年）和不空（705—774年）。此造像为唐代密宗的代表。

（3）外来的和尚——“开元三大士”

唐明皇开元年间（713—741年），是中国汉地佛教密宗形成的时期。密宗是由中天竺的善无畏、南天竺的金刚智和狮子国（今斯里兰卡）的不空三位胡僧创立的，佛教史上称为“开元三大士”。

唐明皇其人，是中国封建王朝有数的几个享乐腐化、骄奢淫逸、荒唐绝顶的皇帝之一，他将大唐王朝推向“开元盛世”，当然也要“殚耳目之玩，穷声技之巧”，尽情地享受一番了。几个外来和尚把密教带来中国，正投其所好。古代印度的密教，提倡以咒术和设坛作法来进行佛法修持，是一种近乎巫术的佛教派别，其创始人龙树就公开宣讲“人生有追求欲色为至乐”的荒淫论调。这种提倡现世享乐的密教论说，得到风流天子唐明皇的大力支持，密宗在唐明

皇手下创立并发展起来。下面就让我们看看唐明皇是如何与密宗创立者“开元三大士”礼尚往来的。

善无畏，是中天竺摩诃陀人，13岁时奉其父佛手王遗命即国王位，后因兄弟兵戎相争，让位于兄，自己则出家为僧，云游四方。唐睿宗李旦时，善无畏奉师命携带梵本多种，东行宣扬佛教，自新疆东来。消息传到长安，睿宗李旦立即特派沙门若那和将军史宪前往玉门迎接。不过，到开元四年（716年），善无畏才到达长安，唐明皇对远来胡僧厚礼相待，封为“国师”，安排他住在兴福寺南塔院，不久，又迁往西明寺菩提院。自开元五年（717年）开始，善无畏奉唐明皇之命，潜心从事译经活动。

游僧俑　唐

“一钵千家饭，孤身万里游。”游僧们以四海为家，尝尽人间甘苦，一路化缘，一路宣扬佛法。

开元十二年（724年），善无畏随同唐明皇到东都洛阳，住在大福先寺。第二年，译出密宗主要典籍《大毘卢遮那成佛神变加持经》7卷。这部经主要是讲密教的基本教义和各种仪轨、行法等。善无畏在长安、洛阳两地先后共译出密宗经典28部53卷，为中国佛教密宗的形成奠定了基础。善无畏本人深受唐明皇的敬重，唐明皇委任他主持内道场，还被尊为灌顶大阿阇梨，为皇族多人灌顶受法。开元二十三年（735年）十一月，99岁的善无畏死于洛阳大圣善圣，死后唐明皇封其为“鸿胪卿”，葬于龙门西山广化寺。乾元元年（758年），由肃宗之弟李华撰写碑铭，立于塔院之侧。

金刚智，本是中天竺国王伊舍那靺摩的第三子，后在入唐时误荐为南天竺人。他10岁出家，31岁时受南天竺国王之命，由海道赴中国传教，携带《大般若波黑密多经》梵本及法器、香料诸物进献。途经南海诸国，航行3年之久到达广州。唐明皇遣派使者赴岭南远迎，一路上大为设坛行法，宣扬密教。开元八年（720年），金刚智到达东都洛阳，唐明皇亲自接见。此后，金刚智随唐明皇往返于东西两都，几乎成为唐明皇的随员，不离左右。从开元十八年到开元二十四年（730—736年），金刚智专事译经，共译出密教经法仪轨等25部31卷。译事完毕之后，金刚智又随唐明皇西入长安。到开元二十九年（741年）七月，73岁的金刚智奉唐明皇之命归国，行至洛阳广福寺患病，八月去世，九月葬于龙门。金刚智生前，唐明皇曾敕封他为“国师”，赠号“大弘教三藏”。至唐代宗永泰元年（765年），又追赠“开府仪同三司”官衔。

不空，原籍狮子国，相传他14岁时遇见金刚智，从此追随金刚智学习密教，并于开元八年（720年）与金刚智一起来到汉地，侍奉金刚智多次往返于长安、洛阳两京，从事译经和传教活动。开元二十九年（741年），金刚智归国，行至洛阳病故，不空料理完其师丧事之后，奉唐明皇的诏令，以唐使名义继续前行，到广州后，乘船赴狮子国寻求密教典籍。不空在狮子国求获各类佛经100部1200卷，启程返回中国时，狮子国国王尸罗迷伽请他给唐明皇带上表文和进献的方物。

天宝五年（746年），不空还至洛阳，唐明皇让他在净影寺译经，开坛灌顶。唐明皇还把不空请入宫内，建曼荼罗道场，并为唐明皇本人举行灌顶仪式。天宝九年（750年），唐明皇准令不空回国，可是不空到韶州时得病，只好就地疗养。至天宝十二年（753年），在西平郡王哥舒翰的奏请下，唐明皇将不空从韶州追回长安，先安排他住在保寿寺休息。一个月后，唐明皇诏请不空前往河西，不空遂到武威，住在开元寺，在那里，从事灌顶译经活动。直至天宝十五年（756年），唐明皇把不空又召回长安。

后来安史之乱爆发，安禄山攻陷长安，不空仍和唐明皇之子肃宗李亨秘通消息，和皇室保持往来。因此当至德二年（757年）肃宗还都长安后，不空备受礼遇。肃宗“不斥其名，但称其号”。肃宗还把不空迎入大内，为自己灌顶，传授戒法，说讲菩萨放光证戒。乾元元年（758年），不空上表，请求搜访梵文经箓加以修补，并翻译传授，肃宗为此诏令长安、洛阳及地方各县的寺舍，将旧日梵箓都集中起来，交到兴善寺由不空陆续翻译奏闻。这是在皇帝的诏令下，唐代梵箓一次大规模的集中。在肃宗还都长安以后的17年中，不空得到朝野的倾心崇奉，广译显密经教，灌顶传法，教化颇盛。

到代宗李豫时，不空仍受到朝廷器重。不空晚年得到朝廷支持，派弟子含光到五台山建造金阁寺，接着又造玉华寺，并奏请代宗在金阁寺等5寺各置定额僧21人，这里遂成为密教重心。大历九年（774年）六月，70岁的不空去世。代宗闻讯，停办朝政三日，以示哀悼，诏令厚葬不空，并赠“开府仪同三司”，授司空，赐爵肃国公，谥“大辩证广智三藏和上”。

不空生前出入宫廷，结纳权贵，历事三朝，显赫半个世纪。因有唐明皇及肃宗、代宗的敬重，妃主降阶，六宫罗拜，位列三卿，并加特进。恰如其弟子圆照在《贞元释教录》中所说：是“先古未闻”之事。

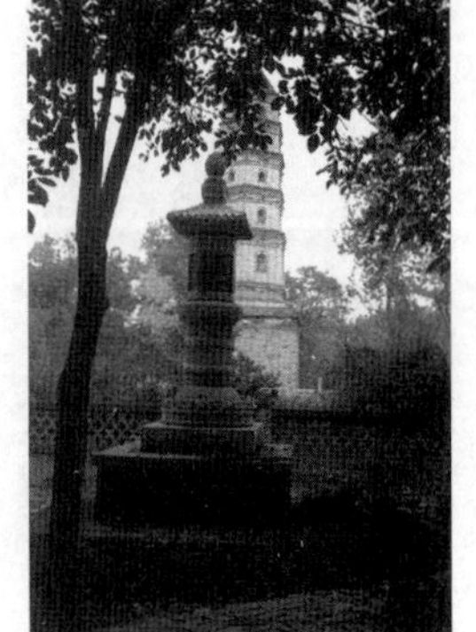
◎西安大兴善寺，一行和尚曾在此任主持

由于唐明皇与善无畏、金刚智、不空“开元三大士”的亲密关系，由于有唐朝宫廷的大力支持，密教经典的翻译和教义的传播十分兴盛，并由此逐渐形成了中国佛教以修密为主的一个宗派——密宗。

（4）高僧一行的《大衍历》

唐明皇宠用外来的胡僧，对国内高僧也不冷落。他迎请僧一行入宫一事，就颇有影响。

一行，原籍魏州昌乐县，本姓张，名遂，是初唐名臣张公谨的后裔。他天资聪敏，过目不忘，20岁左右已博览经史，精于历象阴阳五行之学。一次，他在几天之内便写成《大衍玄图》及《义诀》各一卷，阐释扬雄的《太玄经》，因而声名大震。当时正是武则天专权时代，由于张遂的

名气，武三思出于某种意图，想要招纳他。张遂鄙薄武三思的行为，为躲避这类权贵的纠缠而跑到荆州，拜普寂禅师为师，落发出家，起法号“一行”，这年他21岁。一行出家后，四处参访，据说曾不远千里到浙江天台山国清寺跟随一位隐名大德学习算术。

文明元年（684年），唐睿宗李旦即位，命洛阳留守韦安石去聘请一行出山，一行以有病为托辞，未受命。随即回到了荆州当阳山，向沙门悟真学习梵律。

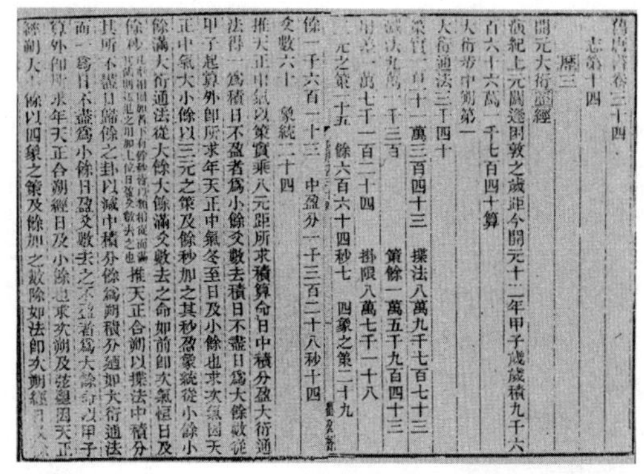
舊唐書卷三十四
志第十四
曆三
開元大衍曆經
演紀上元閼逢困敦之歲距今開元十二年甲子歲積九千六百六十六萬一千七百四十算
大衍步中朔第一
大衍通法三千四十
策實一百一十一萬三百四十三　揲法八萬九千七百七十三
減法九萬一千三百　策餘一萬五千九百四十三
用差一萬七千一百二十四　掛限八萬七千一百一十八
三元之策一十五　餘六百六十四秒七　四象之策二十九
餘一千六百一十三　中盈分一千三百二十八秒十四
爻數六十　象統二十四
推天正中氣以策實乘八元距所求積算命日中積分盈大衍通法得一爲積日不盈者爲小餘爻數去積日不盡日爲大餘數從甲子起算外即所求年天正中氣冬至日及小餘也求次氣因天正中氣大小餘以三元之策及餘秒加之其秒盈象統從小餘小餘滿大衍通法從大餘大餘滿爻數去之命如前即次氣恒日及餘秒　推天正合朔以揲法中積分其所不盡日歸餘之卦以減中積分餘爲朔積分滿通如大衍通法而一爲日不盡爲小餘日盈爻數去之不盈者爲大餘命以甲子算外即所求年天正合朔經日及小餘也求次朔及弦望因天正經朔大小餘以四象之策及餘加之數除如法即次朔經日

《大衍历》唐 僧一行编撰

开元五年（717年），唐明皇敕命一行的族叔张洽到荆州强行召之进宫。一行无奈，走进唐宫。据说，一行进宫后，唐明皇问他有什么本领，一行说：善记览。唐明皇便让人取来一本宫人的籍册，一行看过一遍后，合上籍册，一页一页丝毫不差地背诵出来。唐明皇顿时拍手叫绝，忙从御榻上下来，向一行行礼，称他为圣人。

从这以后，一行就留在唐宫内。恰有印度高僧善无畏来到长安，传播佛教密宗。一行根据唐明皇的旨意，协助善无畏从事佛经翻译。

开元九年（721年），唐明皇以旧历“麟德历”预报日食不准，诏命一行“考前代诸家历法，改撰新历”。从此，一行以全部精力主持修订《大衍历》，在中国古代科技史上留下了光辉的一页。

开元十五年（727年），唐明皇出巡，敕命一行随侍。途中一行突然生病，死于临潼，年仅45岁。一行死后，唐明皇赐谥为“大慧禅师”。

（5）“香水钱”

唐明皇与高僧神会的恩恩怨怨，以及神会代朝廷征收“香水钱”一事，尤其值得一说。

神会，俗姓高，湖北襄阳人。少时研习儒道老庄之学，后接触佛教，受其影响，无意于仕途，投本府国昌寺颢元法师出家。神会四十岁左右时，到韶州追随慧能，不离左右，直至慧能去世。当时中原长安、洛阳一带，盛行北宗神秀学说，神秀主渐修说，与力主顿悟说的慧能南宗迥然异趣。为了宣扬南宗顿悟思想，争得南宗在禅宗中的正统地位，神会在730年左右只身北上，先来到东都洛阳，大肆宣扬慧能学说，并以慧能嫡系的身份，与北宗代表人物进行多次辩论，极力攻击神秀为代表的北宗“传承是傍，法门是渐”，并非禅宗的正统。由于神会的大力宣扬，使南宗顿悟之说顿添声色，以致当时北宗著名代表人物普寂门下渐渐冷落。

神会所反对的渐悟说，在当时很流行影响极大，因而引起了一些人的疑

南昌金绳塔

金绳塔建于唐天祐年间，因建塔时掘地得函，函内有金绳舍利等佛教圣物而得名。

惧。天宝十二年（753年），有北宗门下信徒御史卢奕上奏唐明皇，诬称神会聚众图谋不轨。唐明皇立即派人把神会召领入京，要问个究竟。神会在唐明皇面前据理力争，毫不示弱，唐明皇一气之下，将神会贬往江西弋阳郡，不久又转往湖北武当郡。天宝十三年（755年）春，朝廷令其迁移襄州，七月间又敕命移往荆州开元寺。这些都是北宗门下人御史卢奕等对神会的报复。神会虽然被贬逐，两年之间转徙四处，但他的声名反而越发远扬。

神会被贬的第三年，即天宝十四年（755年），发生了安史之乱，两京沦陷，唐明皇避难逃往巴蜀。为平定叛乱，需要一大笔军费开支，当时国家财政困难，于是朝廷公开设戒坛度僧尼，收取度僧的“香水钱”，以充军需。当时神会尚谪居荆州，诬奏他的卢奕已被乱军斩杀，群臣议请神会来主持设坛度僧，代朝廷征收四方“香水钱”。

香水，是佛教术语，指能消除人们烦恼的阏伽水。人们由此引申，把想要出家走入佛门所交纳的“鬻度”钱称为“香水钱”。“香水钱”是与“度牒”联系在一起的。“度牒”，是指由官府发给的，表明僧人合法身份的证明书，也可以说是允许僧人出家的许可证。持有度牒的僧人，才是“官度”的、合法的出家人，反之便是“私度”僧，被认为是不合法的。度牒的产生，就在唐明皇天宝年间（742—755年），是唐明皇出于进一步控制佛教徒的需要，敕命祠部制定签发的。度牒上详细写明持牒者的籍贯、俗名、年龄、所属寺院（常由政府指定）、师傅姓名以及隶属的官署，由此看来，朝廷对僧人的控制够严密的了。度牒的作用，原是为了证明僧人的合法身份，以加强对僧人的控制，但度牒产生不久，其作用就有了变化。原来僧人要取得度牒，除了经过一些手续之外，还要缴纳一定的香水钱。于是，朝廷和一些权官、官吏，竟以出卖度牒作为积聚财富、搜刮钱财的手段，唐明皇晚年为平定安史之乱，大收“香水钱”，就是比较典型的一次。

神会应朝廷之请，于至德元年（756年）回到东都洛阳，统管度牒，代征“香水钱”，这年他已89岁。当时洛阳城内的寺宇都已被战火焚毁，神会即临时创立寺院，中间建筑方坛，所有度僧的收入全部交送朝廷充作军费，直接资助了唐明皇之子肃宗李亨收复两京，对唐军平定安史之乱起了相当大的作用。

《旧唐书·食货志》载：

> 初度牒不须金钱，及安禄山之乱，杨国忠使御史崔众赴河东度僧尼道士，旬日得钱百万。

宋《高僧传·神会传》说：

> （神会）立坛度僧，所获财帛，顿支军费，收复两京，会之济

如来说法图
敦煌石窟 唐
图中如来端坐正中，神态安详，左右分坐两护法、两菩萨。人物形象栩栩如生，其技法令人叹为观止。

用，颇称有力。

神会由于主持征收“香水钱”，为唐室的复兴立下了汗马功劳。安史之乱平定后，朝廷为他在洛阳建造荷泽寺，诏请神会入内供养，不久神会就病死在这里。后来，唐朝朝廷正式以神会为禅宗七祖，神会所代表的南宗借助皇权成为禅宗的正统。

六、唐宪宗迎佛骨的风波

唐朝中期的几位皇帝，在奉佛方面也是各有千秋的。其中，尤以唐宪宗恭迎佛骨引发的风波最引人关注。这里，让我们分别来看一看。

唐肃宗——

唐肃宗在平叛安史之乱中从唐明皇手中接过了帝王宝座，这其中曾得益于佛门的“香水钱”，他心里是有数的。因此，肃宗即位的第二年，至德二年（757年），便颁诏把法门寺的佛骨迎入皇宫，于大内供养，并设道场。据说，唐肃宗本人，昼夜苦行，以求福缘。

同年，肃宗敕令于五岳各建佛寺，选派高行沙门主之，布衣百姓能诵经500纸者，即可度为僧人，或者纳钱百缗请领度牒亦可剃度。

上元二年（761年），唐肃宗在皇宫内的三大殿上设置道场，以宫人为佛菩萨，武士为金刚神王，诏令群臣围绕膜拜。当时宰相张镐曾劝阻肃宗在大内设道场，说：“臣闻天子修福，当在安养苍生，靖一风化。未闻区区僧教，以致太平。”但肃宗一心拜佛，宰相的谏言哪里听得进去！

唐代宗——

肃宗之后是代宗。唐代宗李豫与唐明皇、唐肃宗都曾有恩于印度高僧不空。代宗是唐明皇之后，尊奉佛法的帝王中比较突出的一个。唐代宗与宰相元载、王缙、杜鸿渐等，都崇奉佛教。代宗把唐宫的大门向僧尼敞开，听任僧徒任意出入宫廷，在宫内大量陈设佛像，帝后一同礼佛诵经，给僧众十分优厚的待遇。更加荒唐的是，每当戎狄入逼，代宗即请来众多沙门齐诵《护国仁王经》，若戎狄离去，则视为僧人的功劳，滥加赏赐。

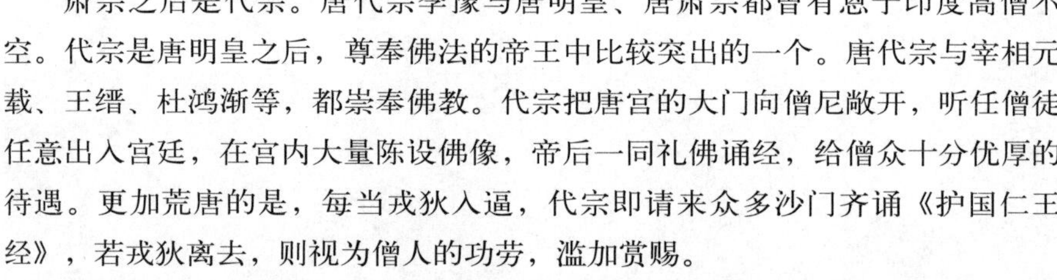

金印　安徽芜湖广济寺镇寺之宝

该金印有“地藏利成金印”“至德二年”字样。这枚印章由笃信佛教的唐肃宗于至德二年（757年）颁赐给九华行宫。

唐代宗从大历三年（768年）开始，每年设水陆道场，举办放灯等佛事活动，成为定制。唐代宗还诏令，京城僧尼临坛大德各置10人，遇缺即补。官补大德即自此开始。后来又有了引驾大德、禅大德、上座大德等名号。

唐代宗大兴土木，为皇太后营造章敬寺等一批皇家寺院。朝臣高郢曾上书劝谏说：

> 臣闻夏禹卑宫室而尽力乎沟洫，人到于今称之。梁武究土木而致饰乎寺宇，人无得而称焉。陛下若节用爱人，当与夏后齐驾，何必劳人动众，而踵梁武之遗风乎？

这一谏文载于《全唐文》卷449。高郢劝说代宗学习夏禹爱惜民力，而不要像梁武帝那样“劳人动众”地大造寺宇，让后人责骂。

代宗奉佛，的确是不惜财力的。五台山上的祠寺，原本是铸铜为瓦，代宗诏令，以金涂瓦，所费钱财数以亿计。代宗在宫中造盂兰会，缀饰镠琲，费用达百万以上。代宗又设高祖李渊以下七圣牌位，幡节衣冠一应具备，各以帝号识别其幡，从大内分别送往佛道祠宇，一路上百官奉迎导从，铙吹鼓舞，好不热闹。在代宗的崇佛政策下，京郊的良田美产，多归寺院，天下官吏遇有僧尼，都得退让三分，僧人犯法也不敢治罪。

据《通鉴》卷224载，由于唐代宗提倡奉佛，“中外臣民承流相比，皆废人事而奉佛，政刑日紊矣”。

唐德宗——

代宗死，德宗即位，这是大历十四年（779年）。就在这年闰五月，唐德宗诏令，罢停内外临时统管僧尼的“功德使”，重申僧尼悉属祠部，加强朝廷对僧尼的管理。

德宗时期，唐朝宫廷与沙门往来频繁。兴元元年（784年），沙门法照在并州行五会，教人念佛，劝化甚盛。唐德宗闻讯，即派遣使者，将法照迎入

安徽芜湖的广济寺

大内，请他教宫人念佛，在宫内设立五会。于是，大唐皇宫香火不断，人人念经。

唐德宗贞元六年（790年），诏令请出无忧王寺的佛指舍利，先是迎置宫中，然后又送往各处寺庙，供僧俗信徒瞻礼。一时间，宫内宫外，礼佛活动频繁起来。

在与德宗交往的僧人中，澄观最受青睐。澄观，俗姓夏侯，越州山阴（今浙江绍兴）人，11岁出家，是曾为武则天效力的法藏法师的三传弟子，曾游历五台、峨眉诸佛教名山，尤擅忏法。贞元十二年（796年），唐德宗召请澄观入京，长安城内以隆重的仪式欢迎这位高僧。唐德宗让澄观与罽宾三藏般若等一起翻译乌茶国王进献的《华严》后分梵夹。两年后，译成40卷，唐德宗亲自来到译场，表示庆贺。唐德宗过生日时，命有司专备仪辇，迎请澄观入内殿讲经。唐德宗把澄观敬为门师，于贞元十五年（799年），尊澄观为“教授和尚”，诏授“镇国大师”称号，委任他担任“天下大僧录”。澄观后来在顺宗、宪宗、穆宗、敬宗诸朝，也同样备受尊敬。

唐德宗对佛教寺庙建造也很感兴趣。建中初年，唐德宗将九华山上刚刚建起来的第一座寺庙赐名“化城寺”。此后，九华山寺院建造便以化城寺为中心展开，该山成为佛教四大名山之一。建中四年（783年），肃王李祥死去，德宗打算按照佛教礼仪，用砖造塔予以安葬，郎中李岩上奏说，以砖起塔为天竺浮图法，行之于大唐皇室，恐怕不宜。德宗这才改用汉俗安葬肃王。贞元四年（788年），唐德宗下诏，迎请岐州无忧王寺佛指骨入禁中供养，两年后，又敕命于岐阳扩建寺宇，厚葬佛骨。

唐宪宗——

继德宗之后，是在位仅一年的顺宗，接着便是宪宗。宪宗奉佛也是比较典型的。他登基的元和元年（806年），即诏令天下有道高僧均赴京师长安，阐扬佛法。宪宗特地把沙门知玄召入内殿，垂问佛道，赐知玄“悟达国师”。第二年，唐宪宗对僧尼管理机构进行改革，敕命僧尼道士一同隶属左右街功德使，命宦官吐突承璀等人为左右街功德使，沙门端甫为左街僧事，掌内殿法仪，沙门灵邃为右街僧事。皇帝身边的宦官和高僧一同管理沙门，进一步加强和密切了宫廷与佛门的关系。

元和五年（810年），唐宪宗召请沙门澄观入内殿宣讲“华严法界”要旨，宪宗听后似乎大有所获，敕命有司为澄观专铸金印，赐号“僧统清凉国师”。这一年，有沙门慧琳向唐宪宗进献他所编撰的《一切经音义》100卷，唐宪宗视为至宝，命于大内收藏，并赐给慧琳紫衣、缣帛、茶药等物，作为回报。

唐宪宗时，有入唐求法的日本僧人空海到达长安，宪宗亲自接见，命他撰写惠果法师的碑文，最后又资助他携带佛经、法物东回日本。

宪宗恭迎佛骨、韩愈谏阻被贬一事，搞得朝野沸沸扬扬，尤其值得一书。这里所说的“佛骨”，指的就是法门寺地宫珍藏的那一节佛指舍利。唐宪宗曾敕命翰林学士张仲素专门撰写了一个《佛骨碑》，碑文这样写道：

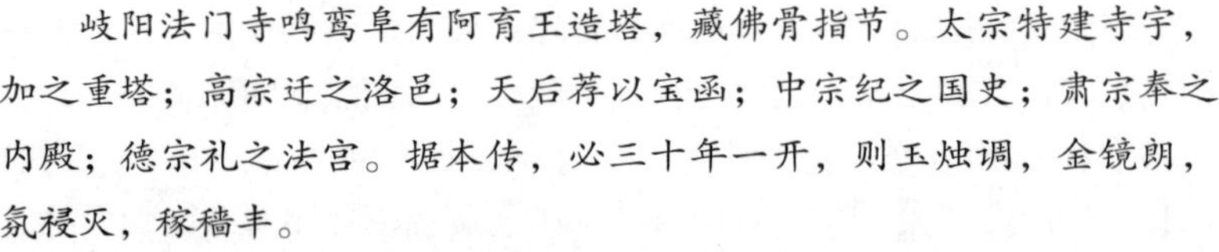

岐阳法门寺鸣鸾阜有阿育王造塔，藏佛骨指节。太宗特建寺宇，加之重塔；高宗迁之洛邑；天后荐以宝函；中宗纪之国史；肃宗奉之内殿；德宗礼之法宫。据本传，必三十年一开，则玉烛调，金镜朗，氛祲灭，稼穑丰。

◎唐代高僧“清凉国师”澄观的灵官塔

这道《佛骨碑》说，对这节佛骨，唐代自太宗以来，朝廷多次加以殊礼。唐太宗曾为其建立寺宇，营造双层塔，武则天时又以宝函加以珍藏，唐中宗、肃宗、德宗等几位帝王也都对佛骨敬之有加，屡屡开启，供养宫中。

唐宪宗元和十三年（818年）十二月，有功德使上奏朝廷，大意是说，法门寺护国真身塔内的释迦牟尼佛指骨，应当每30年开示一次，定期开塔，则岁丰人安，佛祖福佑，来年又为应开之期，请皇上颁旨奉迎。于是，唐宪宗派宦官杜英奇作为专使，带领宫中的三十余人前往法门寺奉迎佛骨。第二年的正月，宦官杜英奇等人手持香花，将佛骨迎接到京师长安，先是在宫内供养三天，帝后率皇室成员及文武百官一一礼拜，然后交京城佛寺轮流供奉。唐宪宗的这一举动震动京师，都人若狂，王公士庶，奔走相告，“梵顶烧指，千百为

◀陕西扶风法门寺

▲法门寺的智慧轮盝顶金函

群；解衣散钱，自朝至暮；转相仿效，惟恐后时；老少奔波，弃其业次”。整个长安城掀起了一股崇佛狂潮。

据说，在将佛骨迎入皇宫的第二天，唐宪宗便对臣下宣布说，朕在夜里看见佛指舍利大放光明。满朝文武听后，都伏地叩贺，纷纷称颂这是陛下的洪福，是盛德所感，是天下的喜庆。

面对唐宪宗迎佛骨而带来的崇佛热，当时的刑部侍郎韩愈很不以为然，他挥笔写下了著名的《谏迎佛骨表》，上表切谏。韩愈，字退之，原籍河北昌黎，幼年丧父，寄养于堂兄家，从小刻苦学习儒学，不久即通六经百家。进入仕途后，他曾任国子监博士、刑部侍郎等职。他是唐代著名的文学家，与柳宗元同为古文运动倡导者，所作诗文，在当时有很大影响，成为著名的唐宋八大家之一。韩愈反对唐宪宗不遗余力的奉佛行为，对宪宗兴师动众奉迎佛骨之举提出了严厉的批评。

韩愈在《谏迎佛骨表》中说，奉事佛教，希望求福，结果会适得其反。他指出，梁代武帝，就是因为佞佛，屡屡舍身佛寺，结果造成侯景之乱，自己也被困饿致死，导致国破身亡。韩愈从儒家的正统思想和伦理观念出发，极力反对佛教在社会上迅速发展。他认为佛是“夷狄”，不知君臣之义，不顾父子之情，所以是违背儒家伦理思想原则的。韩愈批评宪宗奉迎佛骨是“无故取朽秽之物”，佛已作古，枯朽之骨，岂能出入皇宫禁地！现在，不论君臣，“亲临观之”，都是自取其辱。韩愈进一步提出，应将这块佛骨投入水火之中，彻底断绝后世对它的迷惑。

韩愈的表文，以触目惊心的事例，尖锐深刻的语言，严厉地批评了佛教，极力谏阻宪宗迎佛骨之举。对狂热崇佛的宪宗来说，怎能接受韩愈如此辛辣的言语？唐宪宗在看过《谏迎佛骨表》后，勃然大怒，斥责韩愈说：你说朕奉佛太过，犹可容忍；但你又说古代奉佛之后，天子都夭促，国祚均无常，这是明显的诅咒我朝！宪宗一怒之下，要把韩愈处斩。只是由于裴度、崔群等一些朝中大臣的求情，韩愈才未被杀掉，保住了性命。但宪宗也不轻易放过，还是将韩愈由刑部侍郎贬为潮州刺史。

▲韩愈

唐穆宗——

唐宪宗在礼迎佛骨的第二年驾崩，唐穆宗继位。唐穆宗李恒，是宪宗的第三个皇子，在位4年。他在位期间，由于宪宗奉迎佛骨高潮刚过，余绪仍在波动，佛教也就仍然受到一定程度的提倡和保护。长庆元年（821年），唐穆宗在即位的第一年亲自撰写了一篇《南山律师赞》，对中国佛教律宗开创者道宣和尚大加颂扬，甚至表示他自己要皈依佛门。唐穆宗还派人前往佛教圣地五台山，以皇帝的名义设斋，款待僧尼近万人。

长庆四年（824年），徐州节都使王智兴奏请设坛度僧，凡是自愿出家为僧者，只要捐输钱二千，就给度牒。这一度僧政策，在唐穆宗准许实行后，四方辐辏，出家者成群结队，江淮地区尤为突出，唐朝政府通过卖度牒收取了大量的钱财。不久，有浙西观察使李德裕上奏朝廷，呼吁停止敛钱度僧，他说：一般民户有丁三男，若是一户有一丁削发为僧，则会大大影响官府的徭役和赋税收入，如此算来，江淮地区就要失去丁男60万，此事不可不细察，应该注意到朝廷的长远利益。唐穆宗闻奏，顿觉敛钱度僧实在是短视，敕令停止，但是这时所度之人已成气候，悔之已晚了。

唐敬宗——

唐敬宗李湛，是穆宗的长子，于宝历元年（825年）即位，在位两年多。唐敬宗登基的第一年，就敕令京城两街各建方等戒坛，左街设于安国寺，右街设于兴福寺，作为度僧行法的场所。唐敬宗命左右街功德使选择有戒行者为大德主持考试，童子能背诵佛经150页者，女童能背100页者，即准许剃度。

进入中唐以后，寺院渐渐趋同于娱乐场所，僧尼们为招引庶民，往往卖法阿俗，于是世俗化的讲说成为一种时尚，以至于寺院与俗讲成为人们不可离弃的例行公事。同时也出现了由皇帝敕命而进行的俗讲，甚至连俗讲僧都被赐予“赐紫”、“引驾”、“大德”一类的官名。上至天子后妃、下到氓民冶妇，都争相拥入寺院，迷恋于说话、譬喻及其刺激性的音乐，被俗讲者们的魔术所俘虏。文溆就是当时很有名气的一位俗讲僧。《乐府杂录》载：

"俗讲僧文淑善吟经，其声宛畅，感动里人。乐工黄米饭，依其念四声观世音菩萨，乃撰此曲。"是说乐工黄米饭模拟文淑吟经的调子，创作了叫作"文淑子"的乐曲，可见文淑的知名程度了。敬宗好佛，听说文淑最善俗讲，便亲自赶往观听。《通鉴》唐纪59载：

> 敬宗宝历二年（826年）六月己卯，上幸兴福寺，观沙门文淑俗讲。

△法门寺地宫发掘的芙蓉作莲花状

那么，文淑究竟讲的都是些什么东西，竟让唐敬宗亲自跑去聆听？有《因话录》说，文淑"假托经论，所言无非淫秽鄙亵之事"，"愚夫冶妇，乐闻其说"。原来文淑所讲的，都是些极为浅鄙、通俗，甚至是些"淫秽鄙亵"的东西，以迎合俗人。而堂堂大唐皇帝敬宗也有此好，可知其格调并不高雅，一代天子竟也混同于"愚夫冶妇"了。

唐文宗——

继敬宗为帝的是文宗。唐文宗李昂，是穆宗的次子，在位14年。《白氏文集》卷56载：

> 大和元年（827年）十月，皇帝（指文宗）降诞日，奉敕召入麟德殿内道场，对御三教谈论。

这里是说，文宗在庆贺生日的日子里，召请僧尼、道士，在皇宫大殿内谈论儒、佛、道三教的短长。为此，文宗特设"内供奉三教讲论赐紫引驾起居大德"官衔，来主持这一仪式。上面谈到的俗讲名僧文淑，就曾在文宗时任过此职。

唐文宗曾多次迎请高僧宗密入内叙谈。宗密，俗姓何，果州西充（今四川西充）人。少时，通儒书。元和二年（807年）将要参加贡举考试，偶然有机会见到神会大师系下的遂州大云寺道圆，言谈之下极为相契，宗密于是随道圆出家，当年受具足戒。之后，道圆授予宗密《华严法界观门》，令其往各处参学。大和九年（835年），唐文宗邀请宗密进入内殿，垂问佛法大意、赐紫方袍，敕号大德。此后，唐文宗又多次召请宗密入内殿问法。由于文宗带头推崇宗密，朝臣士庶归信者也很多，特别是宰相裴休常受宗密的教旨。宗密死后，唐宣宗追谥"定慧禅师"。

尽管唐文宗仍在敬佛，但他已注意到僧尼队伍的庞大，并开始有意识地以皇权来抑制佛教的发展。开成三年（838年），唐文宗颁布《条流僧尼敕》，指出：黎民百姓听信释家苦空之说，官僚朝臣纷纷敬重法门，丁壮劳力则成群削发来逃避徭役，这都是佛教流行带来的弊端，所以要进行整顿。唐文宗要求，京兆府的功德使和地方府州的官吏，对佛教要严加管理，从现在开始，京城内外一律不许随便度人为僧。

在严禁私度的同时，唐文宗还颁发诏令，命令天下僧尼一体考试经文。唐文宗规定，所有僧尼准备三个月，然后一律参加考试，考试的内容是，不仅要流畅地朗读500页的经文，还要熟练地背诵300页的经文，通过考试的为及格，不及格的便勒令还俗。唐文宗大规模考试僧尼，就是要以此整肃僧尼队伍，使沙门中大量的附流者还俗，从而增加国家的徭役和赋税。

唐文宗还进一步规定，僧尼考试结束后，要按着僧尼的数量设置佛寺，天下佛寺要有一定的数量，不能再创建新的寺院。唐文宗十分明确地指出：一夫不耕人受其饥，一女不织人受其寒，安有废华夏之人，习外夷无生之法？由此可见，唐文宗的抑佛措施，是佛教在唐代过度发展的历史背景下，对佛教的一种人为的行政限制，这是后来的唐武宗灭法的前奏。

甘肃临夏永靖的炳灵寺第64龛佛与菩萨 唐

七、唐武宗灭佛——第三次帝王废佛

唐武宗李炎，继文宗之后，在位6年，可算是唐朝晚期的皇帝了。唐武宗是唐代二十多个皇帝中，唯一一个坚决反对佛教的皇帝。唐武宗毁灭佛法，是中国古代第三次帝王废佛事件。

唐武宗灭佛，究其原因是多方面的：

首先，就唐武宗本人的爱好而言，偏好道术，排斥佛教。唐武宗早在藩邸时，就颇好道术修摄之事。即位后，便渐渐崇道贬佛。开成五年（840年）正月，唐武宗登基。这年秋天，他就召请道士赵归真等81人进入皇宫，在三大殿上设金箓道场，唐武宗本人亲自来到道场，在所谓的九天仙台上受法箓。第二年，会昌元年（841年）正月初四为国忌日，唐武宗还按惯例敕命行香设千僧斋。可是，到了六月十一日圣诞日时，唐武宗于大内设斋，两街供养大德和道士共4人进行对论，结果两名道士赐紫，佛门大德却什么赏赐也没得到。同月，唐武宗召请衡山道士刘玄靖入内，充任崇玄馆学士，赐号广成先生，令其与赵归真在皇宫一起修行法箓。与此同时，外来胡僧也失去了往日的光彩，不再受到欢迎和重视。同是这年六月，有南天竺沙门宝月入朝，因事先未咨开府，入见武宗后从怀中拿出表文奏请回国，武宗以犯越官罪，将其收禁。宝月的三名弟子各打七棒，通事僧打十棒，宝月本人虽未挨打，却不许回国。唐武宗对道、佛二教的个人好恶，是其最终毁佛的感情基础。

其次，僧侣政治地位过高，以致影响到封建政治秩序的稳定。据粗略统计，截至武宗朝，唐朝和尚被封官的约在30人以上，其中最高的有司徒、司空、国公等，甚至有个别参与军机而被封为将军的。至于那些虽无官职，但与权贵交往密切，因而气焰很盛的和尚，就为数更多了。由于僧侣队伍具有相当大的政治势力，有的参与朝政，对帝王指手画脚，有的横行地方，为非作歹，这就冲击了正常的封建政治秩序，不能不引起帝王的关注和担忧。

最后，寺院经济的迅速膨胀，已严重干扰了国家财政收入，触犯了皇权利益。这是唐武宗灭佛最直接的原因。由于唐代中前期的皇帝们大力扶植佛教，致使佛教势力和影响越来越大，成为中国佛教史上的极盛时期。到唐武宗时，全国大中型寺院近5千所，小的庙宇有4万余所，僧尼近30万人，拥有15万寺院奴隶。全国寺院共占有数千万亩的土地，这些土地有的是兼并平民百姓的；有的来源于贵族、官僚、地主的布施；也有的是前朝的遗产。寺院不仅是宗教团体，同时也是封建庄园。寺院内部的经济大权掌握在住持僧的手里，住持僧就是寺院领主，他们也收取地租和发放高利贷，使寺院经济得到了迅速膨胀，竟达到“十分天下之财，而佛有七八”的地步。由于佛教僧侣凭借帝王的支持扶植，巧取豪夺，经济势力越来越大。在中唐之后，佛教经济势力的发展，不仅直接触犯了世俗地主和贵族的利益，而且也影响了国家财政收入。于是，寺院

潜溪寺洞的阿难立像局部 河南洛阳龙门石窟 唐

此像头部和颈部都有被毁的痕迹。

经济逐渐形成了与皇权利益严重对峙的局面，引起了朝廷的不安，至武宗时，已到了非解决不可的时候了。因此，维护李唐王朝一统天下的根本利益，是武宗灭佛最主要的原因。

唐武宗灭佛是有一个过程的。大致说来，会昌二年（842年）对沙门的诸多限制措施，已见毁佛端倪，此后禁令不断，步步紧逼，直到会昌五年（845年）大规模地清算佛门，达到灭佛高峰。且让我们具体地看看唐武宗灭佛的步骤——

会昌二年（842年），唐武宗接连颁发了一连串限制僧尼的诏令。三月初三日，在宰相李德裕的奏请下，唐武宗敕命，将各地云游到京师寺院的僧尼全都发遣回去，同时不许置童子沙弥。五月二十日，武宗停止了在皇宫内供奉大德高僧的传统，谕令将大内京师两街供奉的大德裁撤20员。六月十一日皇帝的生日，按惯例僧道各2人入宫御前论议，像上年一样，道士得紫，僧人空手而归。

十月九日，唐武宗敕命，勒令那些私养妻室不修戒行的僧人还俗。若僧尼有钱谷田地，一律没收入官。如果这些僧尼爱惜钱财，情愿还俗，准其还俗，将钱财充入赋税徭役。唐武宗的敕令下达后，左街功德使奏报说，根据敕令，所属僧尼除年老及戒行精确者外，其爱惜资财还俗者1232人。右街功德使奏报，还俗者2259人。唐武宗规定，寺院所蓄奴婢，僧人许留奴1人，女尼许留婢2人，其余全部放归本家，无家可归的奴婢由官府接管，使其婚配成家。

会昌三年（843年），唐武宗进一步贬斥佛教。二月，通过功德使颁令，僧尼业已还俗者，不得再行入寺。五月二十五日，朝廷派人查问京城各佛寺外国僧人的来由。六月十一日圣诞日，唐武宗召僧道入内论议，依然是只赐道士。当时，有太子詹事韦宗卿向唐武宗进献《涅槃经疏》20卷、《大圆伊字镜略》20卷。唐武宗当即命人将两部佛书焚毁，并颁布敕令说：

> 韦宗卿参列崇班，合遵儒业，溺于邪说，是扇妖风。既开眩惑之端，全戾典坟之旨。簪缨之内，颓靡何深。况非圣之言，尚宜禁斥，外方之教，安可流传。

唐武宗在这里已把佛教视作“邪说”，明确提出“外方之教，安可流传”。他斥责佛本是西戎人，其经疏为胡书，说韦宗卿不知共遏迷聋，反而收集妖妄，转惑愚人。最后，唐武宗把韦宗卿贬为成都府尹。

唐武宗敕令，将宫内所有佛经一律焚毁，将皇宫内所供奉的佛像、菩萨像以及天王像，全都深埋地下。同时敕令，京师长安左右两街的各处佛寺，立即停止讲经说法。

九月间，有潞府奸人藏匿京城佛寺中，唐武宗抓住这件事大做文章，敕令两街功德使疏理城中僧人，凡是“公案”上无名者尽行勒令还俗，遣送回籍。各道、州、府也一同行动，清理僧尼。对新近来历不明的僧人，捉拿问罪。从这一年起，两街佛法讲说停止了。

会昌四年（844年），唐武宗加快了毁佛的步伐，开始连兴法难。三月，敕令各处，不许随意开示和供养佛舍利。传命代州五台山、泗州普光王寺、终南山五台寺、凤翔法门寺等处，原有佛指，也不许供养。如有违者，百姓前往送一钱脊杖20下，在那里的僧尼，受一钱亦脊杖20下。天下各道、州、县，也一概禁止供养，捉获脊杖同前。于是，各处佛寺绝人往来，无人敢再送给。

以往，在长安长生殿设有内道场，安置佛像经教，抽调两街诸寺高僧37人，轮流入内持念。这时，武宗下令焚烧经教，拆毁佛像，将在大内的僧人赶回本寺，并在道场内改放道教始祖老子之像。

在这年六月的圣诞日，唐武宗只召道士而不再召僧人入内论议，并敕令僧尼不许街里行、犯钟声，如有外出者，须于钟声未动前回归。又规定，各处僧尼不得在别处寺院留宿，违者治罪。是年圣诞日，有道士向唐武宗上奏说：孔子言黑衣继十八子为天子。黑衣者，僧人；十八子者，李氏。而武宗又恰为李唐王朝的第十八代，因而他对道士的话特别在意，由此更加憎恨僧人，崇道贬佛。唐武宗委任道士赵归真为左右街教授先生，拜他为师，学习神仙方术。赵归真则趁得皇帝宠信之机，不时进言排毁佛教，说：佛本非中国之教，蠹害生灵，宜尽除去。于是，自会昌四年七八月起，法难迭起。

这年七月，唐武宗颁发敕令，拆毁天下山房、兰若、普通佛堂、义井、村邑斋堂及不入寺额者，其僧尼均勒令还俗。唐时佛庙，官府审批赐额者为寺，私人建造的称为招提、兰若、野邑、山房等。这次禁毁私人佛堂，长安城共毁三百余所，天下四方就无法计算了。

十月，唐武宗又诏令，拆毁天下小型佛寺，经文佛像移入大寺，各寺大钟转送道观。其被拆佛寺的僧尼，不依戒行者，不论老少一律还俗，遣回本籍。对于年老且精于戒行者，分配到各大寺。虽有戒行而年少者，也还俗回籍。这次，长安城又拆小寺33所。这期间，道士赵归真对唐武宗说：“佛生西戎，教说不生，夫不生者，只是死也。”又说炼丹服食，可求长生，以长生不死的说教来鼓动武宗兴道灭佛。武宗即令赵归真于大内筑造仙台。

《巡礼记》上称，会昌四年八月，有太后郭氏信奉佛法，常为僧尼说话，唐武宗以药酒害之。据考，太后郭氏是死于武宗之后的宣宗朝，并非武宗所害。《巡礼记》所载，显然是僧人的谣传，意在以此表明唐宫太后的敬佛和武宗的毁佛。

唐武宗大规模地毁灭佛法，是在会昌五年（845年）。这年三月，唐武宗敕令天下寺院不得设置庄园。又令盘查清点天下寺舍奴婢和财物的多少，京城诸寺由两军中尉勘检，诸州府寺舍委令中书门下检查。并将城中寺舍的奴婢分为三等，分别收遣。

自四月一日起，年龄在40岁以下的僧尼，尽行勒令还俗，返还本籍。长安城每天有300僧尼还俗，到十五日才告一段落。自十六日起，令50岁以下的僧尼还俗，至五月十日方止。自五月十一日起，无牒者还俗，最后有牒者亦须还俗。到五月底，长安僧尼已是一扫而光了。各佛寺只留下三纲检理财物，完了再行还俗。对于外国来的胡僧，无祠部牒者，亦须还俗，送归本国。因此天竺僧人难陀、宝月，日本僧人圆仁等因无祠部牒，均令还俗回国。朝廷还把措辞严厉的牒文贴在各佛寺的大门上，上面写道：如有僧尼不伏还俗者，科违敕罪，当时决杀。

有关唐武宗毁撤佛寺的情况，《通鉴》载道：

> 秋七月……敕上都、东都两街各留二寺，每寺留僧三十人；天下节度、观察使治所及同、华、商、汝州各留一寺，分为三等：上等留僧二十人，中等留十人，下等五人。余僧及尼并大秦穆护、祆僧皆敕还俗。寺非应留者，立期令所在毁撤，仍遣御史分道督之。财货田产并没官，寺材以葺公廨驿舍，铜像、钟磬以铸钱。

唐武宗诏令，长安、洛阳两个都城的两街各留两所佛寺，每寺留僧30人，节度、观察使治所和同、华、商、汝四州各留一所佛寺。所废寺院田产没收入官，钟磬、铜像交送盐铁使铸钱，铁像则交本州铸农具。私家所有金银佛像，限令一个月内送交官府。

会昌五年（845年）八月，唐武宗下诏，进一步强调禁佛的必要性，说：由于全国的和尚数目越来越多，寺院遍布，越修越华丽，不仅土木工程耗费很多的人力、物力、财力，而且许多金银宝贝都流入寺院，同时，僧徒又与官府勾结，害人坏法，不予以毁灭，王朝就难以巩固。《唐会要》卷47载有此诏：

> 洎乎九州山原，两京城阙，僧徒日广，佛寺日崇，劳人力于工本之功，夺人力为金宝之饰，遗君亲于师资之际，违配偶于戒律之间，坏法害人，莫过于此。且一夫不田，有受其馁者；一妇不织，有受其寒者。今天下僧尼不可胜数，皆待农而食，待蚕而衣。寺宇招提，莫知纪极，皆云构藻饰，僭拟宫殿。……岂可以区区西方之教，与我抗衡哉。

唐武宗认为，对佛教的迅猛发展，不能再坐视不管，不能让它达到“与我抗衡”的地步。因此，才下令没收寺院的土地财产，拆毁寺庙及佛像，强迫僧尼

还俗。

关于唐武宗毁佛的情况，当时正在大唐的日本僧人圆仁，以其耳闻目睹，在其《入唐求法巡礼记》中作了翔实的记述。会昌五年（845年）六月，圆仁正在泗州，他眼看着该处普光王寺庄园的钱物奴婢尽被官家收检，寺里寂寥，无人往来。月底到达扬州，见城内僧尼正纷纷裹头，返还原籍，并将寺内的金钱财物和庄园大钟拱手让给官府收检。圆仁还听说，皇帝有旨，天下铜佛铁佛尽行砸碎，称量斤两，委交盐铁司收管。七月，圆仁到楚州，身上不敢再随带佛像，恐怕违旨治罪。八月到登州，圆仁见当地州县司官正剥取金铜佛像上的镀金，称量进献皇上。圆仁记述说，登州虽远离京师，地处海边，然“条疏僧尼，毁拆寺舍，禁经毁像，收检寺物，与京城无异”。同月，圆仁到文登县，又听说另有武宗敕命，令将天下还俗僧尼的缁服，在各州县就地尽行焚烧，如有私藏僧服者，日后查出，严行治罪。又有敕令，天下寺舍的奇异宝珮、珠玉金银，各州县一律没收清点进贡。至于寺舍僧尼所用银器钟磬釜铛等物，命诸道盐铁使，一体收入官库。当时，文登县的寺院都已拆毁，圆仁在这里已是无寺可住。由圆仁的所见所闻可以看到唐武宗禁佛范围之广、行动之迅猛。武宗毁佛，确给佛门带来了一场灭顶之灾。

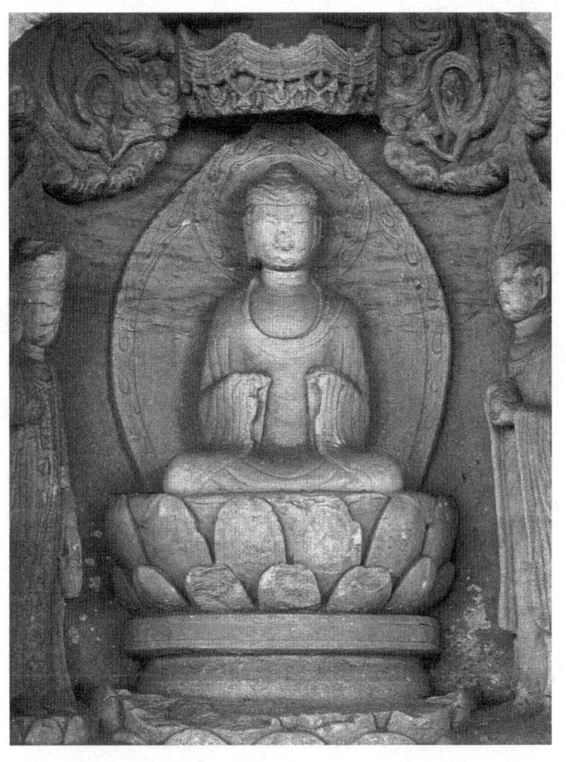

北山佛湾第52龛阿弥陀佛、观音、地藏菩萨　重庆大足石刻　唐

在唐武宗这次灭佛运动中，共有4600所佛寺被毁，其他有关佛教建筑也被毁4万余所，勒令还俗的僧尼26万余人，没收寺院土地达数千万亩，收寺院奴婢为两税户15万人。这些数字本身，也说明当时佛教势力之大、毁佛规模之浩荡。这便是佛教史上“三武一宗之厄”的第三厄。

八、唐懿宗泪洒迎佛骨

唐武宗灭佛一年后死去，其叔父李忱继位，是为唐宣宗。唐宣宗即位后，立即诛杀鼓动武宗灭佛的道士赵归真、刘玄靖等人，着手恢复佛教。

大中元年（847年）闰三月，唐宣宗诏令，在会昌五年（845年）被毁废的寺宇，如有宿旧名僧能够修复的，听任各僧住持复原，各地方官不得限制。唐宣宗还敕命，在皇宫重新设置内斋，准许僧道一同献寿。

对唐宣宗的复佛活动，在大中五年（851年）曾有进士孙樵上书劝谏说：

> 陛下自即位以来，诏营废寺以复群髡。自元年正月，洎今年五月，斤斧之声，不绝天下，而工未以讫。闻陛下即复之不休，臣恐数年之间，天下二十七万襘如故矣。

孙樵对唐宣宗登基以来大肆复佛，直言指陈。唐宣宗对孙樵的谏言十分恼怒，将孙樵很是斥责了一番。

唐宣宗崇佛，在长安的大寺院里经常开设“戏场”。“戏场多集于慈恩（寺），小者在青龙（寺），其次在荐福（寺）、永寿（寺）。”戏场里的活动，主要有乐舞、俗讲、歌舞小戏、杂技幻术等。寺院实际上成为一种娱乐场所，甚至很有些像今天的夜总会、歌舞厅了。

唐宣宗本人不仅亲往戏场，后妃公主也时常前往寻欢作乐。《通鉴》宣宗大中二年（848年）十二条载：

> 万寿公主于慈恩寺观戏。

可见，皇室女眷也跑到佛寺凑热闹去了。

宣宗之后是懿宗。懿宗奉佛，较之先代帝王有过之而无不及，以致屡有朝臣切谏。

史载，懿宗自临朝之日起，便癖于奉佛，内结道场，聚僧念诵，又多次行幸寺院，布施财物都过量超常。为此，咸通三年（862年）有左散骑常侍萧倣上疏，奏请皇帝远佛事，理朝政，并说：“昔年韩愈已得罪于宪宗，今日微臣固甘心于遐徼。”可是，就在这一年，懿宗又敕命于两街僧尼四寺各置方等戒坛度僧。还在大内常以美味佳肴招待成千上万的僧人，他本人亲自制作赞呗。

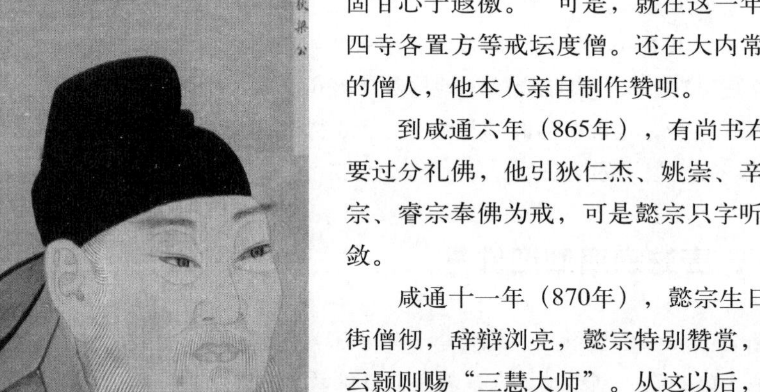
狄仁杰

到咸通六年（865年），有尚书右丞李蔚上疏，劝说懿宗不要过分礼佛，他引狄仁杰、姚崇、辛替否等当初劝谏武后、中宗、睿宗奉佛为戒，可是懿宗只字听不进去，礼佛活动毫无收敛。

咸通十一年（870年），懿宗生日，召请名僧入宫谈论。右街僧彻，辞辩浏亮，懿宗特别赞赏，赐号“净光大师”。左街云颢则赐“三慧大师”。从这以后，皇帝向僧人赐号，常称为某某大师。第二年懿宗生日，命两街高僧入宫，在麟德殿上进行讲论，赐右街僧录彦楚“明彻大师”，赐左街僧录清兰“慧照大师”。这一年，懿宗还到安国寺，赏赐讲经僧两个沉香宝座，各高二丈。

史载，唐懿宗时，每当佛祖降生日，唐宫便大肆庆贺，充满了佛乐、佛舞。“（佛）降诞日，于宫中结彩为寺”，宫廷伶人“李可及尝教数百人作四方菩萨蛮队”，“作菩萨蛮舞，如佛隆生”。宫廷尊崇佛教，由此也可见一斑。

唐懿宗于咸通十四年（873年）以空前盛况奉迎佛骨，成为僧尼们津津乐道的事。据《杜阳杂编》载，这年春天，唐懿宗诏令大德僧数十人恭迎陕西凤翔府扶风县法门寺的佛骨，朝中百官纷纷上疏劝谏，有的直接提出当年宪宗奉迎佛骨误国害民，可懿宗却说：

> 但生得见，殁而无恨也。

拜见一下佛骨，便死而无憾了，可知懿宗心情之切！

为奉迎佛骨，在懿宗的亲自安排下，长安倾城出动，官民齐做准备。其中用金银宝物制成宝帐香舁，用孔雀毛装饰宝刹。宝刹小者高一丈，大者二丈。抬一座宝刹要用轿夫数百人。“其宝帐香舁不可胜纪，工巧辉焕，与日争丽。”又动用大批的珊瑚、玛瑙、珍珠等物，缀为幡幢，所用珍宝不下百斛。幡队伞队，数以万计。都城士庶，奔走相告。从长安城的开远门到岐阳法门寺，车马相属，人流不断，好一派热闹繁忙景象。

▲陕西扶风法门寺地宫发掘的阿育王塔

四月初八日，唐懿宗特意选了佛诞日这天，亲往佛寺，恭迎佛骨入城，并顶礼膜拜，泣不成声。整个长安沉浸在崇佛的狂潮中，从皇帝到庶民都激动不已，无不以观拜佛骨为福。史书这样载道：

> 四月八日佛骨入长安，自开远门安福楼夹道，佛声震地，仕女瞻礼，僧徒道从。上御安福寺，亲自顶礼，泣下沾臆。播花幢盖之属，罗列二十余里。间之歌舞管弦，杂以禁军兵仗。錙徒梵诵之声，沸聒天地。

在奉迎佛骨的日子里，唐懿宗召请两街供奉僧入内，分别赏赐金银布帛。唐懿宗还把佛骨迎入皇宫内道场，设金花帐，温情床，龙鳞之席，凤毛之褥，把佛骨视为国宝供奉。

由于懿宗带头大拜佛骨，掀起狂潮，长安城一些虔诚的佛教徒更是如痴如醉。当时有个士卒，为了表达对佛的敬重，在佛骨前砍断左臂，用右手拿着这只断臂，一步一叩首，血流满地。还有的肘行膝步，爬着来到佛骨面前。也有的用牙咬断手指，在佛骨前发誓许愿的。更可笑的是，有个僧人头顶一堆杂草，点火燃起，眼看就要烧掉他的脑袋了，有人要把他从火堆中拉出来，他却不让，火越烧越旺，最后这僧人头顶焦烂，哭卧在佛骨面前。

在懿宗规模空前的奉迎佛骨活动中，君臣士民都或多或少地失去了理智，卷入了狂热的宗教之中。佛指舍利在宫中供养了三天之后，被送到安国崇化寺，供僧俗之人礼瞻。从宰相朝臣到平民百姓，纷纷解囊，献钱献物，究竟有多少，当时就无法统计。

唐懿宗这次奉迎佛指舍利，是唐代舍利供养与崇拜的最高潮，也是法门寺所存佛指舍利在中国古代历史上最后一次现世。参加此次奉迎佛骨的人员，除了皇室贵族、百官朝臣、平民百姓和高僧大德外，还有一些日本留唐学僧和印度的沙门等，经过这些外国僧人的介绍，这次奉迎佛骨之事遍知海外。

然而，佛并没有保佑唐懿宗。就在大张旗鼓地奉迎佛骨的第二年，唐懿宗便死去了。继位的僖宗，在他登基后立即诏令将佛骨送回法门寺，其仪式大大从简了，远没有迎出时那番热闹。

1987年，有关部门对已经半边滑塌的法门寺真身宝塔进行重建。配合重建工程，考古工作者对塔基地宫进行了考古发掘，在地宫中发掘出金光耀眼的金银供养器皿120余件，五彩缤纷的丝织品700余件，稀世罕见的唐代瓷器16件，还有晶莹透明的各色玻璃器皿17件。除此之外，地宫还有两通石碑，一个是《大唐咸通启送岐阳真身志文》，记载了地宫的历史沿革和唐懿宗在中国古代史上最后一次奉迎佛骨的盛况；另一个石碑是《监送真身使随真身供养道具及金银宝器衣物帐》，记载了最后一次封闭地宫时所藏珍宝的名称、数量以及赐予者的姓名。这次在法门寺真身宝塔地宫中最难得的发现，就是佛指舍利的再现。这珍贵的佛指舍利，这琳琅满目的珍宝，似乎在向现今的人们展示着大唐王朝舍利供养和崇拜的历史画卷。

九、后周世宗禁佛——第四次帝王废佛

唐末社会大动乱之后，汉地社会重新陷入南北分裂的局面。北方相继有后梁、后唐、后晋、后汉、后周五个朝代相更迭，南方则陷于小国之争，地方政权纷纷成立，先后有十国之多。这就是历史上的五代十国时期。

这个时期，北方战事较多，社会动荡不安，并且统治者对于佛教也采取了一些限制措施，所以北方的佛教只是勉强维持。南方不但社会相对安定一些，而且原来就有较为优良的文化传统，特别是吴越、闽、南唐等东南地区，文化水平比较高，统治者又大多对佛教采取尊崇态度，所以南方佛教有所发展，并与当地社会文化氛围相处融洽，佛教文化具有一些清新的气氛。吴越的忠懿王（钱俶），还曾派遣使者前往高丽和日本，寻求由于多年战乱而废灭的佛教经典。五代对于佛教的态度，从后梁到后汉这前四代，都继承唐代的的旧规，虽

没有大力提倡，但也没有严格禁毁。可是，到了最后一代周世宗时，情况却有了变化。他对佛教推行大力整顿的政策，向僧侣女尼发出一连串的禁令，进行种种限制。

周世宗柴荣，在位共6年。他在位期间，进行了包括军政、经济、刑法、宗教等诸多方面的改革，其中对佛教进行了极其严厉的整饬和禁毁。究其原因，主要是当时僧尼功令渐驰，以致寺僧浮滥，直接影响到国家赋税、兵役。另外，因汉地崇佛，大量金铜用于铸造佛像，致使铜钱出现短缺，这也是原因之一。

周世宗禁佛，是在即位的第二年即显德二年（955年）开始的。这年他颁布诏令说：

后周世宗 柴荣

> 自今不许私度僧尼，及亲无侍养者不许出家，无敕寺舍并须停废。

周世宗规定，若要出家，男子年龄在15岁以上的，须背诵佛经100张或读500张，女子年龄13岁以上，须背诵佛经70张或读300张。在出家时，要陈状呈上，由本郡考试，成绩上报，最后由祠部发给牒文方得剃度。周世宗敕令，除官方允许存留的寺院之外，民间的铜铸佛像全部没收入官，用以铸钱。

周世宗禁佛，与以往三次有一点不同，这就是显得比较理智，因而增加了新的禁毁内容。一般灭佛的出发点都是经济及政治的原因，但是周世宗这次禁佛，除了经济方面的内容之外，还特别申明禁止当时流行的烧身、炼指等迷信色彩浓厚的过激行为。要知道，自从佛教传入以来，在汉地排佛反佛的呼声就没有停止过，排佛在以儒家为正统传统文化那里的重要思想依据，就是僧尼坐食不劳和迹近鬼神迷信、残害肢体。中唐时期韩愈谏迎佛骨，就提到所谓佛骨舍利不过是枯骨秽余，应该付之水火，予以根除。这在当时并没有被皇帝接受，反而差点使韩愈送命。周世宗禁佛，一般史书上并没有讲他与儒教有什么深厚的关系，但是，反对迷信、注重实用的文化心理传统，其脉络却是清晰可寻。因此，周世宗把禁止烧身、炼指等眩惑世俗、残害肢体的行为，作为禁佛的一个重要内容。这是以往禁佛帝王所没有注意到的。

在后周世宗的禁令下，寺院建造要经国家批准，僧尼出家，要经过严格的读经测试，私度僧尼绝对禁止，这样一般人就更不能随意当和尚了。这些措施的结果，几乎使国内寺院减少了一半还要多。在周世宗禁佛这年，共废佛寺3336所，存者仅有2694所。此次灭佛，距会昌法难一百余年。佛教经过这几次打击，历代名僧章疏文论，散失佚尽。各种佛学经论，多遭湮灭。这便是中国历史上四次帝王废佛事件的最后一次。

第六章 皇宫内的佛光余晖

宋元明清，是中国封建社会的后期。中国佛教的盛衰是与封建社会的盛衰相一致的。从宋代开始，随着中国封建社会逐步走下坡路，中国的佛教也逐渐走向衰微。

宋元明清时期的封建帝王，对待佛教态度的突出特点是：利用与限制相结合。

利用——主要是政治方面的。宋明以后，封建帝王在思想领域里更加重视儒家的伦理纲常，儒家的地位被尊崇到极点，而佛、道二教的宗教理论，则渗透到儒家学说内，佛教的某些思想为宋明理学所吸取。这个时期的封建统治者，提出了儒、佛、道三教合流的主张，以求达到维护封建社会伦理纲常的目的。佛教为了自身的利益，当然也愿意适应统治者这一政治上的需要。于是，宋朝宰相李纲“三教归一”和儒佛一致的主张，元初成吉思汗所采纳的“以儒治国，以佛治世”的说教，清雍正帝“佛以治心，道以治身，儒以治世”的思想，都是力主三教融合。可以说，宋明理学是儒、佛、道三教结合的产物，特别是吸收了佛教的根本观点，摒弃了佛教与封建伦理有抵触的因素，终于构成了一套系统的理论，使儒家的理论更加精致，成为官方的御用哲学。这样，佛教就只能处于次要的、从属的地位。佛教，因为失去了自己的独立性，而走向衰落；同时，因为佛教还能在“三教合一”的大旗下，为帝王服务，而得以存

留，大多数帝王仍在以不同的形式花样奉佛用佛。

限制——主要是经济方面的。以往，由于帝王无限制地扶持佛教，大量的劳动力出家当僧人，直接减少了国家劳役和兵役的人力资源，而日益扩大的寺院庄园土地又享有免税特权，严重减少了国库收入，于是，佛门僧侣与世俗地主、佛教发展与皇权利益的矛盾不断加剧，以致屡有帝王禁佛之举。有鉴于此，宋元明清时期的帝王，对佛教采取了严格的管理措施，归纳起来主要包括：一、不准随意私建寺院；二、不准私下剃度僧尼；三、实行度蝶考试制度；四、限制寺院经济的发展等。这些限制政策，对佛教的恶性膨胀，起到了抑制作用。尽管宋明以后的佛教失去了无限制发展的时机，从总体上趋向衰落，但是在封建帝王有限制的保护政策下，在某些方面仍有所发展。

宋太祖 赵匡胤

一、宋太祖的13万块佛经雕版

后周统率禁军的大将赵匡胤，“陈桥兵变，黄袍加身”，建立了大宋王朝，他便是宋太祖。赵宋王朝为巩固其统治，对佛、道二教都极力提倡，所以，两宋时期，佛、道二教都十分流行。

北宋建国之初，即极力提倡佛教。建隆元年（960年）六月，宋太祖赵匡胤即位不久，便下诏：在周世宗时所废而还未毁的寺院，立即停止毁禁，并着手修复；已经拆毁的寺庙，所遗留下来的佛像要妥善保存；敕令各用金字、银字书写佛教经文。

在宋太祖保护佛教的政策下，建隆元年这一年便剃度僧尼8000人。接着，宋太祖又派行勤等157人前往印度，求取佛法，弘扬佛教。

乾德五年（967年），宋太祖下诏，不准再行毁坏铜铸佛像，但也不准再铸造新的佛像。这是因为，在当时有一些佛教僧侣钻空子，销毁了一大批农具，以铸造铁佛像。宋太祖发觉这一现象后，下令两京及天下各道、州、府、县的佛寺，不得再毁坏农具以铁铸佛像。看得出，宋太祖赵匡胤对佛教的基本态度是，既不毁佛，也不佞佛，他要求佛教不能干扰封建社会正常的社会生活秩序，只能在朝廷许可的范围内活动。这一对待佛教的基本态度，被宋代以后的帝王们所继承。

佛经，在唐朝以前主要依靠抄写，到了宋朝，由于经济的发展，文化传播的需要，雕版印刷技术逐渐推广。宋太祖利用最新技术，在开宝四年（971年）派内官张从信在益州主持雕刻大藏经，这次刻经，前后费时12年。最初刻制佛经5000多卷，后来又增刻1000多卷，共达13万块雕版。这部佛经因刻于宋开宝年间，所以被称为“开宝藏”。又因刻于四川，故又称“蜀版大藏”。这是我国第一部佛教总集，也是当时最全的一部佛教丛书。应当说，这是宋太祖赵匡胤对佛教发展的一大贡献。

宋太祖赵匡胤还曾敕令铸造菩萨像。在河北正定有所佛寺，俗称“正定大佛寺”，是隋朝开皇年间建造的。宋太祖于开宝四年（971年）诏令，在寺内铸造一尊菩萨像，并将该寺大事扩建，更名“龙兴寺”。直到今天，这里还存有山门、摩尼殿、慈氏阁和转轮藏殿四处宋代建筑。寺院虽经元、明、清几代重修，但仍较完整地保存了宋代的总体布局。清代康熙年间（1662—1722年）

诏令改为“隆兴寺”。一所佛寺，倾注了从宋太祖到清康熙几朝几代帝王的心血。

二、宋太宗后宫佳人写佛经

宋太祖赵匡胤死后，其弟赵匡义继位，即是宋太宗。宋太宗时，天下渐渐出现太平景象，太宗认为，对佛教适度提倡，可以装点太平。他对臣下们说：佛、道二教，有助世教，个别僧人、道士的行为有时不检点，但不可轻废其教。可见，宋太宗是把佛教的教化作用与少数僧尼的败类行为相区别的。宋太宗还说：浮屠之教，有裨政治，而梁武帝舍身入寺，则是大惑于其教，朕甚不取。宋太宗的主导思想就是，对佛教有节制地提倡，讲求实用，而不使之过分。

宋太宗　赵匡义

宋太宗在位期间，也确实是对佛教进行了适度的提倡。有他的鼓励，五台山、峨眉山、天台山等地建造了为数不少的寺院。太平兴国五年（980年），宋太宗敕令内侍张廷训主持重修五台山上的真容、华严、寿宁、兴国、竹林、金阁、法华、秘密、灵境、大贤10所佛寺，并铸造金铜文殊像，安置于真容院（即今天的菩萨顶）。同年，宋太宗诏令峨眉山白水寺高僧茂真重建集云、卧云、归云、黑水、白水诸寺，又铸造普贤菩萨铜像一尊，重达62吨，供奉于白水寺，也就是现在的万年寺。

宋太宗还曾积极赞助佛经翻译事业。太平兴国五年（980年），他在东京（今河南开封）设立译经院，恢复了从唐代元和六年（811年）以来中断了170年之久的佛经翻译工作。由于宋太宗奉佛，西域、天竺僧人携带经文来到汉地者络绎不绝。其中天竺僧人法天、施护、天息灾，都曾在宋太宗开设的东京译经院从事佛经翻译活动，并御派汉地僧人法进、常谨、清沼等人充任笔役，协助译经。

建于宋代的五台山龙泉寺

宋太宗敬重僧人，与高僧赞宁关系尤密。赞宁，俗姓高，吴兴德清人。他于唐天成年间（926—929年）在杭州祥符寺出家，后入天台山受具足戒，精研三藏。除佛学之外，赞宁兼通儒、老、百家之言，博闻强记，擅长诗文，声望日增，五代十国时，曾为吴越王钱俶所敬，委任两浙僧统，赐以“明义宗文大师”称号。太平兴国三年（978年），吴越王钱俶降宋，僧人赞宁也以花甲之年奉阿育王寺真身舍利来到汴京（今河南开封），宋太宗在滋福殿上亲自接见，赏赐甚丰。

△红黑双色套印的《金刚经注》

宋朝，印刷业逐渐发达起来，技术也复杂得多，尤其是在多色套印方面，尽管还很简陋，但已有了较大的发展。上图即为双色套印的《金刚经注》，印刷精美，极具价值。

此后，宋太宗又多次召请赞宁入内，赐予紫衣及“通慧大师”称号，并恩命赞宁入翰林院。太平兴国六年（981年），宋太宗委任赞宁充右街副僧录。太平兴国七年（982年），宋太宗诏令赞宁返回杭州，主持编纂《大宋高僧传》，历时7年，成书30卷，受到宋太宗的褒奖，命僧录司将其编入大藏流通。淳化元年（990年），宋太宗敕命赞宁任左街讲经首座，第二年又任史馆编修。至道元年（995年），宋太宗又请赞宁出掌洛京（今洛阳）佛教事宜。赞宁以学识广博知名，他在宋太宗时期叠奉诏旨，主持编修《大宋僧史略》3卷，记载了僧尼事务及佛教典章制度的起源和沿革。僧人赞宁能在佛学史上有所造诣，是与宋太宗的大力支持分不开的。

宋太宗时，先有南唐李后主手书金字《心经》1卷，将其赐给宫女乔氏。后来，这姓乔的宫女被宋太宗看中，选入禁中，颇受宠爱。当李后主死去时，乔氏从内庭拿出所赐经文，舍身相国寺，并在经文后写道：

> 故李氏国主：宫人乔氏，伏遇故主百日，谨舍昔时赐妾所书《般若心经》一卷，在相国寺西塔院。伏愿弥勒尊前，持一花而见佛。

宫女乔氏所书，字迹整洁，词语怆惋。后来，有僧人把这一李后主书写、宫女乔氏添词的经文带到江南，放置于天禧寺相轮中。据说，该寺后来大火，相轮从火中堕毁，而经文仍完好无损。这一故事向人们透露，宋太宗的后宫内，也有不少好佛的嫔妃佳人。

当然，宋太宗也不允许信佛入魔。据载，当时有一僧人请求在开封郊外积薪自焚，以示对佛的虔诚，宋太宗认为这是惑众之举，不但断然不许，而且还下令把那个僧人流放远方。

三、紫袍赐僧的宋仁宗

宋太宗之后，是宋真宗赵恒。他沿袭宋初保护佛教政策，在位期间，除继续建造佛寺翻译佛经之外，还亲自为佛经作注，并亲笔撰写《崇释论》，文中反复论说佛教与孔孟之儒教“迹异而道同”。在真宗的提倡下，全国僧徒达到40万，女尼6万多，成为赵宋一朝僧尼最多、佛学最盛的时期。

接下来的宋仁宗赵祯，可算是北宋中期的皇帝，他也尊奉佛法。当时，有南方僧人契嵩格外受到朝廷敬重。契嵩，俗姓李，滕州镡津（今广西藤县）人。他7岁出家，13岁落发，翌年受具足戒。仁宗庆历年间（1041—1048年），契嵩游历到钱塘（今浙江杭州），居于灵隐寺永安精舍。这期间他著有《原教》、《孝论》等十多篇，力陈佛教的“五戒”、“十善”与儒家的“五常”义理相通，他说：“不杀，仁也；不盗，义也；不邪淫，礼也；不饮酒，智也；不妄言，信也。”佛家的戒律正是儒家的信条，两者同是治国安民所不可缺少的，以此来驳斥那些排挤佛教的论调。他还著有《禅宗定祖图》、《传法正宗记》等佛学著作，对禅宗史有较大影响。

宋真宗 赵恒

在观察使李公谨的奏请下，宋仁宗赏赐契嵩紫方袍一件。接着，开封府尹王仲义又上疏仁宗，请将契嵩的佛学著述诏付法院编次入藏，仁宗依请颁旨，并赐予契嵩“明教大师”称号。当时，朝中自丞相韩琦以下，对僧人契嵩莫不崇敬。契嵩后来返回钱塘，受到太守蔡君谟的礼遇，住在佛日山。一介高僧，成为赵宋君臣尊崇膜拜的偶像。

据《宋稗类钞》卷7载，宋仁宗还曾召请大觉琏禅师在皇家宫苑设斋讲法，书载：

> 大觉琏禅师，皇祐二年十二月十九日，仁宗皇帝诏至后苑，斋于化成殿。斋毕，传宣效南方禅林仪范，开堂演法。

宋仁宗 赵祯

宋仁宗皇祐二年（1050年），仁宗将大觉琏禅师召请到皇宫后苑，在化成殿上设斋，斋戒完毕，又命仿照南方禅林的仪式规范，开堂演说佛法。当满朝文武谢恩完毕后，有左衙副僧录慈云大师说道：

> 帝苑春回，皇家会启。万乘即临于舜殿，两阶获奉于尧眉。爰当和煦之辰，正是阐扬之日。宜谈祖道，上副宸衷。

慈云大师认为，宋仁宗虔诚奉佛，正是弘扬佛法的大好时机。请大觉琏禅师畅言佛道，以不负仁宗皇帝的一片苦心。于是，大觉琏禅师升座演说：

> 古佛堂中，曾无异说。流通句内，诚有多谈。得之者妙用无亏，

失之者触途成滞。所以，溪山云月，处处同风；水鸟树林，头头显道。若向迦叶门下，直得尧风荡荡。舜日高明，野老讴歌，渔人鼓舞。当此之时，纯乐无为之化，焉知有恁么事。

宋仁宗听过大觉琏禅师的一番高论，龙颜大悦，即加赏赐。

当然，宋仁宗对佛教也有限制的一面。嘉祐年间（1056—1063年），有管理宗教事务的官员张洞上书，请求裁汰僧尼。当时，全国登记在册的僧尼有30多万人，宋仁宗听取了张洞的建议，裁减了其中的三分之一，也就是勒令10万僧尼还俗。

到了宋神宗时，总体说来，继续崇佛。据说，宋神宗熙宁年间（1068—1077年），皇帝大赦曾有佛光预兆。一天夜里，司理院狱屋的高处，有道道彩光闪现，京城官民为之惊骇。第二天，宋神宗的大赦诏令颁下，京师上下都为此感到奇怪。宋神宗命人到彩光出现的地方搜寻，结果得到一纸，上有38字：“观世音南无佛，与佛有因，与法有缘，佛法相因。行念观世音，坐念观世音，念念不离心，念佛从心起。”

宋神宗曾在“海天佛国”的普陀山大造佛寺。普陀山，位于碧波万顷的东湾莲花洋一个小岛上，岛上林幽石奇，银涛吞沙，梵刹遍布。在普陀山众多的寺院中，尤以普济、法雨、慧济三大禅寺规模最大，后人称之为“普陀三大寺”。其中的普济寺就是宋神宗敕令建造的。据载，元丰三年（1080年），钦差大臣王舜封巡视东海普陀洋面，突遇狂风巨浪，这位钦差连连向普陀山观音大士叩祷，终于平安济渡。王舜封回到朝廷，向宋神宗奏报此事，神宗感激观音菩萨保佑大宋使臣，当即动拔帑银，在原来小庵院的基础上进行扩建修整，完工后赐普济寺之名。

北宋晚期的哲宗赵煦，也曾在皇宫大内设立道场。《宋稗类钞》卷7载：

绍圣改元九月，禁中为宣仁作小祥道场。宣隆报长老升座。上设御幄于旁以听。其僧祝曰：“伏愿皇帝陛下，爱国如身，视民如子。

浙江普陀山的磐陀石

磐陀石在普陀山梅岭峰上，由上下两石相垒而成。下面一块巨石底阔上尖，周广20余米，中间凸出处将上石托住，曰磐；上面一块巨石上平底尖，高达3米，宽近7米，呈菱形，曰陀。磐陀石险如滚卵，却安稳如磐，为普陀山胜境之绝。

每念太皇之保佑，常如先帝之忧勤。庶尹百僚，谨守汉家之法度。四方万里，永为赵氏之封疆。”即时有僧问话云：“太皇居何处？”答云：“身居佛法龙天上，心在儿孙社稷中。”当时传播，莫不称叹。

浙江普陀山普济寺海印池

海印池，又名莲花池，因池内生有莲花，故名，一般都用来放生。

据此，宋哲宗绍圣元年（1094年）九月，在皇宫开设道场，哲宗亲临道场听讲。高僧则振振有词，愿佛祖保佑赵宋江山万代相传。

宋徽宗赵佶亦敬重僧尼。大观年间（1107—1110年），有僧人道楷名声远扬，宋徽宗仰慕其名，赐予“定照禅师”称号，又赏给紫衣一套。可是，僧人道楷不识皇帝抬举，对徽宗的封号赏赐均予回绝，没有接受天子的一番好意，这惹怒了宋徽宗，即下诏将这僧人治罪。但不久，徽宗又将道楷特赦，放归庙庵。道楷76岁时死去，临死留下遗偈：“吾年七十六，世缘今已足；生不爱天堂，死不怕地狱。撒手横身三界外，腾腾任运何拘束？”

当然，若将佛、道二教比较起来，宋徽宗是更为笃信道教的。因此，他一度命令改佛为道，让佛教与道教合流，改寺院为道观，并将佛号、僧尼的名称都道教化。这对佛教是个很大的打击，虽然不久即恢复原状，但北宋统治也随即告终了。

靖康二年（1127年）二月，金军俘获宋徽宗、宋钦宗二帝，宣告了北宋王朝的灭亡。四月，金兵带着被俘的徽宗、钦宗和赵氏宗室、大臣三千余人，以及掠夺到的大量金银财宝、仪仗法物，北归金朝。徽宗、钦宗二帝被押至燕京（今北京），一度被囚禁在法源寺内，分别于南宋绍兴五年（1135年）和绍兴三十一年（1161年）死去。也是在这座法源寺，在元世祖至元二十六年（1289年），有南宗遗臣谢枋得被拘于此，绝食至死。两宋君臣的屈辱，在燕京佛寺留下了斑斑痕迹。

北京法源寺铜铸五方佛造像

法源寺位于北京宣武门外教子胡同的南端，是北京最古老的寺院之一。在净业堂（又名毗卢殿）中供奉着明代的铜铸五方佛，极其精美：下方是千叶莲瓣基座，每瓣莲叶上均刻有一尊佛像，其上一层是四方佛，再上是毗卢佛，造型十分独特。

在北宋帝王对佛存其教的政策下，佛教更深入民间。宋人陈淳的《北溪字义》记载说：“佛氏之说，虽深山穷谷中，妇人女子，皆为之感，有沦肌洽髓，牢不可解者。”可见传播之广，佛风之盛。一个典型的例子是，观音菩萨成为家家供奉的偶像。据佛经上讲，观世音本是印度一位国王的长子，大约在南北朝时，由于北魏灵太后的敬佛，而将观世

音变成了女性。到了北宋年间，观世音菩萨的“前身”，已被传说成是春秋时期楚庄王的三女儿，名叫妙善。妙善从小孝顺聪慧，父母爱她如掌上明珠。后来，楚庄王得了重病，虽然延请名医诊治，但病情却日见沉重，毫无起色。三公主妙善为了救父，不惜牺牲生命，终于治好了楚庄王的病。楚庄王痛惜心爱的女儿，就封妙善为“大悲佛”，后来也就成了“大慈大悲，救苦救难的观世音菩萨”。这一故事，在北宋民间广为流传。自宋朝以后，随着我国封建伦理纲常观念的日益加深，在信佛的妇女闺房里供着一个男性菩萨，显然不符合“男女授受不亲”的封建观念。于是，女性的观音就成了女信徒们虔诚供奉的一尊慈祥可亲的偶像。

四、南宋光宗的度牒

北宋徽宗、钦宗被金兵掳后，康王赵构在临安（浙江杭州）重建宋王朝，史称南宋。南宋偏安，江南佛教虽然仍保持一定的盛况，但总的来讲，南宋朝廷对佛教的发展是限制的。

南宋高宗时，对度僧数量控制较严。高宗曾颁布诏令，明确规定不准在朝廷准可的数额之外度僧，具体指标是，原有僧尼100人，每年可以新度 1 人，使僧众数目自然减少，沙门队伍处于勉强维持的状态。

▲宋徽宗 赵佶

南宋初年有位高僧名叫宗杲，是禅宗临济宗扬歧派的代表人物，他曾跟从圆悟克勤学禅，后名震京师。靖康元年（1126年），朝廷赐给紫衣及“佛日”称号，后因不满秦桧专权卖国，受到秦桧的迫害，被褫夺衣牒。绍兴二十六年（1141年），宋廷将其赦放。宋孝宗于绍兴三十二年（1162年）向宗杲赏赐“大慧禅师”封号，死后又赐谥“普觉禅师”。

▲宋钦宗 赵桓

南宋朝廷在度牒上很是做了一番文章。度牒，作为朝廷发给出家者的合法证明，自唐代出现以后，便引起了一系列复杂的社会现象。唐宋时，只要获得度牒，就可以堂堂正正地出家，可以免丁钱、避徭役和地税。因此，社会上买卖度牒之风很盛，甚至有伪造度牒的情况发生。北宋朝廷曾出卖空白度牒，使度牒在宋代具有钞票流通的作用，而且其信用超过当时所发行的钞票（交子）。到南宋时，朝廷曾下令恢复僧道的税、役，这就包括持有度牒的僧尼也不能免除赋税兵役了。但实际上，度牒持有者还可以享受其他种种特权，度牒仍有一定的价值，社会上也还继续有出卖度牒的情况，朝廷也不时利用度牒。

南宋光宗时，“出度僧二百，收淮东铁钱”。在这里，宋光宗仍把度牒视同货币使用。当时，朝廷还把度牒用于对有功之臣的奖励，比如抗金大将吴玠，以抗敌有功，蒙受嘉奖，朝廷“岁给度牒一道”。

这里要说明的一点是，两宋时期直至明清，佛教发展的一个突出特点是，适应帝王统治的特殊需要，佛儒趋于结合。在我国封建社会后期长期居于统治地位的宋明理学，实际上在很大程度上吸收了佛家学说。宋明理学的主要代表人物，无不深受佛教思想的影响。如程颢、程颐和朱熹的“理一分殊”理论，是来自华严宗的理事说和“月映万川”之喻，但它所要论证的却是封建制度与伦理纲常之“理”，是宇宙的本原和最高的主宰。陆九渊和王守仁的“吾心便是宇宙”、“心外无物”、“明心见理”，则是禅宗“自心是佛”、“本心生万法”、“明心见性”的翻版，但它所要说明的却是天理本体就是人心的良知，忠孝节义、三纲五常本为人心所固有，不假外求。王守仁的“人的良知就是草木瓦石的良知”等命题，则是对天台宗湛然“无情有性”说的直接继承，其目的也在于宣扬封建统治及其道德枷锁顺乎自然，应该万古长青。

宋高宗 赵构

由此可见，宋明理学摒弃的只是佛教僧侣的寺院生活，而他们所讲的“理”，其实不过是披着“理学”语言的佛家说教。佛教自从传入汉地以后，为了生存和发展，便不断调整自己，投帝王所好，努力适应帝王的胃口。宋明时期，又以融于理学的特殊形式，为帝王服务了。

另外，尽管南宋时期，佛教在帝王那里不是很受欢迎，甚至受到压制，但禅、净两宗却仍呈发展趋势。这是因为，禅宗各家原本散住于各地山林，不讲义理，无求于典籍，因而在会昌禁佛和五代兵乱时受到的影响较小。同时，禅宗大师惠能所弘扬的“顿悟成佛”的教义，更适合乱世统治者的需要，给统治阶层的精神带来了“解脱”，减轻了统治者的精神压力。至于净土宗，强调称名念佛，一心专念阿弥陀佛名号，简单易行，而且从北宋以后，禅教僧人就渐渐归宿净土，因而能绵延相续，直到近世，仍很盛行。

福建泉州开元寺释迦两侧宝箧印经式塔　南宋

五、辽太宗千里迢迢搬观音

北宋时期，在北方地区的契丹族建立了辽朝。辽代先后有9位皇帝，从907年建国到1125年为金人所灭，共存在210年。这期间，在辽代帝王的扶植下，佛教文化在大辽土地上从初创到极盛，其发展速度和规模不亚于宋王朝。

辽代统治者，与东晋十六国时代的北方少数民族统治者一样，从一开始就注意吸收汉文化，并以此招揽汉人、扩大势力。因此，作为已在汉地扎下根的佛教，自然受到辽代帝王的重视。契丹族原本是没有佛教信仰的，从辽太祖耶律阿保机开始，才有意识地接触和信仰佛教文化。天显二年（927年），辽太祖攻陷信奉佛教的女真族渤海部，把当地的僧人崇文等50人迁到上京临潢府，并为他们专门建造了天雄寺，使他们弘扬佛法。从这以后，辽代的皇室宗亲便经常前往寺院拜佛，不时举行祈愿、追荐、饭僧等佛事活动，佛教信仰逐渐在辽代的皇室贵族中间流行开来。

到了辽太宗耶律德光时期，辽代贵族佛教活动扩展到今河北、山西北部一带。这一地区本来就有较深厚的佛教文化传统，因此更促进了辽代佛教的发展。据载，契丹人夺取燕云十六州后，很快就全盘接受了那里的佛教文化，辽太宗甚至把幽州大悲阁的一尊观音像，千里迢迢地搬到自己的发祥地木叶山，建造专门寺院供奉起来，作为自己的保护神。

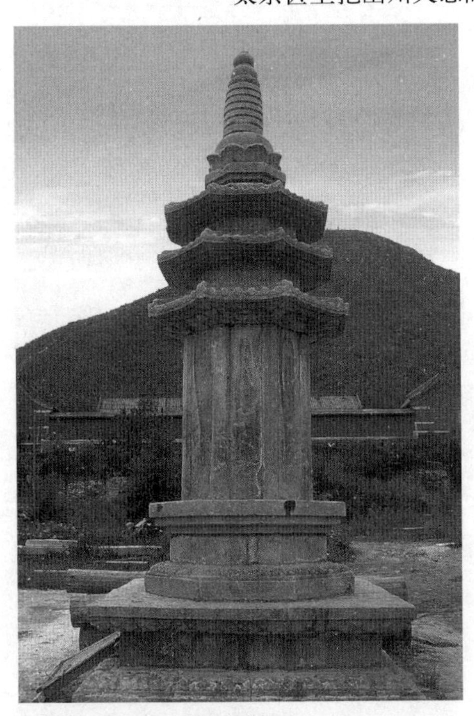

北京云居寺静琬大师墓塔

云居寺为北齐所建，后屡遭战火。辽金元又数度重修。此图中的静琬大师墓塔为辽代重建。

自辽太宗之后的辽代统治者，既大力支持佛教，又注意加强管理，剔除燃指供佛一类的陋习，禁止私度僧尼，使佛教完全国家化。正因如此，在10世纪末到12世纪初，当印度佛教文化衰落之际，辽代的佛教文化却达到极盛，并创造出自己独特的风格。

北京房山云居寺的石经，在唐代后期因为战乱中断了刻镌。辽代圣宗时，诏令重修云居寺，在重修过程中，有辽代的南京官员韩绍芳开启石窟，检验石经，并把情况上报圣宗。辽圣宗当即命令僧人可玄组织人力续刻石经，以补缺续新。后来，又经兴宗、道宗两朝，共刻经板600余块，加上原来保存的，云居寺的石经总共达到2730块，成为十分丰富的佛教文化资源。

辽圣宗太平元年（1021年），辽国求得大宋王朝刻的《开宝藏》印本。辽圣宗看到这部佛藏印本后，决定组织人力刊刻自己的佛教大藏经，很明显，这带有和宋版竞争的政治意义。于是，在辽代历时近30年，到道宗时期，共刊刻579帙，最终完成辽大藏经刻本，在内容上补充了宋版所缺少的写本，并且将以往的卷子式改为

折本式。这一佛教大藏经，被称为契丹藏。而且，还传入了高丽（今朝鲜半岛），成为高丽雕印佛教大藏经的参照版本。

辽圣宗在位期间（982—1030年），曾大量兴建佛寺，并将大批大批的土地和民户施舍给佛教寺院。辽圣宗的次女秦越大长公主，追随她的父皇敬佛，把自己在燕京（今北京）的私宅施舍出去，建了一个大昊天寺，还为这座寺院施舍田地100顷、民户100家、铜钱13万贯。在皇室的倡导下，许多权贵、功臣、富豪也时常拿出大量的金钱、庄田、民户施给寺院，辽国境内的佛教势力由此大增，寺院经济因而特别发达。各处寺院常常领有广大的土地和民户，并且由此产生了寺院“二税户”的特殊制度，即国家和寺院分享这些民户的税金。

辽代晚期的道宗，还在当太子时，就曾在所铸造的佛像上题写铭文：“威武庄严，慈正法相，保我辽国，万事永享。” 辽道宗不仅支持佛教，而且他自己还精通梵文，尤其对佛教华严宗的教理有很深的造诣，道宗曾亲自著有《华严随品赞》、《华严经赞》和《华严经五颂》等多篇佛学论著。辽道宗喜欢建筑佛塔，他在位期间，建造了众多的佛塔，如山西应县的木塔、内蒙古呼和浩特的万部华严经塔、辽宁锦州广济寺塔、河北涿县云居寺塔等，都是中国佛教建筑史上的著名杰作，这些佛庙寺塔的兴建，都离不开道宗的皇权支持。特别是应县的木塔，是在道宗直接敕命下建造的，共塔身共分5层，另有暗层4层，连塔尖共高达20余丈，整个塔身全部用木料构建。该木塔建成后历经900余年的风雨雷电，至今仍然屹立，堪称中国建筑史上的一个奇迹。

山西大同华严寺中婀娜身姿的菩萨立像

辽代皇帝经常对僧尼进行考试，以促使僧尼对佛经的学习和研究。考试的主要内容有经、律、论，通过考试选拔优秀僧才，凡学业成绩优秀的，都授以法师称号，待遇从优。这不仅提高了僧尼的素养，也改变了过去私度时，不懂经文甚至文盲都能充当僧尼的现象。辽代皇帝的考试措施，提高了僧尼队伍的素质。

由于辽代帝王的提倡，辽代民间的佛事活动十分活跃。在辽代民间有一种特殊的组织，很像现在所谓的“基金会”，名叫“邑社”，是由地方佛教信徒结成的宗教社团，专为赞助寺院举办各种佛事而集资储备于寺院，按照赞助专项的不同，划分为舍利邑（安置舍利专用）、经寺邑（刻经）、供塔灯邑、弥陀邑、兜率邑，连每年一度的佛诞纪念活动，也有专门的“太子诞邑”作经济后盾。各处寺院印置大藏经，也多半要组织这类邑社。具有基金会性质的邑社，分别隶属于本地的各个寺院，因为涉及经济问题，需要有严密的组织和完善的管理，于是就有了从头面人物到具体办事的都维那、维那、邑长、邑证、邑录等一批人物，僧俗代表联合从事奉佛活动。

辽代佛教文化的发展，还对民俗产生了不小的影响。当时的妇女，以黄粉涂面作为时髦，把这称为佛装。从官绅到百姓家，给孩子起名，也常常以观音奴、药师奴、文殊奴作为名字。可见，在辽代，上至皇帝下到平民，崇佛奉佛已经成为一种时尚。

六、西夏王李元昊五台山供献佛宝

西夏，是宋代人对党项族所建立的大夏政权的称呼。1038年，党项族首领李元昊自立为帝，正式建立西夏政权，建都兴庆府（今宁夏银川）。西夏政权在中国北方存在190余年，历经10位皇帝，最终于1227年被蒙古人所灭。

西夏统治者崇奉佛教，是从李元昊的父亲李德明开始的。据史料记载，1007年，李德明的母亲去世，在举行丧葬大礼时，李德明特地要求到宋朝的北方佛教中心五台山修供10座佛寺，并委派致祭特使将所供物品护送到五台山。1030年，李德明又派人向宋朝求取佛教大藏经，宋仁宗当即把新刊印的《开宝藏》送给党项人。这说明，佛教一开始就走进了党项人的王室。

李德明的儿子李元昊，是一个具有雄才大略的人物。他统领了西北广大区域，在军事上与北宋、契丹相抗衡。在构建西夏政权的过程中，李元昊对佛教一直敬之有加。1035年，李元昊拿出50匹良马，向北宋朝廷换取一批佛经。第二年，有印度僧人善称等一行9人，来到西夏管辖的夏州（今陕西靖边），这些人是去北宋京城汴梁（今河南开封）向宋朝皇帝贡献梵经、佛骨、铜牙菩萨像而返回的。李元昊强行把印度僧人留于驿舍，在索求佛经不得的情况下，竟将他们关押起来。这件事，李元昊虽然显得不择手段，但也可以看出他求佛尊佛教的迫切心情。1038年，李元昊在称帝前的几个月，还曾上表北宋皇帝，特派使臣前往五台山，供献佛宝，以保佑他称帝立国。当然，也有人说，李元昊派人前往五台山，真实的目的是窥探河东的道路，为他开拓疆域建立大夏国作准备，如此说来，佛教又成为李元昊进行间谍活动的幌子。

甘肃东千佛洞第7窟《接引佛》壁画 西夏

李元昊建立西夏称帝后，组织大批

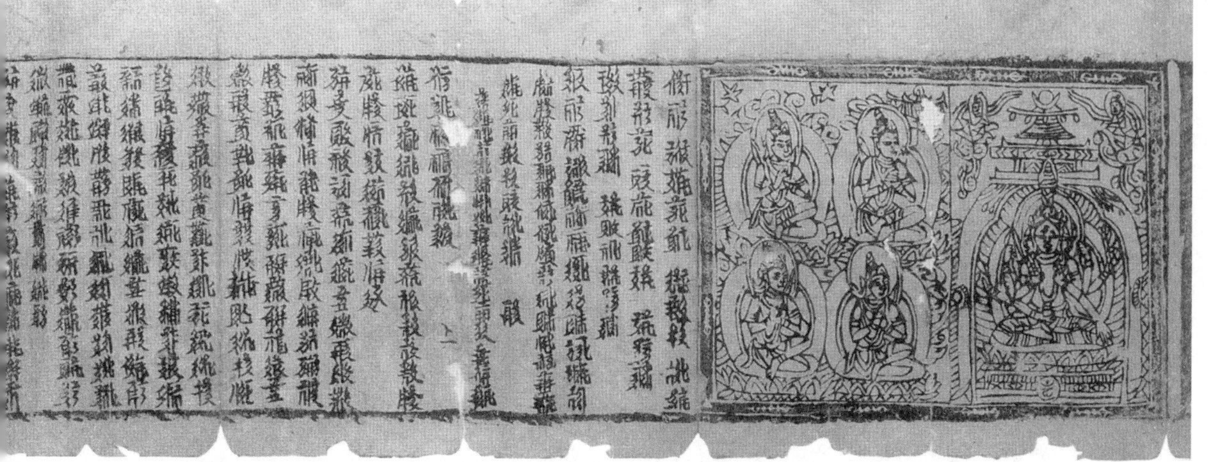

文人，将汉文佛经翻译成西夏文，使佛教在西夏境内广为流传开来。李元昊所建的连云佛塔，是西夏王朝最早的佛舍利塔。西夏名臣张涉奉李元昊之命，为这座佛塔撰写了一篇铭文，称赞李元昊敏辩迈唐尧，英雄超汉祖，钦崇佛教，悉心修饰，金乘宝界，合掌护持，等等。在这里，李元昊俨然成了超凡脱俗的圣人。

△西夏文雕版印经

寺院刻经是西夏雕版印刷发展的一大特点，同时西夏私人印施佛经的很多。此佛经卷首为观音图像，第二页为供养人，之后即是用西夏文雕印的佛经，字迹清晰，保存完好。

西夏王李元昊还多次任命僧人作为他的特使，出使北宋和周围其他割据政权。1045年，西夏与北宋议和时，李元昊就派西夏僧人吉外吉和法正二人前往宋朝，行答谢之礼。用佛教僧人作为往来使者，正说明李元昊广兴佛事的目的，并不在于佛教本身。正因为这样，李元昊也特别注意从北宋王朝到西夏的汉僧。北宋有关官员曾分别派出僧人王光信和法淳到西夏行反间计，进行间谍活动，结果都被李元昊发现而未遂。

西夏王李元昊确实做到了佛为我所用。

七、金世宗筛选童僧与贞懿太后出家

金王朝，是1115年北方女真族完颜部领袖阿骨打创建的。它先后灭掉辽、北宋，与南宋相对峙。金代佛教，受到邻近的高丽、渤海和南宋的影响，而基本继承了辽代的佛教政策，在佛教国家化、佛教艺术及禅宗等方面有了进一步的发展。

总起来看，金代佛教比以往更受到国家的严格控制，金代帝王对僧尼的限制更多一些，这在金世宗身上反映得最为突出。金世宗完颜雍，是金中期帝王，他在位期间正是金代的鼎盛时期，国家有力量对佛教实行严格管理。金世宗规定，准度僧尼和兴建寺院的权力完全在官方，民间私自度人出家和建寺都是违法的，必须由官方定期定额举行考试来度僧。如具体要求，童僧需熟悉

阿毗達磨俱舍釋論卷第七 疲七
婆藪盤豆造 陳三藏真諦譯
分別世間品之二
復次偈曰
如引次第長 相續由惑業 更入於餘世
釋曰一切陰相續牽引不平等能感壽命業
有差別故此相續隨能引勢如此次第得增
長何者次第如偈言
初名柯羅邏 次生頞浮陀 從此生俾尸
俾尸生伽那 伽那生捨佉 及髮毛爪等
并有色諸根 次第生身分
此五位皆在胎內謂柯羅邏頞浮陀俾尸位
訶那波羅捨佉此胎中剌由時節次第增長
至成熟位於母腹中業報所生猛風吹之風
轉胎剌安置令向母身門此胎如強糞聚過
量難忍次從此處墮是時二苦不可為譬復
次或時母飲食威儀執作過差或由宿業過
失於胎內死是時有諸女人善識方便及諸
醫師解養嬰兒方溫以酥油及睒摩梨滑汁
用以塗手手著小利刃於胎內譬如糞坑最
剩臭闇不淨之器是無量千蟲類住處穢汁
常流恒須對治不淨及血垢膩洟液濕爛臭
滑之所涤汙鄙惡叵見穿漏薄皮以覆其上
宿業所作身大瘡孔手內其中分分斷割牽

金雕《大藏经》

由山西潞州出身之崔法珍倡成，约自金熙宗皇统八年（1148年）山西解州天宁寺开雕大藏经版会募刻，至金世宗大定十三年（1173年）完成，完全是由山西民间集资兴刻。本藏计682函，6900余卷。

《法华经》、《华严经》、《报恩经》5部经典，童尼则须按现额裁减一半。同时，还对僧人度蓄弟子的名额和等级作出限制。除此以外，还有近似佛教“学位”的考选，每二年一次，每次限80人，考试范围在经、律、论三部以内。金世宗的这些措施，通过严格筛选大幅度地裁减了僧尼。

金世宗还下诏，取消辽代的二税户制度。金世宗规定，所有税收全部收归国有。这样，“邑社”组织虽然保存下来，但已远远不如辽代兴盛，其活动主要限于帮助寺院补充生活资料及建置藏经。

当然，金代朝廷对佛教的限制，并不意味着金代佛教文化的衰落。实际上，从帝王到贵族大臣仍然优待名僧，大量地施舍兴建塔寺。特别是金世宗时，其生母贞懿太后出家为尼，金世宗为此大兴木土，兴建禅寺和尼院，共动用国库钱财20万，又另行施田200顷，钱100万。有太后出家为尼，说明金朝皇室仍是青睐佛教的。

到金章宗时，还曾迎请禅宗高僧入宫说法。禅宗是金朝佛教宗派中主要的流派，百余年间名僧辈出，始终不衰。万松行秀便是金代末期最著名的禅师，著述颇丰。金章宗曾派人把万松行秀请入皇宫说法讲经，讲说完毕，金章宗赐予袈裟，厚礼招待。万松行秀在元朝仍然有很大影响。

由于金朝帝王对佛教虽有限制，但仍允许在一定范围内发展，因此，金代的佛教建筑、雕塑、壁画等方面的艺术成就也很丰富。像山西大同善化寺的三圣殿与山门，朔县崇福寺的弥陀殿，都是金时所造，至今仍是很有名的寺院建筑。金时，定州僧人净璋曾制作木雕弥陀像，远近僧俗慕名而来观瞻。另外，佛教僧侣画家还和俗世画家联手创作出精彩的壁画，如关中延昌寺的部分壁画，就是由僧人法海和当时的著名画家杨泽民共同绘制的。金朝辖地的佛教，虽不是很兴盛，却也是很活跃的。因为金朝帝王在某些方面也需要佛教。

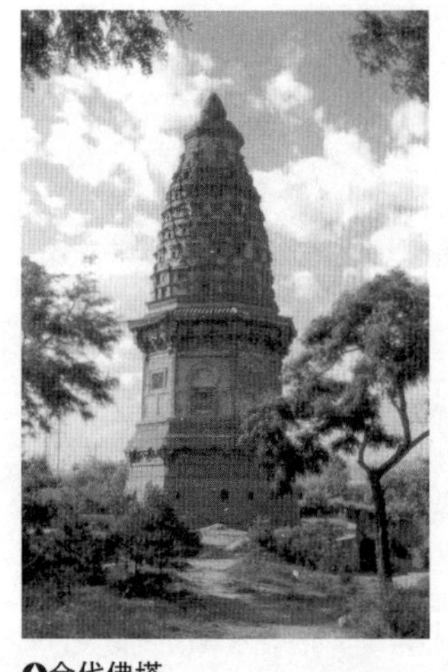

金代佛塔

八、一代天骄成吉思汗“以佛治心”

1206年，北方蒙古贵族首领成吉思汗建立了蒙古国。到1271年，忽必烈改国号为元。这是中国历史上第一个由少数民族建立的统一的封建国家。

蒙古人原本信奉萨满教。这是一种原始的宗教，信仰万物有灵，

尤其敬“天”。“天”是至高无上、永恒不灭、力量无穷的，这就是元朝诏敕中总是写在最前面的“长生天”。但是，萨满教还没有形成一套完整的教义和仪式，因而还不像其他宗教那样具有很强的稳定性和排他性。

元太祖 成吉思汗

元太祖成吉思汗在对外征服的过程中，接触到许多宗教，其中包括佛教、道教、基督教、伊斯兰教等。成吉思汗对各种宗教采取了兼容并蓄、广事利用的政策，不取此舍彼，不尊此抑彼。他敬重各宗教中虔诚的、有学识的人，乐意向他们优礼求教。成吉思汗要求各种宗教宣扬的教义，必须符合他对“长生天”的信仰，要求他们用各自的宗教仪式来为自己告天祝寿，要求他们用各自的宗教权威来使自己的信徒们顺从蒙古的统治。这样，蒙古武力所到之处，各种宗教都渐渐成了为蒙古统治者服务的工具。

成吉思汗在给中原道教领袖丘处机的诏书中说：“来从去背，实力率之故，然久逸暂劳，冀心服而后已。”宗教，成为成吉思汗征服人心的一种特殊武器。他要通过宗教，在善男信女们的心目中为蒙古的统治“绕上一圈神圣的灵光”，其作用不在兵刃之下。

成吉思汗在征战四方的过程中，很注意笼络佛教僧人为自己服务。他最先接触的佛教，似为中原汉地的禅宗。1214年，蒙古军攻陷宁远（今山西五寨北），禅僧海云当时只有13岁，曾于“稠人中亲面圣颜”，叩见蒙古统治者。1219年，成吉思汗派重臣木华黎攻取山西岚谷，在城内的海云禅师及其师傅中观，被木华黎携带北行。当行至赤城时，成吉思汗遣派使臣向木华黎传旨：

> 尔使人来说底老长老、小长老，实是告天的人，好与衣粮养活者，教做头儿，多收拾那般人，在意告天。不拣阿谁休欺负，交达里罕里行者。

成吉思汗把海云称为小长老，其师傅中观则称为老长老。成吉思汗诏令，把这两位僧人丰衣足食地供养起来，一方面让他们做头儿，统管僧尼事务，另一方面要他们在意告天，保佑蒙古铁蹄开拓疆土。

北京西山八大处之大悲寺山门

大悲寺建于辽金时代，是元明时期名刹，寺内大殿的十八罗汉群塑，出自元代名家之手。

△北京妙应寺白塔

该塔建于元代至元八年（1271年），是元大都保留至今的重要标志，也是我国现存最早最大的一座藏式佛塔。

元太祖成吉思汗身边有位宠臣，名叫耶律楚材，信奉佛教，对成吉思汗的影响不小。耶律楚材出生在一个居留金中都（今北京）汉化了的契丹士大夫家庭。他3岁丧父，由母亲诲育成人。长大后，他"博极群书，旁通天文、地理、律历、术数及释老、医卜之说"。当时，有禅宗曹洞宗的高僧万松长老，曾被金章宗请到内廷升座讲法，备受礼敬，后奉命住持中都仰山栖隐寺。当1215年蒙古军队攻打金中都时，身为金左右司员外郎的耶律楚材弃官学佛，投在万松门下为弟子。蒙古占领中都后，对万松长老厚礼相待，其声名"照映南北"。耶律楚材也因万松长老的推荐，被蒙古重用。1218年，成吉思汗在漠北召见了耶律楚材。耶律楚材身高八尺，美髯垂胸，声音洪亮，且博学多闻，成吉思汗很赞赏他，让他常处左右。在成吉思汗西征期间，耶律楚材全程相随，成为成吉思汗的重要谋士。

因为耶律楚材早年曾皈依佛教，因此他在成吉思汗身边时常讲起佛教的作用，向成吉思汗提出"以佛治心"的主张，就是利用佛教收笼天下百姓的归顺之心，使佛教为蒙古的一统天下服务。从成吉思汗对佛教的优容政策看，他显然采纳了耶律楚材"以佛治心"的建议。

成吉思汗之后的元太宗窝阔台，也很看重佛教。1235年，窝阔台差派官员选试天下僧道，当时海云大师住持中都的大庆寿寺，万松等禅宗诸老僧共同推举他来主持此事。海云在蒙古官员的配合下，对各处僧侣进行了有组织的测试。这一年，蒙古清查中原户口，官府打算在民人的手臂上打上烙印，以便辨识，海云当即向断事官忽秃忽进言劝阻，才停止了这种将人当作牛马看待的野蛮做法。同年，窝阔台在建造和林城时，在城内也开始兴建佛寺。1247年，窝阔台的第四子合剌察儿又延请海云到和林。

另有万松长老的弟子福裕，也很得蒙古统治者的赏识。1248年，他被元定宗贵由请到和林，住在兴国禅寺。当宪宗蒙哥即位时，又召福裕去漠北行宫参见。这个时期，迦叶弥儿（克什米尔）僧人那摩在蒙古汗廷也极受礼遇，蒙哥称汗后，尊他为国师，"授玉印，领天下释教"。蒙哥还请福裕主持，在和林大兴土木建造佛寺。1254年，有鲁布鲁克在和林看到有佛像的寺庙，见僧人正端坐诵经，口念"唵嘛呢叭咪吽"，显然是佛寺。蒙哥于1256年兴建的和林大佛阁，高达300尺，其旁建有僧房5间，规模相当大，俗称"大阁寺"。

可见，以一代天骄成吉思汗为代表的早期蒙古统治者，对佛教是优容的。"以佛治心"，一语破的，意图即在于此。

九、“西天佛子”为忽必烈夫妇灌顶

如果说成吉思汗及其继承者窝阔台、贵由、蒙哥，对包括佛教在内的各种宗教采取了兼容并蓄的政策，而他们本人还都保持着对萨满教信仰的话，那么，元世祖忽必烈就有所不同了。忽必烈特别尊崇佛教，而且其本人也改信了藏传佛教——喇嘛教。这种宗教信仰上的变化，是在与各民族接触过程中，蒙古族较落后的文明接受较先进的文明表现之一。而忽必烈之所以接受了喇嘛教，恐怕是因为喇嘛教的教义和仪式与萨满教较为合拍，同时也因为喇嘛教在元朝疆域内影响最大的缘故。因此，忽必烈一朝，对佛教特别是其分支藏传佛教——喇嘛教情有独钟，大力扶植。

元世祖 忽必烈

忽必烈早在藩邸时期，就与佛教高僧时有往来。1242年，忽必烈在漠北召请“小长老”海云，问以佛法大意。在讲论中，海云向忽必烈建议“宜求天下大贤硕儒，问以古今治乱兴亡之事”。此后忽必烈不断延请四方文学之士，访问治道，这当与海云的启发有关。1243年，忽必烈之子真金降生，忽必烈即请海云摸顶立名。海云还把随身弟子刘秉忠推荐给忽必烈，这个僧人刘秉忠，后来很为忽必烈推崇，显示出卓越的政治才干，成为元朝一代典章制度的创制者。

说到忽必烈崇佛，便不能不谈到他最为尊奉的藏传佛教。藏传佛教，又称喇嘛教，也叫藏密，是佛教密宗与西藏本土的原始宗教本教相结合的产物。为便于了解忽必烈对藏传佛教各派别的态度，这里先对它的五个派别简单介绍一下。

宁玛派。这是藏传佛教历史最悠久的一派，是由最早传入西藏的密教与本教融合而产生的一个教派。该派僧人均戴红帽，故又称为“红教”或“红帽派”。此派自称他们的教法是直接从莲华生传下，以传承密教典籍为主。

噶当派。是11世纪时由阿底峡的弟子仲敦巴创立的。噶当的意思是用佛的教诲来指导凡人的行为和修行，因此这一派又被称为“教诫派”。此派以阿底峡的《菩提道灯论》为基础，强调僧人必须循序渐进地修行。到15世纪时，噶当派归入了格鲁派。

萨迦派。是藏传佛教中有较大影响的一个派别。创始人是贡却杰布，他曾在后藏萨迦地方建立萨迦寺，此派就被称为萨迦派。该派主张修行者断除一切常见、断见，按照一定的修行

元世祖忽必烈皇后 察必

次第地去学法。从13世纪中叶到14世纪中叶，此派在藏地占统治地位。忽必烈最为欣赏此派。

噶举派。是11世纪形成的教派。噶举是口授传承之意。这一派注意密法，多以心口相传。它重视密宗修身方法，主张通过修身而进入禅定。因此派僧人多穿白色僧服，所以俗称“白教”。

格鲁派。是藏传佛教中最后兴起的一个大教派，形成于15世纪。该派采用“活佛转世”制度，逐步形成达赖、班禅两大活佛世系。到清朝时，此派势力强大，寺院众多。

回过头来，让我们看看忽必烈与藏传佛教有关各派的密切关系。1252年，忽必烈南征云南大理，经过康区时，看到噶举派在康区有较大的势力和影响，而且其首领噶玛拔希又是康区地方统治阶级出身，于是，派人到粗卜寺去召请噶玛拔希。就在1253年，噶玛拔希到川西北的绒域色都地方会见了忽必烈。忽必烈请噶玛拔希留下来左右侍奉，他没有答应，还是离开了忽必烈，到宁夏与内蒙古交界处建立了一座吹囊朱必拉康庙。后来，又到灵州（今宁夏灵武）、甘州（今甘肃张掖）一带活动。1256年，当噶玛拔希想要动身回藏时，接到蒙古大汗蒙哥召见他的诏书，他便前往蒙古的和林会见了蒙哥。蒙哥赐给他一顶金边黑色僧帽及一颗金印。

1259年，蒙哥死去。1260年，忽必烈在开平（今内蒙古多伦）自称大汗。可是，忽必烈的幼弟阿里不哥在和林也自称大汗，兄弟间由此展开了争夺蒙古大汗汗位的斗争。1261年，阿里不哥兵败。噶玛拔希因以前不肯追随忽必烈，

西藏白居寺

白居寺藏语称为“班廓德庆”，意为“吉祥轮大乐寺”。位于西藏日喀则的江孜。白居寺是一座塔寺结合的典型藏传佛教寺院建筑，寺中有塔、塔中有寺，寺塔浑然天成。白居寺兼容萨迦、噶当、格鲁三个教派，因而寺内供奉及建筑风格也兼收并蓄、博采众长。

在争夺汗位的斗争中又有帮助阿里不哥的嫌疑，被忽必烈投入监狱。后来，噶玛拔希又被忽必烈流放到盖乌曲地方，噶玛拔希的两个门徒则被处死。直到1264年，忽必烈考虑到噶举派在藏族地区还有较大势力，才把噶玛拔希释放，并准许他自由传教。噶玛拔希获释后就动身返回西藏，沿途一路传教，经过 8 年之久才回到他的粗卜寺，于1283年死在该寺。

格鲁派（黄教）祖师宗喀巴（中）

宗喀巴，法名罗桑札巴，意为“善慧”，藏传佛教格鲁派（黄教）创始人。他深研佛教哲学，形成了自己的佛学体系；他在文学上也有很高的造诣，为后世留下了大量的著作，影响极为深远。在藏传佛教界，被誉为一代大师，世界第二佛陀。

与噶举派在忽必烈那里失宠相反，藏传佛教中的另一派萨迦派却深得忽必烈的赏识。早在1246年，萨迦派的首领萨班，奉蒙古大汗窝阔台的次子阔端之召，携带其侄八思巴来到凉州相会。第二年，萨班与阔端商定，号召萨迦派辖地的僧俗归附蒙古。萨班在凉州期间，曾为阔端治愈重病，更加受到信任。1252年，忽必烈奉命专征大理，途经吐蕃之地，便派人去凉州召请萨班。这时萨班已死，其侄八思巴应召于1253年谒见忽必烈，并被留在了王府。

八思巴自幼学会念咒讲经，七岁时就能诵读数十万字的佛经，号称圣童，又多年随从萨班学习显、密佛法和“五明”诸论，学识渊博。他宣扬的喇嘛教道理，极易为忽必烈蒙古贵族所接受。

恰恰是八思巴将忽必烈引入佛门，使他皈依了喇嘛教。据载，忽必烈在潜邸时期，特地把八思巴召入府中，忽必烈夫妇在25名诵经师的陪同下，跟从八思巴接受金刚灌顶。所谓金刚灌顶，也就是藏传佛教的受戒。应该说，忽必烈之所以皈依喇嘛教，考虑蒙古和西藏的政治利害关系占了很大的成分。忽必烈对佛门大师八思巴心存感激，赏给八思巴珍珠袈裟、伞盖、金鞍等一批贵重物品。从此以后，八思巴便与忽必烈不离左右了。

当时，八思巴的好友正理剑对八思巴依附忽必烈表示不满，写诗讥讽他：

嘎嘎乌云障佛教，国王夺去众生乐。
浊世沙门贪富贵，不悟此理非圣人。

八思巴读后，也作诗回答：

教有盛衰佛明训，有情安乐系自业。
随类被机施教化，不解此理非学者。

“萨”字玉印　元

这枚“萨”字玉印，据说是八思巴的署押印。此印高 6 厘米、边长6.5厘米，刻有一藏文“萨”字，代表萨迦。在印面的一侧刻有一行蒙古新字，汉译为“慧幢”，是八思巴出家时的法名。

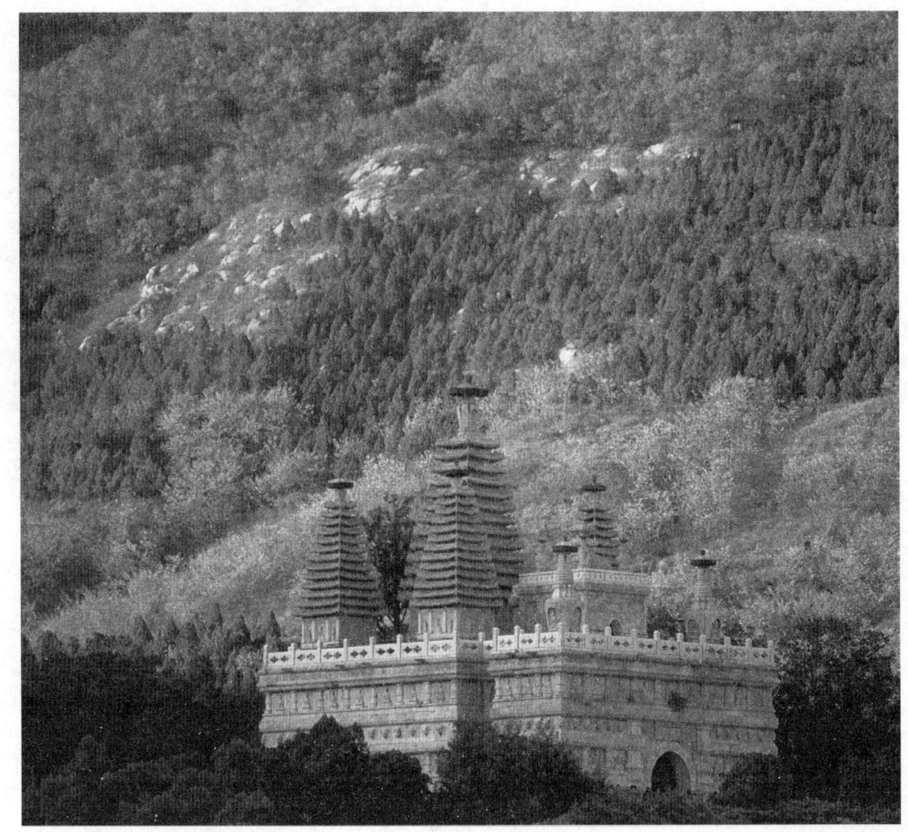

◎北京香山碧云寺 元

碧云寺为西山诸寺之冠，寺院依山就势，六层院落，殿堂迭起，松柏浓阴，山水清幽，林木翠碧，实为红尘静地。

由于忽必烈对八思巴崇奉备至，曾打算下令使藏传佛教的各派教徒一律改从萨迦。八思巴在这点上很明智，出面加以谏阻，认为应该谕示各派依照自宗传承清净修学，这对蒙古统治西藏会更有利。

1258年，忽必烈奉蒙哥之命，召集佛、道二教代表进行辩论。在辩论中，八思巴口若悬河，才思敏捷，使道教代表穷于应付，忽必烈在一旁暗暗高兴。辩论的结果，以道教的失败而告终，忽必烈勒令参加辩论的17名道士削发为僧，一些道教宫观也被改为佛寺，还有许多道教经典被焚毁。由此，佛在前，道在后，成为元朝的宗教宗旨。

◎国师之印 元

元中统元年（1260年），忽必烈即帝位，封八思巴为国师，赐玉印，印文为八思巴字“统领释教大元国师”，即让八思巴负责管理全国的佛教事务。

中统元年（1260年），忽必烈即位称帝，尊八思巴为国师，授以羊脂玉印。中统四年（1263年），八思巴曾辞别忽必烈，西返藏地，可是不到一个月，忽必烈又把他召了回来。当八思巴来到朝廷时，忽必烈命令皇太子真金率领后妃和朝中重臣出迎，仪仗中有印度大象、伞盖、鼓乐等，礼遇之高，无人可比。

至元初年（1264年后），忽必烈诏令八思巴制造蒙古文字。八思巴最终创制出“蒙古字”，这是一种拼音文字，其字母是参照藏文设计出来的，但在形式上可以写成大致的方块形，书写格式一般是从右到左，竖直行。这种蒙文

制成之后，忽必烈曾借助政治力量大力推行。对这种蒙古字，后世俗称为八思巴文。

至元六年（1269年），忽必烈给八思巴“升号大宝法王，更赐玉印”。至元十一年（1274年），忽必烈对八思巴的赏封更进一步，加号“西天佛子”、“大元帝师”。后来，八思巴又听忽必烈的召请，率领司膳、司寝等十三司的贵族组织，盛装出发，抵达大都（北京），先是以佛法供养，接着又以资财布施。当八思巴灌顶时，忽必烈以西藏三部及一部分汉族地区为其作供养，并献上六角水晶章及册文。

八思巴

八思巴出身名门望族，自幼聪慧过人，通晓佛学，相传3岁时就能口诵莲花修法，8岁能背诵经文，9岁时就在法会上给别人讲经说法，故被称为“八思巴”（“圣者”、“神童”之意）。八思巴一生著述颇丰，有30多种，传世之作有《萨迦五祖集》。

忽必烈时代，还一度委任八思巴统管全国佛教事务。先是在至元元年（1264年），忽必烈自开平迁都大都，设立总制院，管辖全国佛教事务和藏族地区的行政事务，命八思巴以国师的身份领总制院事。至元八年（1271年），忽必烈改蒙古国号为元，八思巴便成为元朝的佛教领袖。至元二十五年（1288年），忽必烈将总制院改名为宣政院，其职掌仍旧。不论是总制院，还是宣政院，均置有院使、同知、副使及其他官属多人。院使初为正二品，后升为从一品。院使由“帝师”八思巴兼领，赏发三颗银印。副使亦须以僧人充任。与此相应的是，在地方各路也设有宣政院，各州府置有僧录、判正、副都纲等僧官。忽必烈创建的宣政院，作为元代中央的佛教管理机构，被保留下来，一直沿用到元朝末年。

至元十二年（1275年），元军攻下南宋建康（今南京）。此时正在西藏的八思巴得知这一消息，马上写了一篇《贺平江南表》，寄献给忽必烈，颂扬忽必烈统一全国的功业。八思巴在表文中说：陛下之福德，使社稷安宁江山一统，奋转轮之威合四州为一，所有十方佛陀都为此赞颂吉祥！在忽必烈与八思巴的交往中，相互之间的颂赞之文，就有数十次。忽必烈为的是通过喇嘛教实现统辖西藏的政治目的，八思巴则是想依靠大元的皇权弘扬佛教，特别是使藏传佛教的萨迦派得以在西藏政治和宗教生活中占据主导地位。可以说，忽必烈与八思巴是各有所图，你呼我应，很是默契。

八思巴返回西藏后，曾一度遭到逐渐形成的西藏教俗势力的排斥。为此，忽必烈于至元十六年（1279年）派出7万蒙古兵入藏，很快打败了与八思巴作对的原萨迦派地方长官贡噶桑布。忽必烈利用宗教冲突，将蒙古兵派往西藏，并长期驻留，这就使西藏更为严格地控制在元朝中央政府的统辖之下。

至元十七年（1280年）十一月，八思巴于西藏圆寂，终年46岁。十二月，忽必烈下令，雕版印造八思巴的新译佛教戒本500部，颁发天下诸路僧人。两年后，忽必烈又在大都（今北京）为八思巴建造舍利塔，并赐号八思巴为：

▲元大都遗址出土的影青瓷观音

元大都即今北京，或称大都，蒙古文称为“汗八里”，意为“大汗居住的地方”。自元世祖忽必烈至元四年（1267年）到元顺帝至正二十八年（1368年），为元朝国都。在这期间，元大都成为元代北方佛教的中心。此观音像惟妙惟肖，造型优美，体现了当时佛像艺术的发展。

> 皇天之下一人之上开教宣文辅治大圣至德普觉真智佑国如意大宝法王西天佛子大元帝师。

自忽必烈以八思巴为帝师，直到元代结束，各个皇帝都是奉八思巴一派的僧人为帝师，也就是说，继续做帝师的全都出自藏传佛教的高僧之中。各皇帝即位前，无一例外地要先从帝师受戒，然后才能登皇帝位。八思巴的弟子胆巴、阿鲁浑萨里、沙罗巴、达益巴和迦鲁纳答思都是当时著名僧人，与皇室关系极为密切。而且，自八思巴之后，不论是管理佛教事务的，还是管理藏族地区行政与军事的中央和地方机构中，都重用藏传佛教中的僧人。《元史》称：

> 宣政院……使，位居第二者，必以僧为之，出帝师所辟举。而总其政于内外者，帅臣以下，亦必僧俗并用，而军民通摄。

对于僧人寺院所属的土地百姓，朝廷又予以免税、免役的特权。这就必然增加了僧人的权势，促进了西藏地区“政教合一”制度的形成。由于忽必烈开了先河，在他之后的几代帝王多溺信藏传佛教，西藏人之在京为官者，一方面地位见重，另一方面又以其为帝师的亲故门徒特加荣宠，赏赐优厚。整个元代，喇嘛教的喇嘛们不仅在西藏，而且在内地都拥有一定的政治和经济特权。

在忽必烈的赞助下，八思巴所主领的萨迦派的祖寺萨迦寺得到了大规模的修整。萨迦寺分为南北两寺。至元六年（1269年），忽必烈动用国库银两，征集13万户民工，对萨迦南寺进行了全面修葺。该寺大殿高11米，总面积约5700平方米，有柱子40根。大殿前部为佛堂，殿后部为藏经库，收藏了大量元代的佛经，至今仍存。

由于有忽必烈的支持，藏传佛教造像盛行一时。当时，忽必烈召请尼波罗（今尼泊尔）国的工匠阿尼哥来到大都，授职“八匠总管”，“凡两京（大都、上都）寺观之像，多出其手。”藏传佛教造像在汉地流行开来。

忽必烈时，建造了一批皇家寺院。在京城内外，先后兴建了大护国仁王寺、圣寿万安寺、殊禅寺、大龙翔集庆寺、大觉海寺、大寿元忠寺等。其中的大护国仁王寺，是忽必烈的皇后主持兴建的，位于大都城西。这个佛寺在大都附近占有水地2.8万顷，陆地3.4万顷，山林、河泊、湖渡、陂塘、柴苇鱼竹等

场地29处，玉石、银、铁、铜、盐、硝碱、白土、煤炭等坑冶15处，栗树1.9万余株，酒馆一家；还在河间、襄阳、江淮等处占有水地1.3万余顷，陆地2.9万余顷，酒馆140家，湖泊津渡1处，税务闸、坝各1处；该寺所属的劳力共达1.7万余户。此类皇家寺院由皇帝设官直接管理，产业都是皇帝赐予的。这种寺院经济构成了元代封建国家经济的一部分。佛教不仅介入到政治，而且渗透到经济生活之中。

忽必烈对爇顶高僧也十分敬重。在元代僧人中，流行一种受戒烧戒疤的习俗，俗称烫香洞，佛家叫“爇顶”。香疤，不仅头顶上有，身上的某些部分也有。头顶上的香疤数量不等，有一点，有二点，有三点，有六点，有九点，有十二点，越多表示越虔诚。有的还燃去一指或二指。据说，元时有位志德和尚受到元世祖的尊崇，当他传戒时，规定受戒者都必须爇顶香，作为终身之誓。据《新续高僧传》中的《元金陵天禧寺沙门释志德传》一文记载，至元二十五年（1288年），元世祖忽必烈召见志德：

◎北京妙应寺白塔的设计师尼泊尔人阿尼哥

阿尼哥入仕元朝40年，为中尼两国文化交流作出了重要的贡献。他在中国曾建造过三座塔，一座在西藏，一座在山西五台山，一座即是北京妙应寺白塔。妙应寺白塔是阿尼哥所主持的建塔工程中最具有代表性的一座，它融合了中尼佛塔的建筑风格，不仅具有内涵丰富的佛教寓意，而且更以其巍峨精美的塔式，为元大都建筑增添了光彩和气势。

> 赐宴并紫方袍，命主天禧、旌忠二刹，讲《法华》、《华严》、《金刚》、《唯识》等疏。三十一年，特赐“佛光大师”之号。当与七众受戒，必令其父母兄弟相教无犯，至于爇香顶指为终身誓。

在此，忽必烈又是向志德高僧赐宴，又是赏封“佛光大师”称号。当志德传戒时，他的弟子都必须爇香顶指。这里顺便说一句，爇顶在唐、宋时期未曾流行，这一习俗产生于元代，可是在以唐初为历史背景的电影《少林寺》中，却有和尚受戒爇顶的镜头，这是不符合历史事实的。

由于忽必烈的身体力行，带头尊崇，佛教势力迅速膨胀。据至元二十八年（1291年）的官方统计，当时全国共有寺宇42318所，僧尼213148人。而实际上的僧尼人数还要远远超过这个数字，因为有大量的私度僧是无法统计的。当时较大一些的寺宇，其僧众多至数百上千。一些上层僧侣在地方上仗势欺人，霸占土地，搜刮民财，奸淫妇女，以致残害人命。忽必烈任命的江淮佛教总统杨琏真，在浙江一带把南宋旧有皇宫改成梵刹，大肆掠夺财宝，甚至挖掘南宋皇帝的陵墓和大臣的坟冢达100余座，一时成为骇人听闻的事件。在京师大都，藏僧则巧立名目，多作佛事，不仅每年耗用国帑千万，而且还以“祈福”为

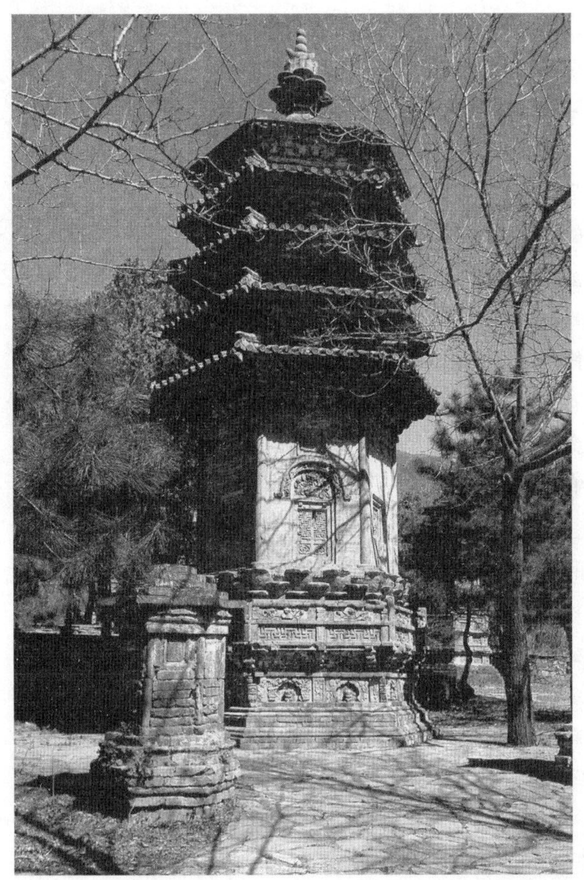

◎北京潭柘寺内的妙严大师塔

忽必烈女儿妙严公主潜心向佛，立志出家，曾在潭柘寺观音殿修行。

名，奏请释放囚犯，破坏法纪，左右统治者之间的政争，以至于殴打命官，骚扰驿户。史称其“气焰薰灼，延于四方，为害不可胜言”。在藏传佛教兴盛的藏地，《青史》一书说，元时僧人绝大部分只是追求利禄，满足于饮食男女等庸俗享乐，这自然是为僧讳的一种客气说法。至于这些藏僧假借修秘法为名，劫人财物，谋人田产，乃至霸占他人妻女，残害平民生命，无所不为的情况，比比皆是。可以想见，在忽必烈宠用藏僧并任命僧人为地方长官的大势下，大部分僧人走上了谋求官职、巧取财货、纵恣跋扈的道路。是否可以这样说，是忽必烈把佛教僧徒们给宠坏了，惯坏了！

忽必烈时代对佛教寺院过分的优厚宽待政策，在他之后有所变动。忽必烈时，寺院免纳地税和商税。后来，由于布施与典入买入的土地增多，直接影响了元朝廷的田赋收入。因此，在忽必烈死后的第一年，元贞元年（1295年），新即位的元成宗便规定：寺院的土地不能全部免税，在北中国、西番、畏兀儿以及云南地方的寺院土地，这年以前占有的可免税，但以后“续置或影占”的均需纳税；江南一带寺院的土地，除亡宋时旧有的和元代皇帝拨赐的，也一概纳税；寺院的一般性买卖，可不纳商税，但寺院经营的酒店要交税，寺院从事的海外贸易，也要抽分；有妻妾的僧侣，在负担差役、交纳税粮方面，则与庶民同等待遇。

到元仁宗时，崇佛倾向较为明显。皇庆元年（1312年），仁宗敕命福裕和尚住持少林寺，封赠福裕为“大司空开府义同三司”，统领嵩山所有寺院。一时中外僧众云集，演武礼佛，僧众常有2000人左右。

延祐三年（1316年），元仁宗在金山寺设立水陆道场，举行设斋、拜忏及追荐亡灵等礼佛活动，参加的僧众达1500人，规模相当大。

据载，元仁宗委任的白云宗总摄沈明仁，依仗与皇室的特殊关系，在地方“昏赖”霸占土地，强夺民田达 2 万顷。

到元末文宗时期，加强了对佛教的管理。至顺二年（1331年），文宗设立广教总管府16所，掌管各地僧尼事务。另外，因唐代僧人所撰《禅门规式》，经历代增删损益，诸本杂出，僧尼无所适从，元文宗便敕命百丈山大智寿圣禅

寺住持德辉着手重新修订，定名为《百丈清规》，总共 8 卷，它对寺院僧团的上下组织体制、宗教活动、日常生活等，都作出了较为详细的规定。

元末皇帝，对藏传佛教的噶举派又亲近起来。至顺二年（1331年），元文宗颁发诏书，召请噶举派三世活佛攘迥多吉进京。第二年十月，攘迥多吉来到京师大都，这时元文宗已死，元宁宗刚刚即位。没过多久，攘迥多吉在京为元宁宗和皇后举行了密宗灌顶仪式。元统二年（1334年），攘迥多吉返回西藏。不到两年，元顺帝又召他进京，至元四年（1338年），攘迥多吉再次来到大都，受到顺帝的召见和赏赐。从攘迥多吉接连被征召来看，元末皇帝与藏僧关系打得火热。

甘肃东千佛洞第2窟菩萨壁画 元

十、“和尚皇帝”——朱元璋

△明太祖洪武皇帝朱元璋

明太祖朱元璋，即洪武皇帝，是在反抗元朝统治的农民大起义中夺取帝位的，他是中国历史上唯一农民出身的开国皇帝。因为他少年时代曾经出家为僧，所以后人也戏称他为“和尚皇帝”。

朱元璋的贫苦身世和小行童的经历很有传奇色彩。他的祖籍本在沛县（今江苏沛县），祖父辈由于家贫，全家一再迁徙，最后定居濠州（今安徽凤阳）。因为出身穷苦，他幼年时连正式的名字都没有，家人就叫他重八。至于元璋之名，那是后来起的。朱元璋从小给地主放牛，在饥寒的煎熬中长大，17岁那年，濠州一带旱灾、蝗灾、瘟疫接踵而来，半年之间，朱元璋的父母兄长相继死去，他穷得办不了丧事，靠邻居给了一块地才把亲人埋葬了。朱元璋孤苦伶仃，为求生计，进皇觉寺当了和尚。谁知做和尚才50天，该寺的住持和尚以荒年乏食为由，遣散僧众。朱元璋只得带上木鱼、瓦钵游方化缘，实际是以小行童的身份到处乞讨。他先到合肥，再到固始、信阳，又折而向北到汝州（今河南临汝）、陈州（今河南淮阳），往东经鹿邑、亳州（今安徽亳县），到颖州（今安徽阜阳）。一路上风餐露宿，饱尝了人世的艰难。后来，朱元璋在《皇陵碑》的碑文中，生动地记录了他这段辛酸的经历：

> 突朝烟而急进，暮投古寺以趋跄。仰穹崖崔嵬而倚碧，听猿啼夜月而凄凉。魂悠悠而觅父母无有，志落魄而倘佯。西风鹤唳，俄淅沥以飞霜。身如蓬逐风而不止，心滚滚乎沸汤。

朱元璋作为一个乞讨化缘的小和尚，经历了三年多的漂泊生活。这期间，使他熟悉了淮西一带的山形地势，风土人情，也开阔了眼界，丰富了社会知识，锻炼了意志和体力。至正八年（1348年），他回到皇觉寺，开始“立志勤学”，读书交友。

据《天潢玉牒》载：

> （朱元璋）还于皇觉寺。久之，见有红衣道士在寺西北，言这寺中有好人。

朱元璋回到皇觉寺后，被道士称为“好人”。这或许是后人为当了皇帝的朱元璋树碑立传。

元末至正十一年（1351年），爆发了震撼全国的红巾军起义。第二年，仍在皇觉寺当和尚的朱元璋，收到了小时的穷伙伴汤和从濠州城捎来的一封信，信里讲天下大乱，在乡间也不能自保，自称已投奔在郭子兴手下，希望朱元璋“速从征，共成大业”。朱元璋见信后犹豫不决。几天后，师兄告诉他，有人要告发他和红巾军勾通往来书信的事，让他逃走。恰在这时，元军把皇觉寺烧了个精光，朱元璋也已无处存身，于是卜了一卦，得了个吉字，便去濠州投奔郭子兴了。走出佛寺，投身起义，这是朱元璋人生道路上的一个重大转折点，从此开始了他的戎马生涯。

▲朱元璋的马皇后

马皇后，安徽宿州人。“有智鉴，好书史。”在朱元璋平定天下、创建帝业的岁月里，与朱元璋患难与共。因此朱元璋当了皇帝后，对马皇后一直非常尊重和感激，对她的建议也往往能认真听取和采纳。洪武十五年（1382年）51岁的马皇后病逝，临终嘱咐朱元璋“求贤纳谏，慎终如始”，并愿“子孙皆贤，臣民得所”。

1368年，朱元璋灭元称帝，建立明朝。建国之初，朱元璋或许是眷恋往日佛寺的生活，而热衷于搞水陆道场。据载，朱元璋经常召请天下名僧，聚集在应天府（南京），举办大规模的水陆道场活动。这里，“水陆”是佛教的代名词，所谓水陆道场，是佛教的一种特殊活动。水陆道场的布置，一般分为内坛和外坛，而以内坛为主。内坛正中悬挂着毗卢遮那佛、释迦牟尼佛和阿弥陀佛三个佛像，像下设置供桌，陈列着香花、灯烛、果品等供物。坛内安放四个长方台，台上分别置放铜磬、斗鼓、铙钹、手铃及仪轨等，这是专供主持者们使用的法器。在内坛的两侧，分别悬挂着上堂、下堂各10位水陆供养对象的画像，并在画像下列插牌竿，详记名称。这牌上都画有宝盖、莲花。在外坛，分设6个坛场：大坛设24人，专门礼拜《梁皇宝忏》；《法华》坛7人，专诵《妙法莲花经》；《净土》坛7人，专门称念阿弥陀佛名号；《华严》坛2人，不须念诵，静阅《华严经》；还有施食坛，是供夜间施放焰口专用的，人员由各坛临时抽调；另外，监坛 1 人。这样，外坛总共用48人。实际上，朱元璋以皇权举办的道场，其人数规模还要远远超过这个常规数目。

朱元璋喜欢办水陆道场，意图就是以此为刚刚建立的大明王朝祈福，是以佛教独特的方式直接为朱明王朝服务的。在这里不需要任何深奥精致的义理，连经典也只要有几本《阿弥陀经》、《法华经》之类简明易懂的就足够了，使用的经文大都是汉地佛教徒所自创的“宝忏”，以说戒、奉浴、斋僧、放生、放焰口等实际的宗教活动为主要内容，是完全汉化的佛教文化实态模式。这是朱元璋作为“和尚皇帝”崇佛的继续，也是在利用这种大众化的佛教活动来为他的皇权服务。

朱元璋沿袭元朝的一套做法，重视藏传佛教。他即位不久，即遣使前往西藏，召请当地僧俗领袖，“赴京授职”。于是，元时帝师八思巴的后人“摄

▲噶玛巴·都松钦巴 清 唐卡

都松钦巴是藏传佛教噶举派四大支系之一噶玛噶举的创始人。他一生著述颇多，如《四面金刚亥母》《四续释》《梦事三种》及《神鬼饶益之隐身术》等，为研究藏传佛教史留下了宝贵的遗产。

帝师”喃加巴藏卜遣派使者赴应天（南京）朝贡。洪武六年（1373年）二月，喃加巴藏卜亲往南京，朝见朱元璋。《明史·西域列传》载：

（喃加巴藏卜）躬自入朝，上所举故官六十人，帝悉授以职。改摄帝师为“炽盛佛宝国师”，仍锡玉印及彩币表里各二十。

藏传佛教噶举派的四世活佛乳必多吉，虽然没有应邀赴京，但从洪武七年（1374年）起，他每年都派门徒前往应天（南京）朝贡。

朱元璋与其他地方的佛寺僧人也时有往来。当时青海西宁卫建起一寺，有僧人三罗喇嘛奏请朱元璋为佛寺赐名，朱元璋便赐名“翟昙寺”，并命人制成红底金字匾额，送往西宁。这块匾额，至今仍悬挂在瞿昙寺内。

明朝初年，有个叫壁峰金的僧人，一度在北方的五台山，远近闻名。明太祖朱元璋听说后，将他请入应天（南京），弘扬临济佛法。

因为朱元璋少年时代曾出家皇觉寺，对于佛学，虽无深入的研究，但对于佛法，还是略窥门径的。因此，在他称帝后，把大乘八宗重新调整，编组为禅、讲、律、净、密五门。禅，就是教外别传的禅宗；讲，包括天台、贤首、慈恩三家；律，指出家在家所受持的戒法；净，是佛法的净土宗；密，就是密教，是当时所流行的大悲咒，放焰口等。朱元璋还进一步规定，各处佛寺须标其类于寺门，如金山禅寺、华严讲寺等。朱元璋以一个沙门行家的身份，直接介入佛教事务了。

也正是因为朱元璋是和尚出身，所以他对元末明初的佛教情况非常清楚，对其弊端可谓了如指掌。因此，他整顿起佛教来轻车熟路，为维护大明统治，有针对性地制定了一系列的规章制度。

第一，进一步健全僧官制度。洪武元年（1368年），朱元璋在南京天界寺设立善世院司掌佛教，又置统领、副统领、赞教、纪化等，负责全国重要寺庙住持的任免。洪武十五年（1382年），朱元璋仿照宋制，重新组建中央和地方僧官组织。在中央，设僧录司，有左右善世（正六品）、左右阐教（从六品）、左右讲经（正八品）、左右觉义（从八品）各二人，由礼部任命，掌管

天下僧务；在地方，府设僧纲司，有都纲（从九品）、副都纲各一人，州设僧正司，有僧正一人，县设僧会司，有僧会一人，归僧录司统辖，分掌地方僧务，其主要任务是监督僧众行仪及主管考试等。有关全国佛教之政令，由礼部祠祭司郎官统管。这样，在朱明时期，佛教虽然较前有所衰退，但僧官制度却比以往更为细密周详了。

第二，整顿僧众堕落风气。朱元璋在当初游历江淮一带的寺院道观时，发现僧侣、道士队伍中娶妻养妾和设斋时饮酒食肉的堕落风气十分盛行。为扭转此风，洪武五年（1372年）朱元璋下诏：

> 天下大定，礼仪风俗，不可不正，禁僧道斋醮杂男女恣饮食，违者有司严治之。

朱元璋试图通过皇权来整顿僧众"杂男女恣饮食"的不良风气。朱元璋警诫僧人，若不入寺院而生活在民间娶妻生子，一坏国法，二坏僧律。为此，朱元璋不厌其详地规定，僧尼"不许与民间杂处"、"不许奔走市村"。甚至，对僧尼应该如何做佛事，和尚们应该读什么经，以及应该怎样诵经，朱元璋都有具体的规定。这在历史上的帝王中是少见的。

第三，定期考试。洪武十五年（1382年），朱元璋规定，要严格度僧考试制度，每三年考试一次。考试合格者"方许为僧"，免费发给度牒。唐宋以来，官府大多是采用计僧售牒的办法，即将度牒当成商品出售，僧人交钱出家不再承担赋税，因此买度牒也叫"免丁钱"。朱元璋改变了这种售牒制度，只要考试合格就免费发给度牒，相反，对于考试不合格者，一律淘汰。

第四，限额限龄，集中管理。洪武二十四年（1391年），晚年的朱元璋特地颁布《申明佛教榜册》，规定佛教徒须分门别类，各归本宗。朱元璋诏令，各州府只许保留大寺院一所，僧众必须集中居住，并限定，府不得超过40人，州不得超过30人，县不得超过20人；又规定，男子不到40岁、女子不到50岁以上的，不准出家。

"和尚皇帝"朱元璋的这些措施，是"和尚"和"皇帝"双方利益的结合。作为从寺院中走出来的僧人，朱元璋对佛教有一定的感情，要给予一定的保护，通过皇权推动佛教的正常发展。但出于朱明王朝统治的根本需要，又要严格僧众管理，以求安定民心，稳定社会秩序。这就是朱元璋与佛门的微妙关系。

在朱元璋的护持下，明初汉地佛教得以迅速恢复和发展，一些佛教僧侣也热心为朝廷效力，这在一定程度上又加深了朱元璋对佛教和僧侣的信任。于是，在朱元璋时期出现了僧侣外交。洪武三年（1370年），朱元璋命高僧慧昙率领20余人的使团出使西域，访问各国，于次年抵达僧伽罗国（今斯里兰卡）。慧昙因为高龄劳顿，到僧伽罗国后一病不起，他自知不能回国复命，便向僧伽罗国的国王留下遗表后圆寂。洪武十年（1377年），高僧宗泐又继承慧昙遗志，奉朱元璋之命，率佛徒30余人再往西域，往返6年之久。洪武十五年（1382年），宗泐归国，从印度取回了大量的佛经。对东邻日本，洪武四年（1371年），日本南朝太宰府的怀良亲王曾派遣日本高僧祖来到明朝，与中国通好，后来朱元璋特命禅僧祖阐和天台山高僧克勤两人，专程送日僧祖来回国。洪武七年（1374年），祖阐和克勤两位和尚从日本回到应天（南京），朱元璋以不辱使命，给予嘉奖，还让克勤和尚蓄发做官。洪武十七年（1384），朱元璋命令高僧智光携带玺书彩币出使尼八剌国（今尼泊尔），尼八剌国的国王则派使臣跟随智光和尚到达应天（南京），还送来金塔、佛经以及名马等。由此可以看到，朱元璋与西域、日本、尼泊尔的交往，都是以佛门的和尚作为使者的，这也从一个侧面说明了他对佛僧的信任程度。

最后要说明的是，朱元璋本人虽然对佛教有一定的感情，但却十分忌讳别人提起他早年当过和尚这件事。甚至每当他看到“光”、“秃”、“僧”这些字眼，都觉得刺眼，从内心反感，有不少儒士文人就因此而掉了脑袋。明初地方官逢年过节以及皇家喜庆日子都照例上表笺庆贺，表笺一般由学校的教官来做，都是些歌功颂德的言辞，就是这小小的表笺，惹出了不少的麻烦。如杭州府学教授徐一夔的表文中有“光天之下”、“天生圣人”等语，朱元璋牵强附会，硬说文中的“光”是指光头，“生”是“僧”的谐音，徐一夔是在借进呈表文之机，骂他当过和尚。德安府训导吴宪的表文中有“望拜青门”之语，朱元璋认为，“青门”是指和尚庙。这些犯了忌讳的教官，都被“诛其身而没其家”，在朱元璋的淫威之下丧了命，实在冤枉！还有，朱元璋有一次到一座佛寺，看见墙壁上有一首纪念布袋和尚的诗：“大千世界活茫茫，收拾都将一袋藏；毕竟有收还有散，放宽些子也何妨。”朱元璋认为，这首诗是讽刺他刑律苛刻，一怒之下，把整个佛寺的和尚全都给杀了。可见，朱元璋这个封建帝王的淫威，在净土佛门是一样施展的。

北京西山长安寺内的三宝佛像

长安寺始建于明代，原名善应寺，清代屡经修缮保存至今。

十一、建文帝，一个流浪僧人的疑案

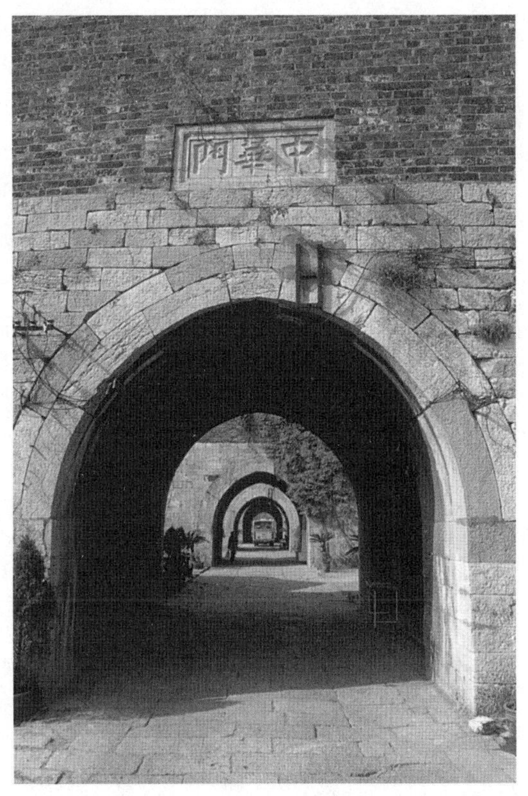

南京中华门

洪武三十一年（1398年），朱元璋辞世。按中国古代帝王的传位传统，应该由嫡长子继位。不幸的是，当初，朱元璋的长子朱标被立为太子后不久便早逝了。照理，下一个继承人应是朱标的长子，可是这长子夭亡，于是便轮到第二子朱允炆了。朱元璋死后，根据遗诏，21岁的皇太孙朱允炆做了皇帝，改年号建文，这就是明朝的建文皇帝。

建文帝继位后，皇位并不稳固。建文帝的叔叔们，也就是朱元璋的几个儿子，都在梦想做皇帝，其中朱元璋的第四子燕王朱棣，实力最雄厚，威胁也最大。叔侄之争，终于引发了“靖难之役”。朱棣打起历代叛逆王侯通用的旗帜：“清君侧”、“诛奸臣”，以“奉天靖难”为口号，于建文元年（1399年）七月，兴兵南下，鏖战四载，至建文四年（1402年）六月，兵临南京城下。当燕王朱棣带领人马杀入南京城后，连续清洗皇宫三日，宫人、女官、内官差不多都被杀掉了，却没有见到建文帝的影子。有人说建文帝被宫中的大火烧死了，当时人们从灰烬中找出一具烧焦的尸体，已经无法辨认了。朱棣非常希望这就是建文帝，故作惋惜地叹息道：“小子无知，乃至此乎！”但多数人都认为这并不是建文帝的尸体，而是建文帝的皇后马氏。那么，建文帝朱允炆究竟哪里去了呢？这成为历史上永远无法弄清的疑案。

就在朱棣将那具无法辨认的尸体草草埋葬的同时，有关建文帝在城陷时逃之夭夭的说法流传开来。这种传言后来衍变成《从亡随笔》和《致身录》，谷应泰的《明史纪事本末》则集其大成，专作一卷《建文逊国》，记述了这些传说。其中主要是讲，建文帝出逃后沦为一个流浪僧人。

据说，当燕王朱棣攻破南京的金川门时，建文帝见大势不好，仰天长叹，想要自杀。这时，翰林院编修程济劝说道：“与其自杀，不如逃走。”恰在此时，有少监王钺走来，向建文帝跪进一箧，并奏道：“昔日高皇帝（朱元璋）临终时留下这个箧子，说是如临大难，就打开它。我一直把它珍藏在奉先殿的东侧。”建文帝急忙接过，只见是一个大红箧子，四周用铁固得很牢，两把锁内也灌了铁，一般人很难打开。建文帝手捧祖父留下的宝物，放声大哭，十分悲伤。程济等人费了九牛二虎之力，才把铁箧砸开，里面是三张度牒，分别写着三个名字：应文、应能、应贤。还有袈裟、帽、鞋、剃刀等出家物件，应有尽有，另有10锭白银。朱元璋早年准备下的度牒上的三个人，“应文”便指建文帝朱允炆了，在场的还有吴王府教授杨应能、监察御史叶希贤，便是“应能、应贤”了。箧内还用红颜色写着两行字：“应文从鬼门出，余从水关御沟而行。薄暮，会于神乐观之西房。”明太祖朱元璋早在多少年前，就为后代皇帝指出了绝处逢生之路。

建文帝看过祖父朱元璋的这一番神妙布置，惊叹道：“这真是天意呀！”于是，建文帝、杨应能、叶希贤三人立即剃了发，穿上袈裟，简单地整理了一下行装，准备出走。他们分别悄悄出宫，这时正有一只船在岸边等候，撑船的是神乐观的道士王升。王道士见身披袈裟的建文帝走来叩头称万岁，说：“臣原知陛下会来的。高皇帝曾托梦给我，让我今天在这里等候。”他们乘船来到太平门，王道士又引建文帝至神乐观，这时正是薄暮时分。一会儿，杨应能、叶希贤也赶到了。建文帝对大家说：“今后我们只以师傅、徒弟相称，不必再拘君臣之礼。”

在皇帝遇难之际，有五六十位忠臣良将，痛哭仆地，表示愿意随建文帝一同出走。建文帝说：“随行的人不必多，更不可多，只需其中无家室拖累、有膂力可以担任护卫的几个人就够了，其余的人留在各地应援。”最后约定，有三个人不离建文帝的左右，杨应能、叶希贤都称比丘（男僧），程济称道人，另指派六人往来道路给运衣食。从此，建文帝以僧人身份开始了流亡生活。

“僧人”建文帝一行几人，颠沛流离，四处流浪。他们往来于云南、湖北、四川、广东、贵州、浙江之间，隐迹遁形，建庵而居，募食而餐，既要躲避朱棣密探的追踪，又要防备强盗的抢劫，情形十分狼狈。

且看《建文逊国》的一段记述：

> （永乐）四年夏四月，建文帝至西平侯沐晟家，留旬日。五月，结茆白龙山。
>
> 五年冬十二月，建文帝祭死难诸人，自为文哭之。时朝廷侦帝甚密，户科都给事中胡濙访求张三丰，盖为帝也。帝知之，遂遁迹不出。
>
> 八年春三月，建文帝复至（白龙）庵。工部尚书严震使安南，密访帝，震忽与帝遇于云南道中，相对而泣。帝曰：“何以处我？”对曰：“上从便，臣自有处。”夜缢于驿亭中。

永乐十年（1412年），杨应能、叶希贤先后死去，在建文帝身边只剩下程济了，于是建文帝又收了一名弟子叫应慧。

建文帝身披袈裟，东躲西藏，游历四方，每每见到高山大川便发出无限感

慨。永乐十八年（1420年），建文帝来到四川，在峨眉山上留下诗句：“登高不待东翘首，但见云从故国飞。”永乐二十一年（1423年），建文帝登湖北章台山，作吊古诗，其中写道：“楚歌赵舞今何在？唯见寒鸦绕树啼。”在游汉阳的晴川楼时，建文帝又写道：“江波犹涌憾，林霭欲翻愁。”宣德二年（1427年）冬，建文帝又到四川，他在永庆寺题诗说：

锡杖来游岁月深，山云水月伴闲吟。
尘心消尽无些子，不受人间物色侵。

四川峨眉山报国寺

从这诗句的口气看，建文帝俨然是位看破红尘的老僧了。正统五年（1440年），建文帝在贵州金竺长官司的罗永庵，还写过两首诗，其中一首写道：

阅罢楞严磬懒敲，笑看黄屋寄团瓢。
南来嶂岭千层迥，北望天门万里遥。
款段久忘飞凤辇，袈裟新换衮龙袍。
百官此日知何处？唯有群乌早晚朝。

建文帝在庙庵中阅览“楞严”佛经的同时，仍眷恋着往日的“凤辇”、“百官”，虽换上袈裟，却仍惦记着龙袍。就这样，僧人建文帝的文采伴着悲哀，走一路，伤感一路，所到之处，都留下了似僧非僧、似帝非帝的痕迹。

据传，建文帝自从逃离南京皇宫后，装扮僧人漫游天下，历经成祖朱棣、仁宗朱高炽、宣宗朱瞻基、英宗朱祁镇四朝，仍身强体健，皇帝已换了四个，“僧人”建文帝却是屡屡大难不死。到英宗正统五年（1440年）夏，建文帝游历到广西思恩府，住在一座僻静的庙宇中。一天，与建文帝同住的一个老僧，偷了他漫游各处所写下的诗文书稿，径直走到思恩府的大堂上，对知府岑瑛说：“我是建文帝！”知府岑瑛见一个须眉皆白的老僧自称是建文帝，不禁大惊。40年来，到处都有关于建文帝的传说，而且越传越神，越传越盛，想不到今天竟然出现在眼前，知府岑瑛感到问题重大，不论这人是真是假，先好生看养起来，并立即上疏奏报朝廷。

明代罗盘

朝廷收到思恩府的奏报，马上诏令将自称是建文帝的老僧和那个庙宇中的其他十几位僧人，一同严加看管，护送到京师北京。这当中，自然也包括了真正的建文帝在内。这年九月，真假建文帝都被送到北京。朝廷派御史进行审问。那个老僧颇动感情地说："我已经90多岁了，是要死的人了，我只不过是想死后葬在皇祖的陵墓罢了。"御史们推算，建文帝生于洪武十年（1377年），到如今只有64岁，哪里来的90多岁？老僧词穷，便说了实话。原来这僧人叫杨应祥，是河南钧州白沙里人，在广西思恩府看破建文帝，为图谋富贵而偷得诗稿进行诈骗的。于是，这个行骗的老僧被朝廷判处死刑，随从的其他12位僧人被发往边地。

朝廷为进一步核实确认建文帝的真实身份，派了建文帝在位时的老太监吴亮去探看虚实。建文帝一见到吴亮就说："你不是吴亮吗？"吴亮说："我不是。"建文帝提起从前的一段故事："当年我在便殿，你来上膳，那次吃的是子鹅，我把一片肉扔在地上，你手提着壶，像狗一样把肉吃了。你还能说不是吴亮吗？"吴亮听后，伏地大哭。建文帝左脚趾上有一个黑痣，吴亮走近跟前抱着脚看了半天，果然有一黑痣。吴亮深感自己作为一个奴才，背弃了建文帝，十分惭愧，退下之后就上吊自杀了。

明代掐丝珐琅缠枝莲纹出戟觚

建文帝终于被英宗君臣迎入西宫之中。一度跟随建文帝游历的程济，这时感叹地说："到此我算是尽到臣职了。"于是，程济前往南方各处，焚烧了建文帝住过的庵寺，遣散了从人。

建文帝告别了40年的流浪僧人生活，还了其本来面目。他重新入宫后，宫中人都称他是"老佛"。后来，他在宫中尽其天年，被葬在北京西山。在他的墓地，既无封土又无植树，意思是"不封不树"，这是古代对庶人的葬礼。

据说，云南武定狮山佛寺里有一尊法相高古、神气清穆的"明天下大师"塑像，那便是建文帝做僧人时的形象。西域人相传，察木多的大呼图克图是建文帝的转世。云南大理的百姓，也有自称是建文帝后裔的。一代流亡僧人建文帝，为后人留下了许许多多的传奇故事。

但这些毕竟是传奇，不能说是事实。清史学家孟森先生在《建文逊国考》一文中指出：这种附会"皆因心恶成祖诛夷诸忠烈之惨，而不忍建文之遽殒，故诡言刘基之秘箧，程济之幻术，以神奇其说耳"。这当然是主要原因，而建文帝的下落不明则是产生这种附会的基础。

从种种历史迹象来看，建文帝虽然不一定沦为一个流浪僧人，但他确实在京师城破时，乘乱出走了。

有关建文帝率众出逃的传闻，早在永乐初年就已出现，而且传到了夺取皇位的明成祖朱棣的耳朵里。朱棣也清楚地知道，当初埋葬的那具火中尸体并不一定是建文帝。如果建文帝真的出逃，对朱棣的威胁就非同小可，因为建文帝毕竟是合法的皇帝，还会有相当的号召力。因此，在永乐在位的二十多年里，朱棣一直没有停止对建文帝的追踪寻找。

最先被朱棣派出寻找建文帝踪迹的是太监郑和，时间是在永乐三年（1405年）。《明史》卷169说："传言建文帝蹈海去，帝（朱棣）分遣内臣郑和数辈，浮海下西洋。"三保太监郑和几下西洋，目的之一是寻找建文帝。

以密查建文帝踪迹为专职的，是户科都给事中胡濙。永乐五年（1407年），朱棣以寻访仙人张三丰为名，"遍行天下州郡乡邑，隐察建文帝安在"。委派胡濙专负此责。胡濙在外十六七年，不断将伺察情况及时上报。为了保证密查的可靠，朱棣还另派人监视胡濙的行动。当时流传，建文帝逃到了武当山，或当僧，或为道，隐遁于山林之中。朱棣于是命胡濙主持，役使30万军民，历时12年，在武当山大规模地营建寺庙宫观。武当山上"十里一庵十里宫"。在宫观群建好后，朱棣于每个宫观内都安插了内侍亲信，以监视各宫观的道士和来山游访的道众，寻觅建文帝的踪迹。

△郑和

郑和，本姓马，小名三宝，云南昆阳人，约于洪武四年（1371年）出生。1382年因为家乡发生战乱，被掳进明军阉割，后进入燕王府，成为朱棣的一名侍卫。当时印度洋沿岸国家大都信仰伊斯兰教，南亚许多国家则信仰佛教，由于郑和信奉伊斯兰教，懂航海，又担任内官大太监，这也是明成祖选拔他担任正使，率船队出海的原因。

史载，永乐十七年（1419年），胡濙以礼部左侍郎再次受命出巡江、浙、湖、湘诸府。这次他又在外4年，至永乐二十一年（1423年）还朝奏事时，朱棣正北征至宣府。胡濙赶到宣府那天，已是深夜，朱棣听说胡濙来到，急忙起床召见，两人密谈至次日凌晨。虽然无人知晓这次密谈的内容，但世人多以为必与建文帝踪迹有关，很可能胡濙这时已经得到了有关建文帝的确讯，如果不是有死亡的消息，则必定已表示甘心让国，总之是可以放下心来。因此，两个月后，朱棣"诏谕礼部尚书吕震，尽赦诸死义者家属，给还田产，于是稍稍有敢言建文时事者"。索寻建文帝之事，这才悄然了结。

正因为建文帝出逃的可能性极大，所以才有了他以僧人身份游历四方的种种传说。换句话说，建文帝沦为一个流浪僧人的传说，是有一定来由的，尽管这是一个难以破解的疑案。

十二、燕王朱棣与怪僧道衍

▲明成祖永乐皇帝朱棣

那个逼侄子建文帝成为流浪僧人从而夺得皇位的燕王朱棣，也就是明王朝的第三位君主——明成祖永乐皇帝。

燕王朱棣在当初争夺皇位的角斗中，就曾得益于僧人的佐助。那还是洪武十五年（1382年）时，朱元璋的皇后马氏病故。丧事办完后，燕王朱棣和几个就藩在外的亲王，为了表示自己的孝敬之心，要求父皇选派高僧，各随归藩国，为已故的母后诵经荐福。这很合朱元璋的心意，于是找来僧录司左善世，要他去办理。僧录司左善世宗泐秉承旨意，亲自推荐了三位高僧，其中有一位法名叫作道衍，被朱元璋安排给了燕王朱棣。这道衍僧人后来便成为朱棣的重要谋士和助手。

僧人道衍，身世不凡，素怀大志。他本姓姚，幼名天禧，祖籍北宋汴梁。宋高宗南渡，祖上合家随之迁居于平江（苏州）长洲。元顺帝至元元年（1335年）道衍出生时，其家已南居三代。他的祖父和父亲两代都是靠行医为生。道衍自幼便显露天资，聪颖过人。家里本想让他继承祖业学医，但他对此不感兴趣，一心想干出一番惊人的事业来。一天，他到苏州城里去，走在街上，行人忽然骚动起来，纷纷躲闪到街旁。道衍从人丛中望去，只见大街上走过一队人马，前呼后拥，好不威风，原来是僧官出行。道衍打心眼里羡慕，决心出家为僧，走出一条佛门立身的道路。

道衍十四岁那年，出家到附近的妙智庵中。四年后，正式剃度。道衍虽然在元末乱世之中出家学佛，但他并不拘泥于一家之学。距妙智庵不远的灵应宫有位道士叫席应真，是位博通广学的杂家。青年僧人道衍便拜之为师，向他请教阴阳术数之学，并且研习兵法，知识日渐丰富。

道衍博学而不迂阔，出家而不厌世。了解他的友人，都说他：“有当世才，虽自匿，欲有所用之。”据《明史》卷145载，一次道衍出游来到嵩山，遇见一位名叫袁珙的相士，袁珙看到他说：“好个怪僧，三角眼，形如病虎，生性必定嗜杀，是个刘秉忠之类的人物。”道衍听后大喜，他所渴望的正是走

元初怪僧刘秉忠的路，去辅佐明君，为帝王之业献智出谋。

洪武十五年（1382年），机会终于来了。在宗泐的推荐下，道衍被请入京师。朱棣在南京的皇宫见到了道衍，当即被这个“形如病虎”的怪僧吸引住了。道衍望着眼前这位年轻英武的燕王，那种与众不同的风度和气魄，便感到这位燕王有天子之气。李贽的《续藏书》卷9，载有道衍当时对朱棣说的一番话：

> 大王骨相非常，英武冠世。如今国家初定，东宫太子生性仁柔，希望大王您多自珍重。如若能让我随您赴燕，一定奉一顶白帽子给大王戴。

朱棣的徐皇后

明开国功臣徐达之女，天资聪颖，人称“女诸生”。永乐元年被册封为皇后，待人处事体贴谨慎。她亲自撰写的《内训》，是封建帝后撰写的最为全面的一部家训。

朱棣当然明白这怪僧的暗示，“王”字上面加上“白”字，则是皇帝的“皇”字。朱棣为得到这样一位相投默契的高僧而高兴，道衍从此成为帮助朱棣成就帝王之业的重要谋臣。

怪僧道衍来到北平后，被安排在离朱棣燕王府不远的大庆寿寺，在这座寺庙中做了住持，时常被朱棣召见密谋，成为燕王府的常客。据说，在朱棣起兵夺位前夕，曾和道衍做过对联游戏，朱棣的上联是：“天寒地冻水无一点不成冰”，道衍随口对道：“乱世民贫王不出头谁作主。”此事立即被宣扬出去。

《明史·五行志》记载了这样一件事。当建文帝准备对图谋不轨的叔叔燕王朱棣先下手时，在京城中突然传唱起一支奇怪的歌谣，据说是一位道士边走边唱的，一时许多人都随着唱了起来：

> 莫逐燕，
> 逐燕燕高飞，
> 高飞上帝畿。

是威吓？还是警告？不言而喻。燕王朱棣再三利用僧道，为其夺取皇位制造舆论，实在巧妙。

燕王朱棣夺位称帝后，怪僧道衍一直得到重用。永乐元年（1403年），朱棣任命道衍为僧录司左善世，主管佛教事务。永乐二年（1404年），朱棣又封道衍为太子师，委以辅导指教皇太子的重任，拜为“资善大夫”。朱棣还请道衍监修重编《太祖实录》，让他与解缙等主持纂修历史上有名的《永乐大典》。道衍成为明成祖一朝举足轻重的人物。永乐十六年（1418年），道衍死去，朱棣十分伤心，赠“推诚辅国协谋宣力文臣”，特进其为荣禄大夫、上柱国、荣国公，谥号“恭靖”。为燕王朱棣奉上一顶白帽子戴的怪僧道衍，最终得到了皇帝主子的厚报。

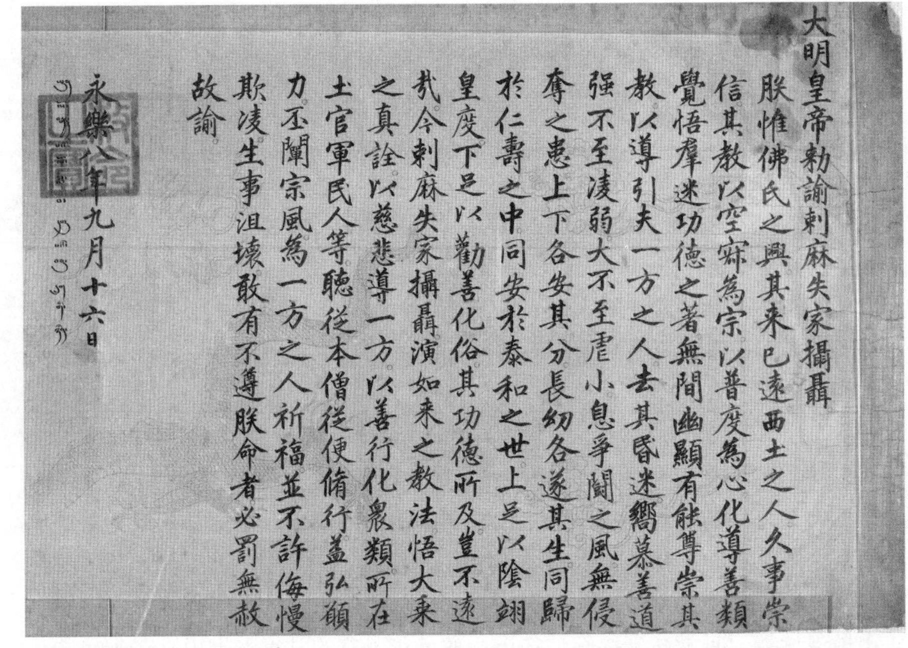
大明皇帝勑諭剌麻失家攝聶
朕惟佛氏之興其來已遠西土之人久事崇
信其教以空寂為宗以普度為心化導善類
覺悟羣迷功德之著無間幽顯有能尊崇其
教以導引夫一方之人去其昏迷嚮慕善道
强不至淩弱大不至虐小息爭鬭之風無侵
奪之患上下各安其分長幼各遂其生同歸
於仁壽之中同安於泰和之世上足以陰翊
皇度下足以勸善化俗其功德所及豈不遠
哉今剌麻失家攝聶演如來之教法悟大乘
之真詮以慈悲導一方以善行化衆類所在
土官軍民人等聽從本僧從便脩行益弘願
力丕闡宗風為一方之人祈福並不許侮慢
欺淩生事沮壞敢有不遵朕命者必罰無赦
故諭
永樂八年九月十六日

永乐帝颁发给藏区喇嘛失家摄聂的敕谕

命所在地方土官军民为其修行给予便利。中国第一历史档案馆藏。

明成祖朱棣在位期间，曾在宫内广做佛事，特别是鉴于藏传佛教的影响越来越大，为巩固朱明王朝的统治，屡屡召请藏地高僧。

最先受到朱棣邀请的藏僧，是藏传佛教中噶举派黑帽系五世活佛得银协巴。那是在永乐四年（1406年），明成祖朱棣以为洪武帝后（朱元璋夫妇）做佛事为名，派宦官侯显、和尚智光前往西藏召请得银协巴进京。这年冬天，活佛得银协巴随明宫宦官侯显等来到应天（南京），明成祖朱棣在华盖殿上隆重宴请。第二年春天，朱棣命得银协巴在灵谷寺设普渡大斋，为其父母“荐福”。三月，朱棣赐给他“如来”的名号（“得银协巴”就是“如来”的藏译音），并且封他为“万行具足十方最胜圆觉妙智慧善普应佑国演教如来大宝法王西天大善自在佛”。他的弟子也有几个先后被封为国师、大国师。朱棣还

◎明清皇宫——紫禁城

让得银协巴到五台山的显通殿上设大斋，为新死的皇后“荐福”。永乐六年（1408年），得银协巴辞归西藏，临行前，朱棣又颁赐金币等物，并派出宦官一路护送。明朝皇帝在所封三法王中，以朱棣对大宝法王得银协巴的封号和对他的礼遇最为隆重。自从得银协巴受封为大宝法王后，这个封号就成了噶玛噶举的黑帽系历代转世活佛专有的封号，直到明末他们都自称大宝法王，按期派贡使到京师进贡。

其次，明成祖朱棣在永乐八年（1410年），又遣宦官入藏，召请萨迦派僧人昆泽思巴。永乐十一年（1413年）二月，昆泽思巴到达应天（南京），朱棣立即设宴召见，颁赐藏经、银钞等物，封昆泽思巴为“万行圆融妙法最胜真如慧智弘慈广济护国演教正觉大乘法王西天上善金刚普应大光明佛领天下释教”，简称大乘法王。永乐十二年（1414年），昆泽思巴返回西藏，朱棣仍派宦官护送。

最后，朱棣于永乐六年（1408年）、永乐十二年（1414年），先后两次遣使召请格鲁派创始人宗喀巴进京。六年，宗喀巴正忙于筹备第二年要在拉萨举

奉
天承運
皇帝勅曰朕惟佛氏之教以寂
靜為宗以慈悲為用上足
以陰翊皇度下足以開導
羣迷自昔有國者莫不崇
奬維持興隆其教爾高日
斡鎖南觀精明了悟願力
弘深恪守毘尼心存清淨
化誘善類普勸有情眷玆
純誠良足嘉尚今特封爾
為慧善禪師爾尚弘宣法
教庶揚闡於宗風永篤忠
誠式丕承於寵命欽哉

◎永乐帝特封慧善禅师的敕书

△宗喀巴大师 唐卡

行的大祈愿会（即传大招），十二年则正在患病，所以两次均未能应召进京。但在十二年那次，宗喀巴派了他的弟子释迦也失代表他进京。释迦也失于这年年底到达应天（南京），朱棣当即召见，设宴招待。永乐十三年（1415年）四月，明成祖朱棣封释迦也失为“妙觉圆通慈慧普应辅国显教灌顶弘善西天佛子大国师”，并赐印诰。永乐十四年（1416年），释迦也失辞归西藏，朱棣又颁赐佛经、佛像等物，还亲制赞词赐之。

永乐十六年（1418年），格鲁派始祖宗喀巴的弟子、曾被明成祖朱棣封为大国师的绛钦却杰，在拉萨北郊的色拉山上主持兴建著名的色拉寺。这座佛寺历时17年才建成，当该寺落成后，绛钦却杰应召赴北京，受到明廷隆重礼遇，封为大慈法王。钦赐贵重礼物甚丰，其中有用金泥书写的《大般若经》，朱砂汁写的汉藏对照大藏经，白檀香木雕刻的十六尊者造像以及金汁画的释迦牟尼转法轮卷轴画等。这些御赐物品作为寺宝珍藏，至今尚存。色拉寺的殿堂建筑宏伟，寺内有三个“札仓”（经学院），全盛时期僧众达5500人，可算是在朱棣诸帝的大力扶植下建造并发展起来的一大佛寺。

在西藏拉萨的大小寺院，留下了不少明成祖朱棣尊奉藏传佛教的实物。如大昭寺内珍藏着永乐年间布施的2幅唐卡（大威德金刚和胜乐金刚）和7尊鎏金铜质佛像，上面均绣有或镌有“大明永乐年施”的字样。在布达拉宫中则珍藏着一幅明成祖画像，这幅画像被精工细裱，装在描金云龙长盒内，画面还有“大明永乐二年四十五岁三月初一日记”的题款。还有《明成祖与噶玛巴五世图》，明成祖朱棣形象逼真，与活佛面对笑谈，相处融融。

十三、嘉靖帝撤匾皇姑寺

明朝中期，武宗正德皇帝朱厚照和世宗嘉靖皇帝朱厚熜二人，对佛教一崇一贬，形成明显对比。

先说说崇佛的明武宗。史载，明武宗朱厚照对佛教很感兴趣，从正德五年（1510年）六月起，他便自称“大庆法王西天觉道圆明自在大定慧佛”，命令所司铸造佛印进呈，他所颁发的诏旨也公开宣称“大庆法王与圣旨并”。武宗朱厚照是很聪颖的，他很快通晓了梵文佛经，经常在宫内顶礼事佛，并在西华门修建寺庙，任用喇嘛为住持，还封了许多西僧为国师、禅师，为此靡费无度。

明武宗正德皇帝朱厚照

据说，明武宗对藏传佛教也就是喇嘛教的奇异装束、法器和幽深的经义、法术格外偏爱。他在豹房为藏僧修建了护国佛寺，封贡使绰吉我些儿为大德法王，又封其两个徒弟为国师，颁给诰命使返乌斯藏。武宗自己也经常穿起喇嘛教的僧衣，在内廷讲演佛法。

当时盛传，西藏“活佛”能知三世（前世、现世、来世）事，这勾起了武宗的好奇心，很想请来见一见，也知道一下自己的过去和将来。《明史》载，正德十年（1515年），明武宗派太监刘允率领一千余人带了不少的东西前往西藏，要迎请活佛到北京去。史料上没有明确说明刘允要迎请哪一位活佛，只是说这活佛害怕被诱害，坚持不上路。刘允请不动活佛，怕回去后武宗责怪治罪，便要动武劫持，结果藏人夜袭驻营，带到藏地的人很多被杀，死伤数百，并夺去宝货器械等大批物品，刘允狼狈而逃，回到成都。这时，武宗已死，新即位的世宗嘉靖皇帝朱厚熜把刘允治了罪。

嘉靖皇帝，自幼受到道教氛围的熏陶。当年嘉靖帝的父亲兴献王被封在湖北安陆州（今湖北钟祥县），那里有个玄妙观，观内有个纯一道人，“道行甚高”，兴献王对他崇拜不已，交往甚厚。正德二年（1507年），八月初十日中午，兴献王有些困倦，便伏在茶几上打盹。蒙眬中，忽见纯一道人走进府来，兴献王赶忙站起来迎接，但却不见来人，原来是南柯一梦。恰在此时，府内传报世子降生。兴献王平时盼子心切，又十分迷信，于是便认为世子降生，是由纯一道人“点化”来的。这个世子，就是后来的嘉靖皇帝朱厚熜。朱厚熜稍大后，知道了自己的“身世”，经常随父母到玄妙观去焚香祈祷。这样，嘉靖皇帝自幼便对道教产生了好感，成为他以后崇道排佛的感情基础。

嘉靖皇帝登基后，一味贪恋女色，又想长生不老。为此，他信奉道术，寻仙药，求金丹，强行征招近千名幼女入宫，收取首次月经的经血制造“红

明世宗嘉靖皇帝 朱厚熜

嘉靖皇帝的陈皇后

铅”，又用童子尿熬炼“秋石”，试图通过服食这些丹药壮阳强身。在道士的怂恿下，嘉靖皇帝走上了崇道排佛的道路。

嘉靖元年（1522年）三月，嘉靖皇帝以佛教“有伤风化”为由，效仿北魏道武帝拓跋珪、唐武宗李炎、后周世宗柴荣、宋徽宗赵佶等废佛事例，采纳工部侍郎赵璜的奏请，谕令拆毁京师内外的一切佛寺、尼庵。当时禁苑当中的佛殿，虽然没有一刀切地拆毁，暂时留存下来，但却刮掉了玄明宫金佛像上的镀金1300余两，嘉靖帝的排佛态度已很明朗。

在嘉靖皇帝洗劫佛教过程中，围绕着是拆毁还是保留皇姑寺，嘉靖皇帝与慈寿皇太后发生了争执，引起一场不大不小的风波。

明时皇姑寺有两座，一座在西山，另一座在京师之内，都是明孝宗朱祐樘（嘉靖皇帝父亲的哥哥）敕令建造的。嘉靖六年（1527年）十二月初九日，有礼部尚书方献夫奏请，将年老无归不能婚配的尼姑全部安置到内外皇姑寺居住。同时还以这两座佛寺是孝宗亲自敕建为由，陈请嘉靖皇帝予以保留。但嘉靖皇帝却执意不从，谕令全部拆毁。

结果，这件事惊动了嘉靖皇帝的伯母慈寿皇太后。慈寿皇太后得知后，马上颁下懿旨，传令保留二寺。慈寿皇太后除了强调这两座皇姑寺是孝宗所敕建的以外，还说僧尼之祖有顺天保明、奉天开极之意。同时，为了切实保住二寺，皇伯母还特地求情于嘉靖皇帝的生母蒋氏。这两个太后之间，为权力之争虽然矛盾很深，但因二寺实为孝宗所敕建，不好违抗先祖的遗令，另外，当时信仰佛教的还有不少先朝的妃、嫔和皇亲贵戚，因此，蒋氏经过慎重考虑，也要求嘉靖皇帝保留两座皇姑寺，不得拆毁。

迫于两宫皇太后的压力，特别是其生母的懿旨，嘉靖皇帝不得不做让步，暂时收回了拆毁皇姑寺的成命。虽然如此，嘉靖皇帝对皇姑寺的

“皇姑”称呼和“顺天保明”的说法，却十分反感，他对大学士杨一清说：“‘顺天保明’者，是我朝国号。……一妖尼能保大明也哉？”又说：“‘皇姑’者，尤不好听，我皇家之姑也？当时原非祖宗本意，盖被群小诱说之耳！”

最后，嘉靖皇帝谕令，追回孝宗时敕发的写有“皇姑寺”三字的匾额，保留寺庙只供尼姑存身。一场皇姑寺风波，这才暂且平息下来。不过，敕额一撤，二寺的前景也就肯定不妙了。

嘉靖十五年（1536年）五月十一日，嘉靖皇帝颁发谕令，限期将禁苑之内的一切佛殿全部拆除，利用这些地皮为皇伯母和母亲两个皇太后建造了慈庆、慈宁二宫。这次废佛事件搞得十分彻底，总共拆毁金银佛像139座，烧掉所藏佛头、佛骨、佛牙之类物件1.3万余斤。在捣毁寺庵的同时，嘉靖皇帝还残酷驱赶僧尼，对年轻的和尚尼姑，为了增殖人口“广生聚”，谕令一律婚配嫁娶，并告诫说，以后不准再签发度牒发展僧尼。

嘉靖皇帝几次对佛教大规模的洗劫，使佛教的发展严重受挫，当时在京师内外最有名的古寺，如大能仁寺、大慈恩寺、天宁寺，还有皇姑寺，都遭到破坏或者拆毁。嘉靖皇帝，可算是中国历史上最后一位比较典型地禁毁佛教的皇帝。

▲宣德铜金刚铃（右）、金刚杵（左）

铃与杵都是佛教法器。此为北京故宫内珍藏的明宣德年间(1426—1435年)铸造的铜铃和铜杵，原是明朝政府布施给西藏布达拉宫的礼物。1770年，清乾隆皇帝六十岁生日时，又由七世达赖喇嘛送给乾隆皇帝作为生日礼物。

十四、李太后·菩提树·佛舍利

这里的李太后，是指明朝万历皇帝（神宗朱翊钧）的生母。她于嘉靖年间入宫，当时只不过是一个被称作“都人”的一般宫女，后来被分配到裕王府里侍奉嘉靖皇帝的第三子朱载垕。由于裕王朱载垕看上了她，常常留在身边侍寝，而使她有了身孕。在她19岁时，生下一个男孩朱翊钧——即后来的万历皇帝。万历登基称帝时，年方10岁，李氏便被尊为慈圣皇太后，在朝中发挥着举足轻重的作用。

李太后信奉佛教，做出不少好佛举动。《明史·孝定李太后传》载，李太后在京城内外修建了很多寺院，靡费了大量的钱财。如今北京阜外八里庄的慈寿寺及永安塔，就是她为“穆考荐冥祉，神宗祈胤嗣”而修建的。高梁河畔的万寿寺，也是万历皇帝“只奉慈命”大兴土木建成的。另有宣武门外的长椿寺，是李太后特意为来京的水斋禅师而修建的。当李太后得知京西潭柘寺内藏有元妙严公主的拜砖，因不能亲临目睹，便派人把拜砖装入匣内，带回宫内瞻视一番。由于李太后崇佛，王公大臣们颂扬她

明神宗万历皇帝 朱翊钧

慈悲为怀，宫人称她是菩萨的化身，尊为“九莲菩萨”。

李太后奉佛的一项特别活动是，在宫内种植菩提树。菩提，是佛教用语，意思是指豁然开悟，如人睡醒、如日开朗的彻悟境界。由此，人们也常用菩提树来喻指佛教。在紫禁城皇宫内廷的西北角，有座英华殿，是供奉西番佛像的场所。在这座英华殿前，李太后亲手种植了两株菩提树，数年后，枝叶繁茂，树影婆娑，郁郁葱葱，每至盛夏六月时节，菩提树盛开黄花，颜色金黄。但果实不从花蒂，都是附之于叶背，珠圆玉润，到深秋时节，子随叶落，莹润圆整可做佛珠。一般菩提子有金线、银线、铁线之分，其中以金线最为罕见。李太后种植的两株菩提树，虽然其颗粒比南国所产较小，颜色为赭黄，但却是金线菩提，有“多宝珠”之称。这两株茁壮生长的菩提树，至今仍在。明朝的《天启宫词》，曾有诗颂赞“九莲菩萨”李太后与她的两株菩提“奇树”：

倚殿阴森奇树双，明珠万颗映花黄。
九莲菩萨仙游远，玉带公然坐晚凉。

金翼皇冠 明神宗万历皇帝的冠帽

金冠通体用极细的金丝编结而成，上嵌二金龙戏珠，龙身曲屈盘绕，四足有屈有伸，雄姿勃勃，制作精细。

对李太后在英华殿前种植的两株菩提树，清乾隆皇帝曾大加赞赏，先后写有多篇诗文，乾隆亲笔御书的《英华殿菩提诗》，专门刻了一块碑，在两树之间筑起碑亭，碑上嵌有满、汉两种文字。诗云：

何年毕钵罗，植兹清虚境。
经寻有旁枝，蟠拏芝幢影。
翩翩集佳鸟，团团覆金井。
灵根天所遗，嘉荫越以静。
我闻菩提种，物物皆具领。
此树独擅名，无奈非平等。
举一堪例诸，树以无知省。

万历生母李太后在宫内种植的菩提树，成为紫禁城内明清帝后的一个崇佛

景观。

李太后不仅在皇宫内种植菩提树，还将佛骨迎入宫内供养。据明时德清的《涿州西石经山雷音窟舍利记》载称，明万历二十年（1592年）三月初六日，达观可禅师奉万历皇帝生母慈圣皇太后的旨意，将北京房山云居寺内雷音洞所藏佛舍利迎入慈宁宫。

雷音洞是云居寺的第五藏经洞，这里藏有佛舍利3粒，当初是印度僧人进献给隋文帝的，后由沙门静琬安置于此。李太后以隆重仪式将佛舍利迎入皇宫，供养了三天，又恭恭敬敬地放回了原处。后来的情况，人们就不得而知了。直到1981年11月，在修缮雷音洞地面时，人们发现在原佛座后地下5厘米处，有一竖穴，内藏石函、银函、玉函等5个函盒，以函套函的方式密封。经启封，外层为汉白玉石函，函盖和函内分别刻有铭文，记述着明万历年间首次发现隋代所藏佛舍利的情况；第二层为青石函，盖上刻有“大隋大业十二年岁次丙子四月丁卯朔八日甲子于此函内安置佛舍利三粒愿住持永劫”36字铭文；第三层为汉白玉函，盖上有“佛舍利”及上下款26字；第四层为镀金银函，内藏木质彩绘香珠 1 颗，珍珠11颗；在第五层的白玉函内，见到佛舍利2粒，珍珠2颗。经近年来专家反复考证，确认为这就是隋时静琬安置在雷音洞的佛舍利，至于原藏3粒，现今只有2粒，专家们推测，很可能是在万历生母李太后那次迎入宫内供养过程中遗失1粒。

北京慈寿寺“九莲圣母像碑”拓片 明

明神宗万历皇帝的生母李太后，东安（今河北安次）人。神宗在位，上尊号慈圣宣文明肃皇太后。李太后好佛，宫中人为讨她喜欢，说她是九莲菩萨化身，即观音的化身。

李太后长期深居宫内，特别是晚年时，几乎全是在英华殿供佛念佛中度过时光的。在李太后的操办下，明宫内每年的四月初八日为“浴佛日”，供有两种糕点，其中“大不落夹”200对，“小不落夹”300对，供佛完毕后，即将糕点分发赐予百官。

另外，李太后时明廷还设有番经厂内官，学习西方梵呗，遇到万寿、元旦等节日，便在英华殿内做佛事。佛事结束时，一人扮韦驮，抱杵面北立，其余人身披瓔珞，鸣锣鼓、吹海螺诸乐器，作赞唱经咒。至夜晚，五方设佛会，立五色伞，数十人鱼贯行走其间，越来越快，至九连环变化处，则体迅如飞鸟，观者目眩，赞叹不已。对此，明《天启宫词》有诗云：

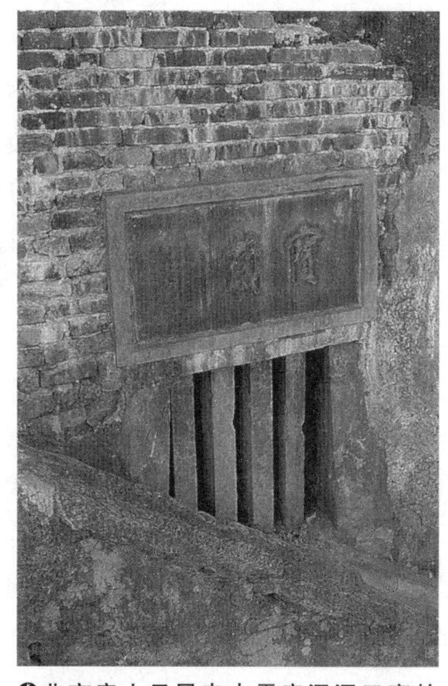

北京房山云居寺内雷音洞洞口旁的“宝藏”二字，是明代大书法家董其昌的手迹

此日英华法事停，鸣螺棒杵尽倾城。
弓鞵不便连环变，徹底招花自在行。

△无暇禅师装金肉身

无暇禅师装金肉身位于安徽九华山百岁宫内，经历数百年仍完好无损。无暇乃明末人，世寿110岁，圆寂后坐缸三年，尸体不坏，弟子将之装金供奉。明崇祯时期封为“应身菩萨”。

万历生母李太后在英华殿的礼佛活动，对后世影响很大，在她之后的明清帝王后妃及宫眷们，都曾在英华殿做佛事。

李太后对明朝“四大高僧”之一的德清，颇为敬重。德清是安徽全椒人，幼时曾借住寺院读书，20岁时出家南京报恩寺，专心念佛，后在各处云游。他结交了大量的名士、王公贵族，特被李太后看中。万历十一年（1583年），德清在东海牢山（今山东青岛崂山）结庐隐居，李太后派遣使者送去3000金，为其建造庙庵，德清建议将这笔巨资转赈灾民。万历十四年（1586年），万历皇帝敕颁15部藏经分送各处名山，李太后特嘱令先送牢山给德清，并施资修海印寺供奉藏经。万历二十三年（1595年），万历皇帝因不满李太后为佛事耗费巨资，迁罪于德清，借故将他逮捕下狱，充军广东，后死在广东南华寺。

由于万历生母李太后崇佛，万历朝各处建造佛寺常常得到朝廷的支持和赞助。佛国世界浙江普陀山上有座普济寺，是北宋神宗时建造。明洪武十九年（1386年）、嘉靖三十二年（1553年），因海寇骚扰，寺院两度内迁大陆。到万历三十三年（1605年），朝廷再次拨款修复，赐额“护国永寿普陀禅寺”。万历八年（1580年），又在普陀山上建造了海潮寺，明朝廷敕赐“护国镇海禅寺”额。佛教圣地九华山，万历朝颁银重修肉身塔殿，赐额“护国肉身塔”。还有位于上海南郊的龙华寺，是北宋初年吴越王所建，万历年间（1573—1620年），朝廷向该寺颁赐毗卢佛像、金印等物，使该寺位列天台宗十刹之一。

万历时，明朝廷与三世达赖索南嘉措一直保持着较为密切的联系。万历五年（1577年），藏传佛教中格鲁派（黄教）的教主三世达赖索南嘉措给当朝宰相张居正写了一封信，信中说他愿意效忠明王朝，并天天在为大明皇帝念平安经，信中还谈到，他与吐默特蒙古俺答汗在青海湖畔的仰华寺相会，他已劝俺答汗回到土默特，共同效忠朝廷，索南嘉措请求准许他定期朝贡。万历皇帝接受了索南嘉措的请求，允许他定期入贡。明朝廷对西藏佛教曾有规定，国师以下人员不得朝贡，看来万历已把三世达赖索南嘉措当作国师对待了。万历十五年（1587年），索南嘉措前往归化城（今呼和浩特）参加俺答汗的葬礼，明朝廷专门派人赶到土默特，封索南嘉措为“朵儿只唱”（执金刚），并宣旨召他去北京。索南嘉措接受了明廷的邀请，动身进京，不幸病死在途中。不过，由于三世达赖索南嘉措的活动，藏传佛教的格鲁派，也就是黄教，更加渗透于明朝宫廷了。

另外，藏传佛教黑帽系第十世活佛却英多吉，在他8岁和14岁时，曾两次

遣使向明万历皇帝朝贡。

总起来说，万历生母在明朝帝后中，其崇佛好佛是最为突出的。而万历朝对藏传佛教的扶植，主要是为了怀柔蒙藏地区的宗教领袖。

到明朝末年，帝王与佛教的关系稍微疏远了些。崇祯年间（1628—1644年），在宫内曾发生了一起撤除佛像的事件。据刘若愚的《酌中志》等记载，崇祯五年（1632年）秋，宫内传出圣旨，将乾清宫、隆德殿、英华殿等处各种神道佛像全部移出，佛像被安放在宫外的朝天宫、大隆善寺等处安放。这些佛像究竟是什么样子？方以智的《物理小识》十二“异象”条说：

黄教传教图

由于格鲁派的僧人戴黄色僧帽，故又称黄教。这幅布达拉宫的壁画表现的是黄教法师到归化城传教的情景。

崇祯辛巳，曾同姜如须过后湖，入一庵，后殿封锸，具施乃开，皆裸佛交构形，凡数百尊。守者曰，天地父母前年大内发出者，其像皆女坐男身，有三头六臂者，足下皆踏裸男女，累人背而叠之。

文内所说“天地父母”，即所谓的父母佛，也就是欢喜佛。从宫内迁出数百尊女坐男身的交媾裸佛，一方面表明崇祯帝对此不是很着迷，另一方面也说明此前明宫帝后对欢喜佛的喜欢之深。

十五、顺治："吾本西方一衲子"

▲清世祖顺治皇帝福临

"朕想前身的确是僧，今每常到寺，见僧家明窗净几，辄低回不能去。"这是清朝入关后的第一位皇帝顺治帝对高僧说过的一句心里话。这番话确实反映了顺治帝对佛门的迷恋与向往。

（1）"行痴"法名与"西方衲子"自称

顺治帝对宗教的信仰，一波三折。经历了崇奉萨满教、敬重基督教，最后一心一意敬奉佛教的思想转变过程。

顺治帝的满族祖先，在入关前信奉的是一种形式和内容都十分古朴简单的萨满教。在清军铁骑踏进北京城的同时，萨满教也随着征服者来到了中原地区，顺治元年（1644年），即在京师长安左门外的玉河桥东建造了"堂子"（萨满教的寺庙）。这时，年幼的顺治帝，时而会到堂子祭祀祖先。但在汉族传统文化和内地佛教面前，萨满教渐渐被满族子孙们淡忘。顺治十三年（1656年）十二月二十四日，礼部官员奏请皇帝在元旦将届时拜堂子，顺治帝干脆下令："既行拜神礼，何必又诣堂子，以后著永远停止！"

在顺治帝一天天疏远祖教——萨满教的时候，漂洋过海而来的基督教抢先一步迈进了紫禁城。早在明末就升为基督教会北京教区区长的洋教士汤若望，在清初即将《西洋新法历书》和《圣经》进献给皇叔摄政王多尔衮，伺机与清代帝王拉上关系。顺治八年（1651年）四月的一天，汤若望居住的南堂突然响起一阵急促的敲门声，几名皇宫侍卫护送来一位宫女。宫女面带惊恐之邑，声称某亲王的郡主得了急症，请汤若望前去诊视。洋教士对医道略懂一些，他根据来者的介绍，感到不是什么大病，便将一个十字圣牌交来人带回，并嘱咐将此物悬于患者胸前即可病愈。不久，孝庄皇太后传谕请汤若望进宫，告知患者并非"郡主"，而是自己的亲侄孙女——顺治皇帝的正宫娘娘。从此，一个小小的十字架叩开了紫禁城的大门，孝庄皇太后与汤若望结下了不解之缘，认这位年近六旬的洋教士为"义父"，顺治帝自然称他为"玛法"（满语"爷爷"之意）。

少年顺治亲政之初，求学若渴。汤若望凭借着广博的学识和"玛法"的特殊关系，可以随时出入禁宫，"免循常礼"，而且经常与皇帝共进饭食，"欢

洽有如家人父子”。顺治帝自己也经常到汤若望的寓所，随意浏览教堂书房及花园，甚至顺治帝的19岁生日也是在汤若望家中度过的。据统计，顺治十三年（1656年）一年中，顺治帝亲临汤若望的南堂寓所竟达24次之多，而汤若望入宫朝觐的次数就更多了。汤若望在向顺治帝传授大量自然科学和社会知识的同时，也循循善诱地灌输了基督教教义。

顺治帝对佛教感兴趣，很可能是受了太监们的怂恿。明末以来，太监就崇信佛教，并希望皇帝也能迷信佛教而疏于政务，以便他们摆弄皇帝。顺治十四年（1657年）春夏间，顺治帝巡狩南苑，在太监的安排下，他来到附近的海会寺驻脚休息，并召见了寺内高僧憨璞聪。憨璞聪，是佛教临济宗龙池派四世法师费隐容的法孙，又是木陈忞和尚的侄孙。憨璞聪巧于辞令，与顺治帝相谈甚洽，顺治帝突然遇到知音，便召他入宫垂问佛法大意。从此，佛教闯进了清宫大门。

顺治帝手迹：敬佛

顺治帝与汤若望

在顺治帝刚刚结识憨璞聪时，对佛教还是茫然无知。他问道：“从古治天下，皆以祖祖相传，日理万机，不得闲暇。如今好学佛法，从谁而传？”和尚憨璞聪巧妙地回答道：“皇上即是金轮王转世，夙植大善根、大智慧，天然种性，故信佛法，不化而自善，不学而自明，所以天下至尊也。”这几句阿谀奉承的空话，竟然讨得顺治帝的极大欢心。憨璞聪又暗中结交了顺治帝身边的几个太监，出入宫禁成为常事。

顺治十四年（1657年）十月初四日，顺治帝召请憨璞聪到西苑万善殿，郑重地赐给他“明觉禅师”法号。在这次召见中，顺治帝仔细询问了当今佛教界的宗门耆旧，并让憨璞聪开列个名单给他，憨璞聪随即将玉林琇、茆溪森、木陈、玄水杲等南方名僧逐一列举。从这以后，佛教临济宗的僧人们一批批来到北京，遍布宫内外大小寺宇。可以说，是憨璞聪把顺治帝领入了佛教的大门，顺治帝自己就曾说：“朕初虽尊崇象教（佛教发源于产象的印度，故亦称象教），而未知有宗门耆旧。知有宗门耆旧，则自憨璞始，憨璞固大有造于祖庭者也。”

在憨璞聪的引荐下，顺治十六年（1659年）二月，高僧玉林琇被请入清宫，受到顺治帝的特殊礼遇。顺治帝将

孝庄皇太后便服像

△五世达赖喇嘛觐见顺治帝

玉林琇尊为本师，请他为自己起个佛门弟子的称号，玉林琇推辞不敢，可是顺治帝坚持让他起个法名，而且还提出“要用些丑些的字眼”。最后，玉林琇只得遵旨，写了十几个字进览，顺治帝从中选定了“痴”字。按佛教《龙池世谱》的辈份安排，玉林琇为“通”字辈，所以法名叫通琇，“通”字的下一辈为“行”字，憨璞聪和茆溪森都是“行”字辈的。顺治帝既然拜玉林琇为师，自然为“行”字辈的，于是，其法名就定为“行痴”。从此，顺治帝凡请玉林琇说戒等御书札文，均自称弟子某某；而与玉林琇的诸弟子，如憨璞聪等，都以法兄、师弟相称。顺治帝的玺文铃章有“尘隐道人”、“懒翁”、“痴道人”等称号。这样，顺治帝在与沙门交往中，甘愿以普通的佛教门徒“行痴”的身份出现。

佛迷皇帝顺治遁入禅关，憨璞聪可称为引路人，玉林琇是启蒙老师，而真正使他步入佛门堂奥的，应算是和尚木陈忞。木陈忞法名道忞，广东茶阳（今大埔）人，27岁时弃离科举学佛，辗转于江南各处寺院，顺治十四年（1657年）住持宁波天童寺。木陈忞精于外学，也就是世俗之学，诸如诗词、诸子、戏曲、书法等，因此深得顺治帝器重，特地指定西苑、悯忠寺和广济寺三处为其居住过冬的“结冬”处所，陪伴顺治帝达 9 个月之久。木陈忞的思想说教，对顺治帝的影响是相当大的。

且看顺治帝与木陈忞和尚的一次谈话——

顺治帝问：

“老庄悟处，与佛祖为同为别？”

木陈忞回答说：“此中大有淆讹。佛祖明心见性，老庄所说，未免心外有法，所以古人判他为无因，滥同外道（非佛道）。”

顺治帝接着问：“孔孟之学，又且如何？”

木陈忞答道：“《中庸》说心性而归之天命，与老庄所见大段皆同。然佛祖随机示观，或为外道，或为天人。远公有言：‘诸王君子不知为谁？’如陛下身为帝王，乾乾留心此道，即不可以帝王定陛下品位也。非但帝王，即如来示现成佛，亦是脱珍御服，著敝垢衣，佛亦不住佛位也。”

在这里，木陈忞指斥庄子“心外有法”，“无因”入道，而孔孟又与老庄“大段皆同”，总之，都不如佛教更为彻底。他的更巧妙之处，在于向顺治帝灌输“诸王君子不知为谁？”这就是说，每人身上都有“佛性”，但有人能成佛做祖，有人只能终生庸碌，人们往往连自己也“不知为谁”，唯有凭借禅师们揣摩“骨相”、判定“因果”、引诱“佛性”，才能“见性成佛”，达到自我完善的目的，就像顺治帝不可以“帝王定品位”一样，如来佛“亦不住佛位”。木陈忞这些玄奥诡秘的说教，使顺治帝醉心于佛典，潜心向化，愈发对佛教入迷了。

△五世达赖喇嘛银像

五世达赖在顺治九年（1652年）率3000侍从觐见顺治帝，并将此银像呈献给顺治帝，表达对顺治帝的敬意。

木陈忞和尚极尽阿谀吹捧之能事，说顺治是禅师转世为帝，故能“尊崇象教，使与天下僧侣得安泉石”。木陈忞甚至称颂顺治帝是“佛心天子”，说他是“承愿示生”、“光显吾宗”。顺治帝对木陈忞也推崇备至，写信称“木陈忞师兄”，嘱咐他“勿以天子视朕，当如门弟子旅庵（木陈的弟子）相待”。顺治帝已请玉林琇起过“行痴”法号，这时又请木陈忞取法名“慧橐”，“山臆”为字，“幻庵”作号，“师尧堂”为堂名，并将这些字号刻在玉章，凡御制书画即用此胫钤印。顺治十七年（1660年）四月，南苑德寿寺竣工，顺治帝特旨于玄灵宫备斋宴请木陈忞，这一次宴席竟花费530两黄金，席间，顺治帝对其所作《敕建德寿寺记》一文大加赞赏，馈赠之物难以数计。

顺治帝还把自己想要出家的心里话掏给木陈忞。顺治十七年（1660年）初夏的一天，顺治帝与木陈忞和尚对坐谈禅。顺治帝面带倦色，突然叹道：“朕再与人同睡不得，凡临睡时，一切诸人俱命他出去，方睡得著（着），若闻有一些气息，则通夕为之不寐矣。”当时，顺治帝刚过完23周岁的生日，正应血气方刚、精力充沛才是，何至衰颓如此？木陈忞借机奉承道：“皇上夙世为僧，盖习气不忘耳。”

△达赖金印

顺治时，首次颁授达赖金册和金印，这是清廷首次册封达赖喇嘛。

顺治帝若有所思地答道：“朕想前身的确是僧，今每常到寺，见僧家明窗净几，辄低回不能去。”是说到了寺院便不愿再回皇宫。待了一会儿，顺治帝又说：“财宝妻孥，人生最贪恋摆欉不下底。朕于财宝固然不在意中，即妻孥亦觉风云聚散，没甚关情。若非皇太后一人罣念，便可随老和尚出家去。”如果不是怕丢下生母皇太后一人，顺治帝便要随从老和尚们出家去了。

木陈忞闻听此言，大吃一惊。他生怕担上“勾引皇帝出家”的罪名，连忙劝道：“剃发染衣，乃声闻缘觉羊鹿等机，大乘菩萨要且不然，或示作天王、人王、神王及诸宰辅，保持国土，护卫生民。不厌拖泥带水，行诸大悲大愿之行。如只图清静无为，自私自利，任他尘劫修行，也到不得诸佛田地。即今皇上不现身帝王，则此番召请耆年，光扬法化，谁行此事？故出家修行，愿我皇帝万勿萌此念头。”

俗话说得好，“说得出的不是禅”。木陈忞的这一番高深宏论，禅机玄奥，难作透解。细嚼起来，其大意是说：离俗出家之举，事关因缘玄机，不可轻举妄动。菩萨他也往往变幻现身为天王、人王、神王或者宰辅，保国护民，济利众生。如果只图洁身自好而出家，即使修行几劫，也不能成佛作祖，比如你顺治帝若不现身帝王，怎么会有请来诸多和尚光扬法事的善行呢？所以请皇上千万不要萌生出家的念头。

据说，顺治帝苦于出家不成，而发出这样悲怆的感叹：

吾本西方一衲子，为何落入帝王家？

这声音，似沉雷，叩问着大地，叩问着上苍，叩问着冥冥中的神鬼世界，也叩问着人间的芸芸众生。顺治帝认为，自己生来本是做和尚的料，却偏偏落在这刀光剑影的帝王之家。紫禁城高大的红墙，成为顺治帝想要走出红尘难以逾越的天然屏障。脱不掉的龙袍，穿不上的袈裟，莫大的遗憾！

由于顺治帝执着奉佛，如痴如醉，而使清初皇室充满了礼佛的气氛。不但顺治帝最宠爱的董妃“崇敬三宝，栖心禅学”，就连孝庄皇太后也几次派近侍到万善殿，请和尚们开示参禅要领。皇宫内的宫女、太监，参禅拜佛者更是人数众多，他们暗中与和尚诗文酬答，和尚们也借此获得更多接近皇帝的机会，甚至不惜败坏“道品”，吹捧太监们是“全身已作擎天柱，杰立时时在御前”。一时间，紫禁城内外香火旺盛，佛事不断。顺治帝几乎把清廷带进了佛国世界。

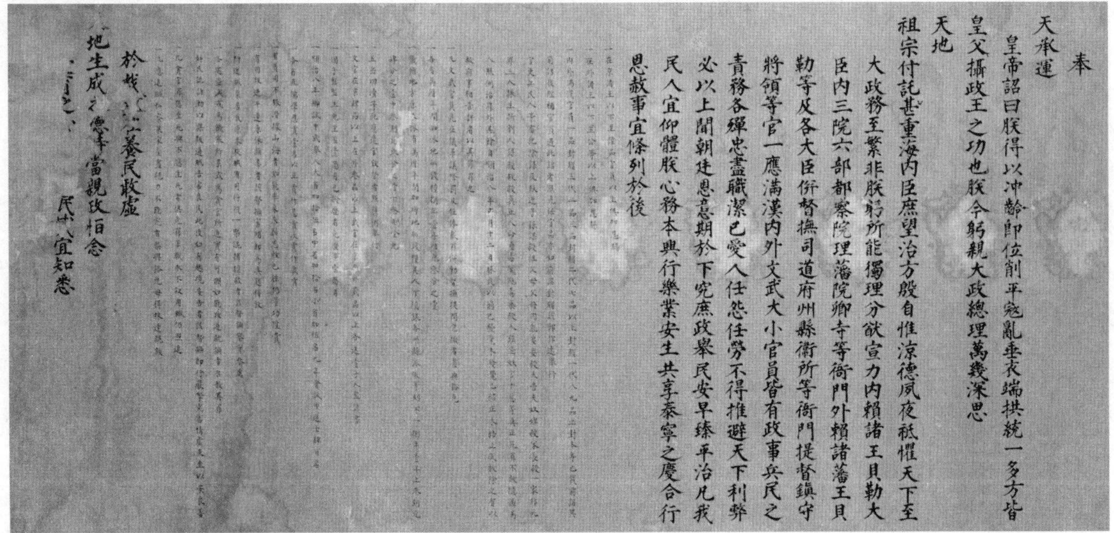
奉
天承運
皇帝詔曰朕得以沖齡即位削平寇亂垂衣端拱統一多方皆
皇父攝政王之功也朕今躬親大政總理萬幾深思
天地
祖宗付託甚重海內臣庶望治方殷自惟涼德夙夜祇懼天下至
大政務至繁非朕躬所能獨理分猷宣力內賴諸王貝勒大
臣內三院六部都察院理藩院卿寺等衙門外賴諸藩王貝
勒等及各大臣併督撫司道府州縣衛所等衙門提督鎮守
將領等官一應滿漢內外文武大小官員皆有政事兵民之
責務各殫忠盡職潔己愛人任怨任勞不得推避天下利弊
必以上聞朝廷恩意期於下究庶政舉民安早臻平治凡我
民人宜仰體朕心務本興行樂業安生共享泰寧之慶合行
恩赦事宜條列於後

▼顺治帝亲政诏书 中国第一历史档案馆藏

（2）落发风波

顺治十七年（1660年）八月，顺治帝的宠妃董氏死去，时年20岁。正当青春年华的顺治帝得到这个消息后，非常悲痛，竟产生了悲观厌世的念头，企图遁入空门，以求得精神上的解脱。原来这董妃几乎是顺治帝的精神支柱。由于皇叔多尔衮摄政，顺治苦熬了多年的傀儡皇帝的生活；由于与母亲指定的皇后不睦，顺治有过不够美满的一段婚姻生活。这使他一度消极厌世。董妃的出现，使顺治“火热爱恋”，激起了他生活的波澜。正因为这样，当顺治十五年（1658年）正月，董妃所生的唯一皇子夭亡；两年半后，即顺治十七年（1660年）八月，董妃又突然病死后，顺治帝痛不欲生，万念俱灰，只想出家一走了之。

▲董小宛

当时盛传，顺治帝的爱妃董氏就是江南名妓董小宛。传说，秦淮名妓董小宛美若天仙，先与江南名士冒辟疆有一段爱情纠葛、风流韵事，后又被降清汉官洪承畴掠去，洪承畴本想纳之为妾，但董小宛至死不从，无奈，为巴结皇上，便转送皇宫，顺治皇帝见此绝代佳人，遂龙颜大悦。董小宛从此成为“六宫粉黛”之一，独得顺治的宠爱。不料，董小宛红颜薄命，不久便病逝宫中，香消玉殒。顺治帝痛失所爱，遂遁入佛门。其实，董妃与董小宛是根本不沾边的两个人。

董小宛，出生于明天启四年（1624年），15岁时已成为江南名妓，琴棋书画，无所不精。而这时的顺治帝才刚刚出生，就是说董小宛年龄上比顺治大15岁。董小宛19岁时，嫁给江南才子冒襄，暂居南京。顺治二年（1645年），清军南下攻陷南京城。冒襄为躲避清军，带着23岁的爱妾董小宛隐居乡间，立志不仕。董小宛随冒襄辗转于明清战乱之中，饱受风霜和颠沛流离之苦，顺治八年（1651年），董小宛在困境中死去，年仅28岁，而此时在北京紫禁城内的顺治帝才13岁。有关董小宛其人其事，在其夫冒襄的“回忆录”《影梅庵忆语》中有着翔实的记载。

至于顺治帝所钟爱的真实的董妃，却另有一个故事。她姓董鄂氏，满语又译为栋鄂氏，是清内大臣鄂硕的女儿。据汤若望的回忆录，董氏原是顺治的第十一弟襄亲王博穆博果尔的妻子，因性资敏慧而被顺治看中，从此两人就烈火干柴般地热恋起来。不料，此事被博穆博果尔发觉，董氏受到了严厉的申斥。顺治知道后，狠狠地打了博穆博果尔一记耳光，后者不久即因愤极致死。于是，顺治帝将弟媳董氏迎入宫内，封为贤妃。董妃备受宠幸，接着又晋封为贵妃，最后于顺治十七年（1660年）病死。这样看来，把董妃当成名妓董小宛，

北京中海东岸的万善殿，顺治帝曾在这里剃发并想出家

实在是张冠李戴了。

再回过头来说，感情脆弱又多愁善感的顺治帝失去爱妃董鄂氏，痛不欲生。为求得精神上的解脱，顺治帝完全沉迷于佛教，一连多少天，他日夜与高僧茚溪森等人议论佛经。最后，顺治帝毅然决定，落发出家，以彻底脱离人世的烦恼。顺治帝命茚溪森为他剃掉满头乌发，准备披缁山林，孑身修习佛道。

顺治皇帝剃成秃头，要出家当和尚去了！这消息像晴天霹雳，震惊了大清朝廷，震撼了紫禁城。

为把顺治帝留在金銮宝座上，一切能动用的人物都出面了，有顺治生母孝庄皇太后、在内廷起着独特作用的"玛法"汤若望，以及王公大臣、后宫姻党等。其中，作用最大的，要数高僧玉林琇了，他在阻止顺治帝出家上，作了出色的表演。

这年十月中旬的一天，在浙江吴兴报恩寺的住持禅师玉林琇，突然接到朝廷诏令，命他火速进京。玉林琇到京后，听说大弟子茚溪森为"痴道人"顺治皇帝剃了光头，十分恼怒。他一面斥责茚溪森胆大妄为，竟敢为皇帝剃度，一面命人取来柴薪，声言要烧死茚溪森。

刑场上，待罪薪前的茚溪森被捆得像稻草人一样，无可奈何地静等着火中"涅槃"的最后时刻。执刑的僧人已经等了许久，玉林琇却坐在那里，硬是不下点火的命令。他在等待，等什么？

终于，烧杀罪僧的刑场上接到宫内传出的急谕：顺治帝已答应蓄发留俗，茚和尚当开释无罪。一场历史闹剧降下了帷幕。"痴道人"顺治帝超凡入圣的美梦破灭了。

由于有为顺治帝落发这场风波，茚溪森没有脸面继续留京，便请旨南归。7年后，茚溪森在浙江仁和县境内的圆照寺示寂，临终前立有一偈，惟妙惟肖地描写了这场闹剧。偈云：

慈翁（茚溪森字）老，六十四年，倔强遭瘟，七颠八倒，开口便骂人，无事寻烦恼，今朝收拾去了，妙妙！人人道你大清国里度天子，金銮殿上说禅道，呀呀！总是一场好笑！

顺治帝剃成光头后的情景，《玉林年谱》内有这样一段记述：

> 十月十五日，到皇城内西苑万善殿，世祖（顺治）就见丈室，相视而笑。

据此，十月十五日这天，成功地阻止了顺治帝出家的玉林琇，被召至西苑万善殿，在方丈室内与顺治帝见面，两人不由得"相视而笑"。是的，一个光

头和尚，一个光头皇帝，怎不令人发笑！不过，顺治帝是出家未遂的内心苦笑，玉林琇自然不敢笑皇帝变成秃头，想是逢场作戏的谀笑罢了。

顺治帝出家不成，剃了光头，又要重新蓄发，但他总要变着法儿来了却这份心愿。在高僧玉林琇的安排下，顺治帝先是选派了1500名僧众，在阜成门外的慈寿寺从其受菩萨戒。

接着，顺治帝特命近侍太监吴良辅作为替身，替他出家，到悯忠寺为僧。悯忠寺在宣武门西南，始建于唐贞观十九年（645年），寺内“梵宇崇阁，禅庐周备”，“历为秉受法戒者所依止”。就是说，薙染出家仪式多在此举行。顺治特令于寺内建造戒坛，于顺治十八年（1661年）正月初二日亲临寺内，观看吴良辅的落发仪式。顺治帝作为无缘入佛的“神主”，找“替身”出家，可算是对夙愿无法兑现的一点小小补偿。

另外，玉林琇还为顺治帝安排了去五台山朝佛进香的计划，其用意大概是想让顺治体尝一下入圣超凡的滋味儿。不料，就在五台山之行指日可待时，顺治帝突然染上了可怕的天花病，进山拜佛的愿望又落空了。

顺治帝这一连串的收场戏，慰藉了他遁入空门的夙愿。玉林琇也从中博得了孝庄皇太后和朝中重臣的极大欢心，他赢得了“大觉普济能仁国师”的崇高礼号。

（3）出家五台山的传说

有一个比较流行的传说，说顺治帝因爱妃董鄂氏的病逝，而心灰意冷，认为“四大皆空”，无所依恋，便舍弃江山，跑到五台山上剃度修行。后来，顺治之子康熙皇帝多次奉国母皇太后巡幸五台山，即是希求夫妻、父子相见，但顺治一直隐而不见，终成正果。这位风流天子不爱江山爱美人的故事，一直在民间广为流传。

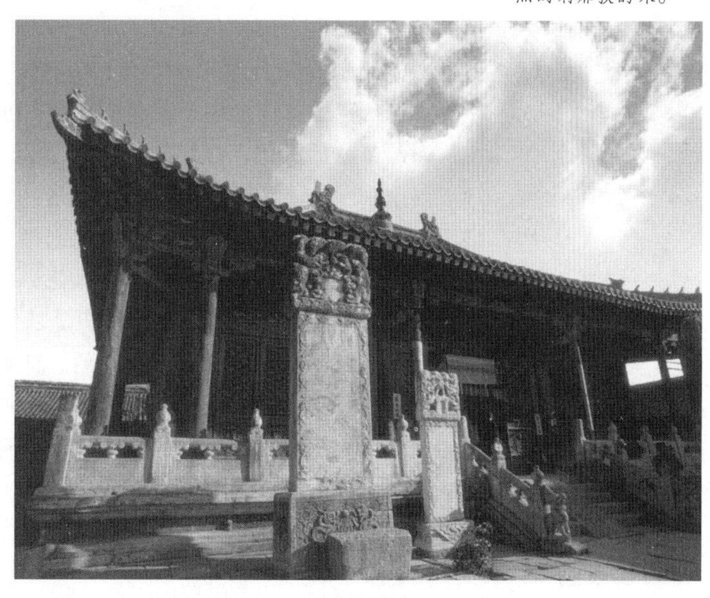

山西五台山菩萨顶

菩萨顶的意思是文殊菩萨居住的地方。该建筑布局很有特色，其外观似皇宫，而内部则具有浓烈的喇嘛教韵味。

关于顺治帝出家五台山的主要“依据”，是清初诗人吴伟业的《清凉山赞佛诗》四首。传说者举出诗中有“王母携双成，绿盖云中来”，“可怜千里草，萎落无颜色”等诗句，作为明证。其实，翻遍这四首诗，根本就没有顺治行遁出家的明示或暗示。就是当时人程迓亭为吴伟业的诗所作的专释，也只是说：“为皇贵妃董鄂氏咏……贵妃，上所爱幸，薨后命五台山大喇嘛建道场。诗特叙致瑰丽，遂有《长恨歌》云尔。”依程氏所注，只因为董鄂妃在五台山上建道场而有此诗，并没有说顺治出家五台山。

说顺治帝出家五台山，这实在是一种捕风捉影、以讹传讹的事。

“风”者，即顺治帝确实好佛，这是事实。再有，顺治帝死前几个月，适值恩宠至极的董鄂妃之丧，顺治之悲哀，为世人所叹异，这也是史载分明的。

“影”者，即传说者以顺治帝好佛而推衍其出家，在“行痴”皇帝顺治那里，也屡有想要脱离红尘走入佛门的愿望，以至于有落发的实际行动。

“讹”者，也就是一些荒谬的联想，推测康熙皇帝多次巡幸五台山，一定是为了找机会去拜见出了家的父皇的，以及错把董鄂之女董鄂妃附会为秦淮名妓董小宛，如此错中有错。

我们说顺治帝没有出家五台山，还有一点，那就是他最后死在紫禁城内，而且还由他的大师兄茆溪森主持了火化仪式。

顺治帝虽然年纪轻轻，但身体素来羸弱，又多情善感，爱妃的早逝，对他的身心造成了极大的伤害。结果，董妃死后仅半年，他就染上了当时的不治之症——天花，时称痘症。顺治帝出家未成，最后死于痘症恶化，这一点不论是官书或档案，还是私人著述，均有明确记载。顺治帝的天花病，在顺治十七年（1660年）年底愈发严重起来，紫禁城内的春节喜庆气氛全给打消了，以至于元旦庆贺大典朝贺礼也免了。正月初四日，朝廷正式向诸王大臣宣布皇帝病情，接着又传谕全国“毋炒豆、毋点灯，毋泼水”，并颁大赦令，以祈求皇帝病愈。然而，病魔无情，到顺治十八年（1661年）正月初七日夜，年仅二十四岁的“行痴”皇帝顺治终于脱离了红尘，进入冥冥世界。

顺治帝死后火化，这在入主中原以后的清朝诸帝中是仅有的一个。此事在《五灯全书·茆溪传》中有详细的记述。究其原委，一则因顺治好佛，僧人圆寂后需火化，这位“行痴”皇帝自然选择佛门规矩处理后事。二则为遵循故土先祖之习，满洲族在关外的风俗是火化，顺治死时，满清入关才十几年，仍沿袭旧习，帝崩而火化并不以为讳，只是从康熙帝起，才推行汉化土葬。

顺治火化，是在死后百日进行的。他是正月初七日死去，二月初二日，其梓宫移至景山寿皇殿，停放百日之后，于四月十七日由高僧茆溪森主持，在寿皇殿前焚烧火化。火化时，曾经为顺治帝剃度的“大师兄”茆溪森秉炬唱说：

> 释迦涅槃，人天齐语，先帝火化，更进一步，大众会么？寿皇殿前，官马大路。

在佛教高僧茆溪森的主持下，一心向往佛门的顺治帝升入天国了。这也恰恰说明，顺治帝没有出家到五台山上去。

十六、理智待佛的康熙大帝

如果说顺治皇帝对佛教的崇奉多是感情用事，那么，康熙大帝对佛教的态度则是冷静和理智的。

（1）“朕生来不好仙佛”

据《康熙起居注》第1辑载，康熙十一年（1672年）二月二十八日，康熙帝陪奉太皇太后去赤城温泉，看见道旁跪一道士，于是他令人询问其故，原来是这道士恳请康熙帝赏赐名号旌表其庙，以增“光宠”。康熙帝告诉随驾大臣：“此道士妄干徼倖，求赐名号，意欲蛊惑愚民。”“本当治罪，姑从宽宥。”进而传谕，表明他对佛道二教的态度：

> 朕亲政以来，此等求赐观庙名号者，概不准行。况自古人主好释老之教者，无益有损。梁武酷好佛教，舍身于寺，废宗庙之血食，以面为牲，后竟饿死台城。宋徽宗好道，父子皆为金掳。此可鉴也。

🅐清圣祖康熙皇帝玄烨

康熙帝顺口列举两个例子很典型。梁武帝迷于佛教，多次舍身，不理朝政，终因侯景之乱，饿死于台城。宋徽宗惑于道教，不振朝纲，废弛武备，终至国破家亡，父子二人都当了金人的俘虏。康熙是个比较重视历史经验教训的帝王，他以此为戒，一再训示臣下，佛道二教“无益有损”。

这年十二月二十一日，康熙帝巡幸南苑，经过会海寺时，他把学士傅达礼叫到马前说：“闻此寺内有一狂僧，自称得道，尔试往问之。”傅达礼回来后奏说：“观此僧，语言动静大似狂妄。”康熙帝就此发表议论说：“出家人止宜住深山穷谷，京师岂是修行之地。朕亦知此僧狂妄。自古以来，此等之人，往往为害不浅。”

上面这两个事件，反映了康熙帝早期不喜好佛教的基本思想。接着，在康熙十二年（1673年）八月至十月间，康熙帝又先后三次与大学士熊赐履探讨佛道宗教问题，君臣二人的答对，均载于《康熙起居注》第1辑内，比较集中地反映了康熙帝“不好仙佛”的态度。

第一次，是在康熙十二年（1673年）八月二十六日。熊赐履对年仅20岁的康熙帝说：自古以来，所有明君圣主没有信奉佛老的，即便是秦始皇那样雄强英武的皇帝，一旦崇信仙道，也不免贻笑千秋，只要是稍微假借于佛道，就将导致国君的失德，“望皇上始终以为深戒”。康熙帝说：“此正论也，朕当切识之。”表示要铭心切记。

第二次，是在同年十月初二。熊赐履到御座前讲论治道，康熙帝首先讲道：

> 朕生来不好仙佛，所以向来尔讲辟异端，崇正学，朕一闻便信，更无摇惑。

康熙帝说，自己从来就不信佛道，所以，一听熊赐履讲论“辟异端，崇正学”，便毫不动摇地坚信不疑。熊赐履针对康熙帝的谈话，提出三个问题：第一，帝王治国平天下当以孔孟之道为崇正学；第二，不仅是“仙佛邪说”，就是一些偏颇杂说、支曲邪论也都要扫除；第三，皇上自幼聪慧，不信仙佛，但这只是初步认识，还必须进一步明白仙佛有害无益的道理，上升到理性认识，才能使“似是而非之说，无得乘机而中”，始终不被佛教论说所惑。

第三次，是在同年十月初九。康熙帝将熊赐履召至御前，说：“朕十岁时，一喇嘛来朝，提起西佛法，朕即面辟共谬，彼竟语塞。盖朕生来便厌闻此种也。”接着又谈道：“朕观朱文公家礼、丧礼不做佛事。今民间一有丧事，便延集僧道，超度炼化，岂是正礼？”熊赐履的奏对谈了四点：第一，佛老宗教荒唐虚幻，与尧舜之道及太平盛世不能相容；第二，“愚民”无知，信因果报应，所以为佛教所惑，君王士大夫若是信佛，则与“愚民”无异了；第三，丧家延请僧道诵经，跳神禳灾，不仅浪费钱财，而且败坏风俗；第四，要教化民俗，禁革佛老活动及一些迷信陋俗。

康熙帝与大学士熊赐履对佛道二教的三次谈话，一次比一次深入。第一次探讨，从历史上宏观地看，佛道有害政治，并把帝王信教视为有累君德。第二次谈话，不仅要以孔孟之道取代佛老幻理，而且要罢黜百家，独尊儒术，要理性上认识佛道之害。第三次奏对，更认为佛道二教因幻妄无实与孔孟之道不相容，而且，佛老猖行，迷信亦必随之发展，伤风坏俗，必须实力禁革。这三次谈话，构成了康熙帝宗教观的基调，标志着康熙帝对佛教态度的形成。

康熙帝进而认为，崇奉佛教是愚昧无知的举动。《康熙政要》卷14载有他这样一番话："汉唐以来，士人信从佛教者，往往有之。皆其识见愚昧，中无所主，故为所惑耳。若萧瑀自请出家，则又愚之至矣。"在康熙帝看来，萧瑀之流自愿出家而不愿从政，是不懂天地之理的。康熙十二年（1673年）十二月初六日，康熙帝在乾清门召见满洲、蒙古都统，有谕曰："若蒙古等惑于喇嘛，室中所有，为之罄尽。此皆系愚人，但崇信祸福之说，而不知其终无益也。"康熙帝不仅认为蒙古人惑于喇嘛教是愚人所为，并且指出，信奉佛教"终无益也"。在康熙帝的心目中，佛教即是一种败世坏俗的异端。

在《承德府志·天章》中，还载有康熙帝责难佛教的一段话语：

> 释者之道，湛然虚静，脱离六根。明心见性，无恶无善，岂达性命？义之不存，又安能敬顺？动静以循环，匪偏枯于寂定？理数其纷罗，何谈空而作圣？虽了彻乎三生，亦奚裨于国政？

康熙帝一口气向佛教提出了一大堆问题。他说，佛教之道，脱离了六根（即眼、耳、鼻、舌、身、意），也就是说佛教门徒脱离了人们感官对现实世界的感觉，所发议论自然是杳冥空虚的。正是因为这样，佛教徒们认为人"无恶无善"，善恶不分，这怎能通达性命之学？在人伦上，沙门不敬王者，成为化外之民，这如何能谈到"敬顺"？实际上，世上万物都是阴阳二气动静结合演变形成的，僧侣们怎能说它们是枯寂静止的呢？理以数显，数以理神，不懂

◀康熙出京盛况《康熙皇帝南巡图卷》

理数结合的奥妙，从何谈起作圣人的道理？佛教徒们这种空虚净无的生活，对国政民生又有什么益处？康熙帝一连串的反问，表露了他对佛教的鄙视态度。

康熙帝在思想感情上不喜好佛教，对沙门奉为奇宝的佛牙也嗤之以鼻。他在《佛牙论》中谈道：苏州的盘山寺，相传有颗佛牙，牙阔二寸，长四寸，寺僧对如此巨齿不但不以为意，反而奉若神明，视为寺宝，真是令人惊奇！怪异的东西并不是圣人之道所崇尚的。圣人之道，其质在日用饮食，其事在君臣、父子、兄弟、夫妇、朋友，行著习察，天下大同。但佛教却不是这样，离俗为高，矫情绝物，悖离先王的教导，创为苦空的学说。苦空之说，在苦，在空，并不在异。因此，今“巡幸畿东，驻跸此川，闻有是事，虑其罔世而诬民也，因作是说，俾州之人祛所惑焉”。

由于康熙帝认识到佛教无益有害，因此，康熙一朝一直限制僧道人数的增加。朝廷规定，定额僧道给予度牒，无国家度牒之人不得为僧为道，私自为僧道者治罪。康熙四年（1665年），广东总督卢崇峻上奏：“异端僧道，惑世耗民，请敕地方官勒令还俗。”御批为：“无度牒为僧道，凡男女聚会者，著该地方官严行察拏。若仍前怠不拏，或科道纠参，或旁人出首，将该地方官一并从重治罪。”同年八月，康熙帝谕令各省清查僧道尼姑有无度牒，同时清点登记各处寺院所住人数。对于没有度牒或藏匿之人，或遣回原籍，或依法议处。总之，康熙帝认为，僧道众多，不仅靡费钱粮，而且不利于社会稳定，因此，他不准增发僧道度牒，尽量限制沙门队伍。

△康熙御笔：九华圣境

（2）“听其成僧仍为僧”

康熙是一位清醒的政治家，是一位务实的君主，他既在一定程度上认识到佛教有害，又认为佛教并非几道命令就可禁绝的。而且，康熙强调为政以安静为本，宁人安民当然包括众多的僧侣在内。在《李光地年谱》中，载有康熙帝的一段谈话：

> 程朱诸贤，以辟佛老为一大事。以朕观之，奉之者固非，辟之者益增其澜耳。自古帝王，如梁武不足道，即有禁人为僧尼道士者，未及数年，其教辄复，复则益以披猖。朕惟置之能有无之间，斯其气焰，必然歇颖。

《康熙起居注》第3辑，还载有康熙帝向朝中九卿颁发的一道谕旨，大意是说：儒家常言，当清查天下僧尼，尽令其匹配成婚，拨给田地为民，这样可增加国家丁役数十万。朕却以为可笑。假若朕现在授一人统兵大权，令其往查僧尼，以兵戈强迫其还俗，不但一个省，恐怕一个郡也难以行得通。因此，“朕但听其成僧仍为僧，道自为道，守其成规而已，何必禁耶？”康熙帝

认为，佛道二教“递传而降，历有岁年”，已是根深蒂固，无法禁绝。

基于此，尽管康熙帝本人不好佛教，但出于稳定社会秩序巩固清朝统治的政治需要，对于佛教还是采取了扶助、利用的政策。

康熙帝在巡游天下四方时，时常为一些名寺古刹题写匾额碑文。他在巡幸江南时，赐天宁匾额“萧闲”，赐平山匾额“怡情”，到了金山，又御书“江天一览”。康熙帝还多次游览盛京西山的圣感寺，其游寺墨迹中的“刻盘螭于玉砌，丹碧流金；塑宝像于琳宫，辉煌映藻。”“清宵梵呗，萧疏尽入寒空；向晚钟声，飒沓仍随秋雨”等语句，就是对佛寺景观的生动描写。据说，康熙帝为各地寺庙题名的匾额，数以千计。

△安徽九华山寺庙

纵观康熙一朝，因其禁止建造寺庙，新建寺宇确实不多，但在他的支持下，重修和刷新的佛寺却是不少，而且，大都经他御写碑文。《清凉山新志》载：“康熙二十二年（1683年）四月，特旨发帑金三千两，重修五座台顶。”其后又多次拨发款项，修建五台山上的寺庙。康熙帝先后写了《中台演教寺碑》《东台望海寺碑》《南台普济寺碑》《西台法雷寺碑》《北台灵应寺碑》等。在五台山上的这些碑文中，康熙帝以儒解佛，以儒入佛，用儒家仁、义、信、慈、谦、敬、静、理等概念，来描述文殊菩萨，把佛教的品格附会于儒学的内涵，以为王道服务。

“海天佛国”普陀山上，也留有康熙帝的礼佛墨迹。康熙三十八年（1699年），康熙帝南巡到杭州，为给皇太后祝禧，遣派使者前往普陀山，并带去大批银两资财，谕令重新整修普济寺大殿，而且还手书“普济群灵”寺额，隆重颁赐。

九华山上的甘露寺，康熙初年建造，据说动工之夕，满山松树皆滴甘露，故称。康熙四十四年（1705年），康熙帝南巡，三月回銮驻跸江宁府，书写“九华圣境”四字相赐。这一康熙御笔匾额，现藏于九华山历史文物馆。

康熙帝还设立中正殿念经处，使宫廷内的佛教活动制度化，此事始于康熙三十六年（1697年）。中正殿位于紫禁城西北角建福宫花园南侧，这里原来是帝后在宫内从事道教活动的场所，康熙帝将其改为藏传佛教区，并在此设立了专门管理宫中藏传佛教的机构“中正殿念经处”。这表明藏传佛教已经成为清皇室精神上的一种需求，标志着藏传佛教在北京宫廷内的影响逐渐扩大，已经深入帝王生活之中了。

甚至有人把康熙大帝摆入罗汉的行列。在四川新都宝光寺的罗汉堂内，

500尊罗汉像栩栩如生，形态各异，其中498尊都是光着脑袋，披着袈裟，另两个却是凡夫俗子，他们就是“暗夜多罗汉”康熙帝、“直福德罗汉”乾隆帝。康熙、乾隆的御用文人秉承旨意，编造了一套传说，说这两个皇帝在前世“积善好德”，“专心修行”，取得了小乘佛教中修行的最高果位，即“阿罗汉”，到人间来当皇帝是受到如来佛的派遣。因此，他们自然地跻身于500罗汉的行列。这一传说反映了僧侣们拼命要把康乾二帝拉入佛门。

（3）确认藏地活佛与建寺庙以徕远人

顺治和康熙二帝，先后确认了藏传佛教中的达赖和班禅两大活佛。西藏佛教分为两大系统，其中以拉萨三大寺（甘丹寺、哲蚌寺、色拉寺）为一系统，以达赖喇嘛为首；另一活佛转世系统以班禅为首，基地在扎什伦布寺。

清初顺治九年（1652年），五世达赖在顺治帝的邀请下赴京，受到朝廷隆重接待，特在北京为其修西黄寺，赏赐大量金银财物。次年，达赖因水土不服返藏。顺治帝设宴饯行，派人送去金册金印，敕封他为“西天大善自在佛所领天下释教普通瓦赤喇怛达赖喇嘛”。自此以后，达赖喇嘛的封号被正式确定。此后历世达赖转世，均须经中央政府册封，才为有效。

清廷对班禅的敕封，始于康熙。康熙四十八年（1709年），清政府因废立六世达赖仓央嘉措引起波动。康熙帝为安定西藏人心，于康熙五十二年（1713年）派员入藏，封五世班禅为“班禅额尔德尼”，并赐金印金册。还规定班禅的转世和达赖转世一样，也需经中央批准才算有效，这成为定制，沿袭至今。

▲北京西黄寺的清净化城塔

顺治康熙时期，达赖、班禅两位活佛的转世需经中央敕封这一制度的建立，对于巩固中央政权对西藏的统治起到了重要作用。

康熙帝在蒙地建庙，也是出于政治考虑。康熙三十年（1691年），康熙帝在内蒙古多伦召集内、外蒙古四十八家王公会盟，决定在这里建立一座寺庙，取名汇宗寺。康熙帝把汇宗寺作为巡视蒙古会盟朝觐的场所，并以此为据点，谕令每一个部落都派一个喇嘛长期留驻这里，汇宗寺逐渐成为康熙帝团聚蒙古各部的纽带，成为清政府在蒙古地区的统治中心。康熙帝曾明确地指出，在多伦建造佛庙，就是借以统一和控制蒙古各部，他说：“盖四十八家，家各一僧，佛法无二，统一宗而会其有极。归其有极，诸蒙古恪守候度，奔走来同，犹江汉朝宗于海。”汇宗寺确实起到了“助王化之遐宣”的作用，成为康熙帝统治蒙古的有力工具。

同样，承德避暑山庄一批佛教寺院的建造，也是康

◀河北承德溥仁寺

该寺为庆祝康熙六十大寿而建。

熙帝为政治所需而兴建的。康熙五十二年（1713年），适逢康熙帝六十大寿，蒙古各部王公贵族齐集热河奏请建造佛寺，为皇上祝寿祈福，康熙帝“念热河之地，为中外之交，朕驻跸清暑，岁以为常，而诸藩来觐瞻礼亦便”。于是下令，仿照修建多伦汇宗寺的先例，在承德避暑山庄修建了溥仁寺和溥善寺两座喇嘛教寺庙。其后，在乾隆朝又建造了 6 座寺庙。康乾时期在承德建造的这8座寺庙，由朝廷派驻喇嘛，并由理藩院发放饷银。当时，在北京和承德两地共有40座直属理藩院的庙宇，京城32座，承德8座，又因承德地处北京和长城以外，故称外八庙。

康熙帝在承德外八庙溥仁寺的主体殿堂“宝相长新”内，雕塑了九躯无量寿佛像。“宝相”就是权力，按佛教理论解释，即是庄严不可侵犯；“长新”就是永远焕发着青春活力。这九躯无量寿佛，寓意即是祝康熙健康长寿，因为“九”者，“九九重天”，高入天极。后来，乾隆也称他的祖父康熙是“无量寿佛示现”。

▲五世达赖的金印

康熙时期初建承德离宫和外八庙，具有很强的政治色彩。它是康熙及其后诸帝联系和团结蒙、藏等少数民族的最佳场所，因而，外八庙在建筑形式上，吸取了西藏本土、新疆、蒙古乃至江浙等地的建筑特点，反映了民族文化的交融。

康熙帝对藏地班禅活佛的确认及在多伦、承德建造佛教寺庙，充分表明了他对佛教的政治利用。总之，康熙帝的一生，虽然一直限制佛教的发展，其本人也始终不崇佛，但他以一个政治家和明智君主的眼光看到，佛教是有助王道的得力工具，因而又在限制的前提下，充分地利用了佛教，做到了适度地限制、有效地利用。康熙帝是中国历史上将皇权与佛教的关系处理得比较好的一个帝王。

十七、自比“和尚”“野僧”的雍正帝

△清世宗雍正皇帝胤禛

（1）雍亲王雇“替僧”

明清时期，流行替度，一些贵族人家的子弟，往往雇一幼童剃度为僧，当然都是为了消灾祈福，那个出家的替身就叫替僧。

雍正皇帝在年轻时也找了替僧。雍正帝45岁登基搬进皇宫，此前他作为雍亲王一直住在自己的王府（今天北京的雍和宫）。这个雍亲王府靠近柏林寺，或许是由于有这种便利条件，青年时期的雍正与僧衲常有往来，对佛教产生了浓厚的兴趣，当他听说替度有助日后的前程，便拿出大把银两，委派家人找了个替身出家，送进寺庙。这件事，雍正当皇帝后自己也不否认。在他即位后不久，有个叫“四和尚”的僧人，自称是雍亲王的“王府替僧”，拜见仓场总督法敏，为他人请求差事。法敏将此事奏报，雍正帝批道：王府哪有这个替僧，实在大胆可恶，要严拿夹讯。那个“四和尚”不一定是雍亲王的替僧，或许是个骗子，但从雍正帝的亲笔批示中可以知道，他的确有替僧，只是不承认是“四和尚”罢了。

不仅如此，雍正在藩邸时还交了不少僧侣做朋友。常去雍亲王府的和尚喇嘛有章嘉、迦陵性音、弘素等。在雍正35岁和36岁那两年，雍亲王府举行了两次规模不小的法会，邀请众僧一起论说佛法。章嘉称赞雍亲王“得大自在矣”，雍亲王则称章嘉为“证明恩师”。雍正帝后来在他的《御选语录》中谈到：

> 朕少年时喜阅内典，惟慕有为佛事……章嘉呼土克图喇嘛，乃真再来人，实大善知识也……藩邸清闲，时接茶话者十余载，得其善权方便，因知究竟此事。

在这里，雍正帝坦然承认，他在藩邸时期与章嘉等高僧保持着长时间的频繁往来。

《清世宗诗文集》卷25《雍邸集 · 书扇与僧》载，雍亲王在藩邸时曾赠给

僧人扇子，上面有他亲自书写的五言律诗：

绿阴垂永昼，人静鸟啼烟。
脱网游金鲫，翻阶艳石蝉。
无心犹是妄，有说即非元。
偶值朝来暇，留师品茗泉。

北京雍和宫的万福阁
阁内各层供奉大小佛像达万尊之多。“佛”与“福”音近，故名万福阁。

这可算是雍亲王研讨佛理、交结僧衲的记录。另外，雍亲王还在北京西山建了大觉寺，委派迦陵性音做住持。这个寺后来成为西山名刹之一。

雍亲王的禅机与禅风也是极为有趣的。据说有一天，雍亲王游玩在外，饮酒、赏花，很晚才回来。他到了寝室以后，就传唤侍臣点上灯来。侍臣听唤后，赶忙擎灯入室。他将灯吹灭，又喊：“点灯来！”燃灯刚至，他又吹灭，再喊：“点灯来！”侍臣见状茫然，自言自语地说：“亲王醉了。”雍正听后大声喝道：“速点灯来！”侍臣急忙再次燃灯，入室擎立。站定以后，雍正戏问：“灯下仔细观看，是我醉了，还是你醉了？”侍臣糊里糊涂，哭笑不得。

值得一提的是，雍正在藩邸时利用崇佛来掩盖他参加储位的争夺。这个时期，康熙帝的几个皇子为争夺皇位继承人明争暗斗，太子几立几废。聪明的雍亲王在公开场合大肆宣传清心寡欲，闭门编纂佛学著作《悦心集》，在这本书中，他收辑了阐发佛家出世思想的文字，如卷 4 所录《醒世歌》，颇值玩味：

南来北往走西东，
看得浮生总是空。
天也空，地也空，
人生杳杳在其中。
日也空，月也空，
来来往往有何功。
田也空，地也空，
换了多少主人翁。
金也空，银也空，
死后何曾在手中。
妻也空，子也空，

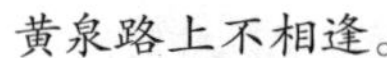

△雍和宫内的须弥山铜像

黄泉路上不相逢。

雍亲王以此来宣扬人生如梦，“到头辛苦一场空”，不如“安心坐下念弥陀”。给人的印象似乎是，雍亲王专心佛事，与世无争，无意逐鹿。实际上，他在暗中一直都在积极参与这场储位斗争，只是手段更为隐蔽高明。

至于雍亲王的府邸，在雍正即位后称为雍和宫，乾隆时改为藏传佛教寺庙，直到今天。

（2）自比“和尚”“野僧”“释主”和“居士”

自比和尚。雍正称帝后对佛教的兴趣有增无减。雍正二年（1724年）夏秋之交的一天，年羹尧于七月初二日上呈的一件奏折送到御案上，雍正帝看后批了一段与该折内容不相关的闲话，他说：京中有一个姓刘的道士，很有些名声，自称已活了几百岁，究竟有多大年纪，谁也无从知道。前些时候怡亲王允祥见到了这个道士，他大谈人的前生，并说怡亲王生前也是个道士。“朕大笑说，这是你们生前的缘法，应如是也，但只是为什么商量来与我和尚出力？”在这里，雍正帝把怡亲王允祥视为道士，将自己比为和尚，虽然是戏言，确也表达了他的某种实际思想。

自比野僧。雍正帝颇有文才，御制诗文不少。他在一首题为《自疑》的诗中这样写道：

谁道空门最上乘，谩言白日可飞升。
垂裳宇内一闲客，不衲人间个野僧。

△雍和宫内的金奔巴瓶

在诗中，雍正帝把自己说成是不着僧服的野僧，没日没夜地为众生奔走四方，是一个在家的为臣民谋利益的皇帝。

自比释主。雍正五年（1727年）正月，正当群臣庆贺“黄河清”时，蒙古王公赴京觐见，要求诵经祈福。雍正帝回话说：若蒙古地区因做佛事而人畜兴旺，便是受我之赐，“朕亦即释主”，不但允许诵经，还要给以资助。这里雍正帝已不是一般地比作佛教徒，而是自称教主了。

自称居士。雍正帝身为天子，却起了两个佛号，以万乘之尊而自称破尘居士和圆明居士，大概是表示他虽身不出家，却在家修行。

雍正帝不仅把自己比作佛家里的人，而且还开堂授徒。雍正十一年（1733年）春夏两季，雍正帝在宫中举行大型法会，召集全国有

雍正帝冬月礼佛图

雍正帝贵为天子，却有两大佛号，一曰破尘居士，一曰圆明居士，以此表明心迹，虽身不出家，却一直在家修行。

学行的僧人参加。法会上，雍正帝亲自说法，并收门徒14人，其中俗家8人：十六弟庄亲王允禄，号爱月居士；十七弟果亲王允礼，号自得居士；皇四子宝亲王弘历，号长春居士；皇五子和亲王弘昼，号旭日居士；多罗郡王福彭，号如心居士；大学士鄂尔泰，号坦然居士；大学士张廷玉，号澄怀居士；左都御史张照，号得意居士。和尚5人：文觉禅师元信雪鸿、悟修禅师明慧楚云、僧超善若水、僧超鼎玉铉、僧超盛如川。道士 1 人，即妙正真人娄近垣。由此看来，雍正帝的门徒确是阵容庞大的。

（3）**重用高僧，保护寺庙**

历史上，有过不少僧道参与朝政的事情。像唐朝的李泌、明朝的姚广孝，都是比较典型的。雍正帝则一度重用文觉禅师，在森严的紫禁城内为他安排了专门住所，命他参与议论国家最机密的要务，“倚之如左右手”。雍正朝前期，接连发生了大将军年羹尧、皇舅隆科多、皇弟允禩、皇弟允禟等几个震惊朝野的大案。在处理这些机要案件过程中，文觉禅师作为雍正帝的高级参谋，一直出谋划策，作用不小。雍正十一年（1733年），文觉禅师七十高寿，雍正帝命他往江南朝山，南下行程中，他的仪仗队伍浩浩荡荡，如同王公大臣一样，所过地方的官员对他顶礼膜拜，文华殿大学士、吏部尚书、江南河道总督嵇曾筠和税关监督年尧等要员，都以弟子礼相见，充分显示了文觉禅师的特殊身份和显赫地位。

雍正帝很注意保护僧舍。西宁府西部有座很大的寺院叫丹噶尔寺，位于青海腹地，地理位置十分重要。雍正元年（1723年），青海台吉罗卜藏丹津纠众发动叛乱。川陕总督年羹尧奉命进讨，次年平定。为镇抚青海诸部，年羹尧令丹噶尔寺的喇嘛腾出寺内房屋1500间，让给留守官兵居住，而把众喇嘛赶到朝天堂栖身，引起强烈不满。雍正帝知道后，亲自批示："将喇嘛寺之僧舍作为营房，似属不利，自应另造（营房）为是。"清兵很快退出了僧舍。

直隶唐山县令反对佛事，下令驱赶和尚，强夺僧舍，改为民房。雍正帝闻讯后暴跳如雷，下旨立即将该县令拘拿问罪。这时有侍郎留保出面奏道，僧道都是些无法生活的穷人，寺庙实际上是他们的收容所，皇帝容留他们，就如同周文王视民如伤的意思一样，不过是把他们当作鳏寡孤独加以照顾，然而那个学究式的县令，不能领会皇上的圣意，难免犯错误。雍正见这个侍郎说得堂而皇之，最后把县令从轻发落了。

雍正帝晚年，大量修缮古刹名寺。江南荆溪（今宜兴县）崇恩寺，曾是玉林琇国师传法之所，雍正十一年下谕扩建。浙江绍兴报恩寺当初也是玉林琇的开堂场所，奉旨得到维修。浙江普陀山是所谓观音大士示现的圣地，雍正帝动支帑金，派遣专官监督修饰这里的普济寺、法雨寺。

（4）直接干预禅宗事务

佛教在宋元交替之际，禅宗的五大派系中，沩仰、云门、法眼三家几于淹没无闻。到了朱明时代，只有临济、曹洞两家较为繁盛。其中临济较之曹洞，又要领先。临济宗直传慧能后第32世。系列有德宝、圆悟、法藏等几位高僧。雍正帝就曾直接干预圆悟与法藏的宗教之争。

圆悟俗姓蒋，是江苏宜兴人，30岁抛妻出家，40岁往燕都见正传，46岁正传于龙池付衣拂，52岁开堂出世。此后，凡六坐道场，说法26年，言满人间。法藏俗姓苏，无锡人，37岁具戒，40岁悟道，54岁开堂。法藏出于正宗统系的考虑，拜倒在圆悟门下，但他对圆悟并不心悦诚服。法藏天资很高，智秀僧林。他的《五宗原》一出笼，却立即遭到了圆悟的驳难。法藏的弟子弘忍，出于"师道尊严"，愤然著《五宗救》10卷，支持师说。于是，两家辩驳，日趋炽热。其实，他们的争执，不过是些宗教主张和观念看法方面的分歧，而且，大都是些无稽臆说之类。可是，这事惊动了日理万机的雍正帝，他不管教内教外，偏要手持"法杖"，裁决这场梵宫内部的思想纷争。雍正先是编著《拣魔辩异录》8卷，认为圆悟大师得自曹溪正脉，"言句机用，单提向上，直指人心。"而法藏之言，不过是"无知妄说""诳世惑人"，实在是"外魔知见""全迷本性"。至于法藏的门徒著的《五宗救》，更是"冀魔说之不朽，造魔业于无穷"，助长邪说的流行。因此，雍正帝称法藏师徒为"魔忍父子"，称法藏为魔藏，称弘忍为魔忍。雍正十一年（1733年）四月初八日，雍

正帝又颁降一道谕旨，晓谕天下：焚毁法藏师徒著作，销毁法藏一系钟板，尽削其支派，永远革除于祖庭。他采取行政命令的方法解决宗教内部的派别斗争，以皇帝的权威干涉宗教内部事务，这在历代帝王中是少见的。

雍正帝参与佛教事务的另一内容是，利用皇权调和儒、佛、道三教的关系，使三教熔于一炉。他说："佛以治心，道以治身，儒以治世。"三教各有其用，又有许多共同的东西。雍正帝特别强调，三教有一个共同的目标，即教育百姓如何做人："三教之觉民于海内也，理同出于一源，道并行而不悖。"比如劝人为善弃恶，儒家用五常百行之说，"诱掖奖劝"，佛家的五戒十善，也是"导人于善"。佛道二教共同起着"致君泽民"作用，同样有助于帝王之业。

佛道二教历来矛盾重重，雍正帝以帝王之力大搞调和。他说："性命无二途，仙佛无二道。"强把佛道捏合在一起。他收佛门弟子，却接受了道人娄近垣；他选编的佛家语录，把道家紫阳真人张伯端的著述也选了进去。雍正帝认为，张伯端的《悟真篇》，尽管是道家的著作，就是在佛学中也是最上乘的。雍正帝极力糅合儒、佛、道三教，目的在于全面地利用它们，充分发挥它们各自的御用工具的作用。

雍正帝行乐图

为了表明对藏传佛教的推崇，雍正帝将自己扮成佛教喇嘛高僧的形象。雍正命宫中画佛喇嘛与宫廷画家合作，绘制多幅自己扮作喇嘛高僧的画像，把自己渲染成人间、佛界的共同统治者。

雍正帝还在佛学方面大量地著书立说，以影响佛教领域。他写有《教乘法数》、《圆明语录》、《集云百问》、《拣魔辩异录》、《悦心集》、《破尘居士语录》、《御选语录》等佛学著作，编有《翻译名义选》、《禅师心赋选注》、《大觉禅师录》、《万善同归集》、《当今法会》、《经海一滴》、《宗镜大纲》等佛学作品。这些佛学论著，表明了雍正帝不

《雍正帝行乐图》之一

《雍正帝行乐图》之二

《雍正帝行乐图》之三

《雍正帝行乐图》之四

仅信佛崇佛，而且对佛家经文也很有研究，大量刊刻发行后，在佛教界产生了不小的影响。雍正帝政事不废，又搞了这么多的佛学著作，恐怕也实在难以找到第二个这样的皇帝了。

雍正皇帝的一生与佛教结下了不解之缘，这并不是偶然的。一方面，雍正帝本人的确信佛，相信天上感应；另一方面，更重要的是他把佛教作为一种工具，在即位前为他的夺位作掩护，登基后又为他的统治服务。佛教教义要人们做逆来顺受的良民，这最有利于封建秩序的稳定，也正是雍正大兴佛事的根本原因所在。

十八、乾隆，亦真亦幻的文殊菩萨

在清宫藏画中，有一幅“乾隆帝佛装像”，画面上，佛国中的乾隆帝身披袈裟，端坐在高台上，接受众多沙门、菩萨的礼拜。这幅画不一定是写真，但却反映了乾隆帝是位礼佛皇帝。

（1）宫内拜佛

乾隆帝常到宫内礼佛活动中心中正殿拜佛。清宫档案中有这样一则谕旨：

> 乾隆十三年八月十六日，总管王常贵传旨：中正殿正殿，旧例每日上藏香四柱，每月共该一百二十柱，今将正殿的香减一柱，每日就该上三柱，每月共该九十柱。香云亭每日上藏香与正殿一样，每日就该上三柱，每月共该九十柱。香云亭每日上藏香与正殿一样，此二处每月共该一百八十柱，望自鸣钟行取，如领香之时，将上过炉内原香头交回。钦此。

清高宗乾隆皇帝弘历

乾隆身为日理万机的皇帝，甚至精细到计算佛堂每日烧几柱香，这表明他是经常光顾中正殿佛堂的。

乾隆帝为了尊崇佛教，在皇宫御苑以及行宫内，大多建有佛堂寺庙。他在紫禁城改建了雨花阁作为修习密宗的道场，梵华楼作为佛殿，三海太液池北建永安寺、阐福寺、小西天、万寿楼等，“寺院佛塔，横亘连络，殆至眩目”。至于三山五园之中的寺庙、佛堂就不可胜计了。

乾隆帝在外出巡游期间，也总是不忘奉佛。盛京是清王朝的发祥地，入关后的清朝帝王时常东巡来此，在这里的一项重要活动内容是到长宁寺等寺庙拈香礼佛。《盛京通志》卷97“祠祀”条载：长宁寺，在外攘门外西北五里。旧称御花园。顺治十二年（1655年）敕赐为寺，乾隆八年（1743年），有“御制长宁寺”诗；乾隆十九年（1754年），有御书“一心为宗”匾额恭悬正殿，并有“御制长宁寺恭瞻太宗贻冠服”诗；乾隆四十三年（1778年）、四十八年

雨花阁，清宫内最大的佛堂，乾隆年间建造

六世班禅

河北承德须弥福寿之庙，乾隆帝特为西藏六世班禅修建

（1783年），仍有“御制长宁寺诗”。这些记录表明，乾隆四次东巡盛京，每次都一定要到长宁寺拈香拜佛。长宁寺之所以受到乾隆帝如此重视，一个重要的原因是，该寺为清先王敕建，在清初联络蒙古共同征战明朝中起了一定的作用。乾隆帝有诗曰：

> 天聪年间后，蒙古日觐来。
> 是皆奉佛者，梵宇于是开。

盛京长宁寺，成为乾隆东巡时重要的奉佛场所。

乾隆三十年（1765年），乾隆帝巡游扬州，将大明寺上的“大明”二字去掉，改题“法净寺”。第二年，乾隆帝又为九华山寺庙书写“芬陀普教”四字相赐。

乾隆帝大力扶植佛教，谕令取消官给度牒制度。当时，随着人口的增加，私度僧尼的人数越来越多。乾隆十九年（1754年），朝廷下旨，废除沿用了近千年的由官府颁给度牒凭证的制度，出家传戒由各寺院自由举行，各自发给度牒，政府不再过问。这样，乾隆帝为出家者打开了大门。

乾隆朝刊行《龙藏》，并编辑《汉满蒙藏四体合璧大藏全咒》，对佛教的发展也起了一定的推动作用。

（2）召见活佛

乾隆帝把藏地佛舞请入清宫。据《章嘉国师若必多吉传》记载：“当时（指乾隆二十年以后），大皇帝下令，成立一支表演时轮和胜乐的四月供养舞蹈的仪仗队，从西藏派遣教习歌舞的老师来。于是，由夏鲁寺派来两名舞蹈老师，他们来到后教习‘噶尔’和神兵驱鬼的‘羌姆’两种舞蹈，按照章嘉国师的指示，从府库内准备了铜鼓、面具、顶髻、骷髅等道具，每当逢年过节或举行法会时，都表演‘噶尔’和‘羌姆’。”观看西藏佛教舞蹈，成为乾隆帝的一项隆重佛事，由此也可见西藏佛教文化在清宫的影响之一斑。

藏地活佛六世班禅觐见乾隆帝，更是一件颇有影响的事。乾隆四十三年（1778年），六世班禅主动提出进京朝见，乾隆帝得报后十分高兴，立即下令：“过两年，朕七十万寿，请他到热河相见。”并命理藩院立即着手准备。乾隆帝深知，密切同西藏僧俗上层人物的关系，对于加强对西藏地区的统治，稳

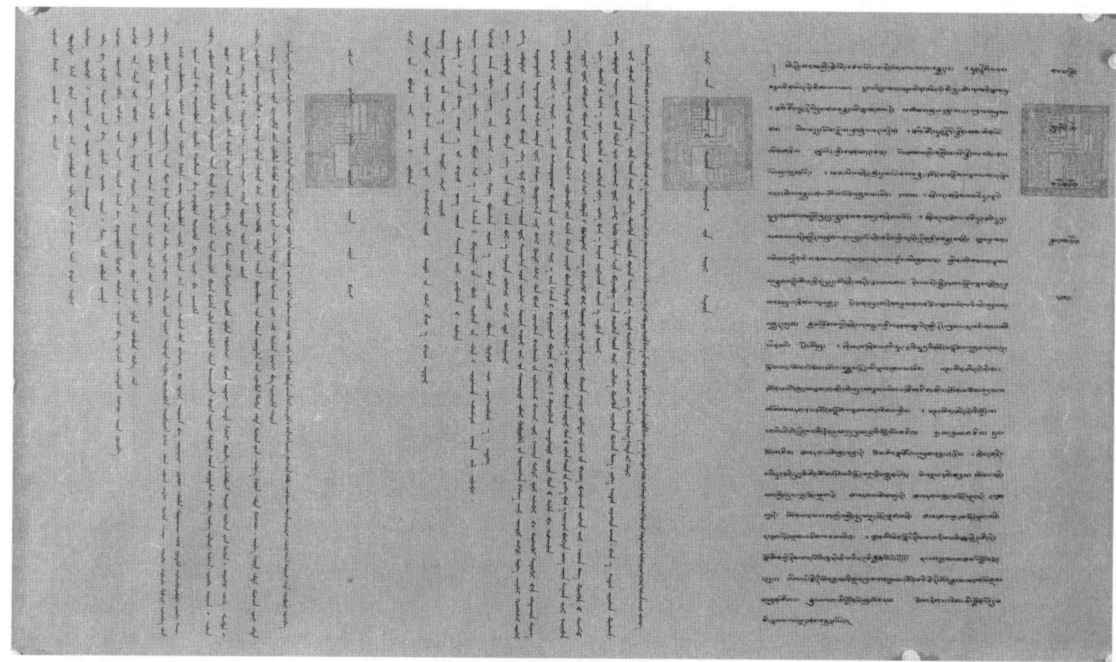

▲乾隆帝敕谕，命六世班禅及藏区各寺院喇嘛为皇太后病逝诵经念佛。该谕用满蒙藏三种文字书写。中国第一历史档案馆藏

定信教的蒙藏民众，将会产生重大的积极作用。为此他不顾年近古稀的高龄和政务的繁忙，下苦工夫学习了一些藏语日常用语，以备和六世班禅交谈更为亲切一些。

乾隆四十四年（1779年）六月，六世班禅率领喇嘛及护卫人员约2000人，从扎什伦布寺起程，清政府驻藏大臣留保一路护送。在奔往青海的途中，接到乾隆帝问候的谕旨，并颁下乾隆御容一幅，以表示皇帝亲自来迎候。接着，钦差又传来谕旨："汝为西方大活佛，今后对御容无庸跪拜，以示优崇，并赐金表等物。"九月初，六世班禅一行到达青海，乾隆帝又派人送来东珠朝珠、鞍马、金银等贵重物品，并专差送来哈密瓜。将要入冬，乾隆帝又派员送去自己穿用的珍贵貂帽、貂袍。就这样，一路上，班禅六世不断接到乾隆帝的赏赐。

乾隆四十五年（1780年）夏，六世班禅路经归化（今呼和浩特）时，专差迎接的乾清门侍卫、銮仪卫大臣等，已在那里等候，并将乾隆帝赏赐的夏季衣帽、香水、避疫丹药等，送给了六世班禅。皇六子、章嘉国师等，奉命到代噶地方迎接，并一直陪伴六世班禅到达热河行宫。

乾隆帝在六世班禅到达热河行宫的当天，就在澹泊敬诚殿接见了他。六世班禅向乾隆献上吉祥哈达、无量寿佛，并跪请圣安。乾隆帝离开宝座，亲手将他扶起，用藏语问候："长途跋涉，必感辛苦。"班禅答说："远叨圣恩，一路平安。"后来，乾隆帝又在便殿多次接见六世班禅，与他亲切交谈，皇帝与活佛相处融洽。

乾隆帝安排六世班禅住进须弥福寿庙，这是专为班禅修建的一座豪华的大

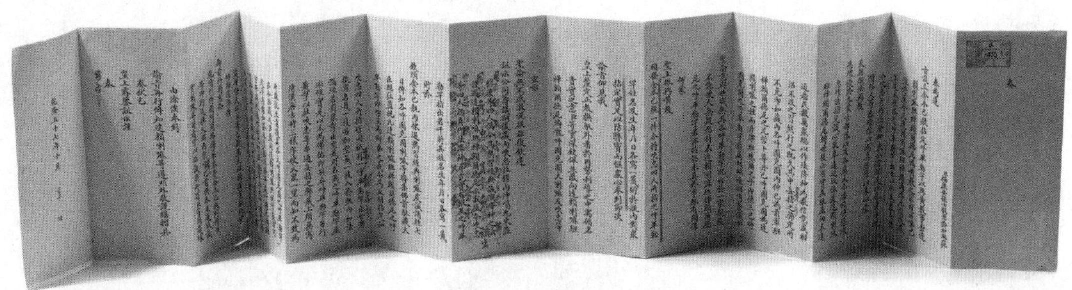

乾隆帝创立了金瓶掣签选定大活佛的灵童转世制度。这是乾隆五十七年十月二十三日福康安关于金奔巴瓶已送至拉萨大昭寺的奏折。中国第一历史档案馆藏

型喇嘛庙，仿照班禅在西藏日喀则居住的扎什伦布寺建造，就是“须弥福寿”四字，也是“扎什伦布”的汉译。仅是须弥福寿庙的大殿和供班禅起居的吉祥喜殿上，其鎏金铜瓦顶即用了黄金1.5万余两。

乾隆帝本人多次前往须弥福寿庙拜香礼佛，与六世班禅或交谈或讲经，还一同看戏。章嘉国师对活佛班禅说：“我在皇帝身边多年，从未见到他如此高兴过。……圣上对您专程来祝寿，是十分满意的。他对您的喜爱超乎寻常。”当时，随同乾隆帝在热河避暑的王公大臣们，争先恐后地求活佛摸顶祝福，并供献布施。班禅大师还给乾隆帝最心爱的十公主起了一个法名，叫“四朗白吉竹玛”，意思是福祥度母。

活佛班禅对乾隆帝的恩遇和宠幸极为感动。当他离开热河时，留下了二十多位高徒，常驻须弥福寿庙，传授藏文经典，弘扬藏传佛教。

九月初，乾隆帝命皇六子陪同六世班禅来到北京，住在西黄寺，先后到雍和宫、妙应（白塔）寺、香山宗镜大昭庙等处拈香礼佛，还游览了圆明园以及万商云集的前门大街。

这年十月，班禅在京感到身体不适，乾隆帝立即遣御医诊视，发现是天花。乾隆帝深为不安，亲临问候，并吩咐皇六子等加意调治，还派人送去了貂皮大衣、皮褥等物。可是，没过两天，六世班禅“挺腰闭目合十，圆寂于黄寺”。

大昭寺的金奔巴瓶

活佛转世掣签金瓶，一式两瓶，分别藏于北京雍和宫和拉萨大昭寺。

这样，跋涉数千里前来朝觐的活佛班禅，就意外地死在了他乡。乾隆帝害怕因此引起蒙藏僧俗上层分子的猜忌，因而隆重办理丧事，他亲率文武大臣前往致祭，并下令用赤金7000两造金塔一座，上面嵌有珍珠宝石，将活佛肉身迎入金塔之中。同时，又用赤金造班禅佛像一尊，供奉起来。还在班禅居住过的西黄寺，用大理石建造了一座精美的“清净化城塔”，作为班禅的衣冠冢。乾隆四十六年（1781年），乾隆帝派理藩院尚书博清额等，护送装殓六世班禅尸身的金塔，安放在西藏的扎什伦布寺。乾隆帝怀着无限惋惜的心情，诀别了班禅活佛。

谈到活佛，还有一件事，就是乾隆帝还确定了藏地活佛转世的金瓶掣签制度。乾隆五十三年（1788年）和五十六（1791年），尼泊尔廓尔喀人借口商务

纠纷两次入侵西藏，乾隆五十七年（1792年），大将军福康安等率领清军将廓尔喀彻底击败。这次战争后，为了清除藏地积弊，乾隆帝命福康安会同达赖八世、班禅七世及藏地有关人员制定出了《钦定藏内善后章程》，共29条，章程规定：达赖、班禅等大小活佛转世，不能私相推举，须经金瓶掣签决定，并呈皇帝批准；驻藏大臣与达赖喇嘛地位平等，代表皇帝监督西藏地方行政，并负责对外交涉；尼泊尔等国与达赖往还信件，须由驻藏大臣验看及代为回复。这个章程的藏文本，存于拉萨大昭寺和日喀则扎什伦布寺，它的基本精神一直贯彻到清末。乾隆帝这一钦定章程的制定，把藏地教权完全置于大清皇权之下，活佛理所当然地成为皇帝的臣民。

（3）山庄建庙

乾隆帝与承德外八庙的关系十分密切。康熙时，在承德修建了溥仁寺、溥善寺，及至乾隆朝，又相继建造了普宁寺、安远庙、普陀宗乘庙、殊像寺、须弥福寿庙、广缘寺六座佛庙，成为直属理藩院的外八庙。

乾隆帝在承德大造佛寺的一个重要思想是，以佛引帝。如普宁寺大乘之阁内，雕塑有三躯佛像，主尊为千手千眼观音，两旁为善财和龙女。观音菩萨头戴宝冠，宝冠中央有无量寿佛一躯，为坐像。这就有意思了，西藏活佛达赖喇嘛一直宣称自己是观音转世，而清康熙帝却又是“无量寿佛示现”，这说明观音头顶就是当朝皇帝。

康熙帝将自己说成是“无量寿佛”的化身，乾隆帝则将自己比喻成“文殊”、“观音”、“度母”的化身。西藏和内蒙的上层佛教人物就称乾隆帝为“文殊皇帝”。在承德的外八庙中，有一座叫殊像寺，此寺“堂殿楼阁略仿台山”，寺内“宝相阁”的“金容”（文殊菩萨像）照香山殊像的式样塑造。这

河北承德普陀宗乘庙，乾隆帝在避暑山庄建造的小布达拉宫

河北承德的普宁寺

里菩萨究竟指的是谁呢？乾隆帝在《殊像寺》诗匾中写道：

殊像亦非殊，堂堂如是乎？
双峰恒并峙，半里弗多行。
……
法果现童子，巍然大丈夫。
丹书过情颂，笑岂是真语。

第一句，说这尊塑像是文殊菩萨，可它又不是；说它不是，却又明明摆在那里。乾隆帝用这样似是而非的口气要说什么呢？第二句便暗示出来了，“双峰恒并峙，半里弗多行”，这里表面上是写殊像寺与普陀宗乘庙各据一峰，相距不过半里，实际是借写景来说明他与佛教中的文殊差不多。紧接着，乾隆帝针对西藏活佛等每献丹书，常把他“称曼殊师利大皇帝”，不得不以“过情颂”来谦虚一番。最后用“笑岂是真语”这样滑稽的言词来收尾，为这种暗示涂上一层似是而非的面纱。就这样，文殊菩萨和乾隆皇帝的影像若合若离地印在人们的心中。

还有普陀宗乘庙，是乾隆帝命令仿照拉萨布达拉宫而建成的，故俗称“小布达拉宫”。该庙落成后，全国各地文武大员，尤其是蒙藏地区的官员、大喇嘛和活佛们，为乾隆帝的60大寿和皇太后80大寿敬献了难以数计的无量寿佛铜像。为此，乾隆帝又在这个庙的大红台西侧建起“千佛阁”，以存供这些无量寿佛，同时立有千佛阁碑，乾隆帝亲手书写“碑记”。在大红台的东侧，则另有一组建筑，是乾隆帝到此庙拜礼和参加僧侣活动时休息看戏的地方，谓之“洛迦圣境”，又称“御座楼”。

开始于康熙、完成于乾隆时期的承德避暑山庄和外八庙，是清初特定历史条件下，清中央政府绥抚蒙古和团结西藏上层宗教领袖的政治需要。随着清政府在此实施一系列的重大历史决策，这里逐渐成为清朝第二个政治中心。而在宗教意义上，避暑山庄和外八庙，通过它的建筑形式和活动内容的统一，在这里形成了最大的佛国世界。当然，无可置疑，统治这个佛国世界的佛陀就是康熙、乾隆诸帝。

（4）太后发塔

乾隆礼佛，与其生母孝圣宪皇太后有很大关系。

乾隆帝的母亲孝圣宪皇太后，钮祜禄氏，13岁时入侍雍亲王，为侧福晋，在雍王府邸生下四子弘历（即乾隆帝）。乾隆登基后，尊生母为皇太后，居住在紫禁城内的慈宁宫。乾隆素日与母亲左右不离，感情深厚，有言必遵。乾隆帝不论是南巡、北狩，还是巡幸各地，都陪奉皇太后同行，数十年如一日。孝

圣宪皇太后“崇信净业”，笃信藏传佛教（喇嘛教），于是乾隆帝极力奉佛，以示孝诚。

史载，每逢孝圣宪皇太后大寿之期，乾隆帝即广建寺庙，祈福祝寿。如京师的阐福寺，“金碧照耀，冠于禁城诸刹，上为慈圣祝，下为海宇苍生祈佑”。皇太后60大寿时，乾隆帝将“瓮山而易之万寿，云若则以皇太后六旬大庆，建延寿寺于山阳之故”，“藉兹山之命名，申建寺之宏愿，春晖寸草三心俱永焉”。同时整修了京师的弘恩寺，并在避暑山庄内修建了永佑寺。

孝圣宪皇太后70岁时，乾隆帝又掀起崇佛高潮。“恭奉七旬大庆，复出帑金，是崇是饰”，又重修了京师的正觉寺、弘仁寺、万寿寺。还新建了宝相寺和承德外八庙之中的殊像寺。

皇太后80高寿那年，乾隆帝在北京修建了功德林和北海的万佛楼，在承德仿照西藏布达拉宫修建了外八庙中的普陀宗乘庙及千佛阁、广安寺等喇嘛教寺庙。

就这样，孝圣宪皇太后每过一次大寿，乾隆帝都要大做一番佛事，而且规模一次比一次大。在乾隆母子二人的提倡下，清廷奉佛活动有声有色，在北京和承德两地建起了一大批佛教寺宇。

乾隆四十二年（1777年）正月二十六日，86岁高龄的孝圣宪皇太后在圆明园死去。乾隆帝为存放母亲生前掉下来的头发，特做了一座金质佛塔。中国第一历史档案馆现存的《内务府各作成做活计清档》，详细记载了这座发塔的制作过程。据载，乾隆四十二年二月二十五日，乾隆帝颁下谕旨：

> 现今大行皇太后御发，着做金塔一座供奉，塔内供无量寿佛一尊。其所需黄金，即用现有金册、金印一份，畅春园现存金二百有余两，寿福宫茶膳房金器均可添补成造。着先拟定式样呈览，准时成造，于本年十一月间告竣。

有关臣工奉旨后抓紧办理，于三月初三日，将佛塔式样进呈御览，原计划在塔内供奉的一尊无量寿佛，因佛身大，塔内放不下，乾隆帝又传旨：塔样再往高大里放，可

乾隆生母——孝圣宪皇后

北京恩慕寺

乾隆皇帝为纪念其母在畅春园建造。

承德普陀宗乘庙之五塔门

添补成造所用黄金。四月初二日，新的佛塔式样拿到圆明园，乾隆帝看了又看，只见这佛塔共13级，高4.6尺，下座见方2.2尺，内供无量寿佛一尊，同时呈览的还有存放皇太后御发的金匣式样，匣盖正面画有佛教六字真言的花纹。乾隆帝认可，谕令照式样尽速造办。于是，经过三个多月的日夜赶制，一座用了近4000两黄金的金质发塔提前完工，乾隆帝恭恭敬敬地将生母死前掉下的一缕缕发丝放在金匣内，然后把存放发匣的佛塔陈放在寿康宫东佛堂内。用佛塔供奉御发，乾隆帝以这种特殊的形式，寄托对母亲的哀思，这与他们母子二人素日好佛是不无关系的。

在皇太后逝世10周年时，乾隆帝于生母陵侧又建永福寺，为母后祈求冥福。佛伴着乾隆母子度过了现世，走入了来世。

（5）皇后削发

乾隆帝的那拉皇后，曾因削发引起一场不小的风波。有关那拉皇后削发的传闻很多，其中多与乾隆的“风流韵事”有关。

《清宫遗闻》中说，乾隆三十年（1765年）闰二月，乾隆帝率领众多妃嫔、皇子及王公大臣等奉皇太后巡幸江南。一日车驾至杭州，乾隆帝在饱览了西子湖畔的美景之后，又想到苏杭二州为历代出美女的地方，何不去领略一番？便乔装打扮，仅带着两名心腹太监登岸闲游。不料，此事被随驾的那拉皇后知道了，遂至君前涕泣谏止，恳请皇上以国事为重，不要在外眠花卧柳，有

乾隆帝南巡图卷

失体统。但是，色迷心窍的乾隆帝对这些逆耳之言哪里听得进去，他责骂皇后患了疯病，一怒之下将其废掉。那拉皇后被废后，心灰意冷，看破红尘，便剪掉满头乌发，跑进杭州一座佛庙内当了尼姑。从此，青灯古佛，伴其终生。

《清宫奇案》中所载“乾隆休妻”一说，更是让人津津乐道。书中描绘，那拉皇后本是一位生性耿直、端庄秀丽的女子，册封皇后之后，对风流倜傥的乾隆帝时有约束。乾隆帝不愿让时时管束自己的皇后在身边，因此，在动身巡幸江南时，不准她随驾同行。可是，启程那天，皇后以恭侍皇太后为由，私自登上了太后的凤舸，在龙舟上的乾隆帝竟不知道皇后同来。当皇家船队沿着大运河到达济南时，乾隆帝登岸观光，他仅带几名太监，便服巡游，在看过济南的山光水色之后，这位风流天子竟步入青楼楚馆，到那些俏丽的丝竹女子中寻欢作乐。接着，一些侍臣为讨得主子的欢心，竟然挑选了几十名“夜渡娘”，带到龙舟上，为皇上吹打弹拉，轻歌曼舞。

这天黄昏，龙舟上传来阵阵丝竹乐曲，那拉皇后越听越气，回到凤舸上，奋笔疾书一道谏章，谈论今古，痛陈利害。写完之后，已是夜深人静，皇后手捧谏章来到龙舟上，猛一抬头，只见桅杆上大红灯笼高高挂，知道皇帝必有隐秘，便不顾太监的劝阻，一直闯入乾隆帝的卧榻。正在拥妓入睡的乾隆帝被惊醒，见皇后突然出现在榻前，顿时恼羞成怒，大发雷霆，急唤太监：“皇后贱人，未经传唤，深夜入内，必是图谋不轨，即速拉出，严惩不贷！”可怜的皇后跪倒在地，声泪俱下，哀求皇上看完谏章再发落。乾隆帝夺过谏章，这一看

西藏日喀则扎什伦布寺的乾隆佛装像

更是火上浇油，怒骂皇后“大胆贱人，竟比朕为贪恋酒色的隋炀昏君！”遂将谏章撕得粉碎，朝皇后劈头盖脸地打去。皇后苦苦哀求，请皇上息怒，乾隆帝一脚将皇后踹出好远。这时，太监们也奉命一拥而上，将皇后拖了出去。事后，皇太后也责怪皇后失礼。那拉皇后见此完全失望了，便就地落发为尼。一代皇后，自此晨钟暮鼓，在佛庙苦度余生。

以上只能算是野史传闻。那么，历史真相是怎样的呢？历史上的那拉皇后，确有削发之事，但未出家为尼。乾隆三十年（1765年），乾隆帝奉母出巡江南，那拉皇后等妃嫔陪伴，一路上游山玩水，降香礼佛，好不快活。可是，到了杭州，那拉皇后突然被打发回北京。对此，清宫档案有确切记载，《江南节次照常膳底档》上，陪皇帝在杭州用膳的没了皇后的名字，而换了贵妃。《上谕档》更载：“闰二月十八日，奉旨派额驸福隆安扈从皇后由水路先行回京。”皇后的确离开巡幸队伍先期回京了。宫中的《拨用行文底簿》还记载，皇后回宫后，用膳等项待遇还照常。这些都说明，那拉皇后没有在外削发为尼。

不过，那拉皇后确曾“自行削发”。在那拉皇后死后十余年，即乾隆帝四十三年（1778年），乾隆帝在一道谕旨中，首次公开承认了这件事。乾隆帝在谕旨中谈到：那拉皇后“蹈获过愆，自行剪发，因俗所忌，而被悍然，朕犹曲予优容。嗣因病逝，但令减其仪文，实未削其位号”。皇后削发，为国俗所不容，而那拉皇后为什么悍然不顾，做出如此有乖常理的事情？乾隆帝在谕旨中没有明确指出其所犯何条，只是说皇后“于皇太后前不能恪尽孝道，比至杭州，则举动尤乖正理，迹类疯迷”。那拉皇后一向为皇太后所喜爱，怎么竟不能恪尽孝道了呢？又是什么原因使皇后患了“疯迷”症，致使乾隆帝对她“恩断义绝”，几乎要废掉呢？由于宫禁森严，宫闱之事秘不可闻，至今仍是一个难解的谜。究竟是不是像传闻的那样，是由于乾隆帝在外追蜂逐蝶所引起的，还是留给读者评说吧！反正，乾隆帝的那拉皇后的确削了发。

最后，还要说一下，崇佛的乾隆帝把他的葬身之地裕陵竟设计成为一个佛国世界。在裕陵的隆恩殿中设有佛楼，地宫石门雕有八大菩萨，两壁雕有四大天王，明堂卷顶为五方佛，墙壁布满了七珍、八宝、五欲供图案，所有的围墙都刻上了梵文经咒，整个地宫俨然成为一个完整的佛殿，充分表明乾隆帝自称“释主”活佛，死后也不忘乞求冥福。

乾隆之后的帝王又是怎样奉佛的呢？在清宫“中正殿档案”中，设有专门的香火账，名为《香计在》，确切地记录了康乾以后历代清帝到佛堂拈香的活动，其中包括皇帝在各佛殿的拈香日期、时辰、香支数量等。现今存有三本，记录时间自嘉庆十九年（1814年）至咸丰二年（1852年），其记法试举一例：

> 嘉庆十三年十月十三日卯正一刻，亲行智珠心印、梵宗楼下层、宝华殿、香云亭、西配殿、中正殿、东配殿。随遣四阿哥拈香，雨花阁、普明圆觉仙楼、梵宗楼楼上、淡远楼楼上，共上香十四枝，内系头号四枝，二号十枝。

据这三本档案记载，从嘉庆十九年到咸丰二年这38年里，皇帝每年都要到中正殿佛堂拈香，有时本人不来则命别人代拈，每年拈香次数不一致。嘉庆时每年 8 次左右，较有规律，最后一次亲临拈香是在嘉庆二十五年（1820年）正月初五，七月病逝。道光皇帝的记录最全，从道光元年（1821年）至三十年（1850年）全有，最后一次亲临拈香是道光二十七年（1847年）正月初一，此后则由他人代拈。道光帝每年到中正殿佛堂的次数没有规律，元年是24次，二年是25次，以后每年9次左右。咸丰帝即位的第一年，到中正殿拈香18次。

这些记录表明，清帝对中正殿佛堂是很重视的，每年至少要有七八次亲临拈香，代代相沿，成为定制，成为皇帝宫中生活的一项固定内容。仅是从清帝到中正殿佛堂拈香这一项活动即可看出，乾隆之后的历代清帝，继续奉佛拜佛。

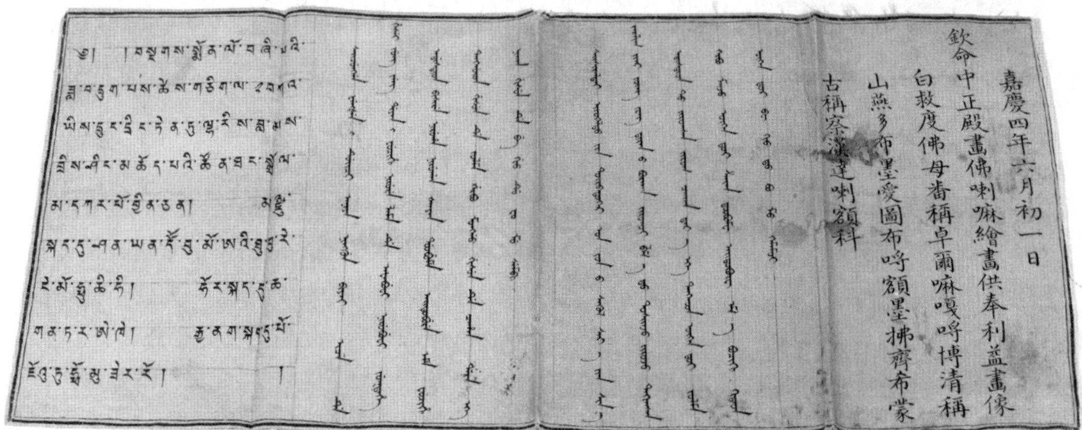

嘉慶四年六月初一日
欽命中正殿畫佛喇嘛繪畫供奉利益畫像
白救度佛母番稱卓爾嘛嘎哷博清稱
山燕多布墨愛圖布哷額墨拂齊布蒙
古稱察漢達喇額科

▼中正殿，是紫禁城内供奉佛像和喇嘛诵经的场所。嘉庆帝旨令，画白救度佛母像供奉中正殿。该旨用用满汉蒙藏四种文字书写。中国第一历史档案馆藏

十九、扮装观音的慈禧太后

近代以来，人们只要一提起“老佛爷”，自然而然地想到的应该就是慈禧太后了。佛爷，原本是佛教徒对佛教始祖释迦牟尼的尊称，后来也泛指佛经中说到的所有的佛。这样一个神圣的专称，怎么会和清朝末专权的慈禧太后联系在一起呢？慈禧与佛到底有多少缘分呢？

（1）两首拜佛诗

文献记载，光绪二十年（1894年），慈禧太后六十大寿时，“自加徽号，令承直人等统称她作老佛爷，或称她作老祖宗”。看来，“老佛爷”的称号，是慈禧太后60岁生日的时候自封的，她是要把自己打扮成普度众生功德无量的人间活佛。

在《清宫词》中，有一首慈禧参禅拜佛的诗，这样写道：

垂帘余暇参禅寂，妙相庄严入画图。
一自善财承异宠，都将老佛当嵩呼。

诗后留下这样的注释：“孝钦后政暇，尝作观音妆。以内监李连英为善财，李姊为龙女，用西法照一极大相，悬于寝殿宫中，均呼孝钦为老佛爷。”这里的“孝钦后”，即是慈禧太后。“孝钦”二字，是她死后的谥号。

这首诗和注向人们披露，慈禧太后在垂帘听政的闲暇时间里，曾拜佛坐禅，求得一时安静，她还扮作观音照相，并把巨幅相片悬挂在寝宫内。于是，“老佛爷”的称呼就不径而走了，竟都这样称呼她了。

北京故宫养心殿东暖阁——慈禧垂帘听政处

另有一首《清宫词》，也讲到了慈禧进香拜佛的事。全诗四句：

采旗八宝焕珠光，浴佛新开内道场。
昨夜慈宁亲诏下，妙高峰里进头香。

诗后的注释这样写道：“京师西山亦名妙高峰，上有天仙圣母庙，每年四月朔日开庙会。孝钦曾为穆宗祈痘于此，先期予诏庙祝，必俟宫中进香后，始行开庙，谓之头香。”

这首诗，前两句讲的是农历四月初八日浴佛节，皇宫里新开供佛的内道场时的盛况；后

△慈禧太后扮观音旧照（一）

△慈禧太后扮观音旧照（二）

两句则是说，慈禧太后曾到妙高峰天仙圣母庙进头香，祈求保佑她的独生子正出天花的同治皇帝。

（2）三张观音照

晚清时期的皇宫生活，留下了不少的照片。其中，有三张是慈禧太后扮作观音拍照的，很能说明慈禧的奉佛。

第一张，扮作观音的慈禧，装模作样地端坐着，头戴毗罗帽，外加五佛冠，每一莲瓣上都有一佛像，代表五方五佛。五佛冠两侧各垂着一条长飘带，上面写有汉字六字真言："唵嘛呢叭咪吽。"慈禧太后左手提着净水瓶，右手拿着柳枝，端立在盛开的荷花丛后，身后是山石丛竹的布景，正中悬挂着一幅云头状牌，上面写着"普陀山观音"七个大字。慈禧左右各站立一人，左边是太监李连英，穿一身戏装，头戴武士帽，双手合十，两个手腕上各挂拂尘一个，扮的是护法神韦驮天尊（传说是四大天王手下的一名将军）。慈禧太后右侧站着一位俊俏少女，身穿莲花衣，梳着"两把头"，双手捧书一函。在这里，慈禧太后俨然是位十足的观音。

第二张慈禧的观音照，只见她坐在正中，左手捧着净水瓶，右手执念珠一串，身穿团花纹清装，头上戴的仍然是毗罗帽，外加五佛冠。李连英还是装扮成韦驮天尊，站在慈禧左边，金刚杵横在胸前，右手握柄，左手仍做合十状。慈禧身边的右侧是两名少女，一个手捧小香炉，一个手里捧书。

第三张扮作观音的慈禧照，只见她端坐在莲花台上，左手搭放在膝盖上，

△慈禧太后旧照

右手拿着佛珠一串，身穿圆形寿字纹袍，头戴毗罗帽，外加五佛冠，两条飘带垂挂两侧。在慈禧的前面，是盛开的荷花，背后布景为山石丛竹，上边悬挂的云头状牌仍是“普陀山观音大士”。慈禧的左右两侧，各站立一名侍者，全是头戴毗罗帽，身披袈裟，双手合十，手腕上各挂拂尘一个。左边的那位仍然是慈禧宠信的大太监李连英。

除此之外，在清宫旧藏照片中，还有三张慈禧乘坐无篷平底船的照片，有一张慈禧的随侍15人，另两张随侍各有6人，但每张照片的香几上都插有大寿字，而且均有横签，楷书“普陀山观音大士”几个字。看来，慈禧的三张观音照和三张乘船照，当是在同一天、同一地点拍照的。这几幅照片的核心内容即是，慈禧奉佛。

众所周知，观音是佛教中唯一的女神。人世间的铁腕太后慈禧，把自己标榜为大慈大悲的观音，并拍成照片作为永久留念，既是很自然的，也是别出心裁的。

为了弄清楚这6张照片上的人物，清史专家曾请末代皇帝溥仪的弟弟溥杰先生辨识，结果，溥杰一一认出了照片上慈禧身边的人。慈禧自比观音，可谓人证物证俱在。

（3）恰好对号的内务府档案

在清宫记载皇家事务的内务府档案中，竟然真的存有记录慈禧太后扮装观音及乘坐无篷平底船照相的两份原始档案。这两份档案，所记述的内容相同，只是个别文字略有差异，其中这样写道：

> 七月十六日海里照像，乘平船，不要篷。四格格扮善财，穿莲花衣，着下屋棚（另一份档案上后两句改为“穿《打樱桃》丫鬟衣服”）。连英扮韦驮，想着带韦盔、行头。三姑娘、五姑娘扮撑船仙女，带渔家罩，穿素白蛇衣服（另一档案后二句改为“穿《打樱桃》二丫鬟衣服”），想着带行头，红绿亦可（另一档案无后四句）。船上桨要两个。着花园预备带竹叶之竹竿十数根。着三顺预备，于初八日要齐，呈览。

这两份档案没有标注年代，据推断，当是光绪二十九年（1903年）的事，当时慈禧69岁。档案上涉及的人物、情景，也恰好和照片对得上号。海里，则指北海。七月十六日，是旧历鬼节第二天，正是荷花盛开的时节。在这里，

慈禧太后极力将自己扮成慈悲的观音大士，把自己比作佛法无边、普度众生的菩萨。

(4) 与活佛达赖较劲

慈禧太后虽然自比观音，但遇到真佛也要争个高低。光绪三十四年（1908年），西藏活佛十三世达赖进京陛见，围绕着达赖是否要向慈禧、光绪行跪叩之礼，产生了争执。

以往，活佛达赖和班禅觐见皇帝时，都免除下跪叩拜的礼节，可是慈禧太后不能接受活佛的“无礼”，因为自从当上太后之后，还没有任何人拜见她时，不行三跪九叩之礼的，她坚持要达赖陛见时下跪磕头，而达赖则表示不能接受。双方互不让步，致使朝见的日期拖了一天又一天。就此，英国人荣赫鹏所著的《英国侵略西藏史》专有记述：“清帝接见藩臣，例须行三跪九叩首礼，达赖只愿屈膝，不甘叩首。此自吾人视之，似不过烦琐无谓之礼仪，唯清廷对此极端重视，因此项问题争持不决，致朝见愆期至八日之久。卒之决定，达赖须备四十七种贡品，下跪而不叩头，清皇赐宴时，并须跪迎跪送。”慈禧、光绪与达赖通过使者争执了八天之久，最后双方各做了一点让步，以折中的办法解决，即达赖觐见慈禧、光绪时，仍要下跪，但免了叩头。

慈禧太后观音装像

在今天拉萨布达拉宫的壁画中，还有慈禧太后在西苑（也就是中南海）接见达赖的场面，及达赖向慈禧进献无量寿佛的情形。从图上可以看出，慈禧太后、光绪皇帝与达赖活佛的君臣之分是十分明显的。十三世达赖后来在其《政治遗嘱》中，还提到了他与清廷的关系以及这次朝见：“全西藏的神灵和人民要求我掌管大权，受命于天的满洲皇帝也给我下达了内容相似的诏书，我将皇帝的诏令置于头上。”“（我）来到了伟大的首都——金色的北京，皇太后和皇帝对我盛情款待。”

后 记

《帝王与佛教》《帝王与道教》这两本书，是本人探研中国古代帝王与佛道二教历史渊源的姊妹之作。两部书分别从皇家文化视角透析佛道二教，如果说前者是缕陈发生在佛门与宫门之间的炎凉实况，那么，后者则是寻索黄老仙道在皇家宫苑的神幻踪影。

《帝王与佛教》《帝王与道教》的写作和出版，大致有这样四个特点：

其一，这两本书是本人二十余年不时笔耕的累积，具有一点学术性。1990年代，本人曾写过《佛光下的帝王》《帝王与炼丹》二书。两个小册子出版后，本人一直继续关注这一领域的学术研究，陆续撰写了一些考证论文。现在推出的两部新著，就是在原作基础上经年累月探研的结果。应该说，二十年前的旧作，较为偏重佛道二教与帝王关系的个案论述，新著则更注重揭示佛道二教在皇权掌控下时长时消的历史走向，以及隐藏在这些历史事件背后的真相与成因。

其二，这两本书依据翔实的历史典籍，具有相应的资料性。作为文史读物，该二书是根据大量文献资料和明清皇宫档案撰著而成的。特别是近世以来有关文献整理和考古发现，提供了不少确凿凭据，有的填补了历史空白，有的解决了历史疑难，本人在写作过程中充分利用了这些第一手的珍贵资料。正是基于原始文献的挖掘，书稿写作力图走出戏说，走近真实。

其三，这两本书配有不少历史图片，具有形象了解佛道沧桑的知识性。沿着历史长廊铺陈的数百幅画面，对释老二教长久发展历程中的著名人物和重要遗迹，对两千年岁月中古代帝王针对佛道二教的崇与毁，做了一个个历史片断的定格展现。在此要说明的是，两部书的插图选编和版式设计，均由北京观识文化发展有限公司承担，汪俊宇先生负责完成。其图片选配至为考究，其创意设计独具匠心，令我由衷感佩。

其四，这两本书作为姊妹篇，具有解读历史的配套性。佛道二教，一个是流播广袤的外来宗教，一个是根深蒂固的本土宗教，在千百年的悠悠岁月中，或此消彼长，或相互融合，都曾极力借助帝王之力，也都在中国历史的年轮上留下了层层烙印。本人在勾勒和写作这两本书的过程中，一直作为套书选题进行考量。正因如此，该二书不仅结构相同，风格也互为一致。人民出版社历史编辑室王怡石女士作为责编，从出版角度对这两部书精心策划，竭诚助力，本人不胜感激。

由于本人对佛道二教研究不深，对释老之学的理解也还肤浅，所述所论难免存在欠妥乃至舛误之处，恳请读者批评指正。

2018年春日 北京石室